Les lieux de justice parisiens
à la fin du Moyen Âge

Collection « Prix scientifique »

La collection Prix scientifique L'Harmattan publie les manuscrits primés par un jury scientifique qui, sur appel à participation, se réunit une fois par an pour distinguer les mémoires de master 2, les thèses et les HDR dans l'ensemble des domaines couverts par les éditions L'Harmattan.

Dernières parutions

Julie Gay, *L'île dans la littérature d'aventure victorienne. Explorations insulaires et renouveau littéraire à la « Fin de siècle »*, 2022.
Jérémie Martinez, *Conseil constitutionnel et économie*, 2022.
Erwan Pointeau-Lagadec Les écrans de fumée. Film et cannabis en France (1969-2002), 2021.
Lara Cramer, *Innovation pharmaceutique et distribution : un changement de paradigme. Analyse comparative des droits français, allemand et suisse*, 2021.
Tangui Przybylowski, *La rente foncière en Afrique subsaharienne*, 2021.
Jean-Baptiste Jacob, *La valeur en droit. Etude de jurisprudence constitutionnelle sur les nouvelles représentations de la norme*, 2021.

Lucie Ecorchard

Les lieux de justice parisiens à la fin du Moyen Âge

L'Harmattan

5-7, rue de l'École-Polytechnique – 75005 Paris
www.editions-harmattan.fr
ISBN : 978-2-343-24636-9
EAN : 9782343246369

REMERCIEMENTS

Ce présent travail a été réalisé dans le cadre d'un mémoire de Master Histoire et Anthropologie des Sociétés médiévales et modernes à l'Université Paris 1 Panthéon-Sorbonne sous les directions Julie CLAUSTRE, Hélène NOIZET et Danielle ARRIBET-DEROIN.

C'est avant tout à mes directrices de recherches, que je souhaite adresser toute ma gratitude et mes remerciements. Merci pour votre présence constante, pour vos conseils avisés et formateurs, pour vos lectures précieuses et pour votre bienveillance et vos encouragements tout au long de ces années particulièrement riches. Merci pour ces deux années de master, au cours desquelles vous m'avez fait aimer toujours un peu plus l'histoire médiévale.

Je souhaite bien évidemment dire merci à toutes les personnes qui m'ont soutenue en cette période : un incommensurable merci à ma famille et à mes amis. Un grand merci, au-delà de votre soutien dans le cadre de ce travail, pour tout ce que vous avez fait pour moi et ce que vous continuez de faire.

Enfin, je tiens également à remercier tous ceux qui ont porté un intérêt à mon travail, par lequel ils ont pu porter un regard curieux sur le monde médiéval. En particulier, de sincères remerciements à L'Harmattan pour la confiance accordée et l'opportunité de publication offerte.

Préface

Dans l'historiographie européenne, la justice médiévale a longtemps été abordée sous les seuls angles de l'histoire du droit et des institutions d'une part et de l'histoire des déviances et des marginalités d'autre part, ces deux traditions d'étude communiquant peu entre elles. Les renouvellements méthodologiques récents sont venus notamment de recherches interdisciplinaires novatrices, croisant sources comptables, judiciaires et archéologiques[1]. Le travail de Master de Lucie Ecorchard, formée à l'histoire, à l'histoire de l'art et à l'archéologie, se place résolument dans cette perspective renouvelée. Il avait pour première finalité de dresser la liste la plus exhaustive possible des lieux de justice à Paris à la fin du Moyen Âge, à l'exclusion des prisons, sur lesquels d'autres travaux sont en cours[2]. Il pose les bases d'une méthode rigoureuse de recensement à partir de la bibliographie et de la documentation éditée, constituant un imposant corpus de cent-quatre lieux et équipements de justice – potences, fourches patibulaires, échafauds, poteaux, carcans, piloris, échelles, chaudières, roues et arbres – datés entre XIIe et XVIe siècles. Deuxième opération méthodiquement conduite : Lucie Ecorchard propose une typologie de ces anciens lieux et équipements de justice, sur la base de raisonnements lexicaux et techniques, conduits à partir des documents diplomatiques, comptables et iconographiques. Troisième opération : Lucie Ecorchard a spatialisé les informations qu'elle a ainsi collectées en exploitant un système d'information géographique (SIG). De cette manière, loin de se contenter de lister les lieux et équipements de justice à Paris et dans sa banlieue, elle a pu mener une analyse périodisée de leur diffusion spatiale, produisant des cartes à différentes échelles (quartier, ville, région). Ce travail lui permet d'interpréter la chronologie et la répartition spatiale de ces structures justice, de leurs usages et de leurs symboliques. C'est ainsi un mémoire de Master méthodologiquement exemplaire qui est ici proposé aux lecteurs.

---

[1] Charageat Martine et Vivas Mathieu (dir.), *Les fourches patibulaires du Moyen Âge à l'époque Moderne. Approche interdisciplinaire, Actes du colloque international tenu à Bordeaux (Maison des Sciences de l'Homme d'Aquitaine) les 23-24 janvier 2014*, 2016, URL : https://criminocorpus.org/fr/ ; Charageat Martine, Ribemont Bernard, Soula Mathieu (dir.), *Corps en peines. Manipulations et usages des corps dans la pratique pénale depuis le Moyen Âge*, Paris, 2019 ; Vivas Mathieu (dir.), *(Re)lecture archéologique de la justice en Europe médiévale et moderne, Actes du colloque international tenu à Bordeaux les 8-10 février 2017*, Bordeaux, 2019.

[2] Claustre Julie et Brochard Pierre, « Prisons et lieux d'arrestation à Paris au Moyen Age : pistes d'enquête », dans Charageat Martine, Lusset Élisabeth et Vivas Mathieu (dir.), *Les espaces carcéraux au Moyen Age*, Bordeaux, Ausonius, 2021, p. 211-228.

Même si le recensement ici conduit sera sans doute complété par d'autres recherches – aucun recensement de données médiévales ne peut prétendre à l'exhaustivité -, la méthode élaborée et ses premiers résultats sont appelés à être repris par les spécialistes actuels et futurs de l'histoire de la justice et de l'histoire de Paris. Lucie Ecorchard produit en effet des hypothèses nouvelles, notamment sur la manière dont les divers seigneurs justiciers de la capitale se sont équipés pour procéder à l'exécution des sentences qu'ils prononçaient, sur l'évolution des peines qu'ils prononçaient et les stratégies d'implantation spatiale de ces lieux de manifestation de leur pouvoir. Lucie Ecorchard offre ainsi une enquête prometteuse qui entre en résonance avec la meilleure recherche internationale en histoire et archéologie de la justice.

Julie Claustre, Danielle Arribet-Deroin et Hélène Noizet
(toutes trois maîtresses de conférences
à l'université Paris 1 Panthéon Sorbonne)

SOMMAIRE

« *Qu'on se figure, au couronnement d'une butte de plâtre, un gros parallélipipède de maçonnerie, haut de quinze pieds, large de trente, long de quarante, avec une porte, une rampe extérieure et une plate-forme ; sur cette plate-forme seize énormes piliers de pierre brute, debout, hauts de trente pieds, disposés en colonnade autour de trois des quatre côtés du massif qui les supporte, liés entre eux à leur sommet par de fortes poutres où pendent des chaînes d'intervalle en intervalle ; à toutes ces chaînes, des squelettes ; aux alentours dans la plaine, une croix de pierre et deux gibets de second ordre qui semblent pousser de bouture autour de la fourche centrale ; au-dessus de tout cela, dans le ciel, un vol perpétuel de corbeaux. Voilà Montfaucon* »

HUGO Victor,
Notre-Dame de Paris, vol. 1, Paris, Flammarion, 1832, p. 483.

INTRODUCTION

Présentation du sujet et de la documentation

« Décrire tous les lieux où jadis on exécutait serait une rude besogne : chaque pavé de notre bonne ville de Paris est rouge »[1] ; c'est par une représentation sanglante de la capitale que s'amorce l'ouvrage de Firmin Maillard portant sur le *gibet de Montfaucon* en 1863. Si à la lueur des nombreuses recherches historiques on tend, fort heureusement, à s'en éloigner, cette image d'un Paris médiéval sanglant et violent, secoué par les révoltes, marqué par les trahisons, auxquelles répondent de sévères répressions et une justice arbitraire, reste encore aujourd'hui bien ancrée dans l'imaginaire collectif. Cette représentation noire de l'Occident médiéval s'est principalement développée au cours du XIXe siècle et a, entre autres, été nourrie de la littérature romantique faisant revivre une vision fantasmée du Moyen Âge à la manière de Victor Hugo. Et cette histoire, qui nous dépeint une société médiévale où règnent cruauté et barbarie, s'est écrite aussi sous la plume de nombreux historiens qui n'hésitèrent pas à énumérer les noms d'exécutés en place publique et faire grand cas des morts violentes y ayant lieu. Cette histoire morbide des supplices a également fait une place de choix à quelques lieux et structures de justice : la place de Grève et son échafaud, les Halles et leur pilori et bien évidemment Montfaucon, fameux gibet royal. N'ayant d'intérêt que pour les structures monumentales de la justice et pour les lieux d'exécution royaux les mieux connus, cette histoire pourrait laisser penser que la justice médiévale ne s'exerçait dans Paris qu'en ces quelques lieux peu nombreux. Si *chaque pavé de notre bonne ville de Paris* n'est pas rouge de sang, ils sont en revanche tous – ou presque – marqués par l'exercice de la justice, justice qui passait certes par l'exécution d'un châtiment en public, mais aussi par la prononciation publique de la sentence, parfois l'amende honorable, un parcours ritualisé qui traversait la ville, etc. Et ces lieux où s'exerçait la justice médiévale étaient nombreux : Firmin Maillard ne s'y trompait pas lorsqu'il disait que *décrire tous les lieux où jadis on exécutait serait une rude besogne*, à la différence près que, pour que cette phrase

[1] MAILLARD Firmin, *Le gibet de Montfaucon (étude sur le vieux Paris)*, Paris, A. Aubry, 1863, p. 3.

résonne au mieux avec la réalité médiévale, il ne faudrait pas penser les lieux où on *exécutait* mais les lieux où on *exécutait des peines*. Et c'est là précisément que réside la première étape de ce travail de recherche, dans la compréhension de ce que sont les lieux de justice : quelle justice pratiquait-on au Moyen Âge ? En effet, la justice médiévale ne se résume pas à la pratique de la peine de mort, loin de là. Les sentences condamnaient également hommes et femmes du Moyen Âge à des peines corporelles non capitales comme la mutilation, à des peines non corporelles et non capitales comme l'amende pécuniaire et l'amende honorable, à des peines infamantes comme l'exposition au pilori, etc. La peine de mort elle-même était donnée par des moyens très divers : la pendaison, la décapitation, la noyade, l'enfouissement, le bûcher, l'ébouillantage… La pratique de la justice était variée. Il ne faut donc pas réduire la recherche des lieux de justice à la seule peine capitale mais l'étendre à l'ensemble des pratiques judiciaires et des peines exécutées.

Que sont les *lieux* de justice, objets de cette étude ? Que faut-il entendre exactement par le mot *lieu* ? Dans un sens large, le *lieu* désigne ici l'espace délimité matériellement, socialement et fonctionnellement où est exécutée une peine judiciaire. Une telle définition inclue également la structure physique formant le support de l'exécution. C'est pourquoi l'expression *lieu de justice* est utilisée sciemment pour l'intitulé de cette étude en raison, justement, de sa large acception. Il s'agit alors de saisir le sujet d'un point de vue spatial et topographique, de comprendre comment étaient implantées les structures de justice dans l'espace notamment urbain ; selon quelles dynamiques ? en quels lieux ? Pour quelles raisons un espace est-il choisi pour l'exercice de la justice ? Est-ce dû au hasard, ou à l'inverse pour des raisons pratiques et/ou symboliques ? Toutes les peines judiciaires se manifestant sous des formes très variées ont-elles lieu sur les mêmes types d'espaces ? Ou existe-t-il une typologie des espaces en lien avec une typologie des structures ? Cette question de l'implantation des structures de justice implique de s'intéresser aux usages faits des lieux choisis – jamais uniquement dédiés à l'exercice judiciaire –, de s'intéresser à leur symbolique, à leur place dans la vie quotidienne de la communauté, etc. On se place dès lors à mi-chemin entre l'idéel et le matériel[2]. Matérielle, cette étude l'est aussi par la prise en compte des structures de la peine ; il s'agit alors d'étudier leur temporalité et leurs significations matérielles et symboliques. J'entreprendrai notamment d'esquisser une typologie des structures de justice, selon les formes et les usages de chacun de ces types ; je tenterai d'extraire les caractéristiques propres à chaque type, qu'elles soient fonctionnelles, matérielles ou symboliques. À partir de cette typologie établie sur les critères de forme, d'usage et de sens – sans que l'un ne prédomine sur les autres dans cette classification –, je serai également en mesure de questionner les termes

[2] GODELIER Maurice, *L'idéel et le matériel*, Paris, Fayard, 1984 ; BOUCHERON Patrick et GENET Jean-Philippe (dir.), *Marquer la ville. Signes, traces, empreintes du pouvoir (XIIIe-XVIe siècle)*, Paris, Éditions de la Sorbonne, Rome, École française de Rome, 2013.

employés pour désigner des structures *a priori* similaires, et notamment ceux de *gibet*, *fourches patibulaires* et *potence*.

Par les *lieux de justice*, j'entends étudier les lieux – donc espaces et structures – où se déroulait l'exécution de la peine. Or, tous les châtiments, corporels comme infamants, se déroulaient systématiquement en public, public qui prenait une place essentielle – si ce n'est parfois centrale – dans ces rituels judiciaires : dans les peines d'exposition, la foule participait presque seule à la mise en place de la peine et du rituel d'humiliation[3] ; dans les autres peines, le public faisait, par sa simple présence, office de garant du bon fonctionnement de la justice d'un seigneur[4]. Certes, toutes les peines n'étaient pas publiques, certaines prenaient place dans les prisons, les cours de justice ou encore les auditoires. Mais cette étude exclut ces espaces judiciaires pour porter exclusivement sur les lieux publics d'exercice de la justice et structures judiciaires adaptées à la publicité de la peine. De plus, cet aspect public, qui les rend de fait particulièrement visibles aux yeux de tous, est aussi ce qui fait de ces objets, pouvant alors être contestés, détournés voire détruits, des outils d'une communication, voire d'un dialogue politique. Il conviendra donc de se demander à qui s'adressent ces messages communiqués au travers des lieux de justice et comment se met en place cette communication politique.

Plus précisément, les objets ici étudiés sont les lieux de justice des seigneurs parisiens. Le sujet ne se restreint donc pas aux lieux et structures situés dans la capitale mais s'élargit à l'ensemble des lieux de justice détenus par ces seigneurs. La situation particulière de Paris rend l'étude particulièrement intéressante et permet de véritablement saisir les enjeux à l'œuvre dans l'établissement de lieux de justice dans l'espace public. En effet, cent cinquante-cinq seigneuries se partagent le sol parisien au début du XVIe siècle et seules vingt-quatre de ces seigneuries possèdent la justice sur leur domaine. Parmi ces seigneurs justiciers parisiens certains étaient laïcs mais la plupart étaient ecclésiastiques. On sait bien peu de choses sur les justices laïques, excepté celles du roi et de la municipalité. Dans cet enchevêtrement complexe des juridictions où les enclaves sont nombreuses, les différentes autorités en place se concurrencent et sont très attentives au maintien de leur territoire et de leurs compétences et droits s'y appliquant. Cette multiplicité des pouvoirs en un même espace rend les manifestations matérielles du droit de punir fondamentales pour les seigneurs hauts-justiciers. Les structures de justice ne sont donc pas de simples objets matériels, leur élévation doit être replacée dans des stratégies complexes où se mêlent questions topographiques, économiques, d'influences et de concurrences entre seigneurs, etc. ; et

---

[3] D'ARTAGNAN Isabelle, *Le pilori au Moyen Âge dans l'espace français*, position de thèse, thèse de doctorat en Histoire médiévale sous la direction de Jean-Marie MOEGLIN, Paris, Sorbonne Université, 2019, p. 1.

[4] GAUVARD Claude, *Condamner à mort au Moyen Âge. Pratique de la peine capitale en France XIIIe-XVe siècle*, Paris, PUF, 2018 ; PORRET Michel, « Mourir sur l'échafaud à Genève au XVIIIe siècle », *Déviance et société*, vol. 15, n°4, 1991, p. 381-405.

visualiser la dispersion des structures judiciaires dans le paysage médiéval permet donc de mieux comprendre les choix d'implantation faits par les seigneurs.

Tous ces points divers et variés seront abordés dans mon étude. Mais concrètement je présenterai mon sujet suivant trois points qui permettent tous d'éclairer une facette de ces objets et de mettre en lumière leurs multiples aspects matériels et symboliques, ainsi que les nombreux enjeux qui s'y jouent, à la fois économiques, territoriaux, politiques… Dans un premier temps, je me pencherai sur la vaste question de la typologie des structures judiciaires en tentant, par là même, de comprendre pourquoi il existe plusieurs termes, aux racines différentes, désignant ces structures et ce que ces différences terminologiques impliquent d'un point de vue typologique. Puis, s'ensuivra un développement approfondi sur les stratégies d'implantation des lieux de justice. Stratégies d'implantation qui seront également vues à l'aune des enjeux de pouvoirs, posant ainsi les premiers jalons d'une réflexion ouverte – et ouvrant – sur les enjeux et les sens politiques de ces objets. Cette troisième et dernière partie sera entièrement consacrée à l'expression de ces enjeux politiques à l'œuvre entre les seigneurs parisiens et cristallisés en ces lieux de justice, faisant dès lors de ces lieux des objets hautement symboliques.

État de l'art et méthode de recherche

Cette étude des lieux et structures de justice du Moyen Âge est relativement récente et repose sur une longue tradition de recherche nourrie à la fois du droit abordant les thèmes de la justice, de ses lois et institutions, de l'anthropologie et de la sociologie de la mort, de la violence et du crime, enfin de l'archéologie de la matérialité de la justice, de ses lieux, structures et objets, etc.

Sur l'étude des lieux de justice au Moyen Âge, l'historiographie ancienne, constituée par des érudits du XIXe siècle, traite principalement des lieux les plus connus, ceux qui ont laissé des traces textuelles, iconographiques et archéologiques[5]. Concernant les lieux de justice parisiens, la situation est la même : les monographies sont centrées sur Montfaucon ou le pilori du roi, ou, lorsqu'elles s'éloignent de ces seuls objets pour tenter de dresser une typologie des lieux de justice, les définitions sont souvent peu précises, les différents termes parfois confondus et les descriptions détaillées rares[6]. Les études plus

---

[5] MARMIER Gaston, « Des fourches patibulaires dans le Sarladais au XIVe siècle », *Bulletin de la Société Historique et Archéologique du Périgord*, n°8, 1881, p. 77-82 ; MILLIN Aubin-Louis, « Chapitre 34. Le pilori », *Antiquités nationales, ou recueil de monumens pour servir à l'histoire générale et particulière de l'Empire françois*, t. III, Paris, Drouhin, 1794 ; TREVEDY Julien-Toussaint-Marie, « Les fourches patibulaires du fief de Quément », *Bulletin de la Société Archéologique du Finistère*, vol. 10, 1883, p. 211-222.

[6] LA VILLEGILLE Arthur de, *Des Anciennes fourches patibulaires de Montfaucon*, Paris, Techener, 1836 ; MAILLARD, *op. cit.* ; PEDAUGE Mireille, « Échelles et piloris de Paris »,

récentes s'intéressent peu aux lieux de justice, malgré un regain d'intérêt pour les thèmes de la peine de mort[7] et des rituels judiciaires[8] dans les recherches académiques depuis les années 1980, suivi, dans les années 2000, d'un développement plus intense de la recherche autour des rituels. De manière générale, dans les ouvrages portant sur la justice ou la criminalité au Moyen Âge, les lieux de justice sont souvent seulement mentionnés et uniquement vus comme des supports de la punition.

Ce n'est qu'en 2014, à l'occasion d'un colloque international et interdisciplinaire, qu'une réflexion sur les fourches patibulaires et les gibets au Moyen Âge et à l'époque moderne a été amorcée[9]. Ce colloque a précédé la mise en place de deux programmes de recherches ; le premier étudie la peine de mort dans un sens large en abordant les acteurs – notamment les bourreaux – et les lieux d'exécution que sont les fourches patibulaires et gibets[10]. Quant au second, il est véritablement centré sur l'étude des fourches patibulaires dans une approche plus archéologique fondée sur trois fouilles récentes[11]. L'étude de la matérialité de la justice et de ses structures, bien que récente aussi, est

---

Histoire du IIIe arrondissement de Paris, n°8, 1993, p. 8-14 ; *Id.*, « Le gibet de Montfaucon », *Histoire du IIIe arrondissement de Paris*, n°10, 1994, p. 5-10 ; TUETEY Alexandre, « Une exécution à Montfaucon au XVe siècle », *Bulletin de la Société de l'Histoire de Paris et de l'Île-de-France*, 45e année, 1918, p. 57-60 ; HILLAIRET Jacques, *Gibets, piloris et cachots du Vieux Paris*, Paris, Minuit, 1956.

[7] Entre autres, PAPADOPOULOS Ioannis S. et ROBERT Jacques-Henri (dir.), *La Peine de mort. Droit, Histoire, Anthropologie, Philosophie. Actes du colloque des 23e Journées de l'Institut de criminologie de Paris (24-25 avril 1998)*, Paris, Éditions Panthéon-Assas, 2000 ; CARBASSE Jean-Marie, *La peine de mort*, Paris, PUF, « Que sais-je ? », 2002 ; MUCHEMBLED Robert, *Le temps des supplices. De l'obéissance sous les rois absolus, XVe-XVIIIe siècle*, Paris Armand Colin, 1992 ; CHIFFOLEAU Jacques, « Droit de mort, droit de vie », *L'Histoire*, n°357, octobre 2010, p. 94-97 ; BASTIEN Pascal, *Une Histoire de la peine de mort. Bourreaux et supplices, Paris, Londres, 1500-1800*, Paris, Seuil, 2011 ; GAUVARD, *Condamner..., op. cit.*

[8] BEE Michel, « Le spectacle de l'exécution dans la France d'Ancien Régime », *Annales, économies, sociétés, civilisations*, n°38 (4), 1983, p. 843-862 ; CASTAN Yves, « Exemplarité judiciaire, caution ou éveil des études sérielles », *Histoire sociale, sensibilités collectives et mentalités. Mélanges Robert Mandrou*, Paris, 1985, p. 51-59 ; BERTRAND Régis et CAROL Anne (dir.), *L'exécution capitale : une mort donnée en spectacle XVIe-XXe siècle*, Aix-en-Provence, Presses universitaires de Provence, « Le temps de l'histoire », 2003 ; BASTIEN Pascal, *L'exécution publique à Paris au XVIIIe siècle. Une histoire des rituels judiciaires*, Seyssels, Champs Vallon, 2006 ; *Id.*, *Une Histoire..., op. cit.* ; GAUVARD Claude et JACOB Robert (dir.), *Les rites de la justice. Gestes et rituels judiciaires au Moyen Âge occidental*, Paris, Léopard d'Or, 2000.

[9] CHARAGEAT Martine et VIVAS Mathieu (dir.), *Les fourches patibulaires du Moyen Âge à l'Époque moderne. Approche interdisciplinaire (Colloque des 23-24 janvier 2014)*, Criminocorpus, 2015, [en ligne sur : https://journals.openedition.org/criminocorpus/3016].

[10] Programme de recherche mené par Martine CHARAGEAT, Mathieu SOULA et Mathieu VIVAS : *Des justices et des hommes : peine de mort, gibets et bourreaux en Europe (Moyen Âge – XXe). Études interdisciplinaires des acteurs, instruments, lieux de justice et des espaces d'exécution*, M.S.H.A., 2016-2020.

[11] Programme de recherche mené par Martine CHARAGEAT : *Justice et fourches patibulaires : lieux d'exécution, d'exposition et d'inhumation des corps des condamnés à mort (Moyen Âge – Époque moderne)*, LaScArBx, 2015-2018.

plus développée en Allemagne, Pologne et République Tchèque[12], Royaume-Uni[13]. Là encore, les recherches sont principalement centrées sur les lieux d'exécution de mise à mort. En Allemagne, les travaux de Jost Auler sur l'archéologie des lieux de justice médiévaux et modernes d'Europe de l'Est ont été pionniers dans la recherche ; en trois volumes, il regroupe les contributions de plusieurs chercheurs et aborde la question d'un point de vue interdisciplinaire croisant archéologie, archéo-anthropologie, données textuelles et iconographiques[14].

Cependant, dans tous ces projets, seuls les lieux de l'exécution capitale sont étudiés, les autres structures judiciaires sont laissées de côté. Les questions autour de ces lieux de justice sont pourtant nombreuses : où et comment sont-ils construits ? Quelles formes revêtent-ils ? Qui les détient ? Quels en sont les usages ? Quels enjeux revêtent-ils ? Les études citées amorcent des réponses à toutes ces interrogations en ce qui concerne les fourches patibulaires, mais il conviendrait de se poser les mêmes questions pour les autres lieux de justice et c'est ce que je tenterai de faire. Si les structures liées aux exécutions publiques – fourches patibulaires, gibets et potences – sont depuis quelques années sujets de recherches, celles dédiées à l'exposition publique des criminels – piloris, échelles et poteaux à carcans – sont encore trop largement absentes des études. Cet état de fait peut se justifier, du moins en partie, par la structure même de ces objets. Les structures d'exposition sont souvent de plus petites structures, en bois, donc peu durables et qui ont, de ce fait, laissé peu de traces archéologiques. Plus banales, elles sont aussi moins représentées et évoquées dans les documents iconographiques et textuels.

Cette nouvelle histoire des lieux de justice se trouve au croisement de l'histoire de la justice et des juridictions – c'est à dire des pouvoirs justiciers –, de l'histoire de la violence et du crime à laquelle fait écho l'histoire des répressions judiciaires et des peines, des rituels de justice, etc.

Traditionnellement, l'histoire de la justice s'est faite au travers d'une histoire des institutions judiciaire, sous l'impulsion des historiens du droit et des juristes, histoire bien souvent centrée sur les grandes juridictions

---

[12] Voir : MASKOVA Pavlina et WOJTUCKI Daniel, « L'archéologie des lieux d'exécution en République Tchèque et en Basse-Silésie (Pologne) », dans CHARAGEAT et VIVAS (dir.), *op. cit.* [en ligne : https://journals.openedition.org/criminocorpus/3115] ; VANHOVE Camille, DUMA Paweł, WOJTUCKI Daniel et RUTKA Honorata, « L'inhumation des criminels aux fourches patibulaires de Lubań, de Miłkow et de Lubomierz (Pologne). Résultats des premières analyses archéo-anthropologiques », dans VIVAS Mathieu (dir.), *(Re)lecture Archéologique de la Justice en Europe médiévale et moderne. Actes du colloque international tenu à Bordeaux les 8-10 février 2017*, Bordeaux, Ausonius, « Scripta Mediaevalia », 35, 2019, p. 295-314 ; MASKOVA Pavlina et WOJTUCKI Daniel, « An archaeological approach to modern justice in the Czech Republic, Loxer Silesia and Uppe Lusatia », dans VIVAS (dir.), *op.cit.*, p. 41-53.

[13] REYNOLDS Andrew, « Culture judiciaire et complexité sociale : le modèle général de l'Angleterre anglo-saxonne », dans VIVAS (dir.), *op. cit.*

[14] AULER Jost (dir.), *Richtstättenarchäologie*, 3 tomes, Dormagen, Archaeotopos, 2008-2013.

parisiennes que sont le Châtelet et le Parlement de Paris.[15] Mais n'étudiant la justice qu'au travers de ces seules institutions, dont les sources sont pourtant très fragmentaires, les auteurs, érudits du XIXe et du début du XXe siècle, tendent alors souvent à conclure à l'affirmation d'une justice coercitive imposée par le pouvoir royal dans les derniers siècles du Moyen Âge. Il est en de même pour les ouvrages sur l'histoire de la police en France[16]. C'est de cette vision faussée de la justice médiévale qu'il convient de se défaire et qu'il faut nuancer. Fort heureusement, les études plus récentes, motivées par un regain d'intérêt à partir de la fin des années 1990 pour les institutions judiciaires parisiennes, questionnent le sujet sous de nouveaux angles[17] et dressent ainsi un tableau plus large de l'histoire de la justice au Moyen Âge. Pour le Châtelet, maintes fois présenté sous cet angle coercitif[18], Claude Gauvard a, dans plusieurs de ses travaux, modéré cette perspective : les peines de bannissement, souvent préférées à l'emprisonnement, sont peu nombreuses ; la durée d'emprisonnement est souvent bien moins longue que ce qu'on a tendance à imaginer et qu'entretient l'historiographie classique[19] et l'usage de la torture est finalement assez peu fréquent même durant la période d'émergence de la procédure inquisitoire à la fin du Moyen Âge[20].

Plus encore que l'histoire ces institutions, l'étude des pouvoirs et autorités judiciaires est particulièrement utile pour mener une histoire des lieux de justice. En effet, l'exercice de la justice est un ressort essentiel dans l'affirmation d'une autorité. La détention de la justice, et notamment de la haute justice, est un enjeu considérable de pouvoir, comme ont pu le montrer tour à tour Maïté Billoré, Isabelle Mathieu et Carole Avignon dans leur

---

[15] DUCOUDRAY Gustave, *Les origines du Parlement de Paris et la justice aux XIIIe et XIVe siècles*, Paris, Hachette, 1902.

[16] FREGIER Honoré-Antoine, *Histoire de l'administration de la police de Paris depuis Philippe Auguste jusqu'aux États généraux de 1789*, Paris, Guillaumin, 2 vol., 1850 ; et plus récemment, AUBOUIN Michel, TEYSSIER Arnaud et TULARD Jean (dir.), *Histoire et Dictionnaire de la police du Moyen Âge à nos jours*, Paris, Robert Laffont, « Bouquins », 2005.

[17] En s'intéressant au personnel de la justice, aux Parlements de province, aux relations interinstitutionnelles, aux juridictions ecclésiastiques, municipales, etc. De ces travaux s'ouvrant à de nouveaux questionnements, on peut citer entre autres : DOLAN Claire (dir.), *Entre justice et justiciables : les auxiliaires de justice du Moyen Âge au XXe siècle*, Québec, Presses de l'Université de Laval, 2005 ; HOULLEMARE Marie (dir.), *Gens de robe et gibier de potence du Moyen Âge à nos jours. Actes du colloque d'Aix-en-Provence (14-16 octobre 2004),* Marseille, Archives départementales des Bouches-du-Rhône, 2007.

[18] BATIFFOL Louis, « Le Châtelet de Paris vers 1400 », *Revue historique*, n°61, 1896, p. 225-264 ; n°62, 1896, p. 225-232 ; n°63, 1897, p. 42-55 et p. 266-283 ; DESMAZE Charles, *Le Châtelet de Paris. Son organisation, ses privilèges*, Paris, Librairie Didier, 1863.

[19] GAUVARD Claude, ROUSE Mary, ROUSE Richard et SOMAN Alfred, « Le Châtelet de Paris au début du XVe siècle d'après les fragments d'un registre d'écrous de 1412 », *Bibliothèque de l'École des Chartes*, vol. 157, n°2, 1999, p. 576.

[20] GAUVARD Claude, *Violence et ordre public au Moyen Âge*, Paris, Picard, « Les médiévistes français », 2005, p. 86.

ouvrage collectif de 2012[21] ou encore Claude Gauvard[22]. « Faire justice », c'est user de son autorité, c'est montrer son pouvoir.

L'histoire de la justice a longtemps été centrée sur le pouvoir royal[23]. Or, durant tout le Moyen Âge, il existe de multiples autres autorités publiques détentrices d'un pouvoir judiciaires, qu'elles soient rurales, urbaines, ecclésiastiques, laïques, seigneuriales, princières, municipales[24]… Coexistant toutes avec la justice royale, ces diverses justices représentent un pouvoir à la fois complémentaire et concurrent. L'absence d'études monographiques sur l'état de la justice à l'échelle régionale ne permet pas de dresser un portrait d'ensemble pour la France et de comprendre les processus de mise en place et de maintien d'une ou plusieurs stratégies de contrôle de la société par les autorités. Mais les recherches étrangères, plus avancées, permettent d'établir des points de comparaison pertinents sur les processus urbains de contrôle social[25]. Les travaux sur ces diverses juridictions, et notamment sur les justices

---

[21] AVIGNON Carole, BILLORE Maïté et MATHIEU Isabelle (dir.), *La justice dans la France médiévale, VIIIe-XVe siècle*, Paris, Armand Colin, « Cursus », 2012.

[22] GAUVARD Claude dans CHIFFOLEAU Jacques, GAUVARD Claude et ZORZI Andrea (dir.), *Pratiques sociales et politiques judiciaires dans les villes d'Occident à la fin du Moyen Âge. Actes du colloque d'Avignon (29 novembre-1er décembre 2001)*, Rome, Publications de l'École française de Rome, 2007 ; rééd. 2013.

[23] On peut penser entre autre aux nombreuses contributions de Claude Gauvard sur le sujet.

[24] Sur la justice du haut Moyen Âge en Occident, voir entre autres : *La Giustizia nell'alto Medioevo (secoli V-VIII). Settimane di Studio dell C.I.S.A.M., 42*, 2 vol., Spolète, Presso la sede del Centro, 1995 ; *La Giustizia nell'alto Medioevo (secoli IX-XI). Settimane di Studio dell C.I.S.A.M., 44*, 2 vol., Spolète, Presso la sede del Centro, 1997. Sur les justices rurales, par exemple : BRIZAY François, FOLLAIN Antoine et SARRAZIN Véronique (dir.), *Les justices de village. Administration et justices locales de la fin du Moyen Âge à la Révolution*, Rennes, PUR, 2003. Pour ce qui est des juridictions urbaines, les travaux sur les villes françaises restent encore relativement rares comparées à leurs voisines flamandes, allemandes ou italiennes. Pour les villes françaises, on peut citer : CLAUZEL Denis, CLAUZEL-DELANNOY Isabelle, COULON Laurent et *al.*, « L'activité législative dans les villes du Nord de la France à la fin du Moyen Âge », dans BOUSMAR Éric et CAUCHIES Jean-Marie (dir.), *« Faire bans, edictz et statuz » : légiférer dans la ville médiévale. Actes du colloque international de Bruxelles (octobre, 1999)*, Bruxelles, Facultés universitaires Saint-Louis, 2001, p. 295-330 ; CHIFFOLEAU Jacques, *Les justices des papes. Délinquance et criminalité dans la région d'Avignon au XIVe siècle*, Paris, Publications de la Sorbonne, « Histoire ancienne et médiévale », n°14, 1984 ; GONTHIER Nicole, *Délinquance, justice et société dans le Lyonnais médiéval (fin XIIIe-début XVIe siècle)*, Paris, Arguments, 1993 ; SMAIL Daniel L., *The Consumption of Justice : emotions, publicity and legal culture in Marseille, 1264-1423*, Ithaca, Cornell University Press, 2003 ; *Id.*, « La justice comtale à Marseille aux XIVe et XVe siècles », dans BOYER Jean-Paul, MAILLOUX Anne et VERDON Laure, *La justice temporelle dans les territoires angevins aux XIIIe et XIVe siècles : théories et pratiques*, Rome, École française de Rome, 2005, p. 221-232 ; SMAIL Daniel L., « Common Violence : Vengeance and Inquisition in fourteenth-century Marseille », *Past and Present*, n°151, 1996, p.28-59 ; OTIS-COUR Leah, « La justice criminelle à Montpellier aux XIIe-XIIIe siècles », dans LAUMONIER Lucie et GALANO Lucie (dir.), *Montpellier au Moyen Âge. Bilans et approches nouvelles*, Turnhout, Brepols, 2017, p. 51-58.

[25] GYGER Patrick J., *L'épée et la corde : criminalité et justice à Fribourg, 1475-1505*, Lausanne, Université de Lausanne, 1998 ; SCHUSTER Peter, *Eine Stadt vor Gericht. Recht und Alltag im spätmittelalterlichen Konstanz*, Paderborn, Schoningh, 2000 ; ZORZI Andrea, « Contrôle social,

urbaines, mettent au jour des processus de gestion et de régulation sociale de la délinquance et de la criminalité bien établis et solidement ancrés dans les cultures urbaines. Des similarités se font échos entre les villes d'Allemagne, d'Italie, de Flandres… et, bien que l'état documentaire ne soit pas le même pour toutes les villes, il est intéressant de croiser ces différentes études, de varier les échelles d'analyse et de s'inspirer de tous ces travaux pour les villes françaises. Pour ce qui est du cas de Paris, un vaste ouvrage dédié à la capitale permet d'avoir un bon aperçu de la situation juridictionnelle[26] ; c'est à la tâche peu aisée de dresser une histoire complète de la ville de Paris que s'est attelée l'imposante collection de la *Nouvelle Histoire de Paris*[27]. On peut regretter que cet important travail de publication ne mentionne presque jamais le rôle et le fonctionnement des justices seigneuriales laïques et ecclésiastiques[28] ; l'ouvrage est principalement centré sur l'histoire de Paris comme capitale, sur l'affermissement du pouvoir royal et la construction de l'État. De même des publications sur l'histoire de la police[29] n'abordent que très peu voire pas du tout la question des autres justices dans Paris qui pourtant concurrençaient le pouvoir royal ; seule est mentionnée la grande institution concurrente qu'est l'Église. Ces ouvrages livrent simplement le nombre de seigneurs parisiens possédant la haute justice. Il y avait ainsi à la fin du Moyen Âge pas moins de cent cinquante-cinq seigneuries parisiennes dont vingt-quatre possédaient la justice – basse, moyenne ou haute.

La ville étant souvent perçue comme génératrice de violence, le thème de la violence spécifiquement urbaine a été, *de facto*, saisi comme sujet de recherche par de nombreux médiévistes. Ces études ont posé la question du contrôle social de la population, notamment des criminels, par les autorités de la ville ; en filigrane de cette question émergeaient celles de la répression judiciaire et donc de la nécessaire hiérarchisation des crimes[30]. La création de catégories pénales, c'est-à-dire d'une norme judiciaire sur les crimes et leur

---

ordre public et répression judiciaire à Florence à l'époque communale. Éléments et problèmes », *Annales. Économies, Sociétés et Civilisations*, vol. 45, n°5, 1990, p. 1169-1188.

[26] Voir également pour cet état des lieux : BOVE Boris, BRAULT Yoann, RUAULT Antoine, « Spatialisation des censives urbaines au XVIIIe siècle et essai de restitution médiévale » dans NOIZET Hélène, BOVE Boris, COSTA Laurent, *Paris de parcelles en pixels. Analyse géomatique de l'espace parisien médiéval et moderne*, Paris, Presses universitaires de Vincennes, 2013, p. 167-195.

[27] CAZELLES Raymond, *La Nouvelle Histoire de Paris. De la fin du règne de Philippe Auguste à la mort de Charles V (1223-1380)*, Paris, Association pour la publication d'une histoire de Paris, t. 3, 1972 ; FAVIER Jean, *La Nouvelle Histoire de Paris. Paris au XVe siècle, 1380-1500*, Paris, Association pour la publication d'une histoire de Paris, t. 4, 1974.

[28] A rappeler que les justices ecclésiastiques disposaient d'une justice spirituelle et, pour certaines, d'une justice temporelle similaire aux justices des autres seigneurs.

[29] Sur la période médiévale, voir notamment GAUVARD Claude, « La police avant la police, la paix publique au Moyen Âge », dans AUBOUIN, TEYSSIER et TULARD (dir.), *op. cit.*

[30] Comme pour l'histoire des justices urbaines, l'histoire de la violence urbaine est plus développée pour les villes italiennes, allemandes ou flamandes. Sur le sujet, voir entre autres, pour la France : GONTHIER Nicole, *Cris de haine et rites d'unité. La violence dans les villes, XIIIe-XVIe siècle*, Turnhout, Brepols, 1992 ; GAUVARD, *Violence…, op. cit.*

hiérarchisation, participe de fait à la distinction entre violence légitime et violence illégitime. La violence définie par la norme comme illégitime est la violence criminelle ; celle-ci est réprouvée car troublant l'ordre public et la paix sociale. À cette menace envers la société répond donc une répression judiciaire ; la justice dispose alors de multiples moyens de contrôle dont les peines et autres châtiments qui, pour certains, passent par l'usage et la promotion de la violence. À une violence illicite et déstabilisatrice de l'ordre sociétal répond une autre violence, légitime, encadrée et justifiée par les pouvoirs judiciaires.

Dans notre imaginaire collectif, la violence criminelle est réprouvée judiciairement par la sentence à la peine capitale. Charles Desmaze, dans son ouvrage sur les pénalités anciennes, fait remonter l'origine des peines jusque dans l'Antiquité [31] ; Louis Tanon tente de retracer l'origine de certaines peines[32]. Ces deux ouvrages de la seconde moitié du XIXe siècle ont, par tout un travail d'édition, ainsi permis de mettre au jour et de rendre accessible au plus grand nombre des sources médiévales inédites et sont, en cela, particulièrement utiles. De plus, ils fournissent de nombreuses descriptions détaillées des différentes peines et supplices, ainsi que des structures utilisées pour les châtiments. Cependant, les interprétations qui en sont faites sont parfois erronées ; bien plus, la retranscription des sources n'est pas toujours fidèle au document d'origine. Il est donc nécessaire d'être prudent dans l'usage de ces écrits. Mais les travaux récents sur l'histoire de la violence et sa répression ont participé à mettre au jour l'importante diversité des peines judiciaires, elles aussi, très variées[33]. La multiplication et la coexistence des juridictions et des peines appliquées, parfois sur un même espace a parfois obscurci notre compréhension de la justice, mais il ne faut pas traduire cet enchevêtrement comme étant la preuve d'une justice peu élaborée et inefficace, mais plutôt comme signe d'un système judiciaire complexe et varié, fondé sur l'obtention pragmatique de la paix sociale qui est négociée par les différents acteurs propres à chaque cause, plutôt que sur l'application d'une tarification universelle et décontextualisée des peines. Ainsi, la pratique de la justice au Moyen Âge dépend de nombreux paramètres et est mouvante au fil des siècles[34]. Les modalités de son application dépendent du lieu, de la cour de justice, du juge, des différentes parties impliquées, des lois et coutumes, des réseaux, etc. La pratique judiciaire, dans les faits, s'éloigne bien souvent de la

[31] DESMAZE Charles, *Les pénalités anciennes. Supplices, prisons et grâces en France d'après des textes inédits*, Paris, Plon, 1866.

[32] TANON Louis, *Histoire des Justices des anciennes églises et communautés monastiques de Paris, suivie des registres inédits de Saint-Maur-des-Fossés, Sainte-Geneviève, Saint-Germain-des-Prés, et du registre de Saint-Martin-des-Champs*, Paris, L. Larose et Forcel, 1883.

[33] GONTHIER, *Délinquance…, op. cit.* ; *Id.*, « Les victimes de viol devant les tribunaux à la fin du Moyen Âge d'après les sources dijonnaises et lyonnaises », *Criminologie*, vol. 27, n°2, Presses de l'Université de Montréal, 1994, p. 9-32 ; *Id.*, *Le châtiment…, op. cit.* ; *Id.*, *Cris de haine…, op. cit.*

[34] AVIGNON, BILLORE et MATHIEU (dir.), *op. cit.*

norme édictée : les juges composent plus qu'ils n'appliquent strictement. De plus, les justiciables parviennent également à tirer avantage de cette situation d'enchevêtrement juridictionnel : ainsi, « la pratique judiciaire reflète plus souvent les aspirations sociales que la théorie juridique »[35]. Mais il est à noter que l'exécution de peines n'est qu'un moyen de résolution des conflits parmi d'autres et l'imbroglio des juridictions donne à voir une multitude de pratiques judiciaires à l'œuvre simultanément.

Pour saisir l'entière étendue de ces modes de résolution, il est nécessaire de comprendre qu'il existe, aux côtés des pratiques de la répression judiciaire, des modes de résolution dits infrajudiciaires. L'infrajudiciaire peut être défini comme le « règlement des écarts aux normes des rapports inter-individuels ou communautaires par vengeance, arrangement ou toute autre solution ne faisant pas appel aux tribunaux »[36]. La part de l'infrajudiciaire dans l'éventail des modes de résolution que présente le bas Moyen Âge est non négligeable comme le montrent les nombreuses études développées depuis les années 1980. Les racines de l'infrajudiciaire semblent se trouver au haut Moyen Âge[37], et l'expression de cette justice s'exprime sous de multiples formes : la vengeance, la compensation pécuniaire, le duel judiciaire[38], la négociation, l'amende honorable, la pénitence publique[39]… ; un grand nombre de ces formes se maintient dans les siècles suivants. Ainsi, la vengeance, la compensation pécuniaire, l'amende honorable mais aussi les compromis entre les parties et la négociation avec les juges étaient encore pratiquées au bas Moyen Âge[40]. Par ailleurs, il faut noter que la prononciation de sentences par la justice cache parfois tout un processus antérieur de négociations invisibles. Mais si des pratiques perdurent, elles ne manquent pas d'évoluer principalement par un élargissement des modes de résolutions s'offrant aux divers acteurs de la justice. Il semblerait qu'au haut Moyen Âge, les pratiques infrajudiciaires soient bien distinctes du système judiciaire : la répression de la criminalité se déroule en partie dans la sphère privée. Or, au bas Moyen Âge, les interactions entre sphères judiciaire et infrajudiciaire se font plus fréquentes et plus perméables, et la justice tend à un contrôle de ces pratiques privées : vers le XIIe siècle on observe un changement dans l'usage des peines

---

[35] GARNOT Benoît, *Histoire de la justice, France XVIe-XXIe siècle*, Paris, Gallimard, 2009, p. 580.

[36] FARCY Jean-Claude, « Peut-on mesure l'infrajudiciaire ? », dans GARNOT Benoit (dir.), *L'infrajudiciaire du Moyen Âge à l'époque contemporaine. Actes du colloque de Dijon (5-6 octobre 1995)*, Dijon, Éditions universitaires de Dijon, 1996, p. 109.

[37] *La Giustizia..., op. cit.*, 1995 et 1997.

[38] LEMESLE Bruno, « La pratique du duel judiciaire au XIe siècle, à partir de quelques notices de l'abbaye de Saint-Aubin d'Angers », dans *Le règlement des conflits au Moyen Âge. Actes des congrès de la Société des historiens médiévistes de l'enseignement supérieur public, 31e congrès, Angers, juin 2000*, Paris, Publications de la Sorbonne, 2001, p. 149-168.

[39] VINCENT Catherine, « Rites et pratiques de la pénitence publique à la fin du Moyen Âge : essai sur la place de la lumière dans la résolution de certains conflits », dans *Le règlement des conflits..., op. cit.*, p. 351-367.

[40] GAUVARD Claude, dans CHIFFOLEAU Jacques, GAUVARD et ZORZI (dir.), *op. cit.*

judiciaires avec l'émergence de la procédure inquisitoire, mais pour autant les pratiques comme la vengeance, le duel ou la compensation financière n'ont pas disparu au tournant de l'an mil pour être remplacées par des peines judiciaires, elles sont peu à peu saisies par la justice. Auparavant privées, ces pratiques sont alors encadrées et rendues légales dans un cadre public par la justice. Dans les derniers siècles du Moyen Âge, les modes de résolution des conflits prennent donc une multitude de formes et l'étude des pratiques judiciaires pose la question des valeurs derrière le choix d'une pratique plutôt qu'une autre. Le recours fréquent à la résolution financière mais aussi l'usage du pardon, qui assouplit l'image d'une justice théoriquement sévère[41], mettent en avant les véritables enjeux d'un procès : le maintien de la paix sociale davantage que la recherche de la vérité. Enfin, l'honneur, valeur médiévale primordiale, sous-tend toutes les relations sociales au Moyen Âge et marque l'ensemble de ces pratiques de résolution de conflits. Par la sentence, quelle que soit la peine choisie, il s'agit de restaurer l'honneur de la famille atteinte par le crime mais aussi celui de la communauté et de déchoir le condamné dans sa dignité[42]. Toutes les punitions ont pour but de restituer l'équilibre de la société. Cette nécessaire compensation peut aller jusqu'à l'éradication totale du condamné par la peine de mort, le bannissement et la destruction des biens du condamné ou leur récupération par les autorités[43]. Ainsi, c'est au bas Moyen Âge que sont peu à peu établies des catégories pénales précises. Les recherches académiques portant sur des crimes spécifiques ou centrées sur des catégories sociales montrent que la réponse pénale s'adapte suivant le crime commis ou le statut social du criminel[44]. Dans

---

[41] GAUVARD Claude, *« De grace especial ». Crime, État et Société en France à la fin du Moyen Âge*, Paris, Publications de la Sorbonne, « Les classiques de la Sorbonne », 2 vol., 1991 ; rééd. 2010.

[42] Sur la question des valeurs, voir : GARNOT (dir.), *op. cit.*

[43] GONTHIER Nicole, *Le châtiment du crime au Moyen Âge, XIIe-XVIe siècles*, Rennes, Presses universitaires de Rennes, « Histoire », 1998, p. 180.

[44] Par exemple, sur le vol, l'empoisonnement ou encore la violence verbale, voir respectivement : TOUREILLE Valérie, *Vols et brigandage au Moyen Âge*, Paris, PUF, 2006 ; COLLARD Franck, *Le crime de poison au Moyen Âge*, Paris, PUF, « Le nœud gordien », 2003 ; LAGORGETTE Dominique, « Termes d'adresse, acte perlocutoire et insultes : la violence verbale dans quelques textes des XIVe, XVe et XVIe siècles », dans *La violence dans le monde médiéval. 19e colloque du Centre universitaire d'études et de recherches médiévales d'Aix*, Aix-en-Provence, Presses de l'Université de Provence, « Senefiance », n°36, 1994, p. 317-332. Sur la violence des moines, voir : LUSSET Élisabeth, *Crime, châtiment et grâce dans les monastères au Moyen Âge*, Turnhout, Brepols, 2017. Sur celle des étudiants, voir : GILLON Christian, *Les étudiants et la délinquance au Moyen Âge (XIIIe-XVe siècle)*, thèse de doctorat en histoire médiévale sous la direction de Valérie Toureille, Université de Cergy-Pontoise, 2017. Sur les criminelles, voir entre autres : CHARAGEAT Martine, « Les figures de femmes criminelles en péninsule ibérique », dans CADIET Loïc, CHAUVAUD Frédéric, GAUVARD Claude, SCHMITT-PANTEL Pauline et TSIKOUNAS Myriam (dir.), *Figures de femmes criminelles de l'Antiquité à nos jours*, Paris, Publications de la Sorbonne, 2010, p. 243-254 ; DUBOIS Adrien, *La violence des femmes en Normandie à la fin du Moyen Âge*, Paris, Cahiers Léopold Delisle, 2006 ; GONTHIER Nicole, « Délinquantes ou victimes, les femmes dans la société lyonnaise du XVe

Le Châtiment du crime, Nicole Gonthier consacre tout un chapitre aux divers châtiments appliqués et à leurs crimes associés[45]. Elle y décrit précisément les différentes sentences et peines, mais si à certains crimes correspondent des châtiments spécifiques et si certains châtiments sont plus appliqués à certaines catégories sociales, il n'existe pourtant pas une stricte et exacte concordance des sanctions aux crimes.

Comme le fait remarquer justement Pascal Bastien, il faudrait s'efforcer de comprendre tous les ressorts qui sous-tendent les sociétés pratiquant la peine de mort[46]. La lecture des textes de lois médiévaux donne parfois l'impression que la peine capitale était fréquemment appliquée pour réprimer des crimes divers. Claude Gauvard montre qu'en effet la justice royale est plus coercitive à la fin du Moyen Âge qu'elle ne l'était auparavant et que l'usage de la peine capitale se répand un peu plus largement dans la société aux XIVe et XVe siècles. Cependant, la pratique de la peine de mort n'évolue pas linéairement pour tendre vers l'omniprésence. Les usages ne sont pas les mêmes partout, et des différences existent entre les justices ecclésiastiques et laïques[47]. Malgré cette augmentation, la peine de mort reste relativement rare jusqu'à la fin du Moyen Âge et il convient de noter qu'aucun crime n'est irrémissible[48] : la peine de mort reste un instrument de répression exceptionnel et n'est finalement appliquée qu'aux crimes les plus graves[49]. De plus, elle n'est pas nécessaire pour rétablir l'honneur de la victime et de sa famille ; on le voit notamment avec l'usage récurrent de l'amende honorable ou de la compensation pécuniaire. Claude Gauvard va plus loin encore en montrant que l'honneur bafoué est rétabli principalement par la simple prononciation de la sentence et non par l'acte de mettre à mort[50]. Dans ce cas, comment faut-il comprendre la place de la peine de mort ? S'il existe divers moyens de réprimer un crime, autres que la peine de mort, alors il faut considérer que son usage revêt d'autres enjeux que le seul fait de punir. Le recours à la peine capitale, châtiment le plus extrême, sert aussi à renforcer le pouvoir exécutant par la peur qu'elle crée : c'est pourquoi on parle souvent de peines exemplaires. Et pour être exemplaires, ces peines se devaient d'être pratiquées dans

---

siècle », *Revue historique*, n° 271, p. 25-46 ; ou encore, dans une démarche de micro-histoire, BUBENICEK Michelle, *Meurtre au donjon. L'affaire Huguette de Sainte-Croix*, Paris, PUF, 2014.

[45] Voir GONTHIER, *Le châtiment..., op. cit.*, p. 96-145 ; sur la classifications des peines, voir aussi : CARBASSE Jean-Marie, « Chapitre 4. Peines et réparation » et « Chapitre 5. Le châtiment des crimes », dans CARBASSE Jean-Marie et VIELFAURE Pascal, *Histoire du droit pénal et de la justice criminelle*, Paris, Presses Universitaires de France, « Droit fondamental », 2014 ; TOUREILLE, *Crime et..., op. cit.*

[46] BASTIEN, *Une Histoire..., op. cit.*, p. 17.

[47] GAUVARD, *Condamner..., op. cit.*, p. 89-90.

[48] *Ibid.*, p. 82.

[49] GAUVARD Claude, « La peine de mort en France à la fin du Moyen Âge : esquisse d'un bilan », dans CAROZZI Claude et TAVIANI-CAROZZI Huguette (dir.), *Le pouvoir au Moyen Âge. Idéologies, pratiques, représentations*, Aix-en-Provence, Presses universitaires de Provence, 2007, p. 71-84.

[50] *Ibid.*, p. 76.

l'espace public à la vue de tous ; dès lors, la question du choix du lieu et de la mise en scène de l'exécution se pose aux chercheurs.

L'exécution qu'elle soit ou non capitale est en effet un rite : elle met en scène la séparation entre le monde social légitime et le monde criminel. Le monde criminel, perçu comme l'envers du monde social, doit être maintenu à l'écart. Le rite rend alors naturel et légitime une séparation sociale qui sert à maintenir l'ordre de la société médiévale. Cette mise à distance essentielle est également parfois maintenue au-delà de la mort par la séparation des corps criminels dans le cadre de l'inhumation[51]. Devant un public, qui légitime le pouvoir exécutant par sa simple présence, la justice se montre et se met en scène comme juste, en accord avec des valeurs partagées par l'ensemble de la société. Ces exécutions ont donc une grande valeur symbolique[52]. L'exécution de peines n'est donc pas seulement une manifestation d'un pouvoir ou une manière de satisfaire un public, c'est aussi une manière de manifester physiquement une limite et de construire un monde criminel, illégal, en opposition au monde social légitime et ordonné.

Présentation des sources et constitution du corpus

Ce travail sur les lieux de justice des seigneurs parisiens passait donc, concrètement, par une première et longue étape de recherche de tous ces lieux et du plus grand nombre d'informations disponibles à leur propos – topographique, descriptive, temporelles, etc. – pour tenter d'en dresser la liste la plus exhaustive possible et par la suite de réaliser des cartes menant à de plus amples analyses. Pour rassembler toutes ces données, il était impossible de se fier à une liste de seigneurs parisiens possédant la haute justice sur leur territoire ou une partie de celui-ci, cela ne ferait que reprendre le lien *a priori* évident entre la possession du droit de haute justice et l'élévation de structures de justice sans en questionner la validité. De plus, cela occulterait les cas exceptionnels où un seigneur n'ayant pas la haute justice détient une structure judiciaire. Souvent perçues comme la conséquence directe de la détention du droit de haute justice, les structures de justice ne sont pourtant pas indispensables à l'exercice judiciaire. Il faut garder à l'esprit que l'application de la justice, qu'il s'agisse d'une mise à mort ou d'une exposition infamante, pouvait se faire sans structure aucune : une pendaison pouvait se faire à un arbre ou un pont, une exposition publique à un pilier ou un pan de mur, une noyade dans un cours d'eau, etc., et que, de même, la présence d'une structure judiciaire sur un territoire n'implique pas systématiquement une quelconque activité judiciaire. De plus, les droits seigneuriaux, dont la justice, pouvaient se déléguer et parfois se morceler : ainsi en 1291, suite à une sentence de

[51] VIVAS, « Les lieux d'exécution… », *Revue historique, op. cit.*, p. 295-312.
[52] GAUVARD et JACOB, « Introduction. Le rite, la justice et l'historien », dans GAUVARD et JACOB (dir.), *op. cit.*, p. 5-18.

l'assise de Melun, deux chevaliers de Melun ne possédant pourtant que la basse justice sur ce territoire ont obtenu, alors que l'abbé de Saint-Germain-des-Prés se voyait confirmer sa haute justice sur ce village, une partie des droits de haute justice à savoir le jugement des larrons et donc le droit de punir par la pendaison. Et pour l'exercice de ce droit, ils furent autorités à dresser des fourches patibulaires à Melun mais celles-ci devaient être montées et démontées à chaque exécution[53]. Il ne s'agissait donc pas d'identifier dans les sources les seigneuries possédant la haute justice, mais de repérer dans une démarche inverse toutes les structures de justice dans l'espace public, quel que soit leur usage. Établir cette liste a été une tâche relativement longue et si la très grande majorité des structures et lieux de justice des seigneurs parisiens se trouve ici, il est possible que cette liste puisse être complétée de nouvelles données.

Pour ce faire, je me suis dans un premier temps basée sur une source : l'*Histoire des justices des anciennes églises et communautés monastiques de Paris* de Louis Tanon publiée en 1866 et qui répertorie tous les droits et lieux de justice pour les seigneuries du chapitre de Notre-Dame, de l'évêque de Paris, de l'abbaye de Saint-Magloire, des prieurés de Saint-Éloi, de Saint-Denis-de-la-Chartre, des abbayes de Saint-Germain-des-Prés, de Sainte-Geneviève, de Saint-Victor, des chapitres de Saint-Marcel, de Saint-Benoît, des prieurés de Saint-Martin-des-Champs, du Temple, de la commanderie de Saint-Jean-de-Latran, du chapitre de Saint-Merri, de l'abbaye de Montmartre, du prieuré de Saint-Lazare, des abbayes de Tiron, de Saint-Denis[54]. Cette présentation détaillée des seigneuries est complétée d'une retranscription des « registres criminels » de Saint-Maur-des-Fossés, Sainte-Geneviève, Saint-Germain-des-Prés, Saint-Martin-des-Champs et Saint-Denis[55]. Il s'agit donc d'une source de seconde main qui retranscrit des registres médiévaux ; des erreurs peuvent alors être présentes et la fiabilité de ces éditions ne peut être entièrement assurée – il en est de même pour de nombreuses sources de seconde main éditées au cours du XIXe siècle. Toutefois, cet ouvrage m'a permis d'établir une liste complète des justices seigneuriales ecclésiastiques avec les terres placées sous leur juridiction et sur lesquelles elles exercent la haute justice, et d'élaborer une liste relativement précise des lieux de justice – exécution et exposition – détenus par ces seigneurs. Bien que parfois incomplets[56], ces registres compilant les faits de justice m'ont également permis de dater approximativement certaines structures à partir de leurs dates d'utilisation – les dates d'élévation et de destruction étant particulièrement

---

[53] TANON, *Histoire des...*, p. 219-220

[54] *Ibid.*

[55] Voir aussi pour le cas de Saint-Martin-des-Champs : TANON Louis, *Registre criminel de la justice de Saint-Martin-des-Champs à Paris au XIVe siècle*, Paris, Léon Willem, 1877.

[56] GAUVARD Claude, « Le manuscrit 640 de la bibliothèque Sainte-Geneviève : registre criminel ou registre de "ressaisines" », *Bulletin de la Société Nationale des Antiquaires de France*, 2013, p. 166.

rares dans les sources. Autre ouvrage essentiel à la constitution de mon corpus : les tomes 2 et 3 de l'*Histoire et recherches des antiquités de la ville de Paris* écrit par Henri Sauval au cours du XVIIe siècle[57]. La lecture du tome 2 me permit, au milieu d'une histoire de la capitale très riche et dense, faite de nombreuses redondances et d'anecdotes, de glaner quelques informations supplémentaires sur certains lieux déjà évoqués par Louis Tanon, et notamment quelques précisions sur la matérialité ainsi que la temporalité des structures les plus connues de la capitale, à savoir les fourches de Montfaucon et de Montigny, l'échafaud et le pilori des Halles ainsi que les échafauds de la place de Grève et de la place du Parvis, les bûchers en place de Grève et au marché aux Pourceaux, etc. Le tome 3 fut, quant à lui, une mine d'informations au sujet de plus petites structures ou à propos de détails de la vie de ces célèbres structures. La vaste retranscription des *Comptes et Ordinaires de la Prévôté de Paris* de 1399 à 1573 qu'il contient fournit des renseignements sur les achats et paiements nécessaires à l'exécution de certaines sentences : on apprend ainsi qu'en 1445, trois chaînes furent faites pour l'exécution de trois larrons pendus à un arbre situé près de Bourg-la-Reine (n°62) ou encore qu'en 1485, trois roues furent faites et placées une sur la place Maubert, une sur la place des Halles et une à la porte Saint-Antoine (n°70 à 72), etc. Ce type d'informations sur l'élévation de petites structures souvent temporaires est accompagné dans cet ouvrage d'un autre type tout aussi intéressant : des mentions de réparations. En effet, ces *Comptes et Ordinaires*, émanant de l'autorité royale, contiennent également les dépenses faites pour les réparations de certaines structures de justice nous donnant ainsi une connaissance de l'intérêt porté à ces instruments judiciaires, de leur usage effectif et de leurs temporalités. Sont concernées par ce type de renseignements relativement peu de structures : les fourches de Montfaucon et Montigny (n°7 et 57), l'échafaud et le pilori des Halles (n°8 et 54), le poteau, la cuve ou la potence du marché aux Pourceaux (n°48, 56 et 79).

Ces deux ouvrages ont également été complétés par d'autres écrits d'érudits et d'historiens sur l'histoire de Paris. On peut noter les tout aussi importants *Théâtre des Antiquitez de Paris* de Jacques Du Breul datant du début XVIIe siècle[58], *Recherches critiques, historiques et topographiques sur la ville de Paris* de Jaillot écrit au XVIIIe siècle[59], *Histoire physique, civile et morale de Paris* de Dulaure publié au début du XIXe siècle[60], l'*Histoire de la*

---

[57] SAUVAL Henri, *Histoire et recherches des antiquités de la ville de Paris*, Paris, Charles Moette & Jacques Chardon, 1724, t. 2 et 3.

[58] DU BREUL Jacques, *Le Théâtre des antiquitez de Paris…*, Paris, Société des Imprimeurs, 1639.

[59] JAILLOT, *Recherches critiques, historiques et topographiques sur la ville de Paris, depuis ses commencements connus jusqu'à présent*, 20 tomes, Paris, Imprimerie Auguste Martin Lottin ainé, 1772-1775.

[60] DULAURE Jacques-Antoine, *Histoire physique, civile et morale de Paris depuis les premiers temps historiques jusqu'à nos jours*, Paris, Baudouin Frères Éditeurs, 10 tomes, 1826 (3e éd.).

ville et de tout le diocèse de Paris de l'abbé Lebeuf[61], complétés par les ouvrages plus récents de la *Nouvelle Histoire de Paris*, en particulier les tomes 3 et 4[62]. À ces ouvrages très généraux, j'ai aussi ajouté la consultation de quelques sources premières : les *Actes du Parlement*[63], les *Olim*[64], le *Cartulaire de Notre-Dame de Paris*[65], le *Catalogue des actes de Philippe Auguste*[66] mais aussi, plus récemment édités, les *Chartes et documents de Saint-Magloire*[67], les *Chartes de l'abbaye de Saint-Denis des origines à 1300*[68], le *Recueil des chartes et documents de l'abbaye de Saint-Martin-des-Champs*[69]. Enfin, quelques chroniques médiévales vinrent compléter ce tableau ; on peut noter par exemple l'*Histoire de Charles VI... par Jean Juvenal d'Ursin*[70], la *Chronique latine de Guillaume de Nangis de 1113 à 1300*[71]. Lorsque cela était possible, l'étude de certaines structures a été approfondie par la consultation d'ouvrages et revues spécialisés sur un quartier de Paris ou un établissement ecclésiastique en particulier. On peut ainsi citer sur Paris les *Mémoires de la Société de l'histoire de Paris et de l'Île-de-France* ; spécifiquement sur Montmartre, l'ouvrage du même nom écrit par Henri Chateau et Georges Renault[72], *Le Vieux Montmartre. Bulletin de la Société d'histoire et d'archéologie du 18e arrondissement* et le mémoire écrit en 1906 par Ferdinand De Guilhermy[73] ; sur le marché aux Pourceaux,

---

[61] LEBEUF Jean (abbé), *Histoire de la ville et de tout le diocèse de Paris*, Paris, Auguste Durand, 4 tomes, 1863-1870, 2nd éd. annotée (1764).

[62] CAZELLES, *op. cit.* ; FAVIER, *La Nouvelle..., op. cit.*

[63] BOUTARIC Edgard, DELISLE Léopold et GRÜN Alphonse (éd.), *Actes du Parlement de Paris : première série de l'an 1254 à l'an 1328*, Paris, H. Plon, 2 tomes, 1863.

[64] BEUGNOT Auguste-Arthur (éd.), *Olim ou Registres des arrêts rendus par la Cour du Roi : sous les règnes de Saint Louis, de Philippe Le Hardi, de Philippe Le Bel, de Louis Le Hutin et de Philippe Le Long*, Paris, Imprimerie royale, 3 tomes, 1839-1848.

[65] GUERARD Benjamin (éd.), *Cartulaire de l'église de Notre-Dame*, Paris, Crapelet, 4 tomes, 1850.

[66] DELISLE Léopold (éd.), *Catalogue des actes de Philippe Auguste...*, Paris, Imprimerie Auguste Durand, 1856.

[67] FOSSIER Lucie et TERROINE Anne (éd.), *Chartes et documents de Saint-Magloire*, Turnhout, Brepols, Paris, CNRS Éditions, 3 tomes, 1966, 1976 et 1998.

[68] CLAVAUD Florence, DELLA BARTOLOMEA Sandrine et GUYOTJEANNIN Olivier (éd.), *Chartes de l'abbaye de Saint-Denis des origines à 1300*, 2010, en ligne sur : http://saint-denis.enc.sorbonne.fr/inventaire/tome2/notice2212.

[69] DEPOIN Joseph (éd.), *Recueil des chartes et documents de l'abbaye de Saint-Martin-des-Champs, monastère parisien*, Ligugé, 5 tomes, 1913-1921.

[70] GODEFROY Denys, *Histoire de Charles VI, roy de France, et des choses mémorables advenues durant 42 années de son règne, depuis 1380 jusques à 1422 par Jean Juvenal d'Ursin. Augmentée en cette seconde édition...*, Paris, Imprimerie royale, 1653.

[71] GUERAUD Hercule (éd.), *Chronique latine de Guillaume de Nangis de 1113 à 1300...*, Paris, Jules Renouard et Cie, 2 tomes, 1843.

[72] CHATEAU Henri et RENAULT Georges, *Montmartre*, Paris, Ernest Flammarion, 1897.

[73] DE GUILHERMY Ferdinand, *Montmartre*, mémoire, Paris, Édition de la Société Le Vieux Montmartre, 1906.

l'*Histoire de la butte des Moulins* d'Édouard Fournier[74] ; sur Montfaucon, entre autres, *Le gibet de Montfaucon* de Firmin Maillard[75] et *Gibets, piloris, cachots* de Jacques Hillairet[76] ; sur l'établissement du Temple, *La maison du Temple* d'Henri de Curzon[77] ; et sur Saint-Germain-des-Prés, l'*Histoire de l'abbaye royale de Saint-Germain-des-Prez* de Jacques Bouillart[78]. Toute cette documentation m'a permis de bien connaître les lieux de justice des seigneuries ecclésiastiques de Paris, en revanche, le pan laïc, outre le cas royal, est très peu fourni. Faut-il envisager que ces derniers ne possédaient que peu de structures de justice ? Toujours est-il que celles-ci ne laissèrent presque aucune trace dans la documentation. Enfin, ma recherche fut complétée par un support cartographique : le plan de Truschet et Hoyau daté de 1552, sur lequel apparaissent nettement certaines structures judiciaires dans la capitale.

---

[74] FOURNIER Édouard, *Histoire de la butte des Moulins*..., Paris, Frédéric Henry et J. Lepin, 1877.

[75] MAILLARD, *op. cit.*

[76] HILLAIRET, *op. cit.*

[77] DE CURZON Henri, *La maison du Temple de Paris : histoire et description*, thèse présentée à la faculté des lettres de Paris, Paris, Hachette&Cie, 1888.

[78] BOUILLART Jacques, *Histoire de l'abbaye royale de Saint-Germain-des-Prez*..., Paris, Grégoire Dupuis, 1724.

Explication des colonnes du tableau « Liste des lieux de justice de Paris et ses environs »

N° = numéro d'identification du lieu de justice. Chaque structure possède un numéro unique (de 1 à 104).
Structure = type de la structure (fourches patibulaires, potence, pilori, échelle, carcan, échafaud, poteau, cuve, roue, arbre, *unknown*[79] et *none*[80]).
Établissement = nom de l'établissement auquel le lieu de justice appartient (roi, évêque, chapitre Notre-Dame, abbaye Saint-Germain-des-Prés, etc.).
Date début = date d'élévation ou de première mention certaine.
DDH = date d'élévation ou de première mention hypothétique (indiquée entre parenthèses).
Date fin = date de destruction ou de dernière mention certaine.
DFH = date de destruction ou de dernière mention hypothétique (indiquée entre parenthèses).
Localisation = localisation large du lieu de justice afin de déterminer s'il se trouve dans Paris, dans ses faubourgs ou dans un autre bourg. Pour la définition des faubourgs dont la liste change évidemment au cours du temps et au rythme des différentes enceintes de la capitale, elle a été définie ici très simplement en considérant comme *faubourgs* tous les bourgs formant le pourtour proche de l'enceinte de Paris. Ces listes, pour chaque enceinte, ont été précisées. Pour l'enceinte carolingienne, elle est formée du quartier des Champeaux et du bourg de Saint-Paul ; pour l'enceinte de Philippe-Auguste, des bourgs de Saint-Germain, Saint-Marcel, Saint-Victor et du quartier du Temple ; et enfin, pour l'enceinte de Charles V, elle est constituée des bourgs de Saint-Germain, Saint-Jacques, Saint-Marcel, Saint-Victor, Saint-Antoine, Saint-Honoré, Montmartre, Saint-Denis, Saint-Martin et on peut considérer Montigny comme en faisant partie (voir également Partie II Chap. I) .
Commentaires = commentaires divers et variés concernant la localisation plus précise, la justification des dates données, les matériaux ou la forme de la structure quand ils sont connus, etc.
Sources = ensemble des sources et de la documentation qui ont permis de rassembler toutes ces données.

Liste des abréviations du corpus

Pr. : Prieuré
Abb. : Abbaye
Chp : Chapitre
RCHT : *Recherches critiques, historiques et topographiques…* de JAILLOT.
HdJ : *Histoire des Justices…* de Louis TANON.
HRAVP : *Histoire et recherches des antiquités de la ville de Paris…* de Henri SAUVAL.
NHdP : *Nouvelle Histoire de Paris.*
T&H : Plan de Truschet et Hoyau (1552).

[79] Le terme anglais de *unknown* a été préféré au français *inconnu* pour le seul avantage de l'absence d'accords en anglais. Ce faisant, toute erreur liée à l'accord du mot « inconnu » dans la base de données était évitée.
[80] De même, l'usage de l'anglais *none* a ici été préféré au français *aucun* pour les mêmes raisons d'erreurs liées aux accords qui auraient pu fausser la lecture de la base de données.

N°	Structure	Établissement	Date début ou (DDH)	Date fin ou (DFH)	Localisation	Commentaires	Sources
1	Potence	Abb. de St-Magloire		(999)	Quartier des Champeaux	Au milieu du XVIe s. découverte d'ossements, chaînes et restes de potences dans l'ancien cimetière voisinant la chapelle de St-Georges-et-St-Magloire. Mais aucun document n'atteste d'un lieu de pendaison ayant appartenu à St-Magloire en ce lieu. S'il a existé, ce lieu de justice serait très ancien et daterait d'avant le transfert des religieux sur l'île de la Cité, à la fin du Xe s.	JAILLOT, *RCHT*, t. 2, p. 27-33 ; TANON, *HdJ*, p. 183 ; FOSSIER et TERROINE, *Chartes et documents de St Magloire*, t.1, p. 23-24, 518.
2	Fourches patibulaires	Abb. de St-Magloire	(1008)		Charonne	Au plus tôt, les religieux ont pu établir leur nouveau lieu de pendaison au début du XIe s. (1008), période à laquelle ils furent en possession de la totalité des droits seigneuriaux sur Charonne. Mais, il est probable que cette élévation ait été plus tardive.	TANON, *HdJ*, p. 183 ; JAILLOT, *RCHT*, t. 2, p. 33. FOSSIER et TERROINE, *Chartes et documents de St Magloire*, t.1, p. 23.
3	Carcan	Abb. de Montmartre	(1133)	(1607)	Montmartre	1133 : vente de l'église de Montmartre par St-Martin-des-Champs au roi qui y fonde une communauté féminine. Louis VI accorde aux religieuses la haute, moyenne et basse justice sur Montmartre. 1153 : Louis VII confirme cette donation.	Arch. nat. Z^{2} 2399 (1607) ; TANON, *HdJ*, p. 305 ; CHATEAU et RENAULT, *Montmartre*, p. 116 ; *Le Vieux Montmartre. Bulletin de la Société d'histoire et d'archéologie du 18e arr.*, n°19, 1893, p. 15 ; LAZARE, *Nomenclature des rues...*, p. 242 ; DE GUILHERMY, *Montmartre*, p. 88.

N°	Structure	Établissement	Date début ou (DDH)	Date fin ou (DFH)	Localisation	Commentaires	Sources
4	Fourches patibulaires	Abb. de Montmartre	(1133)	(1411)	Montmartre	Situées rue du Vieux-Chemin (act. rue de Ravignan), au sommet de la butte Montmartre, sur la route menant à St Ouen. Proche de l'entrée du monastère et non loin d'un glacis. **1133** : les religieuses reçoivent la haute justice sur Montmartre. 1153 : confirmation de cette donation.	GODEFROY, *Histoire de Charles VI... par Jean Juvenal d'Ursin...*, p. 229 ; DE GUILHERMY, *Montmartre*, p. 63 ; CHATEAU et RENAULT, *Montmartre*, p. 151-152 ; *Le Vieux Montmartre. Bulletin de la Société d'histoire et d'archéologie du 18e arr.*, n°9, 1888, p. 8-9 ; n°13, 1890, p. 6 ; n°19, 1893, p. 15.
5	Fourches patibulaire	Pr. de St-Éloi		(1134)	St-Paul	Situées à l'extérieur de Paris à la porte Baudoyer de l'enceinte carolingienne, à l'entrée du bourg de St Paul. Selon Tanon, elles existaient jusqu'à la réunion du prieuré à l'abbaye de St-Maur-des-Fossés en **1134**. Le prieuré exécutait ensuite aux fourches de St-Maur dont la 1e mention date 1273 (voir n°6).	TANON, *HdJ*, p. 195 et 321 et suiv.
6	Fourches patibulaires	Pr. de St-Éloi	(1134) 1273		St-Maur-des-Fossés	1134 : réunion à l'abbaye de St-Maur. Auparavant, les fourches de St-Éloi devaient se trouver près de la porte Baudoyer, à l'entrée du bourg de St-Paul. 1273 : 1e mention des fourches de St-Maur.	TANON, *HdJ*, p. 195 et 321 et suiv.

N°	Structure	Établissement	Date début ou (DDH)	Date fin ou (DFH)	Localisation	Commentaires	Sources
7	Fourches patibulaires	Roi	(1189)	(1760)	Montfaucon	1189: 1e mention de la structure dans un acte de vente. Situées au nord est de Paris, entre les portes du Temple et de St-Martin.	Arch. nat., K 26, n°10, Cartulaire de Saint-Lazare de Paris, fol. 16 (avril 1189) ; HALPHEN, *Paris sous les premiers Capétiens (987-1223)*…, t. 1, p. 86 ; DELISLE, *Catalogue des actes de Philippe Auguste*…, n° 230 p. 55-56 ; GAUVARD, *Condamner à mort*…, p. 224 et 230 ; HELBING, dans *Armes et outils*…, p. 47-48 ; MAILLARD, *Le gibet*…, p. 10 et 12 ; SAUVAL, *HRAVP*, t. 2, p. 584-586 ; SAUVAL, *HRAVP*, t. 3, p. 498, 533, 608…
8	Pilori	Roi	(1190)	1785	Paris	Structure très probablement dressée au moment du développement du marché royal des Halles (vers 1180). À dater de la fin du XIIe ou début du XIIIe siècle.	SAUVAL, *HRAVP*, t. 2, p. 609 ; TANON, *HdJ*, p. 41 ; JAILLOT, *RCHT*, t. 8, p. 27.
9	Fourches patibulaires	Évêque	(1222)	(1578)	St-Cloud	Située au niveau du pont de St-Cloud.	Arch. nat. Z^2 3150 (1578) ; TANON, *HdJ*, p. 169 ; CAZELLES, *NHdP*, t. 3, p. 193-197 ; *Charta Pacis* de 1222 ; GAUVARD, *Condamner à mort*…, note 20 p. 311 ; HILLAIRET, *Gibets, cachots*…, p. 23-24, 137 et note 1 p. 53.

N°	Structure	Établissement	Date début ou (DDH)	Date fin ou (DFH)	Localisation	Commentaires	Sources
10	Fourches patibulaires	Abb. de St-Magloire	(1240)	(1409)	Versailles	1240 : 1re mention dans un acte. Situées près de la grange dimeresse.	Arch. nat. S 3971, n°10, fol. 11 (1409) ; TERROINE et FOSSIER, *Chartes et documents de Saint Magloire*, t. 1, p. 277-279 (voir notes de l'acte n°130 : juillet 1240).
11	Fourches patibulaires	Abb. de St-Germain-des-Prés	(1257)		Villeneuve-St-Georges	1257 : conflit entre le roi et l'abbé autour de la justice de deux faux-monnayeurs pendus aux fourches de Villeneuve-St-Georges. 1384 : mentionnées dans la déclaration de temporel.	BOUTARIC, GRÜN et DELISLE, *Actes du Parlement de Paris*, t.1, p. 11-12 (n°131 et 132 ; 1257) ; BEUGNOT, *Olim*, t. 1, p. 19-20, n°XV (1257) ; TANON, *HdJ*, note 40, p. 219.
12	Fourches patibulaires	Abb. de St-Denis	(1258)		Tremblay-en-France	1258 : arrêt du Parlement maintenant l'abbé dans sa possession des fourches contre les prétentions du prévôt.	Arch. nat. LL 1190 dans *Chartes de l'abbaye de Saint-Denis des origines à 1300*, t. 2, p. 526 (notice n°2186 ; 1258) ; BOUTARIC, GRUN et DELISLE, *Actes du Parlement...*, t.1, p. 15 (n°178 ; 1258).
13	Fourches patibulaires	Pr. de St-Martin-des-Champs	(1258)		Noisy-le-Grand	1258 : arrêt du Parlement maintenant les religieux en possession de la haute justice de Noisy, ils érigent alors des fourches pour y pendre la figure d'un larron. Fourches ensuite abattues par le prévôt. Appel au Parlement, qui ordonne rétablissement des fourches en présence du roi.	BEUGNOT, *Olim*, t.1, p. 29 ; BOUTARIC, GRUN et DELISLE, *Actes du Parlement...*, t.1, p. 16 (n°185 ; 1258) ; TANON, *HdJ*, note 2 p. 553 et p. 278, 283, 448, 551 et 553-555.
14	Fourches patibulaires	Abb. de Ste-Geneviève	(1263)		Montlhéry	1263 : 1re mention des fourches, pour la pendaison d'un larron.	TANON, *HdJ*, p. 374 et 375-376.

N°	Structure	Établissement	Date début ou (DDH)	Date fin ou (DFH)	Localisation	Commentaires	Sources
15	Fourches patibulaires	Abb. de Ste-Geneviève	(1265)		Épinay-sur-Orge	1265 : 1e mention des fourches, pour l'enfouissement d'une femme.	TANON, *HdJ*, p. 400.
16	Fourches patibulaires	Abb. de St-Germain-des-Prés	(1265) 1275	1735	St Germain-des-Prés	1265 : 1e mention des fourches de « Saint-Germain ». 1273 : accord royal donnant la haute et basse justice à l'abbaye sur l'ensemble de ses domaines. 1275 : autorisation du roi à dresser des fourches et un pilori à St-Germain.	BOUILLART, *Histoire de l'abbaye royale de Saint-Germain-des-Prez*..., p. LXV, n°XCVII et p. LXVI, n°XCVIII. TANON, *HdJ*, p. 415-421. CAZELLES, *NHdP*, t. 3, p. 331-332.
17	Fourches patibulaires	Abb. de Ste-Geneviève	(1268)		Vanves	1268 : 1e mention des fourches de Vanves, pour situer le lieu d'un crime.	TANON, *HdJ*, p. 359, 360-362, 380, 383-384 et 388-389. GAUVARD, *Condamner à mort*..., p. 26.
18	Fourches patibulaires	Abb. de Ste-Geneviève	(1270)		Vémars	1270 : 1e mention des fourches, pour la pendaison de deux voleurs.	TANON, *HdJ*, p. 411.
19	Fourches patibulaires	Abb. de Montmartre	1272		Barbery	1272 : arrêt royal autorisant les religieuses à dresser leurs fourches au bourg de Barbery. Il n'en existait pas avant en ce lieu.	BOUTARIC, GRÜN et DELISLE, *Actes du Parlement*, t. 1, p. 168 (notice n°1819) ; BEUGNOT, *Olim*, t.1, fol. 189 v°, p. 890 ; TANON, *HdJ*, p. 305.
20	Pilori	Abb. de St-Germain-des-Prés	1272	1272	Paris	1272 : pilori portatif dressé dans Paris *intra-muros* dans la rue de l'Hirondelle. Très probablement temporaire.	Arch. nat. LL 1077, fol. VII r° ; TANON, *HdJ*, p. 42, 413 et note 2 p. 413. VIOLLET, *Registres judiciaires*..., t. 34, p. 326.
21	Fourches patibulaires	Abb. de Ste-Geneviève	(1272)		St-Germain-sur-École	1272 : 1e mention des fourches, pour un enfouissement d'une voleuse.	GAUVARD, *Condamner à mort*..., p. 26 ; TANON, *HdJ*, p. 392-394 et 396.

N°	Structure	Établissement	Date début ou (DDH)	Date fin ou (DFH)	Localisation	Commentaires	Sources
22	Pilori	Abb. de St-Germain-des-Prés	1275	(1636)	St-Germain-des-Prés	1273 : le roi accorde la haute et basse justice à l'abbaye sur l'ensemble de ces domaines. 1275 : autorisation royale accordée à St-Germain-des-Prés de dresser ces fourches dans le bourg de St-Germain.	CAZELLES, *NHdP*, t. 3, p. 231-232 ; TANON, *HdJ*, p. 225, 415-417, 419-421, 423, 430 et 445-446. BOUILLART, *Histoire de l'abbaye royale de Saint-Germain-des-Prez*…, p. LXV, n°XCVII et p. LXVI, n°XCVIII.
23	Échelle	Abb. de St-Germain-des-Prés		(1275)	St-Germain-des-Prés	1275 : le pilori érigé (n°22) remplaça pour certain l'échelle alors en place, pour d'autres elle subsista à ses côtés. Située sur la place Ste-Marguerite.	TANON, *HdJ*, p. 226-227 ; SAUVAL, *HRAVP*, t. 2, p. 590 ; MAILLARD, *Le gibet*…, p. 3.
24	Fourches patibulaires	Abb. de St-Denis	(1277)	(1466)	Corbeil-Essonne	1277 : arrêt donnant à l'abbaye la haute justice sur le territoire d'Essonne et le droit d'ériger des fourches à Corbeil, contre les prétentions des officiers royaux. 1466 : dernière mention de ces fourches, mais ont probablement perduré encore après cette date.	Arch. nat. LL 1190 dans *Chartes de l'abbaye de Saint-Denis des origines à 1300*, t. 2, p. 785 (notice n°2715) ; SAUVAL, *HRAVP*, t. 3, p. 387.
25	Fourches patibulaires	Abb. de St-Denis	(1279)		Concevreux	1279 : arrêt maintenant l'abbé en sa possession du territoire de Concevreux avec les droits de justice. Mention des fourches de l'abbaye.	Arch. nat. LL 1190 dans *Chartes de l'abbaye de Saint-Denis des origines à 1300*, t. 2, p. 813-814 (notice n°2771).

N°	Structure	Établissement	Date début ou (DDII)	Date fin ou (DFII)	Localisation	Commentaires	Sources
26	Échelle	Pr. du Temple	(1279)		Quartier du Temple	1279 : acte entre Philippe III et les Templiers, délimite les frontière du domaine où s'exerce la haute justice du Temple Située au carrefour des Vieilles-Haudriettes, en face de la rue Michel-le-Comte, non loin de l'enclos. Détruite pendant la minorité de Louis XIV mais immédiatement rétablie. Dernière échelle de justice en place dans Paris.	Arch. nat. K 34, n°24 (août 1279) ; TANON, *HdJ*, p. 42 et 291; JAILLOT, *RCHT*, t. 14, p. 17 ; SAUVAL, *HRAVP*, t. 2, p. 590 ; DULAURE, *Histoire physique*..., t. 1, p. 311 ; DE CURZON, *La maison du temple*..., p. 177-178.
27	Fourches patibulaires	Pr. de St-Martin-des-Champs	(1284)		Bonnelles	1155-1168 : Béatrice de Rochefort donne aux religieux, avec l'approbation du roi, sa terre de Bonnelles avec tous les droits de justice. 1284 : sentence confirmant les droits de St-Martin à posséder des fourches à Bonnelles, contre les prétentions du comtes de la Marche et du comte de Dreux et sa veuve.	Acte n°1293 (août 1284) dans *Recueil des chartes et documents de l'abbaye de Saint-Martin-des-Champs*..., DEPOIN (éd.), t. 5. Acte n°397 (1155-1168), *id.*, t. 2.
28	Échelle	Roi	(1284)	(1400)	Paris	Située au carrefour Guillori. On y pratiquait l'essorillement. Selon De Presles, le carrefour est ainsi appelé en raison de cet usage judiciaire. 1284 : dans cartulaire de St-Maur, carrefour nommé de la Vieille-Oreille.	SAUVAL, *HRAVP*, t. 2, p. 597 ; LE BAS, *France. Dictionnaire encyclopédique*, t. VII, p. 527 et note ; DE PRESLES, *La Cité de Dieu*, vol. 1, livre V, chap. XXV.
29	Fourches patibulaires	Abb. de St-Denis	(1287)	(1446)	St-Denis	1281 : plainte d'une veuve pour la pendaison « injuste » de son mari par le bailli de St Denis.	Arch. nat. LL 1190 dans *Chartes de l'abbaye de Saint-Denis des origines à 1300*, t. 2, p. 912 (notice n°2961) ; TANON, *HdJ*, p. 315-316 et 559.
30	Fourches patibulaires	Seigneur laïc de Melun	(1291)		Melun	1291 : sentence de l'assise de Melun confirmant la possession de la haute justice à St-Germain-des-Prés ainsi que la justice des larrons à deux chevaliers ; ils peuvent dresser des fourches temporairement pour chaque exécution.	TANON, *HdJ*, p. 219-220.

N°	Structure	Établissement	Date début ou (DDH)	Date fin ou (DFH)	Localisation	Commentaires	Sources
31	Fourches patibulaires	Abb. de St-Germain-des-Prés	(1291)	(1522)	Meudon	1291 : 1e mention de pendaison à Meudon par la justice de St Germain. 1522 : mention de fourches permanentes à 3 piliers dans la déclaration de temporel.	TANON, *HdJ*, p. 225, 448 et note 61, p. 225.
32	Fourches patibulaires	Abb. de St-Germain-des-Prés	(1291)		Suresnes	1291 : 1e mention des fourches.	TANON, *HdJ*, p. 452-453.
33	Fourches patibulaires	Abb. de Ste-Geneviève	(1295)	(1306)	Auteuil	1295 : 1e mention des fourches. 1306 : la justice et les fourches d'Auteuil furent ressaisies par le prévôt de Paris. Pourtant, en 1474 : déclaration affirmant que les religieux avaient la haute justice sur Auteuil.	Tanon, *HdJ*, p. 241, 384 et 385 ; GAUVARD, *Condamner à mort...*, p. 26.
34	Fourches patibulaires	Abb. de St-Magloire	1296		Morsang-sur-Orge	1296 : acte accordant aux religieux le droit d'élever des fourches en cet endroit.	Acte n°81 (24 janvier 1296, n. st.), dans TERROINE et FOSSIER, *Chartes et documents de Saint Magloire*, t. 2, p. 110.
35	*None*	Roi	(1300)	(1500)	Paris	Selon Sauval, aux XIVe et XVe siècles, le Pont au Change est un des lieux, avec la Seine et la Tour Billy, où se pratiquait la noyade.	SAUVAL, *HRAVP*, t.2, p. 589.
36	*None*	Roi	(1300)	(1500)	Paris	Selon Sauval, aux XIVe et XVe siècles, on pratiquait le supplice de la noyade dans la Seine, au niveau de la grève et de la place du même nom.	SAUVAL, *HRAVP*, t.2, p. 589.
37	*None*	Roi	(1300)	(1500)	Paris	Pratique de la noyade également à la Tour de Billy.	SAUVAL, *HRAVP*, t.2, p. 589.
38	Carcan	Abb. de Ste-Geneviève	(1300)		St-Germain-sur-École	1300 : 1e mention du carcan. Mise au *cep* d'un certain Geoffroi Godefroi.	TANON, *HdJ*, p. 395-396.

N°	Structure	Établissement	Date début ou (DDH)	Date fin ou (DFH)	Localisation	Commentaires	Sources
39	Carcan	Évêque	(1300)	(1674)	Paris	Situé à la Croix du Trahoir, au carrefour des rues de l'Arbre-Sec et St-Honoré. On y pratiquait aussi l'essorillement ou la flétrissure ou encore des prononciations publiques de bannissement.	TANON, *HdJ*, p. 39, 169-170 ; GUÉRARD, *Cartulaire de Notre-Dame*, t. III, p. 274. ; COLLETET, *Le Tracas de Paris*, dans JACOB (éd.), *Paris ridicule*…, p. 256-257.
40	Échelle	Abb. de Ste-Geneviève	(1301)		Paris	1301 : 1e mention de l'échelle, pour l'exposition d'une maquerelle. Cette échelle à demeure fut ensuite remplacée par un simple carcan.	TANON, *HdJ*, p. 245, note 67 p. 245 et 351 ; SAUVAL, *HRAVP*, t. 2, p. 590.
41	*Unknown*	Abb. de Ste-Geneviève		1303	Faubourg-St-Victor	Jusqu'en 1303, exécutions capitales en la décharge de St Victor, située sur la butte des « Copeaux ». Les Victoriens gênés par les exécutions et les immondices obtinrent le déplacement de la décharge en 1303.	Arch. nat., S 1536, n°8 (4 juillet, 1303) ; FOSSIER et Terroine, *Un Bourgeois parisien du XIIIe s.*, p. 31 et note 76 p. 60-61.
42	Fourches patibulaires	Abb. de St-Germain-des-Prés	(1307)	(1522)	Issy	1307 : 1e mention d'une pendaison à Issy par la justice de St Germain. 1522 : mention de fourches permanentes à 3 piliers dans la déclaration de temporel.	TANON, *HdJ*, p. 225, 440 et note 61 p. 225 ; VIOLET, *Registres judiciaires de quelques établissements*..., t. 34, p. 327.
43	Échafaud	Roi	(1310)	(1599)	Paris	1310 : 1e mention de l'échafaud, pour l'exécution de Marguerite Porete. Situé sur la place de Grève.	SAUVAL, *HRAVP*, t. 2, p. 608-609 ; SAUVAL, *HRAVP*, t. 3, p. 608-610.
44	Échafaud	Évêque	(1314)	(1381)	Paris	Situé sur la place du Parvis de Notre-Dame. Échafaud dressé temporairement pour les lectures de sentences et l'amende honorable. 1314 : 1e mention, pour l'exécution des Templiers. 1381 : dernière mention, mais a probablement été encore dressé par la suite.	SAUVAL, *HRAVP*, t. 2, p. 605 ; JAILLOT, *RCHT*, t. 1, p. 116.

N°	Structure	Établissement	Date début ou (DDH)	Date fin ou (DFH)	Localisation	Commentaires	Sources
45	Échelle	Évêque	(1314)	(1700)	Paris	**1314 : 1**[e] mention, pour l'exécution des Templiers. Située sur la place du Parvis de Notre-Dame.	SAUVAL, *HRAVP*, t. 2, p. 590 et 605-606 ; JAILLOT, *RCHT*, t. 1, p. 115-116 ; DU BREUL, *Le Théâtre des Antiquitez...*, p. 38 ; DULAURE, *Histoire physique...*, t.1, p. 311 ; MAILLARD, *Le gibet...*, p. 5.
46	Échelle	Pr. de St-Éloi		1320	Paris	1320 : l'échelle de justice du prieuré est enlevée et remplacée par une croix. Située au niveau de la porte St Antoine de l'enceinte Philippe Auguste, à l'entrée du bourg de St Paul.	TANON, *HdJ*, p. 195. ; SAUVAL, *HRAVP*, t. 2, p. 590 ; Plan T&H (croix visible sur le plan).
47	Fourches patibulaires	Chp. de St-Benoît-le-Bétourné	(1326) 1364		St-Marcel	**1326 :** sentence du prévôt de **P**aris rejetant la demande des chanoines de reconstruire leurs fourches sur le territoire de St-Marcel, fourches que les chanoines de St-Marcel avaient fait abattre comme préjudiciables à leur droit de justice. **1364 :** Lettre patente du roi concédant au chapitre le droit d'exécuter des criminels aux fourches patibulaires de St-Marcel, de St-Ouen, de Clichy-sous-Bois et de **L**imeil (voir n°**51**, 52 et 53).	Arch. nat. L 603, pièces n°53 et 54 (Sentence du prévôt de Paris de 1326) ; Arch. nat. L 603, pièce n°55 (Lettre parente de Charles V, 1364).
48	Poteau	Roi	(1331) 1406	(1552)	Faubourg-St-Honoré	Dressé au marché aux Pourceaux. Poteau de bois utilisé pour les bûchers, et donc nécessairement temporaire. **1331 :** condamnation au bûcher de Jeanne de Divion qui nécessitait probablement une telle structure judiciaire. **1406 : 1**[e] mention explicite d'un poteau élevé au marché aux Pourceaux.	SAUVAL, *HRAVP*, t. 2, p. 601 et 606 ; *Chronique latine de Guillaume de Nangis de 1113 à 1300...*, GÉRAUD H. (éd.), t. 2, p. XIX et 126 (Sur la condamnation de Jeanne de Divion en 1331).

N°	Structure	Établissement	Date début ou (DDH)	Date fin ou (DFH)	Localisation	Commentaires	Sources
49	Échelle	Pr. de St-Martin-des-Champs	(1336)	(1552)	Paris	1336 : remplace une ancienne échelle. Située en la place de la cour St-Martin, dans la rue Aumaire, face à l'église St-Nicolas-des-Champs. On y pratiquait aussi l'essorillement. Selon Sauval, elle fut ensuite remplacée par un simple poteau. 1552 : l'échelle de justice existait probablement encore à cette date (visible sur le plan Truschet et Hoyau).	Arch. nat. S 1437 ; TANON, *HdJ*, p. 283, 489, 506, 550 et 552 ; SAUVAL, *HRAVP*, t. 2, p. 590 ; Plan T&H.
50	Échelle	Pr. de St-Martin-des-Champs	1349		Montceleux	1349 : 1ᵉ mention de l'échelle.	TANON, *HdJ*, p. 550.
51	Fourches patibulaires	Chp. de St-Benoît-le-Bétourné	1364		Clichy-sous-Bois	1364 : Lettre patente du roi Charles V concédant au chapitre de St-Benoît le droit d'exécuter des criminels aux fourches patibulaires de St-Marcel, de St-Ouen, de Clichy-sous-Bois et de Limeil (voir n°47, 52, 53).	Arch. nat. L 603, pièce n°55 (*Lettre patente de Charles V, 1364*).
52	Fourches patibulaires	Chp. de St-Benoît-le-Bétourné	1364		St-Ouen	1364 : Lettre patente du roi concédant au chapitre le droit d'exécuter des criminels aux fourches patibulaires de St-Marcel, de St-Ouen, de Clichy-sous-Bois et de Limeil (voir n°47, 51, 53).	Arch. nat. L 603, pièce n°55 (*Lettre patente de Charles V, 1364*).
53	Fourches patibulaires	Chp. de St-Benoît-le-Bétourné	(1364)		Limeil	1364 : Lettre patente du roi concédant au chapitre le droit d'exécuter des criminels aux fourches patibulaires de St-Marcel, de St-Ouen, de Clichy-sous-Bois et de Limeil (voir n°47, 51, 52).	Arch. nat. L 603, pièce n°55, (*Lettre patente de Charles V, 1364*) ; TANON, *HdJ*, p. 264.

N°	Structure	Établissement	Date début ou (DDH)	Date fin ou (DFH)	Localisation	Commentaires	Sources
54	Échafaud	Roi	(1398)	(1599)	Paris	1398 : 1e mention, pour la décapitation et l'écartèlement de deux Augustins. Situé sur la place des Halles. Mentions de réparations sur l'échafaud au cours du XVe s. (1438 à 1477), il fût donc peut-être permanent pendant un temps.	SAUVAL, *HRAVP*, t. 2, p. 608-609 ; SAUVAL, *HRAVP*, t. 3, p. 258, 336-337, 340, et 414.
55	Échelle	Chp. de Notre-Dame		1410	Paris	Située au port St Landry. **1410** : échelle détruite. Au XVe s. cette échelle se trouvait au parvis de Notre-Dame.	TANON, *HdJ*, p. 138 ; SAUVAL, *HRAVP*, t. 2, p. 590 ; JAILLOT, *RCHT*, t. 1, p. 116 ; CAZELLES, *NHdP*, t. 3, p. 229-230 ; MAILLARD, *Le gibet…*, p. 5 ; HECK, « Représentation du pilori… », p. 120.
56	Chaudière	Roi	(1412)		Faubourg-St-Honoré	Dressée au marché aux Pourceaux.	SAUVAL, *HRAVP*, t. 3, p. 266, 604.
57	Fourches patibulaires	Roi	1416	(1491)	Montigny	1416 : 1e mention.	MAILLARD, *Le gibet…*, p. 13-14 ; SAUVAL, *HRAVP*, t. 3, p. 269, 270, 273, 278, 359, 475- 476, 493 et 498.
58	Fourches patibulaires	Chp. de Notre- Dame	(1417)	(1568)	Mons-sur-Orge	1417 : le chapitre de Notre-Dame achète la seigneurie de Mons-sur-Orge. En 1306, le roi accorde la haute justice des lieux à Guillaume de Marcilly qui dresse des fourches à 3 piliers. Le chapitre, en achetant les terres, a-t-il aussi acheté les fourches ? 1568 : exécution d'une femme, coupable d'infanticide, aux fourches du chapitre à Mons.	TANON, *HdJ*, note 74 p. 144-145.

N°	Structure	Établissement	Date début ou (DDH)	Date fin ou (DFH)	Localisation	Commentaires	Sources
59	Potence	Roi	(1420)	(1535)	Faubourg St-Antoine	Potence dressée temporairement à la porte St Antoine, à l'extérieur des murs. Dressée temporairement mais à de multiples reprises. 1420 : 1e occurrence. Deux potences sont dressées, 1 à la porte St Denis et 1 à la porte St Antoine. Elles font 2 toises de long (près de 4 mètres) (voir n°60). 1471 : 4 potences de bois dressées hâtivement aux portes principales de Paris, 1 à la porte St Antoine (voir n°60, 63, 64). 1532 : potence à nouveau dressée. 1535 : potence à nouveau dressée.	SAUVAL, *HRAVP*, t. 3, p. 276 et 400, 615, 617-618.
60	Potence	Roi	(1420)	(1535)	Faubourg St-Denis	Potence dressée à la porte St Denis, à l'extérieur des murs. Très probablement temporaire mais « régulièrement » dressée là et suffisamment importante pour être mentionnée pour délimiter l'emplacement d'un fossé. Potence pour exposer les membres de condamnés à mort. 1420 : 1e mention. Longue de 2 toises (voir n°59). 1471 : à nouveau dressée (voir n°59, 63, 64). 1480 : à nouveau encore. 1535 : à nouveau dressée.	SAUVAL, *HRAVP*, t. 3, p. 276, 400 et 438, 617-618.
61	Échelle	Abb. de Ste-Geneviève	(1421)	(1421)	Paris	Située près de la place Maubert et de l'église des Carmes et des rues de Bièvre et des Noyers. 1421 : échelle dressée à l'occasion d'une condamnation le 6 avril 1421.	TANON, *HdJ*, p. 397-398.
62	Arbre	Roi	(1445)		Bourg-la-Reine	1445 : achat de 3 chaînes de fer pour pendre 3 larrons à un arbre près de Bourg-la-Reine.	SAUVAL, *HRAVP*, t. 3, p. 344.

N°	Structure	Établissement	Date début ou (DDH)	Date fin ou (DFH)	Localisation	Commentaires	Sources
63	Potence	Roi	(1471)	(1535)	Faubourg St-Jacques	1471 : **4** potences de bois faites et dressées aux 4 portes maîtresses de Paris (voir n°59, 60, 64). 1535 : à nouveau dressée.	SAUVAL, *HRAVP*, t. 3, p. 400, 617-618.
64	Potence	Roi	(1471)	(1535)	Faubourg St-Honoré	1471 : **4** potences de bois faites et dressées aux 4 portes maîtresses de Paris (voir n°59, 60, 63). 1535 : à nouveau dressée.	SAUVAL, *HRAVP*, t. 3, p. 400, 617-618.
65	Carcan	Roi	(1475)	1509	Paris	Situé sur la place Maubert. 1475 : 1re mention d'un carcan dressé par la justice royale sur la place Maubert (voir n°66, 67). 1509 : un carcan situé sur le mont Ste-Geneviève est déplanté et porté au Châtelet.	SAUVAL, *HRAVP*, t. 3, p. 423-548 ; Plan T&H.
66	Carcan	Roi	(1475)		Paris	Situé sur la place des Halles. 1475 : 3 carcans fait par la justice du roi dont **1** sur la place des Halles (voir n°65, 67).	SAUVAL, *HRAVP*, t. 3, p. 423.
67	Carcan	Roi	(1475)		Paris	Situé sur la place de Grève. 1475 : 3 carcans faits par la justice du roi dont 1 sur la place de Grève (voir n°65, 66).	SAUVAL, *HRAVP*, t. 3, p. 423.
68	Potence	Roi	(1483)		Villejuif	1483 : 2 potences dressées pour exécution de 2 larrons, dont 1 près de Villejuif (voir n°69).	SAUVAL, *HRAVP*, t. 3, p. 449.
69	Potence	Roi	(1483)		Chemin de St-Denis	1483 : 2 potences faites pour l'exécution de 2 larrons, dont **1** sur le chemin de St Denis (voir n°68).	SAUVAL, *HRAVP*, t. 3, p. 449.
70	Roue	Roi	(1485)		Paris	Située sur la place des Halles. 1485 : 3 roues faites aux **Halles**, sur la place Maubert et à la porte **Baudoyer** (voir n°71, 72).	SAUVAL, *HRAVP*, t. 3, p. 476.

N°	Structure	Établissement	Date début ou (DDH)	Date fin ou (DFH)	Localisation	Commentaires	Sources
71	Roue	Roi	(1485)		Paris	Située sur la place Maubert. 1485 : 3 roues faites par la justice du roi (voir n°70, 72).	SAUVAL, *HRAVP*, t. 3, p. 476.
72	Roue	Roi	(1485)		Paris	Située à la porte Saint-Antoine (Baudoyer). 1485 : 3 roues faites par la justice du roi (voir n°70, 71).	SAUVAL, *HRAVP*, t. 3, p. 476.
73	Carcan	Roi	(1492)		Paris	1492 : situé à la porte St Antoine (Baudoyer), décoré d'un écu de France et de trois fleurs de lys.	SAUVAL, *HRAVP*, t. 3, p. 502.
74	Potence	Roi	(1498)		Chemin de Chateaufort	1498 : 3 voleurs pendus sur le chemin de Chateaufort.	SAUVAL, *HRAVP*, t. 3, p. 526.
75	Carcan	Roi	(1501)		Paris	Situé près de l'église St Christophe, dans la Cité. 1501 : carcan dressé pour y exposer Guillaume Dubois, de 8 à 11h, le jour de Pâques. Probablement temporaire.	SAUVAL, *HRAVP*, t. 3, p. 533.
76	Carcan	Roi		1509	Paris	Carcan situé dans la rue aux Oies. 1509 : ce carcan est déplanté et porté au Châtelet.	SAUVAL, *HRAVP*, t. 3, p. 423-548 ; Plan T&H.
77	Échelle	Abb. de St-Magloire		(1509)	Paris	1509 : échelle abattue. L'abbaye demanda au roi l'autorisation de la relever. Située en haut de la rue Grenéta, en face de l'église St Nicolas des Champs, au carrefour de la rue St Martin. À côté se trouvait aussi un carcan (voir n° 78).	Arch. nat. L 610 (Sentence du prévôt de Paris du 14 août 1509) ; TANON, *HdJ*, p. 183-184 ; DULAURE, *Histoire physique...*, t.1, p. 311 ; LEBEUF, *Histoire du diocèse...*, t.1, p. 294 ; SAUVAL, *HRAVP*, t. 3, p. 422 ; Plan T& H.

N°	Structure	Établissement	Date début ou (DDH)	Date fin ou (DFH)	Localisation	Commentaires	Sources
78	Carcan	Abb. de St-Magloire		(1509)	Paris	Situé à l'extrémité de la rue Grenéta, face à l'église St-Nicolas-des-Champs. 1509 : carcan abattu avec l'échelle. L'abbaye demanda au roi l'autorisation de les relever (voir n°77).	Arch. nat. L 610 (Sentence du prévôt de Paris du 14 août 1509) ; TANON, *HdJ*, p. 183-184.
79	Potence	Roi	(1514)	(1552)	Faubourg St-Honoré	Dressée au marché aux Pourceaux. 1514 : une potence à 2 piliers est faite pour l'ébouillantage d'un faux-monnayeur. 1552 : 2 potences en « L » inversé visibles sur le plan de Truschet et Hoyau. Le roi avait au marché plusieurs potences à demeure destinées à la pendaison ou aux supplices de l'ébouillantage et du bûcher.	SAUVAL, *HRAVP*, t. 3, p. 563 ; FOURNIER, *Histoire de la butte des Moulins*, p. 18 ; Plan T&H.
80	Fourches patibulaires	Abb. de St-Germain-des-Prés	(1522)		Vaugirard	1522 : mention dans la déclaration de temporel de fourches permanentes à 3 piliers.	TANON, *HdJ*, note 61, p. 225.
81	Carcan	Abb. de St-Germain-des-Prés	(1522)		Meudon	1522 : mention dans la déclaration de temporel.	TANON, *HdJ*, note 61, p. 225.
82	Carcan	Abb. de St-Germain-des-Prés	(1522)		Issy	1522 : mention dans la déclaration de temporel.	TANON, *HdJ*, note 61, p. 225.
83	Carcan	Abb. de St-Germain-des-Prés	(1522)		Vaugirard	1522 : mention dans la déclaration de temporel.	TANON, *HdJ*, note 61, p. 225.
84	Échelle	Abb. de St-Germain-des-Prés	(1522)		Dammartin	1522 : mention dans la déclaration de temporel. Échelle dressée sur la place principale du village. Il se trouvait aussi un carcan à côté (voir n°85).	TANON, *HdJ*, p. 220.

N°	Structure	Établissement	Date début ou (DDH)	Date fin ou (DFH)	Localisation	Commentaires	Sources
85	Carcan	Abb. de St-Germain-des-Prés	(1522)		Dammartin	1522 : mention dans la déclaration de temporel. Carcan dressé sur la place principale du village, à côté de l'échelle de justice (voir n°84).	Tanon, *HdJ*, p. 220.
86	Carcan	Pr. de St-Martin-des-Champs	(1532)		Bouffemont	1532 : lorsqu'à cette date les fourches de Bouffemont n'existaient plus (voir n°87), il restait dans le village un carcan doté d'un collier.	Tanon, *HdJ*, p. 278.
87	Fourches patibulaires	Pr. de St-Martin-des-Champs		(1532)	Bouffemont	1532 : les fourches patibulaires n'existaient alors plus (la date exacte d'abattage n'est pas connue). À cette date, le carcan subsistait encore (voir n°86).	Tanon, *HdJ*, p. 278.
88	Potence	Abb. de St-Germain-des-Prés	1551	1551	Paris	Dressée temporairement dans la rue St Sulpice. 1551 : pendaison d'un meurtrier le 26 janvier.	Tanon, *HdJ*, p. 222.
89	Carcan	Chp. de Notre-Dame	(1572)	(1572)	Paris	Dans la cour de l'Hôtel-Dieu, qui se trouvait sous l'autorité du chapitre. 1572 : 1e et seule mention d'une mise au carcan à l'Hôtel-Dieu.	Tanon, *HdJ*, p. 144-145.
90	Potence	Évêque	(1578)	(1578)	Faubourg St-Honoré	Dressée à l'entrée du faubourg St Honoré pour une pendaison. 1578 : 1e et seule mention dans une quittance du 23 mars 1578.	Arch. nat. Z^2 3150 (1578) ; Tanon, *HdJ*, p. 169.
91	Carcan	Abb. de Ste-Geneviève		1591	Paris	Situé au carrefour de Ste Geneviève. Carcan avec poteau, remplace une ancienne échelle. 1591 : en décembre, dans la nuit, le carcan est enlevé. Les religieux demandent une monition contre ceux qui ont enlevé le carcan et le poteau.	Arch. nat. Z^2 3755 (1591) ; Tanon, *HdJ*, p. 245, note 67 et 68 p. 245.

N°	Structure	Établissement	Date début ou (DDH)	Date fin ou (DFH)	Localisation	Commentaires	Sources
92	Carcan	Évêque	1582	(1674)	Faubourg St-Honoré	Situé au marché aux Pourceaux. 1582 : autorisation du roi accordée à l'évêque d'enlever le poteau dressé par les officiers royaux et de dresser un carcan avec un poteau marqué de ses armes.	Arch. nat. L. 436 (Arrêt du Parlement, 9 juillet 1582) ; TANON, *HdJ*, note 66, p. 173 ; DU BREUL, *Le Theatre des Antiquitez...*, p. 38.
93	Potence	Abb. de St-Germain-des-Prés	(1612)	(1612)	Paris	1612 : pendaison de 4 femmes. Potence dressée temporairement à l'extrémité du pont St Michel.	TANON, *HdJ*, p. 223-224 ; SAUVAL, *HRAVP*, t. 3, p. 666.
Autres lieux de justice sans date							
N°	Structure	Établissement	Date début ou (DDH)	Date fin ou (DFH)	Localisation	Commentaires	Sources
94	Fourches patibulaires	Pr. de St-Martin-des-Champs	–	–	Sevran	Probablement érigées, comme de nombreuses autres fourches patibulaires, à la fin du XIIIe siècle.	TANON, *HdJ*, p. 278.
95	Fourches patibulaires	Pr. de St-Martin-des-Champs	–	–	Annet	Probablement érigées, comme de nombreuses autres fourches patibulaires, à la fin du XIIIe siècle.	TANON, *HdJ*, p. 278.
96	Fourches patibulaires	Pr. de St-Martin-des-Champs	–	–	Montceleux	Bourg proche de Sevran. Probablement érigées, comme de nombreuses autres fourches patibulaires, à la fin du XIIIe siècle.	TANON, *HdJ*, p. 278.
97	Carcan	Pr. de St-Martin-des-Champs	–	–	Bondy	Il s'agissait d'un carcan doté d'un collier.	TANON, *HdJ*, p. 278.
98	Carcan	Pr. de St-Martin-des-Champs	–	–	Pantin	Situé sur la place de l'église de Pantin.	TANON, *HdJ*, p. 278.

N°	Structure	Établissement	Date début ou (DDH)	Date fin ou (DFH)	Localisation	Commentaires	Sources
99	Carcan	Pr. de St-Lazare	–	–	St-Lazare	Situé au carrefour de St Lazare, face à l'entrée de l'enclos, devant la prison du prieuré situé dans la Maison de St Lazare.	TANON, *HdJ*, p. 309 ; HILLAIRET, *Gibets, piloris et cachots...*, p. 55 ; Plan T&H.
100	Carcan	Abb. de St-Victor	–	–	St-Victor	Situé dans la rue du faubourg St Victor. Poteau avec un carcan fixé à demeure devant l'enclos, face à la porte de l'église. C'est aussi là qu'on fustigeait.	TANON, *HdJ*, p. 254 et note 23 p. 254.
101	Échelle	Pr. de St-Lazare	–	–	St-Lazare	Située au carrefour de St Lazare, dans la rue du Faubourg St Denis, face à l'entrée de la prison. À côté se trouvait le carcan.	HILLAIRET, *Gibets, piloris et cachots...*, p. 55 ; Plan T&H.
102	Potence	Abb. de Ste-Geneviève	–	–	Paris	Située au carrefour Copeau. Lieu régulièrement contesté par l'abbaye de St Victor.	TANON, *HdJ*, p. 244-245 et 252-253.
103	Fourches patibulaires	Seigneur laïc de Versailles	–	–	Versailles	Situées non loin du grand chemin de Versailles à Paris.	Arch. nat., 011759A, doss. 2, p. 1, (1575, 19 février-19 mars) ; Arch. nat., P 2257, cote 192, p. 2 ; Arch. nat., P 2256, n. c., anc. 97, 43, s. d. ; TERROINE et FOSSIER, *Chartes et document de St Magloire*, t. 1, p. 277-279 (notes acte n°130 ; juillet 1240).
104	*None*	Abb. de St-Magloire	–	–	Paris	Fontaine des Sts-Innocents : lieu de justice sans structure. Notamment pratique de la fustigation.	TANON, *HdJ*, 184.

PARTIE I

Esquisse d'une typologie des lieux de justice au Moyen Âge

CHAPITRE 1

Avant-propos

Dès le début de mes recherches, il est apparu nécessaire d'éclairer la sémantique utilisée. Dans la documentation étudiée aussi bien que dans les travaux académiques les plus récents, les termes désignant les structures de pendaison – fourches patibulaires, gibets et potences – étaient souvent interchangeables, utilisés comme des synonymes ; et je retrouvais ce phénomène, dans une moindre mesure, pour les structures d'exposition, à savoir les piloris, les échelles et les carcans. Ainsi, la structure d'exposition que possédaient les religieuses de l'abbaye de Montmartre sur la place voisinant l'église a parfois été qualifiée de « carcan »[81], de « pilori »[82], d'« échelle de justice »[83] ou encore, par Henri Chateau et Georges Renault de « poteau de justice »[84] pour qui la rue du Poteau ainsi que le passage voisin du même nom auraient été appelés de la sorte en raison « d'un poteau de justice élevé sur la route de Saint-Ouen »[85]. Cette appellation de « poteau de justice » est troublante, car fait-elle ici référence à une structure d'exposition ou à une structure de pendaison, toutes deux constituées d'un poteau de bois ? D'autant plus que les autres mentions de la structure d'exposition de l'abbaye de Montmartre semblent la situer sur la place proche de l'église[86], et non en la rue du Poteau, ancienne voie menant à Saint-Ouen[87]. Cette interchangeabilité entre les termes définissant des structures d'exposition pose problème à mon sens : utiliser les termes de « pilori », « carcan », « échelle » et « poteau de justice » comme d'exacts synonymes créé une indétermination autour de la structure que l'on cherche à définir. De même, le pilori de l'abbaye Saint-

---

[81] TANON, *Histoire des..., op. cit.*, p. 305.
[82] DE GUILHERMY, *op, cit.*, p. 88.
[83] HILLAIRET, *op. cit.*, p. 56.
[84] CHATEAU et RENAULT, *op. cit.*, p. 116.
[85] *Ibid.*
[86] DE GUILHERMY, *op. cit.*, p. 88 ; HILLAIRET, *op. cit.*, p. 56.
[87] JAHYER Félix, « Compte-rendu de deux promenades... », *Le Vieux Montmartre. Bulletin de la Société d'histoire et d'archéologie du 18e arrondissement*, n°19, Paris, Imprimerie de la Société de Typographie, 1893, p. 15 ; CHATEAU et RENAULT, *op. cit.*, p. 116.

Germain-des-Prés situé dans le bourg du même nom (n°22) est étonnamment appelé « eschelle de Saint-Germain » par Claude du Molinet à la fin du XVIIe siècle[88]. Cette confusion entre les termes semble assez classique chez de nombreux auteurs qui paraissent mettre de côté les différences de ces structures – différences qu'ils reconnaissent pour la plupart – considérant ainsi que ces variations sont finalement peu significatives et qu'il s'agit, dans l'ensemble, de trois structures ayant le même usage : l'exposition publique d'un condamné. Dès lors, si Christian Heck qualifie l'échelle de justice d'« échelle-pilori »[89], ou encore qu'Henri de Curzon lui préfère le nom de « pilori simplifié »[90], c'est pour définir au mieux la structure judiciaire de l'échelle qui peut, de par son nom, au premier abord paraître étrange. En associant étroitement ces deux objets, ils soulignent ainsi la très grande proximité existant entre ces deux structures. De même, Christian Heck parle de « pilori-carcan »[91]. Si ces associations nous montrent qu'il existe bel et bien de grandes ressemblances entre ces structures, elles permettent également de mettre en évidence qu'elles ne sont pas pour autant identiques.

Cette indétermination et la confusion qui en découle sont plus flagrantes encore en ce qui concerne les structures de pendaison : « fourches patibulaires », « gibet » et « potence » sont régulièrement employés comme d'exacts synonymes. Pour revenir à l'exemple de Montmartre, la structure judiciaire de pendaison de l'abbaye est tantôt appelée « gibet »[92] tantôt « potence »[93]. Le célèbre lieu de pendaison de Montfaucon est quant à lui aussi bien appelé « gibet » que « fourches patibulaires ». Mais comme avec l'exemple donné du poteau de justice de Montmartre, cette confusion autour des termes des structures de pendaison peut se révéler problématique, en empêchant de saisir tout à fait l'objet dont il est question. C'est par exemple le cas des structures de pendaison de l'évêque de Paris situées au bourg de Saint-Cloud. Dans son *Histoire des Justices* Tanon mentionne l'élévation de

---

[88] Cité dans FERET Pierre, *L'abbaye de Sainte-Geneviève et de la congrégation de France : précédé de la vie de la patronne de Paris d'après des documents inédits*, Paris, Champion, 1883, note de bas de page n°5, p. 232-232 : au sujet de l'échelle de l'abbaye de Sainte-Geneviève, il cite Claude du Molinet de la façon suivante : « Il y avoit de semblables eschelles à Saint-Martin des Champs, à Saint-Germain des Prés, à Notre-Dame et aux autres justices de Paris [...] », « [là on] coupoit les oreilles aux malfaiteurs, au lieu de les flestrir comme l'on fait au présent, ainsi qu'il arrive en la personne d'un voleur, l'an 1323, et d'un autre, l'an 1266, qui eurent tous deux l'oreille coupée à l'eschelle de Saint-Germain... ».

[89] HECK Christian, « Représentation du pilori et justice épiscopale au croisillon sud de Notre-Dame de Paris », dans DEBIES Marie-Hélène et FAVREAU Robert (dir.), *Iconographica. Mélanges offerts à Piotr Skubiszewski*, Poitiers, Université de Poitiers. Centre d'études supérieures de civilisation médiévale, 1999, p. 116 ; DE CURZON, *op. cit.*, p. 325.

[90] *Ibid.*, p. 189.

[91] HECK, *op. cit.*, p. 116.

[92] GODEFROY D., *op. cit.*, p. 229 ; CHATEAU et RENAULT, *op. cit.*, p. 151-152 ; VASSARD Marguerite, « Promenade du "Vieux Montmartre", 1890 », *Le Vieux Montmartre. Bulletin de la Société d'histoire et d'archéologie du 18e arrondissement*, n°13, Paris, Imprimerie de la Société de Typographie, 1890, p. 6 ; JAHYER, *op. cit.*, n°9, p. 8-9.

[93] HILLAIRET, *op. cit.*, p. 56.

« deux potences garnies d'échelles » en mars 1578, « l'une à l'entrée du faubourg Saint-Honoré, l'autre au bout du pont de Saint-Cloud, pour servir à l'exécution de Gilles Gentil [...]. Le condamné fut pendu au faubourg Saint-Honoré [...] ; son corps fut ensuite exposé à la potence du pont de Saint-Cloud »[94]. Il est tout à fait plausible qu'une potence se soit trouvée au faubourg Saint-Honoré mais celle du bourg de Saint-Cloud me pose problème. En effet, il est attesté que Saint-Cloud était le lieu principal d'exécution de l'évêque de Paris[95] et que là, se trouvaient ses fourches patibulaires[96] (n°9). De plus, il est dit dans cette quittance du 23 mars 1578 que le corps de Gilles Gentil fut exposé à la potence du pont de Saint-Cloud. Or les divers travaux développés depuis quelques années déjà, à l'étranger puis en France, et centrés sur le thème des fourches patibulaires, ont tous montré que les fourches patibulaires étaient des structures de pendaison singulières en cela qu'elles étaient également les supports de l'exposition des cadavres[97]. Je serais donc d'avis que cette « potence du pont de Saint-Cloud » n'est pas une simple potence mais qu'il s'agit plutôt des fourches patibulaires de l'évêque, qui se situaient donc au niveau du pont. Raymond Cazelles estime, assez justement je pense, que ces fourches patibulaires de même que la croix dressée également sur le pont faisaient office de bornes entre Boulogne et la terre de l'évêque, Saint-Cloud[98]. Puisqu'il est dit que deux potences furent dressées pour cette exécution, il est tout à fait possible que les fourches patibulaires de l'évêque se soient trouvées dans un état de délabrement tel qu'elles étaient inutilisables pour l'exposition du corps – voire même peut-être n'existaient-elles déjà plus[99]. Toujours est-il que si deux « potences » furent dressées en 1578, une de ces deux potences était en réalité une fourche patibulaire.

---

[94] Arch. nat. Z[2] 3150 : affaire citée dans TANON, *Histoire des…, op. cit.*, p. 169.

[95] Voir l'acte royal de la *Forma Pacis* dans NOIZET Hélène, « La spatio-temporalisation scripturaire à Paris. Changement social et langue des actes aux XIIe-XIIIe siècles », dans MORSEL Joseph (dir.), *Communautés d'habitants au Moyen Âge (XIe-XVe siècles)*, Paris, Éditions de la Sorbonne, 2018, annexe, p. 114-116 : « *De latronibus vero et homicidis captis in locis predictis, faciet episcopus et successores sui justitiam suam apud Sanctum Clodoaldum, vel alibi in terra sua propria, extra banleucam Parisiensem* », dont la traduction suivante est donnée par Hélène Noizet dans *Ibid.*, p. 119-125 : « Concernant les voleurs et les meurtriers pris dans les dits lieux, l'évêque, ou ses successeurs, rendra sa justice à Saint-Cloud, ou ailleurs dans sa propre terre, à l'extérieur de la banlieue de Paris ».

[96] HILLAIRET, *op. cit.*, p. 23-24, note 1 p. 53 et p. 137 ; CAZELLES, *op. cit.*, p. 193-197. Il n'est pas toujours précisé que ce sont des fourches patibulaires qui se trouvaient à Saint-Cloud, en revanche il est dit que l'évêque faisait pendre à Saint-Cloud dans GAUVARD, *Condamner…, op. cit.*, note n°20 p. 311, ou encore que c'est à Saint-Cloud que les corps des condamnés étaient exposés dans TANON, *Histoire des…, op. cit.*, p. 169.

[97] Voir entre autre CHARAGEAT et VIVAS (dir.), *op. cit.* À la lueur des connaissances actuelles, on sait que les expositions de cadavres se faisaient systématiquement sur des fourches patibulaires mais ce point sera approfondi dans le développement suivant.

[98] CAZELLES, *op. cit.*, p. 193-197.

[99] La date de destruction des fourches patibulaire l'évêque de Paris à Saint-Cloud n'est pas connue.

Avec ces exemples, on saisit véritablement les problèmes que peut poser cette interchangeabilité des termes définissant des structures de pendaison et d'exposition dans les textes contemporains – les plus anciens ici étant ceux de Claude du Molinet et de Denys Godefroy écrits au XVIIe siècle –, textes écrits en français ou, pour les plus anciens, en ancien français. Ne s'attachant alors qu'à la fonction « principale » de l'objet – pendaison ou exposition publique – les auteurs passent aisément d'un terme à l'autre, créant ainsi pour toute personne s'intéressant de près à ces structures une confusion bien difficile à éclaircir.

Ainsi, à la lueur de cette variété lexicale et de cette apparente synonymie, la nécessité de définir la sémantique de ce champ de recherche est apparue assez naturellement : s'il existe plusieurs termes, de racines tout à fait différentes, désignant apparemment une même structure, c'est qu'il doit probablement exister des différences. Il ne s'agirait pas exactement d'une seule et même structure, mais plutôt de plusieurs structures ayant des caractéristiques communes évidentes mais se différenciant sur certains points ; il convient dès lors de voir à quels niveaux se situent ces différences. Ces variations font toute la singularité d'une structure. Et si toutes ces structures avec leurs singularités existaient, c'est qu'elles portaient probablement un sens différent au Moyen Âge. C'est pourquoi cette première partie s'attache à faire le lien entre la diversité terminologique des structures et leur diversité typologique. Mais cette partie n'est pas qu'un travail sur la terminologie, je m'attacherai ici à dresser la typologie la plus précise possible de chaque structure, à en présenter ses variations, sa matérialité, ses usages, etc.

Les structures judiciaires étudiées ci-dessous ont été divisées en quatre grands ensembles. Les deux premiers placent d'un côté les structures dédiées à la pendaison et de l'autre celles de l'exposition judiciaire. Si d'ordinaire la séparation réside plutôt entre « les espaces où l'on administre des sanctions qui n'entraînent pas la mort (amputation, marquage, exposition, etc.) et ceux où se matérialise la peine capitale (pendaison, décapitation, etc.) »[100], j'ai volontairement choisi de traiter les structures de la pendaison à part car elles sont les supports d'une mise à mort particulière. En effet, si les peines de mort étaient finalement assez rares au Moyen Âge[101], la pendaison est, parmi les peines capitales, la plus courante de toutes. De plus, la forme singulière que devait nécessairement prendre la structure pour rendre possible la pendaison a marqué les esprits comme le paysage. Du fait de leur forme hautement reconnaissable – et de loin – et leur utilité, les structures de pendaison ont été des instruments de la justice fortement mobilisés par les seigneurs détenteurs de la haute-justice au Moyen Âge. Leurs silhouettes semblent avoir ponctué le paysage médiéval – un simple regard sur d'anciennes cartes nous montre

---

[100] VIVAS Mathieu, « Introduction : Les sciences archéologiques permettent-elles d'étudier la justice médiévale et moderne ? », dans *Id.* (dir.), *op. cit.*, p. 14.

[101] TOUREILLE Valérie, *Crime et châtiment au Moyen Âge, V^{e}-XVe siècle*, Paris, Seuil, 2013, p. 250.

cette importance des structures de pendaison[102] – et de ce fait, il est primordial de les traiter à part. Les isoler de la sorte permet de mettre en évidence la grande variété de ces structures de pendaison et leurs spécificités propres. Le second ensemble est celui des structures d'exposition ; là encore, il était nécessaire de mettre à part cette catégorie d'objets judiciaires car ils représentent un pan de la justice médiévale essentiel : celui de punir un coupable par sa mise à mort sociale. De même, il s'agit d'un ensemble de structures présentant une grande variété de formes – et d'appellations – qu'on se doit de décliner une à une. Outre ces types de structures qui seront décrits ci-dessous, il faut également noter que chaque structure peut varier dans sa forme, du plus simple au plus complexe – mais la forme et/ou l'usage de base reste le même. Après l'étude de ces deux catégories quasi-omniprésentes dans la recherche, et qui suffisent à poser le problème de la multiplicité des termes et des formes, il est temps de s'intéresser aux autres structures d'exécution et d'exposition. La troisième catégorie est d'ailleurs la seule à regrouper ces deux composantes : l'échafaud. Sur l'échafaud, on met à mort certes mais c'est aussi là qu'ont lieu les amendes honorables. Contrairement à ces autres structures étudiées, l'échafaud n'est pas directement un instrument de l'exécution. Toutes les autres structures présentées sont des instruments de la peine dans le sens où elles participent activement à l'exécution ; à l'inverse l'échafaud n'est qu'un support de l'exécution et pour que les peines puissent s'y dérouler d'autres outils judiciaires sont nécessaires : une hache ou une épée et un billot pour une décapitation ou un tonneau pour une noyade, etc. À la différence des fourches patibulaires ou des piloris, les échafauds semblent avoir peu retenu l'attention des auteurs, chroniqueurs et historiens, ils ne sont que rarement décrits précisément ce qui rend leur étude relativement ardue. La dernière catégorie intitulée « Autres » peut sembler au premier abord n'être que le réceptacle des structures sans catégories, inclassables, mais il s'agit en fait d'un ensemble cohérent. Dans ces « autres », j'aborderai les cas de la chaudière, du poteau du bûcher – aussi parfois appelé potence – et de la roue. Toutes ces structures ont en commun d'être des peines véritablement exceptionnelles, mais aussi que l'on pourrait qualifier de spectaculaires[103]. Ce sont en tous cas des peines qui placent la souffrance et la torture au cœur de leur mise en pratique et il semblerait que toutes commencent à se développer relativement tardivement.

Cette étude des structures judiciaires ne doit cependant pas mener à une surévaluation de la place de ces structures dans l'exercice de la justice au Moyen Âge. Celles-ci ne sont pas nécessairement constitutives de la bonne marche de cette justice. Elles sont essentielles certes, pour plusieurs raisons

---

[102] Voir par exemple le plan de Truschet et Hoyau de 1552, où des structures de pendaisons de formes diverses ponctuent le paysage parisien.

[103] « Spectaculaire » dans le sens où l'on considère la justice comme une mise en scène qui a pour but de marquer les esprits. Mais je pense qu'il faut prendre cette notion avec beaucoup de précaution et être vigilant à ne pas lui donner une trop grande importance.

que j'aborderai ultérieurement, mais la justice peut tout à fait être délivrée en des lieux de justice sans structure, qui seront abordés par la suite. Mais ces peines sans structures dédiées n'étaient pas pour autant pratiquées en n'importe quel endroit : ainsi, l'enfouissement ne se pratiquait qu'aux pieds des fourches patibulaires, les diverses mutilations étaient souvent pratiquées devant l'échelle du seigneur justicier, le fouet pouvait être administré devant une fontaine, une église, une échelle de justice, etc. Si certaines peines peuvent être exécutées sans le recours d'aucune structure, d'autres ont à leur disposition une pluralité de structures : l'enfouissement et la noyade ne demandent aucune structure, à l'inverse la pendaison ou l'exposition peuvent être menées sur deux ou trois structures différentes. Il semblerait donc qu'il n'existe pas de concordance stricte entre les peines et les structures : à une peine ne correspond pas une unique structure pour son application. Si les peines ont donc été maintes fois étudiées, définies et classées, ce n'est pas le cas des structures judiciaires souvent considérées comme les simples supports de l'exécution. Il convient donc de mener une étude sur ces structures judiciaires hors du seul prisme de l'exécution des sentences : il faut étudier ces structures pour elles-mêmes et chercher à comprendre pourquoi plusieurs structures semblent avoir un même usage et pourquoi, à l'inverse, des lieux sans structures judiciaires sont malgré tout des lieux fréquents de l'application de certaines peines[104].

[104] Sur la matérialité de la justice, des outils judiciaires et de certaines structures on peut citer : FONTANA Vincent, MAUGUE Ludovic et PORRET Michel (dir.), *Histoire matérielle du droit de punir. Bois, fers et papiers de justice*, Chêne-Bourg (Suisse), Georg, L'Équinoxe, 2012, qui pose des bases pertinentes pour aborder l'aspect plus matériel de la justice.

CHAPITRE 2

Les structures de pendaison

I. Un vocabulaire varié et le problème du terme de « gibet »

On l'a vu, les termes pour désigner les structures de pendaisons sont variés et sont souvent employés comme de simples synonymes. Or, si cette confusion existe c'est parce que les définitions elles-mêmes de ces termes sont variables, et tout particulièrement celui de « gibet ». Si tous ces mots sont souvent interchangés, c'est plus généralement « gibet » qui est utilisé comme synonyme de « fourche patibulaire » et de « potence », alors que « potence » et « fourche patibulaire » sont plus rarement confondues. En français moderne, cette confusion est particulièrement évidente : dans son introduction à l'ouvrage *(Re)lecture archéologique de la justice en Europe médiévale et moderne,* Mathieu Vivas dit des fourches patibulaires qu'elles sont « autrement appelées gibets ou potences [...][105] » ; dans une autre contribution de ce même ouvrage, il est dit que « les fourches patibulaires [sont] connues aussi sous le nom de "potence" ou de "gibets" [...] »[106]. On rencontre le même genre de phénomène dans les écrits plus anciens des historiens de Paris. Ainsi, Berty dans sa *Topographie de la ville de Paris* parle de fourches, de gibet et de Justice pour les fourches patibulaires de Saint-Germain-des-Prés : « Or nous savons parfaitement où s'élevait le gibet ou justice de l'abbaye »[107]. Au sujet du chemin de la Justice qui se confond avec la rue de Grenelle, il dit la chose suivante : « [...] il faut observer que ce nom lui convenait uniquement dans sa partie orientale, et avant sa bifurcation en deux routes, dont la seconde, située au sud de l'autre et passant au pied même des fourches patibulaires, demeurait le vrai chemin de la Justice »[108]. Il serait fastidieux et inutile d'énumérer toutes les occurrences de telles confusions mais celles-ci sont nombreuses. De telles confusions peuvent s'entendre si l'on considère que

[105] VIVAS, « Introduction... », *op. cit.*, p. 15.
[106] VANHOVE, DUMA, WOJTUCKI et RUTKA, *op. cit.*, p. 295.
[107] BERTY Adolphe, *Topographie historique du vieux Paris*, t.3 [Région du bourg Saint-Germain], Paris, Imprimerie nationale, 1876, p. 181.
[108] *Ibid.*

nombre de ces historiens envisagent ces structures uniquement par rapport à leur usage de pendaison. Dès lors, certes, potences, gibets et fourches patibulaires sont similaires. Mais ce n'est pourtant pas le cas des chercheurs ayant participé au colloque international *(Re)lecture archéologique de la justice* et traitant des fourches patibulaires : tous ces chercheurs connaissent et ont contribué à mettre en évidence les spécificités de ces structures. L'emploi des termes de « gibet » et « potence » comme synonymes de « fourches patibulaires » relève alors peut-être de l'habitude, du glissement dans le langage courant vers une synonymie apparente. Pourtant, « le remplacement d'une expression par une autre produit presque toujours une différence, si légère soit-elle, de sens [...] »[109], de sorte que la synonymie pure – lorsque deux expressions ont strictement le même sens – est finalement extrêmement rare. Les termes de « gibet », « potence » et « fourches patibulaires » sont polysémiques, ils ont plusieurs sens, et c'est pourquoi en certains points ils sont équivalents mais en considérant d'autres sens qui leur sont peut-être propres, ils se distinguent, se nuancent. Dès lors, il convient de se pencher sur ce que les dictionnaires nous disent de ces termes et notamment du mot « gibet ».

À propos de « gibet », le *Dictionnaire étymologique de l'ancien français* nous apprend que le terme a d'abord un sens de « bâton fort court, avec une crosse, espèce de casse-tête »[110] propre à la France du Nord. De même, dans le *Dictionnaire de l'ancienne langue française*, Frédéric Godefroy définit l'expression « gibet » premièrement comme une « sorte de bâton fort court, avec une crosse, espèce d'assommoir, de casse-tête [...] »[111] et dans un second temps, par dérivation, le terme aurait aussi défini un « pieu marquant la limite »[112]. Il peut paraître étonnant qu'ici sa signification comme structure de pendaison n'apparaisse à aucun moment. Donnant de même cette définition de « bâton court [...] », le *Dictionnaire du Moyen Français (1330-1500)* signale qu'il s'agit d'une « potence où l'on exécute les condamnés à la pendaison »[113]. Mais revenons à la définition donnée par le *DEAF* : si son sens premier est celui d'un court bâton et est propre à la France du Nord, son sens secondaire est bien de « fourches patibulaires, potence ». Et c'est sous ce sens que le mot serait passé dans l'ancien occitan ainsi que l'ancien italien. Ainsi, au XIVe siècle le commentateur de la *Divine Comédie* de Dante, Francesco Da Buti précise au lecteur le sens du mot « *giubetto* » – alors très peu employé – de la sorte : « *Questo giubbetto è vocabolo francesco e significa luogo delle*

---

109 VICTORRI Bernard et FUCHS Catherine, *La polysémie. Construction dynamique du sens*, Paris, Hermès, 1996, p. 6-7.

110 DEAFplus en ligne : https://deaf-server.adw.uni-heidelberg.de/lemme/gibet : gibet.

111 GODEFROY Frédéric, *Dictionnaire de l'ancienne langue française et de tous ses dialectes du IXe au XVe siècle...*, Paris, F. Vieweg, 1885, vol. 4, p. 274.

112 *Ibid.* À noter que cette dernière définition, je ne l'ai trouvée nulle part ailleurs.

113 Dictionnaire du Moyen Français (1330-1500) (DMF) en ligne : http://www.atilf.fr/dmf/definition/gibet : gibet

forche, perchè così si chiama a Parigi […] »[114], à savoir « Ce gibet est un mot français et signifie le "lieu des fourches", car c'est ainsi qu'on l'appelle à Paris […] ». Il est également précisé que « gibet », qu'on peut attester dès le début du XIIIe siècle en Angleterre, concurrence et remplace peu à peu le terme de « *furca* » jusqu'alors bien plus courant et employé dans toutes les langues romanes. À partir du XVe siècle, « gibet » est à son tour concurrencé et remplacé par « potence »[115]. Il est intéressant de noter que si le mot « gibet » serait français, il a rapidement été emprunté par d'autres langues, et notamment par le moyen anglais, langue dans laquelle il est passé sous ses deux sens : bâton et potence. Il a alors également été latinisé en étant parfois orthographié « *gibetus* », « *gibbetum* »… On peut observer cette forme d'écriture dès le XIIIe siècle chez le moine bénédictin Matthieu Paris[116]. De surcroît, il faut noter que le terme de « gibet » n'existe pas dans les dictionnaires de latin classique, les termes latins s'approchant au plus près de ce qu'on appelle communément « gibet » sont *gabalus* qui désigne une croix ou une potence[117] et *furca* qui signifie « fourche » ou « bois fourchu » mais par extension définit l'« instrument de supplice [utilisé] pour les esclaves et [quelquefois] pour les criminels […] »[118]. D'après les divers dictionnaires, *gibet* semble être un terme qui apparaît en ancien français assez tardivement – comparé à l'usage des structures de pendaison –, peut-être à partir de la fin du XIe et du début du XIIe siècle. Or il apparaît qu'il existe déjà dans toutes les langues romanes une expression pour désigner ces structures : *furca*. Dans les sources consultées, il est possible, sans pour autant mener une véritable étude sur l'évolution de ces expressions, de relever quelques informations intéressantes. Dans les *Olim* publiés par Beugnot en 1839-1848, les termes de « fourches », « gibet » ou « potence » ne sont jamais employés, seul « *furca* » apparaît[119]. De manière générale, dans toutes les sources consultées présentant des documents en latin, seule la forme latine de fourche est présente[120]. En français en revanche, le vocabulaire des structures de pendaison s'enrichit avec les termes de « gibet » et de « potence ». Mais il faut alors avoir à l'esprit qu'il s'agit parfois de retranscriptions voire de traductions de textes latins éditées au cours du XIXe siècle. Ainsi, dans les *Actes du Parlement* publiés

---

114 Cité dans : DEAFplus en ligne : https://deaf-server.adw.uni-heidelberg.de/lemme/gibet : gibet. Pour la référence complète voir : DA BUTI Francesco, *Commento di Francesco da Buti sopra la Divina Commedia di Dante Allighieri*, GIANNINI Crescentino, vol. 1, Pise, Fratelli Nistri, 1858, p. 367.

115 DEAFplus en ligne : https://deaf-server.adw.uni-heidelberg.de/lemme/gibet : gibet.

116 PARIS Matthieu, *Historia major…*, WATTS William (éd.), Paris, 1644, p. 193. À noter que cette utilisation latine de « gibet » n'a été retrouvée dans aucune de mes sources.

117 GAFFIOT Félix, *Dictionnaire Latin-Français* : gabalus, Paris, Hachette, 1934, p. 700.

118 *Ibid.* : furca, p. 696.

119 BEUGNOT (éd.), *op. cit.*, t. 1, p. 20, 27, 37, 51, 67, 135, 251, 266, 267, 305, 306, 363, 516, 542, 543, 595, 622, 623, 693, 694, 750, 778, 812, 841, 842, 890.

120 BOUTARIC, DELISLE et GRÜN (éd.), *op. cit.*, t. 1, p. CCCV, 332, 338, 344, 432, 433 ; TANON, *Histoire des…*, p. 322, 334.

par Boutaric, Delisle et Grün en 1863, le terme de « fourche » côtoie ceux de « gibet »[121] et de « potence »[122]. Mais une partie de ces textes sont issus des *Olim* eux-mêmes et, lorsqu'on compare les versions latines des *Olim* avec celles en français données dans les *Actes du Parlement*, on observe que le terme de « *furca* » est aussi bien traduit par « fourches », « gibet » ou bien « potence ». Ainsi, la notice des actes du Parlement de la Chandeleur du 2 février 1271 fait mention d'un « arrêt entre Thibaud "de Clauso-Fonte", écuyer, et le bailli du Roi, au sujet d'une fourche patibulaire que ledit Thibaud avait fait élever […]. Le bailli fit détruire la fourche […] les seigneurs ayant la justice du larron n'avaient, à moins d'être hauts justiciers, le droit de dresser potence que pour une exécution capitale, laquelle potence subsistait autant qu'elle pouvait […]. La Cour […] ordonna que le bailli rétablirait la potence […] »[123]. Dans cette version traduite, fourches patibulaires et potence sont utilisées indifféremment, alors que la version latine n'emploie que le terme de « *furcas* » : « *Theobaldus Clauso-Fonte, armiger, capto quodam latrone in terra sua, furcas levavit […], ballivus, quamvis dictus Theobaldus in terra sua justiciam latronis habeat, dictas furcas diruit, […] ; ordinatum fuit quod dicte furche, […], per ballivum reficerentur […]* »[124]. De même, les actes du Parlement de la Toussaint de 1269 rapportent que « Monseigneur Philippes de Sainct Yon, chevalier, a oudict lieu justice du larron et gibet »[125]. Or dans les *Olim*, ce même fait est rapporté en ces termes : « *Dicebat dominus Philippus de Sancto-Yonio, miles, quod ipse et predecessores sui, domini de Sancto-Yonio, erant et fuerant […] in saisina seu possessione habendi justiciam latronis, et furchas suas in terre sua castri de Sancto-Yonio […]* »[126]. À nouveau, *furcas* est ici traduit non pas par « fourches » mais par « gibet ». Il semblerait donc que cette confusion des termes n'existe qu'en français, les textes latins emploient systématiquement *furcas*. Outre ces documents traduits, les « registres criminels » et les *Comptes de la Prévôté*, rapportés respectivement par Tanon en 1883 et par Sauval en 1724, nous renseignent sur les usages faits de ces expressions en ancien français. Dans les registres criminels, le mot « fourches » est largement prédominant[127] tandis que

[121] *Ibid.*, p. 316 : 1e occurrences de « gibet » pour deux cas datant de 1269.
[122] *Ibid.*, p. 154 : 1e occurrence de « potence » pour un cas datant de 1271.
[123] *Ibid.*, p. 153-154.
[124] BEUGNOT (éd.), *op. cit.*, t.1, p. 841-842, n°X. Traduction : Thibaut « de Clause-Fonte », écuyer, a saisi des larrons en sa terre, a fait élever des fourches patibulaires […], le bailli, bien que ledit Thibaut a en sa terre la justice des larrons, a abattu les fourches patibulaires, […], il a été décidé au sujet desdites fourches […] qu'elles soient reconstruites par le bailli […].
[125] BOUTARIC, DELISLE et GRÜN (éd.), *op. cit.*, t. 1, p. 316.
[126] BEUGNOT (éd.), *op. cit.*, t.1, p. 305, n°V. Traduction : Le seigneur Philippe de Saint-Yon, chevalier, déclarait que lui-même et ses prédécesseurs, seigneurs de Saint-Yon, étaient et avaient été en saisine ou en possession de la justice des larrons, et de leurs fourches patibulaires en leur terre castrale de Saint-Yon […].
[127] Pour les registres criminels de Sainte-Geneviève et de Saint-Martin-des-Champs, « fourches » est la seule structure de pendaison nommée ; voir TANON, *Histoire des…*, p. 347-

« gibet » n'apparaît qu'à l'occasion[128] et « potence » est absolument absent des textes. À l'inverse, dans les *Comptes de la Prévôté*, qui commencent plus tardivement, de 1399 à 1573[129], le mot « fourches » se fait bien plus rare et n'apparaît que trois fois[130] ; il est nettement supplanté par celui de « gibet » dont on peut dénombrer plus de quinze occurrences[131], les premières datant de 1424. Toutefois, on peut noter que dans tous ces cas, le gibet est souvent associé à la structure de pendaison royale de Montfaucon et quelques autres structures, toutes se rapprochant plutôt des fourches patibulaires telles qu'elles sont définies ci-après. Et ce n'est que dans ces *Comptes* que la « potence » apparaît véritablement, au tout début du XVe siècle[132]. Dans les sources étudiées, le mot « gibet » apparaît donc dès le milieu du XIIIe siècle dans les registres édités par Tanon et supplante véritablement l'expression de « fourches » qu'au cours du XVe siècle et, à la lecture des *Comptes*, il semble que le terme de « potence » n'émerge que bien tardivement à la toute fin du XIVe et au XVe siècles. Avant cette époque tardive, « *furcas* » et « fourche » sont nettement prédominants.

Maintenant que nous avons vu que le terme de « gibet » est polysémique et qu'il apparaît selon une temporalité différente de *furca* (puis *fourche*) et de *potence*, il convient de se pencher sur les nuances de ces termes que nous avons évoqués précédemment. Puisqu'il est maintenant évident que ces expressions sont loin d'être des synonymes purs, il convient de mettre en avant les différences fines qui les caractérisent. Si la fourche patibulaire et la potence sont relativement aisées à définir au regard des définitions, des travaux récents et des sources et se distinguent nettement l'une de l'autre, le gibet est bien plus complexe à définir. Faut-il plutôt le rapprocher des fourches patibulaires ou bien des potences ? Cela semble bien difficile à définir : au milieu du XIXe siècle, le *Dictionnaire universel des sciences, des arts et des lettres* affirme d'abord que le gibet est synonyme de « potence » : « instrument de supplice pour la pendaison, est le plus souvent employé comme synonyme de *potence* […] », puis, de par certaines caractéristiques, l'identifie plutôt aux fourches patibulaires : « […] mais il désigne spécialement un assemblage de poutres verticales et horizontales placé à demeure dans un lieu déterminé, où l'on accrochait autrefois les cadavres des suppliciés […]. On donnait aussi aux

---

412 et 455-556. Elle est aussi largement dominante pour les cas de Saint-Germain-des-Prés ; voir *Ibid.*, p. 413-454.

[128] « Gibet » apparaît dans les registres de Saint-Denis dès 1268 ; voir *Ibid.*, p. 557 et 559. Le terme est également employé pour deux cas relevant de Saint-Germain-des-Prés en 1304 et 1400 ; voir *Ibid.*, p. 432-433, 430.

[129] SAUVAL, *op. cit.*, t. 3, p. 257-682.

[130] *Ibid.*, p. 481, 512, 559.

[131] *Ibid.*, p. 270, 278, 337, 357, 359, 362, 387, 449, 450, 476, 533, 559, 608, 609, 621.

[132] La 1e occurrence du terme de « potence » apparaît en 1399 ; voir *Ibid.*, p. 258. Elle revient ensuite cinq fois à partir de 1420 ; voir *Ibid.*, p. 276, 400, 438, 449, 526.

gibets le nom de *fourches patibulaires* ou de *justices* »[133]. Du côté des chercheurs actuels, Christophe Régina choisit d'associer le gibet à la potence : gibet et potence sont dressés de manière temporaire et tous deux ont pour vocation de donner la mort par strangulation ; à l'inverse, les fourches patibulaires sont généralement permanentes et dressées hors les murs et ont pour but de montrer à voir les corps pourrissants des condamnés[134]. Il n'est pas possible de distinguer le gibet par un usage spécifique car les différentes analyses des pratiques le rapprochent tantôt de la potence tantôt de la fourche. Il n'est pas non plus possible de le distinguer morphologiquement car il semble désigner aussi bien de grandes structures monumentales comme Montfaucon que de petites potences. À ce stade, et en l'absence d'une étude lexicographique approfondie, la phrase de Franscesco da Buti « *Questo giubbetto è vocabolo francesco e significa luogo delle forche* »[135] lance une piste intéressante. « Gibet » serait peut-être avant tout, le lieu de la pendaison au sens de lieu où se trouvait la structure de pendaison, les fourches patibulaires ou la potence[136].

Mot polysémique, désignant aussi bien la structure que le lieu de la pendaison, tantôt synonyme de potence tantôt de fourche patibulaire, le mot « gibet » et ce qu'il définit sont difficiles à saisir précisément. Prêtant à confusion, c'est pourquoi j'ai décidé de peu ou pas l'utiliser. Ainsi, j'ai classé toutes les structures de pendaison rencontrées autour de deux seules valeurs : « potence » et « fourches patibulaires ». Et ce n'est qu'exceptionnellement que j'ai eu recours au terme de « gibet », lorsque l'indétermination autour de la structure de pendaison était impossible à soulever.

II. Les fourches patibulaires

A. Saisir la nature des fourches patibulaires

En latin classique, *furca* désigne en premier lieu une fourche ou un bois fourchu, mais par extension *furca* désigne également un instrument de supplice utilisé pour les esclaves et quelquefois pour les criminels dont on peut voir une représentation dans le dictionnaire de latin classique[137]. *Patibulum* désigne le patibule, la fourche sur laquelle on étendait les esclaves pour les battre de verges[138]. De même, en français médiéval *fourche*, aussi orthographié *forche*, désigne avant tout l'instrument agricole ou encore un

---

[133] BOUILLET Marie-Nicolas, *Dictionnaire universel des sciences, des arts et des lettres…*, Paris, Hachette, vol. 1, 1854, p. 749.
[134] REGINA Christophe, « Exhiber le crime vaincu : les fourches patibulaires et la justice criminelle sous l'Ancien Régime » dans CHARAGEAT et VIVAS (dir.), *op. cit.*, p. 4 [en ligne : https://journals.openedition.org/criminocorpus/3071].
[135] DA BUTI, *op. cit.*, p. 367.
[136] HELBLING, *op. cit.*, p. 37-62.
[137] GAFFIOT, *op. cit.* : furca, p. 696.
[138] GAFFIOT, *op. cit.* : patibulum, p. 1125.

simple bâton taillé en fourche, puis dans un second temps *fourche* (*patibulaire*) désigne une structure de pendaison[139].

Aujourd'hui, la nature des fourches patibulaires est relativement bien connue. De nombreux travaux se sont développés depuis maintenant plusieurs années, à l'étranger[140] d'abord, puis en France[141], et ont permis d'établir les natures multiples des fourches patibulaires[142] : ces structures sont bien évidemment les supports de l'exécution par pendaison, mais aussi et surtout, selon les mots de Pierre Prétou, les seuls supports de l'exposition d'une « morbidité pénale »[143], se traduisant par l'exposition des cadavres des condamnés à mort. Elles sont aussi des marqueurs à la fois matériels et

---

139 DMF en ligne : http://www.atilf.fr/dmf/definition/fourche : fourche.

140 Les recherches allemandes sont véritablement pionnières en la matière avec notamment les travaux de Jost Auler qui développe dès al fin des années 1990 le concept d'une « archéologie des lieux d'exécution » (*Richtstättenarchäologie*) : AULER (dir.), *op. cit.* Voir aussi sur la Pologne : VANHOVE, DUMA, WOJTUCKI et RUTKA, *op. cit.*, p. 295-314. Sur la République Tchèque et la Silésie : MASKOVA et WOJTUCKI, « An archaeological... », *op. cit.*., p. 41-53. Sur la Catalogne : SABATE Flocel, « Les fourches patibulaires en Catalogne au bas Moyen Âge », dans CHARAGEAT et VIVAS (dir.), *op. cit.* [en ligne : https://journals.openedition.org/criminocorpus/3062].

141 Les études sont encore très locales, il n'existe donc pas de synthèse à l'échelle du royaume de France : sur la Dordogne, voir : CROLA Anne, « Les fourches patibulaires en Dordogne. État des lieux et premières pistes de réflexions archéologiques sur la justice médiévale et moderne », dans VIVAS (dir.), *op. cit.*, p. 121-138. Sur la Touraine, voir : BLANCHARD Philippe, GAULTIER Matthieu et MAUCLAIR Fabrice, « Les fourches patibulaires médiévales et modernes en Touraine. De la constitution d'un groupe de travail interdisciplinaire aux premières investigations de terrain », dans *Ibid.*, p. 139-155 ; MAUCLAIR Fabrice, « "Justice(s)", "Fourche(s)", "Pilori(s)"... Les lieux d'exposition et d'exécution dans les toponymes en Indre-et-Loire », *Mémoires de l'Académie des Sciences, Arts et Belles-Lettres de Touraine*, 2014, p. 35-52 [en ligne : http://academie-de-touraine.com/Tome_27_files/035-052.MAUCLAIR%20justice.pdf] ; MAUCLAIR Fabrice, « Un objet d'histoire (presque) introuvable : les fourches patibulaires dans les sources tourangelles (XIIIe-XVIIIe siècles) », dans CHARAGEAT et VIVAS (dir.), *op. cit.* [en ligne : https://journals.openedition.org/criminocorpus/3024]. Sur le Var, voir : VIVAS Mathieu, « Les fourches patibulaires de Draguignan (Var) (XIVe-XVIIIe siècle) : premiers résultats d'une investigation interdisciplinaire », dans *Id.* (dir.), *op. cit.*, p. 157-176. Sur le Languedoc, voir : CHALLET Vincent, « Les fourches sont-elles vraiment patibulaires ? Les fourches et leur contraire à partir de quelques exemples languedociens », dans CHARAGEAT et VIVAS (dir.), *op. cit.* [en ligne : https://journals.openedition.org/criminocorpus/3033].

142 Entre autre : BEPOIX, *op. cit.* ; HELBLING, *op. cit.*, p. 37-62 ; FONTANA, MAUGUE et PORRET (dir.), *op. cit.* ; VIVAS Mathieu, « Les lieux d'exécution comme espaces d'inhumation. Traitement et devenir du cadavre des criminels (XIIe-XIVe siècle) », *Revue historique*, no 670, 2014, p. 295-312 ; CHARAGEAT et VIVAS (dir.), *op. cit.* ; VIVAS (dir.), *op. cit. ;* CHARAGEAT Martine, RIBEMONT Bernard et SOULA Mathieu (dir.), *Corps en peines. Manipulations et usages des corps dans la pratique pénale depuis le Moyen Âge*, Paris, Classiques Garnier, 2019 (en particulier la communication de Pierre Prétou).

143 Expression empruntée à Pierre Prétou, voir : PRETOU Pierre, « L'exposition et la pérégrination de la morbidité pénale à Paris à la fin du Moyen Âge », dans CHARAGEAT, RIBEMONT et SOULA (dir.), *op. cit.*, p. 281-295.

symboliques du droit de haute justice et sont parfois aussi utilisées comme des espaces d'inhumation[144].

On connaît également très bien leurs diverses caractéristiques topographiques : les fourches patibulaires sont systématiquement dressées hors de la ville, loin de toutes habitations, en général en hauteur et/ou à proximité de voies de communication majeures, de carrefours. Dès le Moyen Âge, cette nécessité de dresser ces fourches loin des communautés d'habitants est énoncée, comme ci-après dans le *Vieux coustumier de Poictou* daté approximativement au milieu du XVe siècle : « Le hault justicier puet cognoistre en son fief de tous crimes et cas appartenant à justice séculière et puet avoir et tenir sa prison et ses seps[145] en sa maison ou dommaine pour mectre malfaiteurs et peut faire dresser en son dommaine seulement forches patibulaires, et qu'elles ne soient trop près de lieu public »[146]. De plus, l'étude des toponymes ainsi qu'une approche iconographique du sujet nous permet de vérifier ces caractéristiques d'implantations. En effet, aujourd'hui encore, certains lieux-dits appelés « Fourche(s) », « Justice(s) », etc. conservent la trace de telles structures[147] et nous confortent dans l'idée que les fourches patibulaires étaient toujours élevées à l'extérieur des murs de la cité. L'étude des cartes anciennes et de l'iconographie médiévale nous le montre également[148] ; et la représentation des reliefs du paysage sur certaines cartes et enluminures nous donne aussi à voir cet emplacement privilégié des fourches patibulaires placées sur une éminence. Les représentations de fourches patibulaires parisiennes sont très déséquilibrées : d'un côté, il y a une nette sous-représentation de la quasi totalité des fourches parisiennes, de l'autre côté Montfaucon, fameux *gibet* royal, est sur-représenté, maintes fois décrit et surtout, fantasmé. Véritable superstructure, Montfaucon semble faire de l'ombre à toutes les autres formes de fourches patibulaires, bien plus courantes pourtant, et qui sont dès lors relativement méconnues. Sur miniatures et cartes (fig. 1 et 2), Montfaucon est bel et bien représenté à l'extérieur de Paris, plus exactement au nord est de Paris, et en élévation.

---

[144] VIVAS, « Les lieux d'exécution comme… », *op. cit.*

[145] Voir définition de *cep* dans la partie sur les structures d'exposition, p. 91.

[146] FILHOL René (éd.), *Le Vieux Coustumier de Poictou*, vol. 1, Bourges, Tardy, Travaux de la Société d'Histoire du droit et des institutions des pays de l'Ouest de la France, 1956, p. 160.

[147] MAUCLAIR, « "Justice(s)",… », *op. cit.*, p. 35-52.

[148] VOYER Cécile, « Fourches patibulaires et corps suppliciés dans les enluminures des XIVe et XVe siècles », dans CHARAGEAT et VIVAS (dir.), *op. cit.* [en ligne : https://journals.openedition.org/criminocorpus/3098] ; MOREL Barbara, *Une iconographie de la répression judiciaire. Le châtiment dans l'enluminure en France du XIIIe au XVe siècle*, Paris, CTHS, 2007 ; PRETOU Pierre, « Le gibet de Montfaucon : l'iconographie d'une justice royale entre notoriété et désertion, de la fin du XIVe siècle au début du XXe siècle », dans ALLINE Jean-Pierre et SOULA Mathieu (dir.), *La Mort pénale : les enjeux historiques et contemporains de la peine de mort*, Rennes, PUR, 2015, p. 95-114.

Figure 1 : Enluminure de Jean Fouquet, Martyre de sainte Catherine, dans les *Heures d'Étienne Chevalier*, vers 1452-1460, Chantilly, Musée Condé, Chantilly.

Figure 2 : Fourches patibulaires de Montfaucon (nord est de Paris) – Détail du plan de Truschet et Hoyau, dit de Bâle (1552).

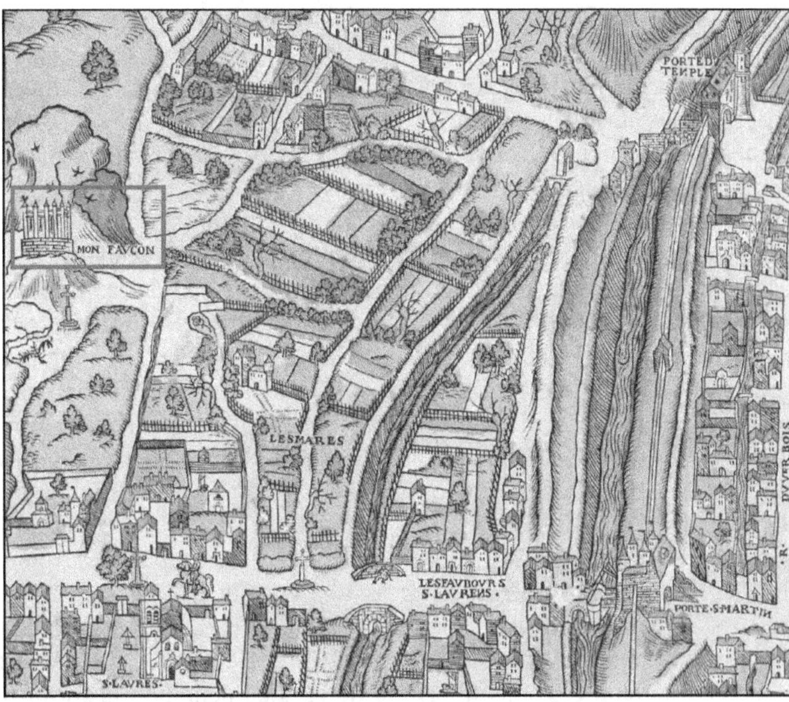

En effet, les fourches patibulaires de Montfaucon sont érigées sur une colline au nord-est de Paris à l'extérieur de l'enceinte de Charles V entre la porte du Temple et la porte Saint-Martin ; dès lors la structure patibulaire est visible plusieurs lieues à la ronde (n°7). Seules autres fourches représentées sur certains plans de Paris, celles de Saint-Germain-des-Prés (n°16) (fig. 3) se situent également au carrefour de deux axes de communication menant à la capitale comme l'évoque Adolphe Berty au sujet de l'actuelle rue de Grenelle[149], comme déjà cité page 59.

Figure 3 : Fourches patibulaires de Saint-Germain-des-Prés (sud ouest de Paris) – Détail du plan de Truschet et Hoyau, dit de Bâle (1552).

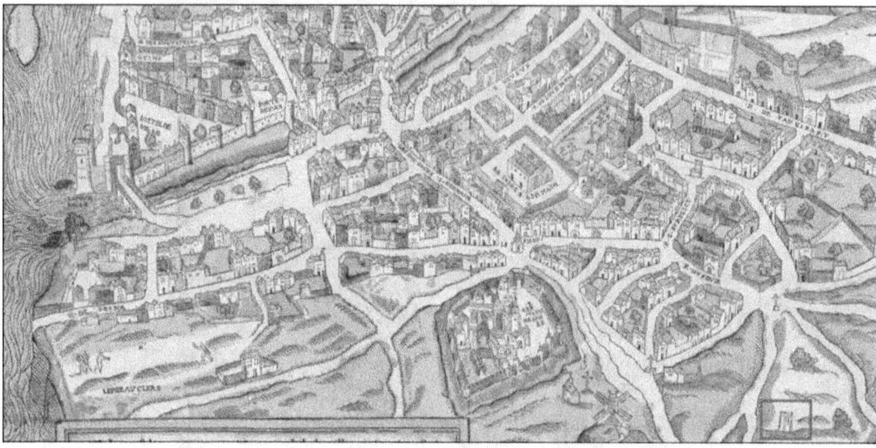

Mais ces documents iconographiques ne représentent que les fourches patibulaires les plus marquantes, il faut donc bien souvent se contenter uniquement d'une documentation écrite pour tenter de situer précisément ces objets de pendaison. Mais là aussi, les écrits sont avares en détails. Il n'est donc pas toujours possible de dire si une fourche patibulaire est dressée en hauteur ou à proximité d'une voie de communication. En revanche, chaque fois que l'emplacement nous est connu, il s'avère que l'un de ces critères est respecté. Ainsi, on sait aussi que les fourches patibulaires de l'évêque de Paris étaient plantées au niveau du pont de Saint-Cloud (n°9) ou encore les fourches patibulaires – ou plutôt le gibet car je n'ai trouvé aucune mention d'exposition de corps à cette structure – de l'abbaye de Montmartre se situaient au sommet de la butte du même nom comme on peut le lire dans l'*Histoire de Charles VI* dite de Jean Juvenal d'Ursin, archevêque de Reims : « Ceux qu'on appeloit *Armagnacs*, se mirent en deux parties, embuschez derriere la montagne de Montmartre, en fosses basses vers le gibet »[150]. De même, les fourches patibulaires de Villeneuve-Saint-Georges appartenant à l'abbaye de Saint-Germain-des-Prés « étaient dressées sur la *montagne*, au-dessus du village »[151].

Mais si les fourches patibulaires ont attiré l'attention de nombreux chercheurs et été étudiées sous le prisme de la documentation historique, de l'iconographie, de sources archéologiques et de l'étude de la toponymie,

[149] BERTY, *op. cit.*, t. 3, p. 181.
[150] GODEFROY D., *op. cit.*, p. 229.
[151] TANON, *Histoire des…, op. cit.*, p. 189.

l'analyse de leur implantation et de leur répartition sur l'ensemble du royaume de France n'a jamais fait l'objet d'une quelconque synthèse. En revanche, la matérialité des fourches patibulaires est, quant à elle, mieux connue.

B. Approche matérielle des fourches et de leurs multiples variations

Symboles de la haute justice, elles sont souvent vues comme des structures imposantes en partie en pierre. Dans le *Dictionnaire de Moyen Français*, au sens de l'instrument pénal, les fourches sont définies comme des « colonnes de pierres, au haut desquelles se trouve une traverse à laquelle on suspend les criminels condamnés à mort [152] ». Les traces iconographiques et archéologiques laissées par les fourches patibulaires et parvenues jusqu'à nous témoignent effectivement de structures durables avec des éléments en pierre. Mais là encore, le point de vue est biaisé : le bois, matériau périssable, ne laisse pas – ou peu – de traces archéologiques, seuls nous restent les éléments en pierre. De même, pour ce qui est de l'iconographie parisienne, on l'a vu, ce sont essentiellement les fourches de Montfaucon qui sont représentées à l'arrière-plan de certaines enluminures. Or, Montfaucon est une véritable « superstructure » de deux ou trois niveaux de poutres – son aspect a évolué au cours du temps – soutenus par seize larges piliers de pierre hauts d'environ dix mètres. Ces seize piliers reposaient sur une large plateforme maçonnée en forme de parallélogramme haute de quatre à six mètres, longue de douze à treize mètres et large de dix à douze mètres. Cette plateforme était composée dans son ensemble de dix à douze assises de larges pierres liées entre elles et cimentées. De plus, une rampe en pierre permet d'accéder à l'ensemble de la structure qui était fermée d'une porte. Des chaînes de fer permettaient de pendre les corps des condamnés, des échelles permanentes servaient à monter le corps – voire le condamné lorsque l'exécution s'y déroulait, mais cela était assez rare car il ne s'agit pas là de la fonction principale de Montfaucon[153]. Au centre de cette structure était creusée une cave destinée à recevoir les cadavres des suppliciés[154]. Mais cette cave ne faisait pas qu'accueillir les dépouilles décomposées des condamnés, elles servaient également de charnier pour l'ensemble de la ville : là se trouvait le lieu idéal pour reléguer hors de la communauté tout corps qui ne pouvait être enterré en terre consacrée et dont on ne savait que faire, c'est par exemple le cas des corps des suicidés qui sont exclus de l'ensevelissement, mais aussi des excommuniés ou encore des non-

---

[152] DMF en ligne : http://www.atilf.fr/dmf/definition/fourche : fourche.

[153] Pretou Pierre, *Le gibet de Montfaucon*, conférence filmée du 17 mai 2018 lors de la première saison du cycle de conférences « Sur la sellette, une histoire de la justice à Paris », Archives nationales, en partenariat avec le Comité d'histoire de la Ville de Paris [vidéo en ligne sur : https://criminocorpus.org/fr/bibliotheque/video/3123/].

[154] L'ensemble de la description des fourches de Montfaucon est tirée de celle donnée dans Sauval, *op. cit.*, t. 2, p. 585.

baptisés[155]. Cet aspect monumental de Montfaucon nous est aussi bien connu par les enluminures (fig. 4) :

Figure 4 : Enluminure de Jean Fouquet, Condamnation et supplice des Amauriciens en présence de Philippe Auguste, dans les *Grandes Chroniques de France*, BnF, Français 6465, fol. 236.

Dès lors, il est tentant de penser toutes les fourches patibulaires sinon comme des superstructures à l'image de Montfaucon du moins comme des structures imposantes et durables. Mais Montfaucon est un hapax, il n'existe aucune autre fourche patibulaire de la sorte : c'est d'ailleurs la raison pour laquelle Laurie Helbling, dans sa typologie des potences et des gibets, fait de Montfaucon un type à part entière[156]. Je ne pense pas que la monumentalité et la durabilité soit le critère premier des fourches patibulaires. En réalité, de nombreuses représentations confirment que les fourches patibulaires étaient la plupart du temps édifiées en bois, d'une façon fort simple : « deux perches fourches plantées verticalement permettant de poser la barre horizontale d'où leur appellation »[157]. La grande taille des fourches et leur durabilité découlent de leur fonction première : pendre et montrer à voir les corps des criminels jusqu'à leur décomposition totale ou une éventuelle dépendaison. Dès lors, une structure à taille humaine et en bois peut suffire tant qu'elle permet l'exposition des corps exécutés. Cependant les fourches patibulaires prennent des formes multiples et variées : de deux piliers à seize, de quelques mètres

155 Prétou, « L'exposition… », *op. cit.*, p. 281-295 ; Maškovà et Wojtucki, « An archaeological… », *op. cit.*, p. 48.
156 Helbling, *op. cit.*, p. 37-62.
157 Bépoix, *op. cit.*, p. 82.

seulement à seize mètres, en bois ou en pierre, carrées, triangulaires, circulaires, en « L » inversé, etc. Il conviendrait de mener une étude chronotypologique sur ces structures pour tenter de voir si certaines variantes sont propres à une certaine époque. De même, est-ce que ces variations proviennent de différences régionales ? Il semblerait que non : le choix du type de gibet dressé par le seigneur réside non pas dans des habitudes locales mais dans des contraintes financières et techniques et dans l'usage qui en est fait[158]. Laurie Helbling propose d'ores et déjà une typologie très détaillée des structures de pendaison. Elle distingue deux grandes catégories de « gibets » : les simples et les complexes qui, chacun, se déclinent sous plusieurs formes. Les gibets simples semblent dans l'ensemble plus nombreux, constituant environ 78% des représentations de son corpus[159].

Dans son étude, Laurie Helbling identifie dans la catégorie dite des « gibets simples » deux formes : les gibets en « L » inversé (fig. 5[160]) et les gibets rectangulaires (fig. 6). Les premiers sont constitués de deux poutres de bois relativement épaisses, une verticale et la seconde horizontale placée au sommet de la première. La structure est ensuite maintenue par une troisième poutre, plus petite, placée à l'angle formé par les deux précédentes. Ce type de gibet est très simple à réaliser mais peu stable ; c'est pourquoi les gibets en « L » inversé ne sont dressés que temporairement pour une exécution. Selon Helbling, ils sont relativement rares au Moyen Âge car peu représentés dans les enluminures. Si l'on part du principe que les enlumineurs s'inspirent de ce qu'ils voient au quotidien, on peut décemment interpréter la rareté de ce type de gibet dans les enluminures comme une preuve de leur rareté dans la réalité ; mais il se peut aussi tout simplement que, du fait de leur grande simplicité, ces gibets n'aient pas été jugés intéressants à représenter. En raison de sa forme relativement instable, ou du moins peu durable, il est peu probable que cette structure ait été souvent employée à l'exposition des cadavres ; cette forme, qualifiée de « gibet » par Helbling, était sans doute plutôt applicable à l'usage fait des potences dédiées à la seule pendaison.

Les gibets rectangulaires sont en revanche beaucoup plus fréquents dans les cas étudiés par Laurie Helbling. Ces derniers se déclinent sous plusieurs formes plus ou moins complexes : rectangulaire simple, avec des poutres de soutènement placées aux angles et/ou aux pieds, en « U » (fig. 7) et en « Tau » (fig. 8). Le gibet rectangulaire simple est composé de trois poutres de bois dont deux verticales sont fichées dans le sol – elles ne reposent sur aucun support construit –, celles-ci sont jointes à leur sommet par la troisième poutre horizontale. Toutes ces pièces de bois sont fixées ensemble à leurs extrémités par des clous. La recherche de la solidité ne semble pas être ici la priorité ; peu

158 HELBLING, *op. cit.*, p. 37-62.

159 Corpus composé de cent-huit miniatures du XIIe au XVe siècles, dont soixante-dix-huit datent des XIVe-XVe siècles.

160 Toutes les figures suivantes représentant des « gibets » sont issues de l'article de Laurie Helbling, *op. cit.*

stable, ce type de structure est sans aucun doute temporaire. En revanche, l'avantage majeur de ce type de construction est la rapidité de sa construction de sorte qu'elle convient parfaitement aux besoins d'une exécution rapide et efficace. C'est pourquoi l'aspect général de l'édifice semble relativement sommaire. Mais comme toutes les autres structures, ce type peut être consolidé par l'ajout de poutres de soutènement aux angles, pouvant aller jusqu'à quatre pièces de bois supplémentaires. Ces constructions, plus complexes, sont alors plus solides et donc plus durables. Les gibets en « U » sont très similaires aux précédents, à la différence de leurs poutres de bois qui ne sont pas fixées entre elles par des clous mais simplement encastrées les unes dans les autres : les deux piliers de bois verticaux, fichés dans le sol, sont terminés à leur sommet par une fourche en forme de « U » et la poutre supérieure horizontale est simplement passée à l'intérieur de ces fourches. Fréquente dans les miniatures médiévales, cette forme présente le grand avantage de pouvoir être très rapidement dressée. Enfin, dernière variante des gibets rectangulaires, les gibets en « Tau », aussi appelés en croix de saint Antoine, sont formés de deux piliers prenant la forme de cette croix, à savoir en forme de « T », placés côte à côte. Compte-tenu des nombreuses variations possibles et personnalisations, il semblerait qu'un souci esthétique participe aussi à la réalisation de ce genre d'édifices.

Les « gibets complexes » ont, comme l'indique le nom donné par Helbling, une construction moins simple et, par conséquent plus coûteuse, ce qui pourrait expliquer leur plus faible nombre. En revanche, ils permettent de pendre plusieurs condamnés simultanément. Les logiques qui sous-tendent les constructions des gibets complexes et des gibets simples sont bien différentes en réalité. Il s'agit de formes complexes et de relativement grandes dimensions donc destinées à durer dans le temps. Ainsi, ces structures stables et permanentes sont aussi utilisées pour exposer les cadavres. Ces structures correspondent aux usages pratiques et symboliques qui sont faits des fourches patibulaires, même si l'on ne peut exclure que les fourches patibulaires puissent, à l'occasion, pour diverses raisons, revêtir une forme plus simple similaire aux « gibets rectangulaires ». Helbling distingue trois types de gibets complexes : les gibets en cube (fig. 9), les gibets en triangle (fig. 10) et le type Montfaucon (fig. 11), décrit en détail précédemment. Les gibets en cube sont formés par la réunion de quatre gibets rectangulaires disposés de manière à former les quatre côtés du cube. Ainsi, les quatre poutres supérieures se rejoignent et forment un carré au sommet de la structure. Cette forme est la plus fréquente des gibets complexes dans le corpus étudié par Helbling. Les gibets en triangle sont semblables aux gibets précédents à la seule différence qu'ils prennent une forme triangulaire. Ils sont donc formés par la réunion de trois gibets rectangulaires et les trois poutres supérieures jointes forment un triangle au sommet de la structure. Selon Helbling, ce type de gibet est peu figuré et est donc, probablement, peu courant dans la réalité. Mais qu'en est-il pour les cas parisiens ?

Pour ce qui est des fourches parisiennes, peu sont décrites avec précision ; il est donc très difficile de savoir quelles formes elles prenaient en majorité. Sur le plan de Truschet et Hoyau, les seules fourches patibulaires représentées, outre Montfaucon, sont celles de Saint-Germain-des-Prés et apparaissent être en triangle (fig. 3). De même, la déclaration de temporel de 1522 précise que l'abbaye de Saint-Germain-des-Prés possède des fourches patibulaires à trois piliers aux villages de Vaugirard, d'Issy et de Meudon[161].

Toutes ces variations de forme ne doivent en aucun cas être vues comme symptomatiques d'une quelconque évolution ni même de spécificités régionales ou locales : toutes cohabitent sur un même espace et en une même période. Le choix du type de fourches patibulaires revient entièrement au seigneur et dépend uniquement de son statut et de contraintes techniques et financières. Ainsi, un seigneur haut justicier plus important et plus riche aura le droit d'ériger une, voire plusieurs fourches de grande taille, et pourra les faire construire en pierre et les réparer au besoin. Dès lors, du fait de cette grande variabilité dans la forme prise par les fourches patibulaires et dans leurs matériaux de construction, on peut entrapercevoir toute l'importance symbolique que revêtent également ces structures. Plus elles sont durables et imposantes – et donc coûteuses –, plus elles marquent la puissance et l'autorité du seigneur détenteur sur un territoire et ses habitants.

Figure 5 : Gibet en "L" inversé, d'après L. Helbling.

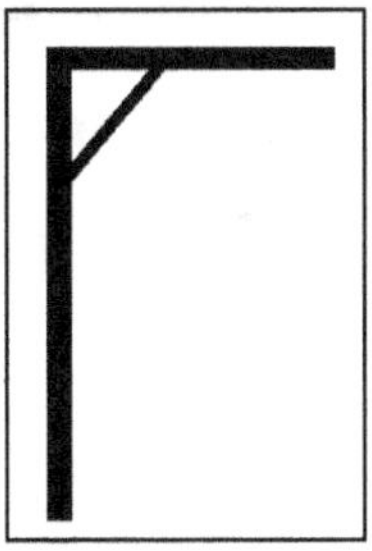

Figure 6 : Gibet rectangulaire simple, d'après L. Helbling.

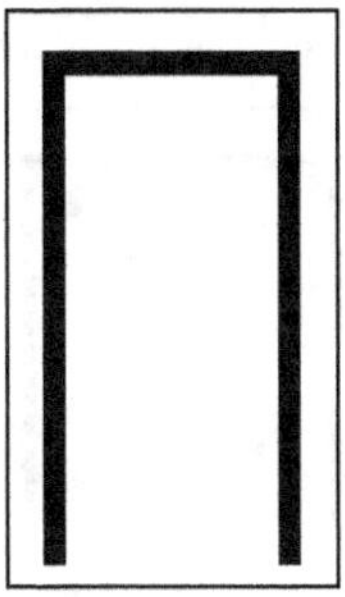

[161] TANON, *Histoire des…, op. cit.*, note n°61, p. 225.

Figure 7 : Gibet en « U », d'après L. Helbling.

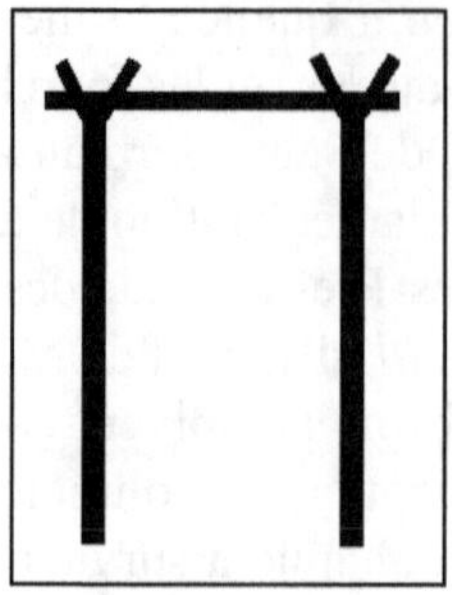

Figure 8 : Gibet en « Tau », d'après L. Helbling.

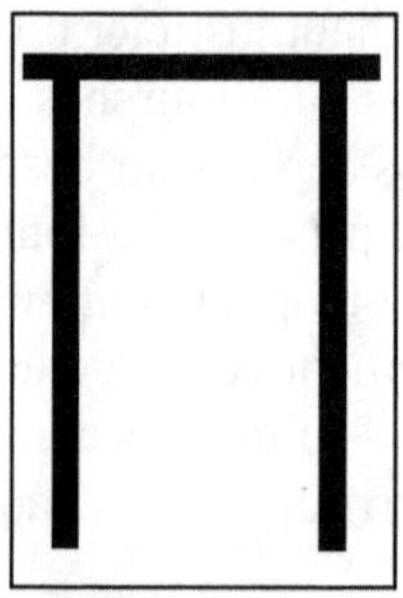

Figure 9 : Gibet en cube, d'après L. Helbling.

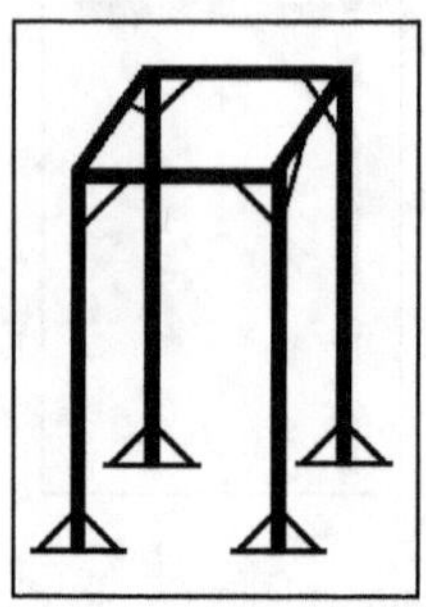

Figure 10 : Gibet en triangle, d'après L. Helbling.

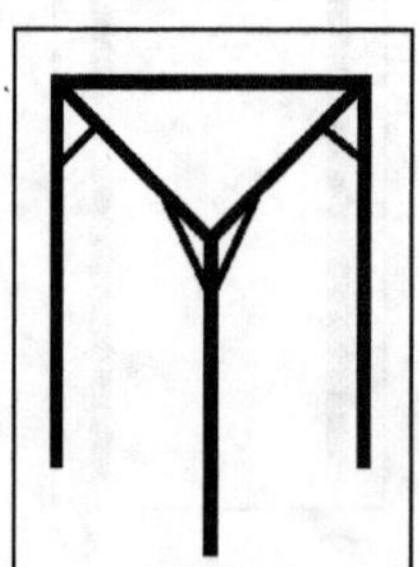

Figure 11 : Gibet type « Montfaucon », d'après L. Helbling.

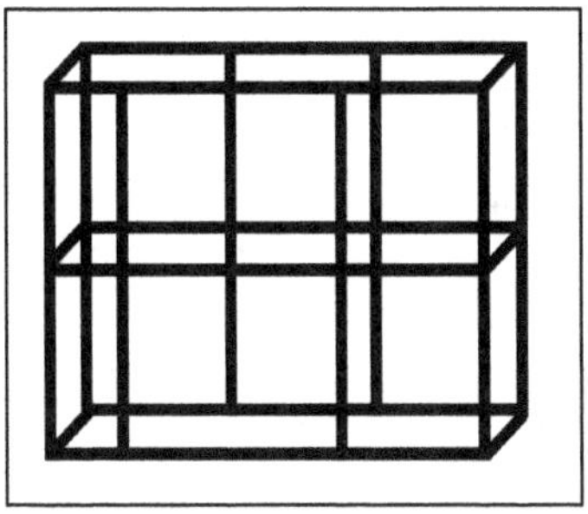

C. Des objets hautement symboliques pour le Moyen Âge

Ce caractère symbolique est fondamental. Seules structures à exposer les corps morts des suppliciés, les fourches patibulaires sont dès lors symboliquement très fortes. De ce fait, elles participent directement à l'infamie qui touche le condamné et qui se poursuit jusque dans la mort. C'est pourquoi, elles se doivent d'être imposantes et visibles de tous. Les fourches patibulaires font partie intégrante de l'arsenal que peut déployer un seigneur haut-justicier pour affirmer son autorité sur un territoire. Pour marquer au mieux leur propriété, il est d'ailleurs fréquent que les armes des seigneurs ornent les fourches. Les fourches patibulaires sont donc des marques importantes du droit et de l'exercice de la justice d'un seigneur, et il n'est pas rare que d'autres peines se déroulent devant ces structures. Les femmes condamnées à la peine d'enfouissement sont enfouies vivantes au pied des fourches patibulaires comme c'est le cas en 1295, pour une certaine Marie de Romainville, accusée de larcin et condamnée par l'abbaye de Sainte-Geneviève à la peine d'enfouissement sous les fourches d'Auteuil[162] (n°33). Mais si la peine d'enfouissement se pratique communément au pied des fourches patibulaires, d'autres châtiments plus surprenants se déroulent également en ce lieu : ainsi, au début du XIVe siècle[163], une femme dépendant de Saint-Martin-des-Champs et accusée de faux-monnayage est exécutée par la justice royale. En compensation, une figure symbolisant la coupable est rendue au prieuré qui la fait bouillir sous les fourches de Noisy-le-Grand[164] (n°13). De même, à cette époque, une truie arracha la joue à un enfant, l'affaire ayant eu lieu sur la terre de Saint-Martin-des-Champs, les agents du prieuré prirent la truie, l'amenèrent à Noisy où elle fut brûlée vive (*arse*) sous les fourches[165].

Si l'on connaît bien la nature des fourches patibulaires, leur fonctionnement usuel, en revanche, nous échappe encore partiellement.

---

[162] *Ibid.*, p. 384.

[163] La date inconnue est située entre 1317 et 1332 par Louis Tanon.

[164] Affaire rapportée dans TANON, *Histoire des…*, *op. cit.*, p. 554.

[165] *Ibid.*

Toutefois, l'aspect véritablement technique et fonctionnel de ces structures commence peu à peu à être abordé dans les recherches scientifiques, et c'est notamment le cas dans l'ouvrage *Histoire matérielle du droit de punir*, en particulier dans les communications de Xavier Rousseaux[166], de Nathalie Demaret[167] et d'Elisabeth Salvi[168]. Il serait intéressant de se pencher sur les réparations des fourches – bien que rarement mentionnées – pour mieux saisir l'usage général qu'il en était fait et l'importance qu'on leur attribuait. Mais étudier ces objets avec une telle précision, tenter d'appréhender leur fonctionnement usuel, est particulièrement complexe car ils sont relativement absents des sources. Ainsi, dans les « registres criminels »[169], les fourches patibulaires sont parfois nommées mais plus rarement décrites ; il est courant qu'elles soient évoquées sous le seul terme de « justice » ou encore par la simple expression « [untel] fut pendu [en tel bourg] ».

II. La potence

A. Description de la structure

Potentia, qui donna par la suite le mot « potence », ne désigne, dans les dictionnaires de latin classique, en aucun cas une structure de pendaison mais signifie puissance, force, pouvoir ou encore autorité[170]. En français médiéval, « potence » est d'abord un terme technique de construction définissant une « pièce (de métal) de soutien ou de support, en équerre, en forme de T ». Par extension il désigne également la béquille, ou encore de manière plus générale un quelconque soutien ou appui[171]. L'acception première de « potence » n'est donc pas celle d'une structure de pendaison ; ce sens n'advient que dans un second temps. Ainsi, le mot est fréquemment utilisé dans le domaine de la construction et il convient donc, à la lecture de comptes ou d'autres sources non judiciaires, de ne pas se méprendre sur le sens du mot et, par conséquent, sur la nature de la structure évoquée.

Il semblerait qu'à l'Époque moderne, la partition des usages entre les fourches patibulaires et les potences soit bien distincte : les fourches patibulaires ne servent que dans un second temps de la procédure pénale à l'exposition morbide des corps des criminels à l'extérieur de la ville, alors que les potences, quant à elles, ne servent qu'à l'exécution par pendaison et à une

---

[166] ROUSSEAUX Xavier, « "Bonne justiche" et "honteuse execution" à Nivelles. La matérialité de l'exécution publique des sanctions (1350-1550) », dans FONTANA, MAUGUE et PORRET (dir.), *op. cit.*, p. 167-188.

[167] DEMARET Nathalie, « "Faire ladite nouvelle justice a deux piliers de bos…". Pratiques et évolution de la matérialité du droit de punir (Hainaut, XVe siècle), *Ibid.*, p.189-204.

[168] SALVI Élisabeth, « Fourches de justice et souveraineté politique. L'exemple vaudois (XVIe-XVIIIe siècles) », *Ibid.*, p. 205-225.

[169] Ceux étudiés ont été édités dans TANON, *Histoire des…, op. cit.*

[170] GAFFIOT, *op. cit.* : potentia, p. 1209.

[171] DMF en ligne : http://www.atilf.fr/dmf/definition/potence : potence.

courte exposition du corps de quelques heures au sein de la communauté[172]. En revanche, cette stricte distinction n'est pas valable pour le Moyen Âge. Si, en effet, les fourches patibulaires sont les seules structures destinées l'exposition des corps morts des exécutés et les potences sont strictement des lieux de la pendaison, les fourches patibulaires pouvaient également, à l'occasion, être les supports de l'exécution même[173]. Mais les pendaisons aux fourches patibulaires étaient-elles si exceptionnelles ? Et les potences étaient-elles vraiment les principaux supports des pendaisons à la fin du Moyen Âge ? Rien n'est moins sûr. Dans les « registres criminels » rapportés par Louis Tanon, le terme de potence est totalement absent et le lieu des pendaisons est soit tu – il est simplement dit qu'untel fut pendu –, soit il est donné mais le support de l'exécution est indéterminé – untel fut pendu en un bourg spécifique –, et parfois il est précisé qu'il s'agit de fourches patibulaires – le terme de « gibet » apparaît parfois mais très rarement. Il arrive également que certains seigneurs se dotent de plusieurs fourches patibulaires. Il est alors possible que ces seigneurs utilisaient certaines de leurs fourches plus régulièrement – sans doute celles à proximité de la maison-mère – que d'autres. Mais existait-il des usages différenciés entre les multiples fourches patibulaires d'un même seigneur ? Il est difficile de répondre à cette question. Les fourches de Vanves sont souvent considérées comme les fourches principales de l'abbaye de Sainte-Geneviève (n°17), sans qu'autres justifications que leur grande proximité avec la maison-mère ne soient données[174] ; l'abbaye possédait également des structures similaires aux bourgs d'Auteuil (n°33), de Montlhéry (n°14), de Saint-Germain-sur-École (n°21), d'Épinay-sur-Orge (n°15) et de Vémars (n°18). Il en est de même pour les fourches du prieuré de Saint-Martin-des-Champs qui avait ses fourches aux bourgs de Noisy-le-Grand (n°13), de Sevran (n°94), de Montceleux (n°96), d'Annet (n°95), de Bouffemont (n°87) et de Bonnelles (n°27), mais celles de Noisy, plus proches de la maison-mère, semblent avoir été préférées par les religieux où « les condamnations capitales prononcées par les juges du prieuré étaient exécutées habituellement »[175]. Pour ce qui est de Saint-Germain-des-Prés, l'abbaye possédait de même plusieurs fourches patibulaires : à Saint-Germain (n°16), Vaugirard (n°80), Meudon (n°31), Issy (n°42), Suresnes (n°32) et Villeneuve-Saint-Georges (n°11). Mais d'après Tanon, les fourches permanentes de Saint-Germain, d'Issy et de Meudon étaient destinées à l'exposition publique des corps des condamnés[176]. Si le choix pour un lieu principal et privilégié des exécutions et des expositions *post-mortem* a existé,

[172] CROLA, « Les fourches… », *op. cit.*, p. 133.
[173] Cela est particulièrement évident dans les « registres criminels » de Saint-Maur-des-Fossés, Sainte-Geneviève, Saint-Germain-des-Prés et Saint-Martin-des-Champs édités par Louis Tanon ; voir : TANON, *Histoire des…, op. cit.*, à partir de la p. 319.
[174] GAUVARD, *Condamner…, op. cit.*
[175] *Ibid.*, p. 283.
[176] TANON, *Histoire des…, op. cit.*, p. 225.

il ne semble pas qu'il ait été courant ni même commun à tous les seigneurs parisiens hauts-justiciers, il apparaît plutôt que certains sont parfois choisis par des seigneurs comme leurs lieux principaux d'exécution et d'exposition en raison de critères géographiques – notamment la proximité avec la maison-mère – ; mais ces choix sont propres à quelques seigneurs possédant de nombreuses fourches patibulaires et ne sont en aucun cas symptomatiques d'une règle ou d'une coutume suivie de tous. Toujours est-il que les fourches patibulaires des divers seigneurs parisiens sont bien présentes dans les « registres criminels » et semblent même, à la seule lecture de ces sources, être les seules structures de pendaison existantes. En revanche, les potences n'émergent que tardivement dans les sources étudiées. Si elles sont totalement absentes des sources éditées par Tanon, qui rapportent des affaires datant pour la plupart des XIIIe et XIVe siècles, elles sont au contraire majoritaires dans les autres sources plus tardives. Dans les *Comptes et Ordinaires de la prévôté de Paris, depuis 1399 jusqu'en 1573* et, notamment, dans les *Comptes de la prévôté de Paris*, les *Œuvres et réparations publiques* ou encore les *Recettes et dépenses communes*, édités par Henri Sauval au cours du XVIIe siècle[177], des potences sont régulièrement mentionnées dès la toute fin du XIVe siècle et ce, jusqu'au milieu du XVIe siècle. À l'inverse, le terme de fourches, s'il apparaît encore, est beaucoup moins présent. Pourquoi les potences n'apparaissent que tardivement dans la documentation étudiée ? Est-ce par un manque d'intérêt de ces structures qui, ne prenant part qu'à la seule exécution, étaient vues comme des marques moindres de la haute justice ? Ou est-ce en raison d'une véritable absence de ces structures dans le paysage jusqu'à la fin du XIVe siècle ? Il est tout à fait probable que cette émergence documentaire traduise non pas l'apparition des potences – qui existaient très probablement avant le XIVe siècle – mais un nouvel usage et un nouvel intérêt pour ces structures qui se multiplient à la toute fin du Moyen Âge. Cette émergence tardive des potences correspond avec ce que nous apprend la définition de « gibet » donnée par le *DEAF* : « [...] à partir du XVe siècle, *gibet* a été concurrencé de même par *potence* [...] »[178]. De plus, ce développement – et qui traduit probablement un changement des enjeux autour des potences – est corroboré par les plans de Paris du XVIe siècle – voire du début du XVIIe siècle. N'ayant pas de représentation cartographiée précise de Paris pour la fin du Moyen Âge, il est impossible de comparer l'état des potences entre le XIII-XIVe siècle et le XVe siècle. En revanche, on peut tout de même observer sur le plan de Truschet et Hoyau de 1552 que les fourches patibulaires à l'extérieur de Paris sont rares – seules deux sont représentées – mais, à l'inverse, les potences, dans et hors la ville sont un peu plus nombreuses (fig. 12, 13, 14 et 15).

---

[177] SAUVAL, *op. cit.*, t. 3.
[178] DEAFplus en ligne : https://deaf-server.adw.uni-heidelberg.de/lemme/gibet : gibet.

Figure 12 : Potences du marché aux Pourceaux, dans le faubourg Saint-Honoré (sud ouest de Paris) – Détail du plan de Truschet et Hoyau, dit de Bâle (1552).

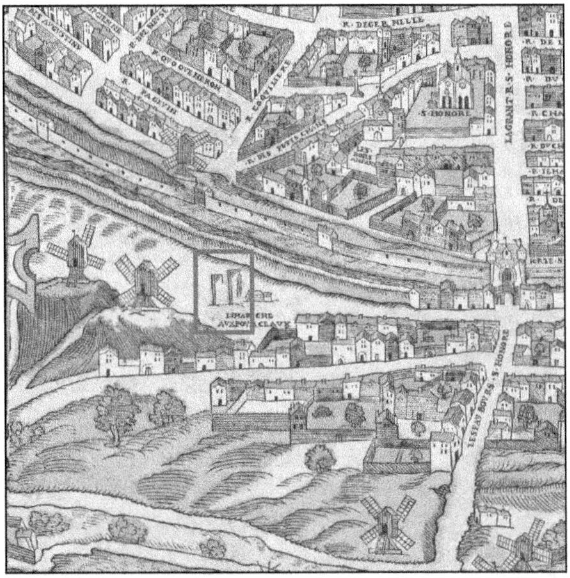

Figure 13 : Potence dans le faubourg Saint-Jacques (sud de Paris) – Détail du plan de Truschet et Hoyau, dit de Bâle (1552).

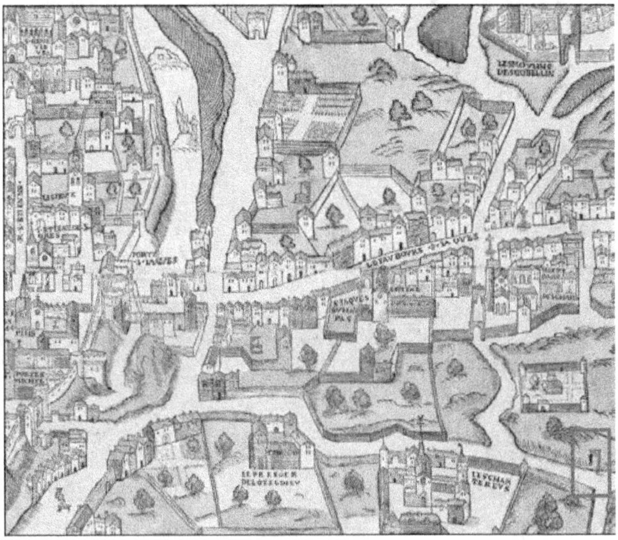

Figure 14 : Potence de la place Maubert (Paris, rive gauche) – Détail du plan de Truschet et Hoyau, dit de Bâle (1552).

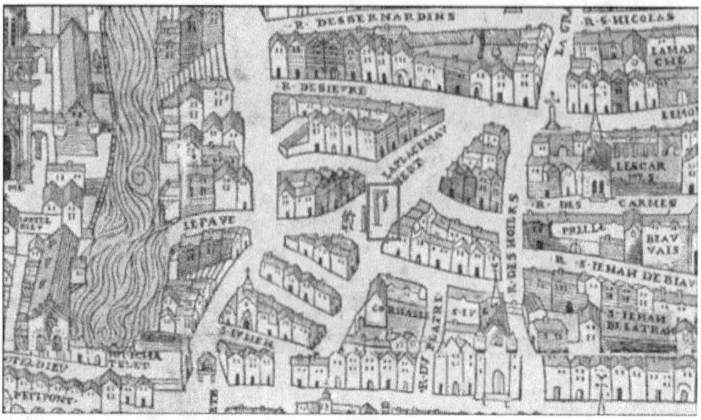

Figure 15 : Marché des Halles avec sa potence, son pilori et peut-être son échafaud (Paris, rive droite) – Détail du plan de Truschet et Hoyau, dit de Bâle (1552).

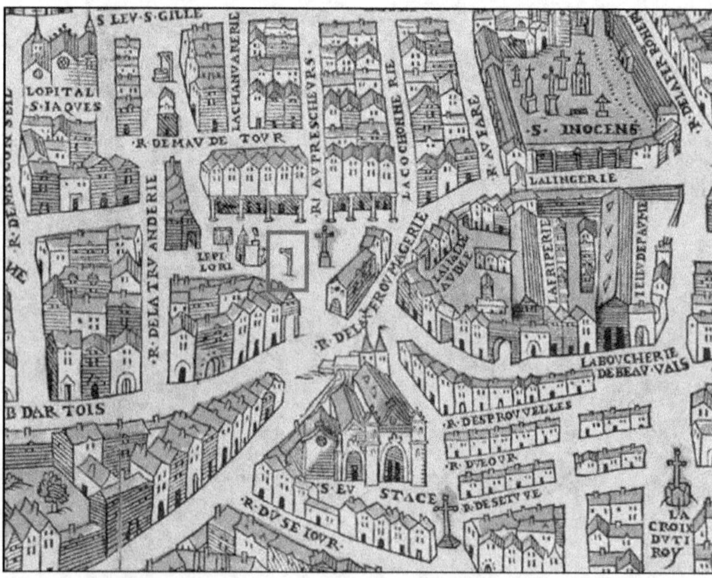

De même, sur des plans de Paris réalisés quelques décennies plus tard, on retrouve ces mêmes potences et d'autres encore. Aussi, on peut voir sur le plan de Quesnel (1609) des potences au pied des fourches patibulaires de Montfaucon (fig. 16), sur la place de Grève (fig. 17) ou encore au cœur de la foire de Saint-Germain-des-Prés (fig. 18).

Figure 16 : Potences dressées au pied des fourches de Montfaucon (nord est de Paris) –
Détail du plan de Quesnel (1609).

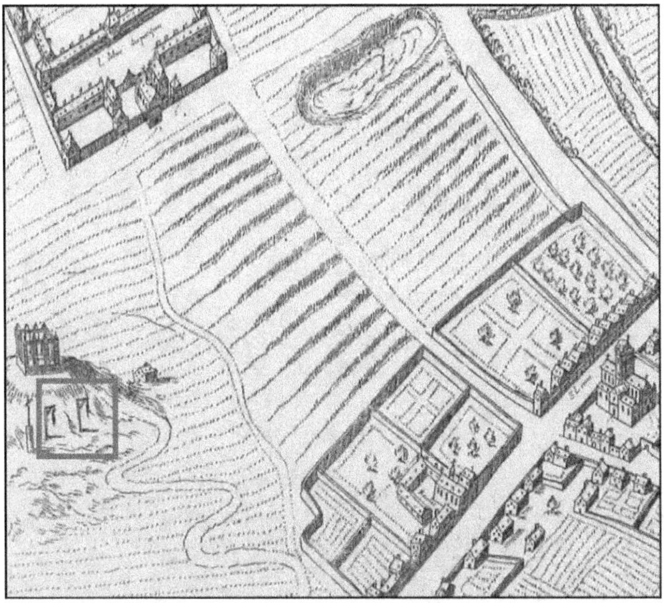

Figure 17 : Potence de la place de Grève (Paris, rive droite) –
Détail du plan de Quesnel (1609).

Figure 18 : Potence de la foire de Saint-Germain-des-Prés (sud-ouest de Paris) – Détail du plan de Quesnel (1609).

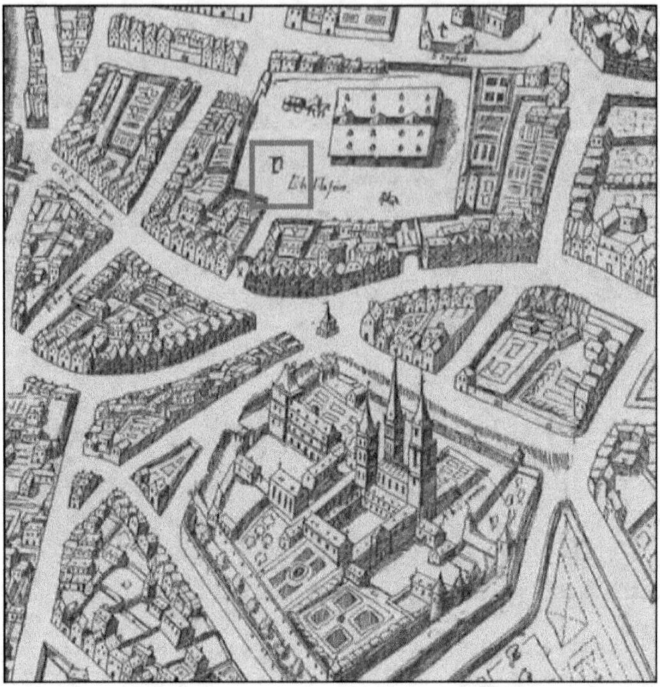

Soigneusement représentées de la sorte sur le plan dit de Bâle – ainsi que sur d'autres plans plus tardifs –, les potences étaient probablement courantes à la toute fin du Moyen Âge et importantes aussi bien pour les seigneurs détenteurs, pour qui elles manifestaient matériellement leur droit de haute justice et de mise à mort, que pour les habitants de la communauté. Ainsi signifiées sur les plans de Paris, il est possible que certaines de ces potences aient été permanentes bien que dressées au sein des murs de la capitale.

Outre, le fait d'être des structures judiciaires dédiées à la seule pendaison, une autre particularité des potences est d'être aussi les seules à pouvoir être dressées au cœur d'une ville ou d'un bourg, au sein même de la communauté. Les deux particularités sont d'ailleurs liées : les potences ne peuvent servir qu'à l'exécution par strangulation, et en aucun cas à l'exposition durable des corps des condamnés – bien qu'une courte exposition de quelques heures est parfois décidée – parce qu'elles se trouvent dressées au milieu des habitations. Pour des raisons d'hygiène et de confort des habitants, il est impossible qu'une exposition prolongée puisse avoir lieu sur une potence au cœur de la ville. Par ces deux caractéristiques, ces structures sont souvent vues comme les opposés complémentaires des fourches patibulaires. Dès lors, ces structures de pendaison sont régulièrement simplifiées de la sorte : les fourches patibulaires sont dressées hors de la ville et servent à l'exposition des corps des condamnés, et les potences sont dressées dans la ville et servent à l'exécution par pendaison. Or, ces deux structures ne sont pas strictement complémentaires ; elles peuvent aussi bien être employées ensemble pour une même exécution que séparément. Ainsi, les fourches patibulaires, bien que systématiquement dressées à l'extérieur des murs de la ville, peuvent également être les supports de la pendaison. Les potences, quant à elle, comme on a pu le voir sur les détails des plans de Paris montrés précédemment, peuvent aussi bien être dressées dans et hors la ville – mais ce sont les seules à pouvoir être placées au sein d'une communauté. Elles peuvent également servir à une courte exposition, de quelques heures seulement, du condamné à mort.

Il ne faut donc pas nécessairement chercher à opposer fourches patibulaires et potences, elles forment deux pans matériels de la justice par pendaison. Elles font toutes deux parties d'une même justice, d'un même processus pénal qui, si elles sont associées ou utilisées séparément, permettent au seigneur justicier de faire varier l'infamie de la peine selon le crime jugé. Ainsi, pendre un criminel au cœur de la capitale – ou d'un des bourgs du seigneur justicier – puis transférer son corps hors de la ville pour l'exposer aux fourches patibulaires permet au seigneur de marquer son droit de justice et son autorité en divers espaces de son territoire, de faire connaître son jugement au plus grand nombre et de punir sévèrement un criminel. Mais la procédure peut varier : le seigneur peut tout à fait, pour un crime jugé moins grave, décider de ne pendre le coupable qu'à une simple potence ; ou, au contraire, de pendre directement à ses fourches patibulaires. Les supports sont donc variés et permettent au seigneur d'investir plus largement et plus fortement l'espace, notamment avec ce processus de transfert des corps. De surcroît, celles-ci n'ont pas été investies avec la même force par les seigneurs parisiens à la même époque et n'ont pas eu les mêmes enjeux, ni la même force symbolique, qui a varié dans le temps selon des chronologies distinctes pour les deux structures. Potences et fourches patibulaires ont existé simultanément mais il apparaît que les supports de la pendaison ne se sont cristallisés sous la forme de la potence qu'à la toute fin du Moyen Âge et au début de l'Époque moderne[179].

B. Formes et variations de la structure

Seules structures pouvant être dressées à l'intérieur même de la ville, les potences doivent dès lors répondre à des contraintes spatiales et d'organisation du territoire urbain. En effet, le Paris *intra-muros* très dense ne laisse que peu de place à l'élévation de structures de pendaison : les potences sont donc nécessairement de taille relativement réduite et simple. De plus, n'exposant pas durablement les corps des condamnés à mort, elles ne nécessitent pas d'être visibles de très loin et peuvent donc être d'une taille plus modeste que les fourches patibulaires. Techniquement, elles sont donc moins complexes que les fourches patibulaires. Pour autant, quelles formes revêtent-elles

---

[179] Constat également partagé dans : CROLA, « Les fourches… », *op. cit.*, p. 134.

exactement ? Connaissent-elles autant de variations que les fourches patibulaires ? Par ailleurs, sont-elles permanentes comme les fourches patibulaires ou plutôt temporaires ?

D'ordinaire, les potences sont représentées comme de simples structures composées de deux poutres de bois placées perpendiculairement l'une par rapport et renforcées entre elles par une troisième pièce de bois de soutènement. Et c'est d'ailleurs cette forme qui est systématiquement représentée sur les plans de Paris (fig. 12 à 18). Si l'on se réfère à la typologie dressée par Laurie Helbling, les potences correspondent aux gibets simples dits en « L » inversé. Il s'agit de la forme la plus simple et la moins stable des structures de pendaison. La courte durée d'existence des potences ressort régulièrement dans les diverses sources ; en effet, la présence régulière de potences dressées pour des exécutions dans les *Comptes et Ordinaires de la Prévôté de Paris* laisse entendre que ces structures étaient fréquemment temporaires[180]. À l'inverse, une éventuelle durabilité de celles-ci est plus difficile à cerner dans la documentation. Mais la représentation cartographique de certaines potences, et leur permanence d'un plan à l'autre, pourrait laisser penser que celles-ci, en particulier, étaient durables.

Il convient également de se pencher sur la forme, ou les formes prises, par les potences. Si elles sont toujours représentées en « L » inversé, est-il tout de même possible qu'elles aient pu prendre d'autres formes ? Les contraintes topographiques imposent que les potences soient relativement petites et parfois temporaires, donc aisément démontables, mais rien ne les oblige à n'être dressées que sous cette forme de « L » inversé. Nous l'avons vu Laurie Helbling distingue les gibets simples des complexes. Parmi ces gibets simples, elle en décompte deux sortes : les gibets en « L » inversé et les rectangulaires. Cette dernière catégorie se décline elle-même sous trois variantes, plus ou moins complexes. De ces gibets rectangulaires, deux ont un caractère particulièrement sommaire et peu stable : le gibet rectangulaire simple et le gibet en « U » dont la poutre horizontale supérieure est supportée par l'extrémité fourchue des deux piliers de bois verticaux. Rapides à monter et démonter, ils ont l'avantage majeur de répondre parfaitement aux besoins d'une exécution rapide et efficace. Mais il est difficile de savoir si ces potences pouvaient revêtir ces diverses formes des gibets dits simples, car outre les quelques figurations des potences, figurations qui les représentent toutes selon le même modèle, une seule mention permet d'entrapercevoir cette possible diversité morphologique : en l'année 1514, fut dressée « une potence à deux pilliers […] au Marché aux Pourceaux […] »[181].

Bien que de petite taille, les potences ne sont pour autant pas dénuées d'importance. Il ne faut pas les réduire à de simples lieux d'exécution par strangulation. Certes elles permettent la mise en œuvre d'une justice rapide et

---

[180] SAUVAL, *op. cit.*, t. 3, p. 258-666.
[181] *Ibid.*, p. 563.

efficace mais, ce faisant, elles marquent matériellement le pouvoir justicier d'un seigneur au cœur même de la ville, à la vue de tous, et ce d'autant plus si la structure est marquée des armes du seigneur détenteur, si elle est entretenue ou si elle s'avère être permanente ou est régulièrement élevée au même endroit, endroit qui devient symboliquement et physiquement le lieu de l'exercice de la justice et de l'autorité d'un seigneur en particulier.

Outre ces variations morphologiques des structures de pendaison, potences comme fourches patibulaires, celles-ci étaient invariablement dotées des mêmes accessoires. Plusieurs outils sont nécessaires au bourreau pour faire son office au gibet : on retrouve ainsi l'échelle, la corde ou la chaîne.

Outil d'une grande importance pour mener à bien la pendaison d'un criminel, l'échelle est parfois représentée dans les enluminures[182]. Toujours d'après Helbling, l'échelle a deux utilités essentielles, l'une propre à la préparation de l'exécution assurant son bon déroulement, la seconde liée à l'exécution en elle-même. Dans un premier temps, l'échelle permet au bourreau d'accéder à la corde pendue à la poutre de bois horizontale, ainsi il peut vérifier sa solidité, son attache, sa longueur et la réajuster si besoin. Mais l'échelle est aussi un outil situé au cœur même de l'exécution : elle permet au bourreau de faire monter le condamné au sommet du gibet. Pour cela, le bourreau précède généralement le criminel sur l'échelle et tire sur la corde enroulée ou nouée autour du cou du condamné pour faire monter ce dernier. Le bourreau attache ensuite la corde à la poutre supérieure du gibet. Une fois le condamné arrivé au sommet, le bourreau le pousse du gibet. L'échelle permet aussi au bourreau de dépendre les corps des suppliciés. L'échelle est donc un accessoire indispensable à la pendaison. C'est par ailleurs la raison pour laquelle les gibets sont parfois simplement appelés échelles.

Autres accessoires essentiels à la pendaison, la corde ou la chaîne. Ces deux objets pourtant d'apparence banale sont les instruments même du supplice du condamné et l'amènent à sa mort. Comme l'échelle, ce sont des outils du bourreau qui en a alors la responsabilité. C'est en effet le bourreau qui fait le choix de la corde ou de la chaîne, de la taille, la forme, la longueur, la nature, la qualité… Tout ce travail peut sembler anecdotique et pourtant il assure le bon déroulement de l'exécution. Il existe même des règles sur le choix de la corde et notamment sur sa longueur, règles parfois mises à l'écrit : « plus le condamné est lourd, plus la corde doit être courte[183] ». La question du choix de la longueur de la corde est simplifiée par l'élaboration d'une table associant proportionnellement le poids du pendu à la longueur de la corde nécessaire[184]. Dans les enluminures, certains détails nous renseignent sur les

---

182 C'est ce qu'observe Laurie Helbling dans son corpus de recherche, voir : HELBLING, *op. cit.*, p. 37-62.

183 MONESTIER Martin, *Peines de mort, histoire et techniques des exécutions capitales des origines à nos jours*, Paris, Cherche-Midi, 1994, p. 252.

184 DELARUE Jacques, *Le métier de bourreau du Moyen Âge à aujourd'hui*, Paris, Fayard, 1979, p. 253.

usages liés aux exécutions : certaines représentent des cordes tressées montrant ainsi que les cordes employées dans les pendaisons étaient des cordes usuelles, du quotidien qui avaient bien d'autres usages. Parfois ces cordes sont remplacées par des chaînes, manifestant des logiques économiques sous-tendant les exécutions judiciaires. La corde, moins chère, ne peut servir qu'une seule fois puisque le cadavre du pendu est presque quasi-systématiquement laissé à pourrir sur les fourches, et lorsqu'il est exceptionnellement dépendu, le bourreau coupe alors la corde. De plus, toute récupération de la corde d'un pendu est interdite de peur qu'elle ne soit utilisée pour de la sorcellerie. La corde est alors inutilisable. Il est donc nécessaire pour le bourreau de fournir une nouvelle corde à chaque exécution. Si la chaîne est quant à elle plus chère, elle est en revanche réutilisable ; mais elle n'est rentable uniquement pour les fourches permanentes qui accueillent plusieurs exécutions. Les chaînes sont souvent attachées à demeure aux fourches comme c'est le cas à Montfaucon[185].

C. Une spécificité macabre : l'exposition fragmentaire

En dernier lieu, il convient d'évoquer une autre spécificité apparemment propre aux potences et qui n'est que trop souvent cantonnée au rang de l'anecdote sordide. Si les fourches patibulaires sont les supports de l'exposition prolongée des corps des condamnés à mort, les potences, quant à elles, sont elles aussi dotées d'une spécificité macabre : elles sont parfois utilisées pour l'exposition de membres, de parties des corps de ces condamnés à mort. Cette exposition fragmentaire se pratique généralement sur des potences situées aux portes de la ville, dressées du côté extérieur de l'enceinte : il est dit en 1480 que « pardevers ladite porte St Denys, […] est assise une potence de bois servant à pendre les membres de ceux qui sont exécutés par Justice » (n°60)[186]. Les parties du corps du condamné ainsi démembré peuvent être exposées en plusieurs potences dressées à différentes portes de la ville – en général, aux quatre portes principales de Paris à savoir les portes Saint-Jacques, Saint-Denis, Saint-Honoré et Saint-Antoine – mais certaines parties du corps pouvaient également être envoyées en d'autres villes pour être exposées à leurs portes. En 1535, « Morice Jonas Chevalier Capitaine de Galeres, Seigneur & natif dudit lieu de Jonas, traisné sur une claye depuis le Chastelet jusqu'au Pilori de cette Ville, & illec décapité, son corps mis en quatre quartiers, attachés & pendus aux quatre principales portes de cettedite Ville, sa tête portée à Marseille fichée en une lance au Porte d'icelle Ville de Marseille »[187]. Mais ce type d'exposition ne se pratique pas exclusivement à l'extérieur des portes de la ville, elle prend aussi place en d'autres lieux stratégiques et visibles de la communauté. Ainsi, en 1532, on trouve les corps

---

185 HELBLING, *op. cit.*, p. 37-62.
186 SAUVAL, *op. cit.*, t. 3, p. 438.
187 *Ibid.*, p. 617-618.

et membres d'un criminel attachés aux potences de la porte Saint-Antoine, du bois de Vincennes et du Châtelet. Ces mêmes fragments, nous apprend Sauval, furent dépendus afin que l'air vicié par des morceaux pourrissants ne gênent ni le convoi ni la foule menant et accompagnant le corps de la défunte mère du roi de Saint-Maur à Saint-Antoine-des-Champs puis à Notre-Dame de Paris pour ses funérailles[188].

À la différence des fourches patibulaires qui exposent les corps de nombreux condamnés à mort, ces expositions de fragments sur des potences sont relativement rares. En effet, celles-ci n'exposent les membres que de grands traîtres auxquels il convient de faire subir une mort particulièrement infamante. C'est pourquoi le 9 décembre 1399 maître Jean Cimar, coupable de lèse-majesté, après de multiples châtiments, eu, en dernier lieu, ses membres exposés aux portes de Paris, sur des potences : « [...] à l'exécution de la Justice faite le Lundy neuviéme jour de Decembre ; de Maître Jean Cimar, Convers Chrétien, demeurant à Paris, né d'Aques au Royaume d'Arragon, lequel eut la teste coupée ès Halles de Paris, & fut escartellé par Justice, pour ce qu'il estoit Sortilege, Idolâtre, Ingromantion, Invoqueur d'ennemis, de paroles diffamables contre l'honneur des plus prochains de Sang Royal, & qui griesvement avoit attenté contre la Royale Majesté : la chose publique, grandement esclandrée, trompeur & abuseur. [...] les membres dudit Cimar furent pendus ès potences des portes de Paris »[189]. Ne s'appliquant qu'aux traîtres envers le roi ou le royaume, ce type d'exécution relève donc de la justice royale ; et il est vrai qu'aucune exposition de la sorte n'est relevée chez les autres seigneurs parisiens, laïcs comme ecclésiastiques.

Ces expositions relativement rares aux portes de la ville sont aussi particulièrement exceptionnelles et mémorables. Contrairement aux fourches patibulaires, ces potences exposant à la vue de tous des morceaux de corps de grands traîtres sont d'une grande proximité avec la communauté meurtrie ou criminelle. Car on l'a vu, parfois ces membres sont exposés aux portes de Paris, capitale du roi qui a été atteint par la faute commise, mais ils peuvent également être envoyés et exposés aux portes de la ville du criminel. De même qu'en 1535, la tête du chevalier Morice Jonas fut portée et exposée à la porte de Marseille, Olivier de Clisson, accusé de traîtrise envers Philippe VI pour avoir passer traité avec Édouard III, fut décapité à Paris en 1343 puis son corps fut pendu à Montfaucon et sa tête fut portée et exposée à Nantes. Cette dispersion des parties du corps marque profondément d'infamie le criminel qui, ainsi démembré et dispersé, est privé de toute résurrection après la mort[190]. Placées aux limites de la ville et en ses quatre points cardinaux, les parties du corps du grand criminel participent à ressouder la communauté divisée par le crime. De plus, placée à la porte même de la ville et faisant face aux nouveaux arrivants dans la cité, la potence devient une sorte de message à la

188 *Ibid.*, p. 615.
189 *Ibid.*, p. 258.
190 GONTHIER, *Le châtiment...*, *op. cit.*, p. 123.

communauté mais surtout aux gens extérieurs à cette communauté et y entrant temporairement. Cette potence montre physiquement l'autorité, dans ce cas, du roi en sa capitale et sa capacité à rendre justice, c'est-à-dire à protéger, ressouder et venger sa ville et son peuple d'un crime qui a touché l'ensemble de la communauté. Ce faisant, il montre qu'un tel crime – lèse-majesté, trahison… – ne peut rester impuni, et quel châtiment particulièrement fort et infamant attend le traître. À la fois message d'autorité et de protection envers la communauté, il met en garde tous les étrangers à la communauté qui seraient tentés d'en briser l'intégrité. Cette potence est dès lors un lieu judiciaire porteur de multiples messages, tournés vers plusieurs destinataires.

Mais ces potences, sont-elles dressées uniquement pour l'exposition de ces fragments de corps ou s'agit-il d'un réemploi de potences déjà élevées aux portes de la ville pour des exécutions ? Là encore la temporalité des structures est difficile à cerner. Il semblerait que les deux cas de figure aient existé. En 1471, il est fait mention dans les *Réparations* du *Compte de l'Ordinaire de Paris*, d'un charpentier ayant fait « hastivement, par l'Ordonnance de Justice, quatre potences de bois, lesquelles ont été mises & assises hors la Ville, & près des quatres maitresses Portes de Paris »[191]. Il semblerait donc que ces potences aux portes de Paris ne soient que temporairement dressées pour des exécutions et des expositions fragmentaires. Pourtant, en 1480, un terrain est décrit dans *Domaine de Paris* par rapport à divers repères spatiaux dont une potence de bois : « Une piece de terre contenant quatre arpens, en laquelle on vouloit faire Voirie, scis hors les murs de la Ville de Paris, joignant les fossés entre les portes St Denys & celle de Montmartre, aboutissant d'un bout & faisant pointe pardevers ladite porte St Denys, où est assise une potence de bois servant à pendre les membres de ceux qui sont executés par Justice »[192].

De surcroît, si les potences sont les seules structures de pendaison à exposer et à disperser spatialement ces fragments de corps, elles peuvent en revanche être remplacées par d'autres supports tels de simples pieux, des piques, des lances ou demi-lances, des glaives, etc. En 1398, les deux Augustins qui prétendirent guérir Charles VI de sa folie furent condamnés à mort par décapitation, mais la gravité de leur crime fut punie par tout un rituel pénal infamant commençant par leur dégradation publique au cours de laquelle leur tonsure est rasée, leurs ornements de prêtres leurs sont enlevés, puis ils sont liés à une charrette et sont conduits ainsi aux Halles pour y être exécutés. Au-delà de la mort, l'infamie se poursuit : leurs corps sont écartelés, les troncs sont portés à Montfaucon et les têtes fichées sur deux demi-lances[193]. En 1527, un noble nommé François Andras, seigneur de Changy fut assassiné à Paris par François, Joachim et Charles du Chastel, Guillaume Clauseau et François Yssot. Si Clauseau fut pendu et Yssot brûlé, les trois autres furent décapités en place de Grève puis leurs corps furent pendus au gibet de

---

[191] SAUVAL, *op. cit.*, t. 3, p. 400.
[192] *Ibid.*, p. 438.
[193] *Ibid.*, t. 2, p. 608.

Montfaucon et leurs têtes mises sur des pieux : « celle de Joachim hors la porte St Jacques, & celles de Charles hors la porte St Antoine »[194]. La même année, un homme fut décapité au pilori et « sa tête mise au bout d'une lance », le lendemain son corps fut pendu à Montfaucon[195].

Ainsi, la potence n'est pas essentielle à l'exposition de ces fragments de corps, elle est aisément remplacée par d'autres supports. En revanche, exposer ces parties à des potences permet véritablement d'associer cette exposition et donc ce châtiment honteux à l'exercice d'une justice, ici, de la justice royale. Car, la potence est nettement reconnaissable comme une structure judiciaire et comme l'outil d'une autorité judiciaire. Plus qu'un glaive ou une lance, la potence permet l'exposition ignominieuse tout en étant un support suffisamment reconnaissable – dans sa taille et sa forme – pouvant porter les armes du seigneur justicier. Cette exposition fragmentaire se distingue de l'exposition *post mortem* des corps aux fourches patibulaires car exposant des parties seulement du corps elle peut avoir lieu à proximité, de la cité : les contraintes spatiales de la ville s'imposent peu sur ces structures judiciaires moins massives. De cette manière, cette exposition est véritablement visible de tous et surtout, est visible de près : les habitants la côtoient. Elle montre à tous le grand crime qui a été commis et le dur châtiment qui s'ensuit, elle marque ainsi profondément l'infamie du criminel et de sa famille dans la mémoire de tous et permet de ressouder la communauté trahie en montrant la peine et en exposant les parties du corps aux portes mêmes de la ville.

---

[194] *Ibid.*, t. 3, p. 608.
[195] *Ibid.*, p. 609.

CHAPITRE 3

Les structures d'exposition

Pour aborder la question des structures d'exposition, il est nécessaire de parler de la peine d'exposition elle-même, de ce qu'elle implique, de ses enjeux et de ses usages. La peine d'exposition est une peine d'exclusion symbolique du condamné du corps social, c'est-à-dire de la communauté. Si son élimination physique n'est pas recherchée, les autorités cherchent à éliminer symboliquement le coupable en ayant recours à cette peine centrée sur l'humiliation et la destruction de la réputation du coupable : ainsi déshonoré, le condamné est exclu de sa communauté. Avant le XVIe siècle, l'expression « exposition publique » n'est jamais employée, la peine est généralement qualifiée par rapport à la structure utilisée, à laquelle est attaché le condamné : on parle alors de « mise au pilori »[196] mais à partir de la seconde moitié du XIIIe siècle, on voit apparaître les expressions de « mise à l'échelle » ou encore de « mise au cep »[197]. Concrètement, l'exposition publique consiste à attacher un condamné à une structure d'exposition, c'est-à-dire un pilori, une échelle ou un simple carcan, pendant plusieurs heures à la vue et aux injures de tous car le monument est toujours élevé en un lieu de passage intra urbain. Cette exposition durait généralement plusieurs heures et pouvait à l'occasion être répétée sur plusieurs jours. La foule n'est pas simplement spectatrice du châtiment, elle est encouragée à y participer directement. Ainsi, une fois le condamné placé sur le support d'exposition par les autorités, ces dernières se retirent du rituel punitif et laissent place à la foule qui, par les injures et les jets d'ordures et de boue, met à mal la *fama* du condamné[198]. L'infamie est

---

[196] Dans le corpus étudié par Isabelle d'Artagnan qui aborde très précisément la question des piloris en France au Moyen Âge, « mis au pilori » et ses différentes variantes, comme « tourné au pilori », « lié au pilori », représentent environ 70% des expressions employées pour désigner la peine d'exposition.

[197] D'ARTAGNAN Isabelle, « "Pour donner crainte et conservation de la jurisdiction" : Les stratégies d'implantations des piloris au Moyen Âge », en ligne sur : https://doctrame.hypotheses.org/publications-electroniques/quel-lieu-choisir.

[198] Sur la question de la *fama*, voir entre autres : THERY Julien, « "Fama" : l'opinion publique comme preuve judiciaire. Aperçu sur la révolution médiévale de l'inquisitoire (XIIe-XIVe

double pour le coupable : elle est juridique car le coupable est condamné par une autorité judiciaire et il est dès lors juridiquement déclaré comme un mauvais sujet, et cette infamie juridique – *infamia juris* – se poursuit une fois le condamné désentravé ; mais elle est aussi sociale car, en étant un des acteurs essentiels de la peine d'exposition publique, la foule exprime sa complète adhésion à la sentence et reconnaît ainsi l'autorité du seigneur. En participant directement et activement à la condamnation et au rituel punitif, la foule exprime une réprobation sociale communément admise : l'infamie qui marque alors le condamné se forge comme une évidence[199]. Cette infamie apparaît comme une opinion partagée de tous, construite par un ensemble de pratiques ; elle est fabriquée par la conjonction de plusieurs pratiques propres à divers acteurs : la manipulation et l'entrave du corps du condamné par les autorités, et son humiliation publique par la foule[200]. En peine simple, la sentence à l'exposition est appliquée aux petits crimes et autres délits, aux petits vols, aux mineurs, etc. Mais comme pour les condamnations à la pendaison, la peine principale de l'exposition publique est souvent accompagnée d'autres pratiques qui permettent aux autorités judiciaires de moduler la réponse pénale au crime et au criminel. Outre la pilorisation, le mode de transport du condamné jusqu'à la structure d'exposition, les vêtements et accessoires portés par ce dernier ou encore sa position sur la structure participent à la production de l'infamie. Pour ce qui est des structures employées, l'exposition peut se dérouler sur un pilori mais aussi sur une échelle de justice ou encore à l'aide d'un simple poteau de bois ou de pierre doté d'un carcan. Selon la structure utilisée et sa complexité, la peine est plus ou moins théâtralisée et mise en scène. L'humiliation du coupable se fait par la privation complète mais temporaire de sa liberté, par l'entrave de ses mouvements au moyen d'attaches. Les systèmes d'attache du condamné au support sont multiples, allant, là aussi, du plus simple au plus élaboré. Le condamné peut ainsi être lié au poteau au moyen d'une corde, de chaînes, d'un collier de fer ou encore d'un cep de bois[201]. Pour amplifier l'infamie, le condamné est parfois mené jusqu'à la structure de son exposition en suivant un parcours ritualisé qui pouvait se faire à dos d'âne ou sur une charrette d'infamie. La charrette en elle-même est symbole d'infamie : Chrétien de Troyes voit même en la charrette l'équivalent du pilori, où l'on attachait et exposait les condamnés[202]. Comme le pointe très

---

siècles) », dans LEMESLE Bruno (dir.) *La Preuve en justice de l'Antiquité à nos jours*, Rennes, PUR, 2003, p. 119-147.

[199] Sur la question de la double infamie juridique – *infamia juris* – et sociale – *infamie facti* : LEVELEUX-TEIXEIRA Corinne, « *Fama* et mémoire de la peine dans la doctrine romano-canonique (XIIIe-XVIe siècle) », dans HOAREAU-DODINAU Jacqueline et TEXIER Pascal (dir.), *La peine : discours, pratiques, représentations (Cahiers de l'Institut d'Anthropologie Juridique n°12)*, Limoges, PuLim, 2005, p. 45-61.

[200] D'ARTAGNAN, « Tourner… », *op. cit.*, p. 2.

[201] GONTHIER, *Le châtiment…, op. cit.*, p. 119.

[202] Chrétien de Troyes, *Le roman du chevalier de la charrette*, TARBE Prosper (éd.), Reims, Imprimerie Regnier, 1849, p. 13.

justement Isabelle d'Artagnan, il est très probable que cette infamie associée à la charrette provienne de son usage dans les rituels de mises à mort. En effet, à Paris, les condamnés à la peine de la décapitation sont menés à l'échafaud des Halles sur une charrette, échafaud qui se trouvait près du pilori royal (n°54 et 8). Ainsi, mener le condamné au pilori sur une charrette revenait à lui faire parcourir un trajet fort similaire et par un moyen de transport identique à celui du condamné à mort. Par cet emprunt d'une partie du rituel de mise à mort, la pilorisation en devient d'autant plus infamante : l'idée que le coupable est un être mauvais qu'il convient d'exclure de la société, non pas physiquement ici mais socialement et juridiquement, ne fait plus aucun doute[203]. De plus, le coupable était souvent affublé d'objets accentuant l'humiliation et représentant le crime commis, qui était ainsi connu de tous. Lorsque le crime ne peut être symbolisé par un objet, il est inscrit sur un écriteau ou représenté par un dessin porté par le condamné. La présence de ces marques du crime valide en quelque sorte les injures, moqueries, les jets d'ordures en tous genres perpétrés par la foule[204].

Si les lieux et les structures liés aux exécutions publiques – fourches patibulaires, gibets et potences – ont été jusqu'alors peu étudiés, les structures dédiées à l'exposition des criminels – piloris, échelles et poteaux à carcan – le sont encore moins. Cet état de fait peut se justifier, du moins en partie, par la structure même de ces objets. Les structures d'exposition sont souvent de plus petites structures, en bois, donc moins durables et, de ce fait, qui ont laissé peu de traces archéologiques. Plus banales, elles sont aussi peu représentées et évoquées dans les documents iconographiques et textuels, mais on en trouve quelques traces tout de même. La question des matériaux et des supports utilisés, de l'entrave et de la position imposée au corps du condamné doit être posée et approfondie par rapport aux études déjà réalisées[205]. Et c'est à leur étude détaillée que je m'attache ici en tentant de dresser une typologie des structures d'exposition. Il convient également de poser la question de la pérennité de ces structures d'exposition. Celle-ci peut être affirmée pour les structures les plus connues que sont le pilori royal des Halles et celui de Saint-Germain-des-Prés, qui ont laissé de profondes traces dans la documentation, elle n'est cependant pas évidente pour les autres structures. Cependant, systématiquement dressés au sein même des villes et des villages, il est probable que nombre de ces échelles, piloris et carcans étaient élevés de façon pérenne[206] – et ce, d'autant plus lorsqu'il s'agit de la seule structure d'exposition détenue par un seigneur.

---

203 D'ARTAGNAN, « Tourner… », *op. cit.*, p. 5.
204 *Ibid.*, p. 6-7.
205 D'ARTAGNAN, « Tourner… », *op. cit.* ; *Id.*, *« "Pour donner crainte… », op. cit.* ; *Id.*, *Le pilori…, op. cit.*
206 REGINA, *op. cit.*, p. 4.

I. Le pilori

A. Origine et usages du pilori

Structure par excellence lorsqu'on évoque la peine de l'exposition publique, le pilori nous est surtout connu par la surreprésentation et la popularisation, notamment dans l'iconographie, du pilori royal des Halles. Pour autant, le roi n'est pas seul à posséder un pilori. Il est souvent rappelé qu'en toutes villes ou bourgs où le roi dresse un pilori, aucun autre seigneur ne peut en élever un [207]. Mais ce privilège royal s'est cristallisé progressivement par la pratique, et cette hiérarchie des hautes justices et, par conséquent, la hiérarchie des structures judiciaires qui leur étaient dévolues ont souvent été sujettes à confusions[208]. Ainsi, il ne faut pas trop s'étonner lorsqu'en 1272, alors que le roi possède déjà son pilori au cœur de Paris, l'abbaye de Saint-Germain-des-Prés fait dresser temporairement un pilori dans Paris, rue de l'Hirondelle (n°20) puis en fait construire un autre permanent cette fois-ci, en 1275, en son bourg de Saint-Germain, au sud-ouest de Paris (n°22). Le pilori royal n'est par ailleurs pas le premier de ces objets attesté dans la documentation. Selon Isabelle d'Artagnan, c'est en janvier 1164 dans des articles de droit pénal de la charte de franchise de Saint-Omer qu'apparaît pour la première fois le terme de *pilori*[209]. Ce sont donc, d'abord, des juridictions laïques, urbaines, qui se sont dotées de ce type de structures publiques implantées au cœur de l'espace urbain. Dès l'origine, ces structures sont systématiquement dressées au sein de la communauté urbaine et plus exactement, sur le marché. En effet, lorsque quelques villes du nord du royaume, appartenant au territoire situé entre la Normandie et l'Artois, les premières à se doter de piloris, les font systématiquement élever en leur marché, c'est en premier lieu pour garantir la sécurité et la fiabilité des transactions, pour réprimer la fraude sur la marchandise ou la monnaie et punir les coupables de vols sur le marché[210]. Et si ces villes sont parmi les premières à posséder un pilori, cela est dû à leur importance croissante dans les réseaux commerciaux nationaux voire internationaux au cours du XIIIe siècle.

Dès le début du XIIIe siècle, la justice royale se saisit de cette institution et l'implante en son marché parisien. D'après Jean Favier, le pilori royal fut d'abord établi un temps place de Grève, puis sous le règne de Louis IX il fut

---

[207] « Aucuns tiennent que en bonne ville où le roy a pillori, nul aultre justicier ne pourroit en icelle ville faire dresser pillori, mais eschelle, si. » : Jacques D'ABLEIGES, *Le Grand Coutumier de France*, DARESTE DE LA CHAVANNE Rodolphe et LABOULAYE Edouard (éd.), Paris, Auguste Durand et Pedone-Lauriel Libraires, 1868, p. 638.

[208] Jacques d'Ableiges lui-même, dans ce même *Coutmier de France* où il affirmait que le pilori était une prérogative royale, écrit également : « Nota que pillori et eschelle sont signe de haulte justice, et ne les pevent avoir fors les haults justiciers, et croy qu'il n'y a point de différence entre l'un et l'autre, et qui a eschelle peult faire pillori. », D'ABLEIGES, *op. cit.*, p. 638.

[209] Orthographié « pellori », dans D'ARTAGNAN, « "Pour donner crainte… », *op. cit.,* p. 1.

[210] Il s'agit de Rouen, Abbevile, Saint-Omer, Saint-Quentin et Péronne, dans *Ibid.*, p. 1.

déplacé aux Halles[211]. Le vaste territoire des Champeaux, situé sur la rive droite de la capitale et ceint au sud par la Seine, à l'est par la rue Saint-Martin et à l'ouest par le marais, était devenu, par un usage continu et incontesté, une possession de l'évêque. À l'ouest de cet espace se trouvait une zone funéraire. Dès le haut Moyen Âge, ces terrains sacrés des cimetières accueillirent des marchands ; ainsi, ils pouvaient bénéficier de l'immunité du sol et les échanges commerciaux étaient pacifiés par le respect qu'inspirait le lieu. Ce marché naissant prit rapidement, du fait de la proximité de l'agglomération, une ampleur significative qui a nécessité une mise en ordre ; mise en ordre qui fut alors prise en charge par l'évêque de Paris. L'espace fut alors délimité par le creusement d'un vaste fossé entrepris par l'évêque Étienne de Senlis. Il fut alors imposé que les marchands devaient dorénavant exercer leurs échanges en ce territoire délimité par le fossé, appelé « fossé des Champeaux ». L'évêque bénéficiait alors de tous les profits dégagés par ce marché, et il y exerçait également police et justice. Cet espace situé donc à l'intérieur du fossé nous est aujourd'hui bien connu, car précisément décrit dans les terriers royaux : il commençait « dans la rue Saint-Honoré entre celle des Prouvaires et celle de la Tonnellerie, suivant tout le long de celle-ci et tournant avec elle jusqu'à la Pointe Saint-Eustache, remontant de là jusqu'à l'ancienne hôtellerie du Paon, qui existe encore aujourd'hui, revenant aux piliers dits du Pilori et les suivant jusqu'à la rue Pirouette-en-Terrouenne, puis reprenant les piliers des Potiers d'étain jusqu'aux charniers des Saints-Innocens, d'où regagnant la rue Saint-Honoré dite autrefois en ce lieu la rue de la Charonnerie, et de l'extrémité de cette rue, où étoit l'ancienne place aux Chats, retournant au coin de la rue de la Tonnellerie »[212]. L'accord de 1137, établi entre le roi et l'évêque, aboutit aux partages des droits et des revenus sur le marché : l'évêque n'en possédait alors plus qu'un tiers. Cet accord, s'il prive l'évêque d'une grande partie de ce territoire lucratif, lui a assuré la reconnaissance incontestable du dernier tiers comme étant bien sa possession. L'absence des rois de la capitale avait permis aux communautés religieuses et notamment à l'évêque de s'accaparer la vie économique de la ville ; et le roi ne possédait, comme lieux économiques, que la place de Grève et son marché voisinant. Mais à partir du XIIe siècle, les rois se chargèrent, par de multiples mesures, de reprendre l'avantage sur cette vie économique. Peu après cet accord, Louis VI décida d'établir un nouveau marché au « fossé aux Champeaux », qui n'était finalement que le résultat du déplacement du marché du roi de la place de Grève aux Champeaux. L'ancienne foire de Saint-Lazare, aussi appelée de Saint-Ladre, située au nord de Paris à proximité de la léproserie et déjà très florissante au XIIe siècle fut, dans la poursuite de cette volonté royale de concentrer les échanges économiques, achetée par Philippe Auguste en 1181

---

[211] FAVIER Jean, *Le Bourgeois de Paris au Moyen Âge*, Paris, Tallandier, « Texto », 2015, p. 649.
[212] AN, P 948, fol. 164 (état en détail des domaines du roi, 1728), d'après le « Terrier de Louis XII ».

et transférée à l'intérieur du « fossé des Champeaux ». En 1183, Philippe Auguste fit construire une muraille entourant le marché et les premières halles, deux longs bâtiments couverts assurant de fait un meilleur stockage des marchandises et leur sécurité de nuit contre d'éventuels voleurs, ainsi que le bon déroulement des transactions en cas d'intempéries[213]. Par la construction d'une telle muraille et de ces premiers bâtiments en dur, le roi affirmait sans conteste qu'il s'agissait dès alors d'un marché royal et non plus épiscopal. De même, il est tout à fait possible de percevoir la construction du pilori, dont la date exacte d'élévation est inconnue, au prisme de cette même dynamique d'affirmation du pouvoir royal en ce marché grandissant. On voit donc bien, là encore, en accord avec ce qu'Isabelle d'Artagnan énonce au sujet des piloris, le lien premier qui existe entre le marché et l'érection d'un pilori : il rend possible l'application de peines pour des crimes commis sur le marché, mais il est aussi et surtout un marqueur visible d'une autorité attestant de la légalité des transactions effectuées en ce lieu et ainsi pacifiant la vie économique. Pour des raisons pratiques et logiques, le pilori fut donc édifié au cœur même des marchés ; de ce fait, le pilori est également devenu, peu à peu, un élément de délimitation physique de la zone du marché. Ainsi, en 1283, une ordonnance royale précise que pour être légale la foire Saint-Ladre devait obligatoirement se tenir « parmy les halles et pardevant le pillory »[214]. De même, dans les terriers royaux cités précédemment, qui décrivent avec précision l'emplacement du marché des Halles, une des limites de ce marché est définie par rapport au pilori. Plus exactement, le terme de pilori sert à qualifier un bâtiment qui ceint les Halles : il est dit que cette vaste plateforme s'arrêtait en sa partie septentrionale « aux piliers dits du Pilori »[215]. Or, le pilori royal n'est pas constitué de piliers, ces « piliers du Pilori » désignent donc plutôt un bâtiment construit en bordure du marché, dont le rez-de-chaussée prenait la forme de galeries piétonnes, et situé tout à côté du pilori, lui-même dressé au nord de la place. Ces piliers entouraient la partie des halles où se trouvait le pilori[216]. Cette simple appellation nous montre bien toute l'importance usuelle mais aussi symbolique du pilori dont le nom même déteint sur les structures environnantes.

---

[213] LOMBARD-JOURDAN, *Les Halles de Paris et leur quartier (1137-1969)*, Paris, Publications de l'École nationale des chartes, « Etudes et rencontres, 28 », 2009, p. 13-27.

[214] Ordonnance du prévôt de Paris reproduite dans le registre dit d'Étienne Boileau, 1283 : DEPPING Georges Bernard (éd.), *Réglemens sur les arts et métiers de Paris, rédigés au XIIIe siècle, et connus sous le nom du livre des métiers d'Étienne Boileau*, Paris, Imprimerie du Crapelet, 1837, p. 438-439 ; D'ARTAGNAN, « "Pour donner crainte… », *op. cit.*, p. 5.

[215] AN, P 948, fol. 164 (état en détail des domaines du roi, 1728), d'après le « Terrier de Louis XII ».

[216] DE SAINT-FARGEAU Girault, *Les quarante-huit quartiers de Paris…*, Paris, E. Blanchard & Cie, 1850, p. 241.

B. Description de la structure

Jean Favier place l'érection du pilori royal au marché des Halles sous le règne de Louis IX[217]. En revanche, Jaillot dans ses *Recherches critiques* nous dit que le pilori des Halles était permanent « avant même le XIIIe siècle »[218]. S'il est donc impossible de dater avec exactitude l'apparition de ce pilori, il est en revanche tout à fait possible de l'estimer relativement précisément. Il apparaît que le pilori royal fut très probablement érigé au marché des Halles à la fin du XIIe siècle, concomitamment au temps d'installation du marché lui-même et sa mise en ordre par le pouvoir royal[219] (n°8). Au plus tard, on peut estimer que ce pilori fut dressé au début du XIIIe siècle. Ce premier état était fait de colombages ; entièrement en bois, il était relativement instable et régulièrement soumis aux aléas du temps. C'est pourquoi en 1502, en raison de son état de ruine, le pilori est réédifié, probablement encore principalement en bois puisqu'en 1516 il fut incendié par le peuple en raison de la maladresse du bourreau, un nommé Fleurant, qui dut s'y reprendre à plusieurs fois pour décapiter un coupable ; la mauvaise exécution de la peine indigna la foule qui attaqua le bourreau à coups de pierre, ce dernier se réfugia dans la cave située sous le pilori. Le pilori ayant été incendié, le bourreau mourut asphyxié par la fumée[220]. En 1542, ce même pilori tombait à nouveau en ruine et fut immédiatement reconstruit mais cette fois-ci en pierre, maçonné[221]. Ce n'est qu'à la fin du XVIIIe siècle, plus exactement en 1785, qu'il est définitivement détruit, son usage étant alors devenu désuet, afin d'agrandir la surface des Halles pour correspondre aux besoins de l'époque[222]. Cet état de désuétude est déjà attesté au milieu du XVIIe siècle : le pilori royal tombait en ruine probablement en raison d'une faible utilisation et d'un abandon progressif de la structure. Les quelques vers écrits par Claude le Petit dans son *Paris ridicule* en 1655 nous parle déjà de cet état de ruine du pilori royal :

---

217 FAVIER, *Le Bourgeois..., op. cit.*, p. 649.
218 JAILLOT, *op. cit.*, t. 8 [Halles], p. 27.
219 LOMBARD-JOURDAN, *Les Halles..., op. cit.*
220 SAUVAL, *op.cit.*, t. 2, p. 609.
221 HILLAIRET, *op. cit.*, p. 50 ; SAUVAL, *op.cit.*, t. 2, p. 609. La date de 1562 est aussi donnée par Anne Lombard-Jourdan dans : LOMBARD-JOURDAN, *Les Halles..., op. cit.*, p. 185-216. S'agit-il d'une simple erreur ou bien le pilori fut-il reconstruit vingt ans plus tard ?
222 Lettres patentes du 16 septembre 1785. BNF, Coll. Joly de Fleury, 558, dossier 7391.

« Deschargeons icy nostre flegme
Dessus ce chilindre pourry :
Ce Gibet, nommé Pillory,
Merite bien un apophtegme :
Quoy qu'il soit en estat piteux,
Il fait voir à ce Siecle honteux,
Qu'on faisoit autrefois justice ;
Et conclud enfin contre luy,
L'ayant privé de son office,
Qu'on ne la fait plus aujourd'hui »[223].

Il est également intéressant de noter dans ces quelques vers l'identité entre le pilori et le gibet montrant ainsi toute l'importance et la force symbolique du pilori qui, tel un gibet, représente la puissance de son détenteur et sa force juridique.

Si en 1542 le pilori est reconstruit avec des éléments en pierre, il est possible qu'il l'ait été avant cette date tardive mais l'absence de sources ne permet pas de le savoir avec précision. Toujours est-il que sous sa forme monumentale le pilori royal des Halles était une tour polygonale en pierre, érigée sur deux niveaux et couverte d'un toit conique. Le carcan, qui maintient le condamné attaché à la structure, est fait de deux cercles de fer emprisonnant le cou et les mains du condamné et cette roue horizontale est placée dans la partie supérieure du pilori tournant autour d'un axe vertical (fig. 19). Le bourreau disposait de la partie inférieure et autorisait parfois même l'installation d'auvents autour de la structure qu'il pouvait louer à des marchands[224].

---

[223] Le Petit Claude, *Paris Ridicule et burlesque*..., Colletet François et Boileau Nicolas (éd.), Paris, 1859, p. 23-24.
[224] Lombard-Jourdan, *Les Halles*..., *op. cit.*, p. 138.

Figure 19 : Le pilori des Halles, désaffecté et en ruine (vers 1780).
Dessin anonyme à la mine de plomb et lavé au bistre. BNF, Estampes, Rés.,
Coll. Destailleur, Dessins sur Paris (Photo BNF).

Avant cet état maçonné, le pilori, fait principalement de bois, était déjà monumental (fig. 20). Déjà constitué de deux niveaux, c'est sur le deuxième et dernier niveau que se pratiquait l'exposition du ou des condamnés à une roue horizontale percée afin de maintenir la tête et les mains des suppliciés ainsi « tournés ». La structure était donc ouverte de larges fenêtres laissant ainsi voir à la foule les condamnés exposés.

Figure 20 : La place des Halles lors de l'exécution du brigand Aymerigot Marcel
(31 juillet 1358), miniature, vers 1460, Londres, British Library, Harleian ms. 4379
(Chronique de Froissard, liv. IV), fol. 64, Phot. British Library.

Il est difficile de savoir exactement si le pilori prit dès son origine, fin du XIIe-début XIIIe siècle, cette forme imposante. Toutefois il est clair que cette forme monumentale se constitua relativement rapidement, dès le XIVe siècle – au plus tard –, et fut maintenue jusqu'à sa destruction définitive. Si le pilori subit plusieurs reconstructions, réparations et améliorations à partir du XIVe siècle[225], il fut toujours réédifié sur ce même modèle. Ainsi, les réparations faites en 1542 ne donnent pas au pilori une forme résolument nouvelle mais elles participent plutôt à lui assurer une structure plus solide et donc durable : les deux niveaux déjà présents sont alors faits de grosses pierres de taille et maçonnés et la roue est, selon Anne Lombard-Jourdan, faite de fer, ou tout du moins de bois et de fer (fig. 19) car l'iconographie ne rend pas visible le matériau de cette roue et ne permet donc pas de pallier l'absence de description de la structure dans la documentation médiévale. Avant cette date, comme on peut le voir sur la miniature du XVe siècle (fig. 20), le pilori possédait une roue tout à fait similaire, mais entièrement de bois, pouvant exposer jusqu'à six individus simultanément et tournant de 360° sur un axe horizontal, et était également surmonté d'un toit conique très probablement fait de tuiles. Outre la matérialité de la roue après la reconstruction du pilori en 1542, d'autres zones d'ombre persistent et rendent ardue une visualisation globale de la structure et de ses évolutions dans le temps. L'absence de sources anciennes décrivant la structure et l'influence certaine des historiens les uns sur les autres, donnant les mêmes descriptions de ces structures judiciaires, rendent quasi impossible la comparaison de la documentation et des représentations du pilori des Halles pour en tirer une évolution physique et matérielle des plus précises. Ainsi, tous les historiens s'accordent à dire que le pilori des Halles était une haute tour, de trois mètres selon Jacques Hillairet[226], octogonale. Pourtant, les différentes représentations iconographiques (fig. 19 et 20) montrent systématiquement une tour à deux niveaux, hexagonale, dont la partie supérieure est percée de six larges ouvertures ; ainsi, six condamnés pouvaient être publiquement exposés simultanément. Il est cependant tout à fait envisageable que ce pilori ait connu plusieurs formes au cours de sa longue existence de près de six siècles.

Symboliquement très fort, le pilori royal était parfois complété d'autres structures d'un même usage. Deux mentions font état de ce fait pour le moins étonnant. En 1316, durant la période de disette qui frappa la capitale, plusieurs boulangers furent arrêtés pour avoir mélangé des ordures à leur farine. Coupables de fraude sur la marchandise donc, ils furent exposés publiquement aux Champeaux. Dans la *Chronique de Jean de Saint-Victor* l'affaire est rapportée en ces termes : « *Cognita ergo veritate, positae sunt rotae in campellis Parisius sexdecim super palos, et super eas singuli tale panifici constituti, tenentes manibus elevatis panum frusta taliter corruptorum. Postea*

[225] Ainsi, le pilori fut également rétabli en 1487 et en 1514, voir : SAUVAL, *op. cit.*, t. 3, p. 423 et 592.
[226] HILLAIRET, *op. cit.*, p. 48.

sunt de Francia banniti »[227]. Il semblerait donc que les boulangers fraudeurs, probablement au nombre de seize, furent exposés chacun sur une roue ; il est précisé que ces seize roues furent placées sur des poteaux dressés aux Champeaux. Peut-être faut-il voir dans l'élévation de ces seize roues aux côtés du pilori la marque de la dégradation et de l'état de ruine du pilori royal. Mais ces nouvelles constructions peuvent aussi être le fruit d'un simple manque de place. En effet, le pilori royal ne pouvait exposer en même temps, au maximum, que six coupables. Dans ce cas présent, l'exposition des boulangers sur seize structures identiques servirait, dans un souci de cohérence, à marquer véritablement la même infamie sur tous les fraudeurs. Ainsi, visuellement, tous les boulangers sont jugés et punis pour le même crime ; ils sont aux yeux de tous coupable de la même manière. Si c'est le cas, cela signifie que la structure même sur laquelle est appliquée la peine – et non seulement son simple usage, qui ici est identique pour les roues et le pilori – participe directement à la construction de l'infamie. Pour un même crime, l'exposition s'opérant sur des structures strictement identiques montrerait de ce fait une justice juste et équitable. De même, les *Comptes de la Prévôté de Paris* mentionnent la construction de trois carcans en 1475 dont un carcan dressé « en la place des Halles devant le Pilori »[228]. En revanche, ici la raison de l'édification de ce carcan est impossible à cerner car l'affaire liée à cette érection n'est nulle part précisée.

Au fur et à mesure de la pratique, le pilori est devenu bien plus qu'un simple outil de la répression du crime sur le marché, il s'est constitué comme un véritable symbole du pouvoir du seigneur sur le marché et par extension un symbole de la protection de la paix urbaine[229]. Ce déplacement, et surtout cet enrichissement, est tout particulièrement manifeste avec le développement de « superstructures » comme le pilori royal des Halles et l'influence qu'il a pu avoir sur d'autres objets de ce type. Ce passage d'un simple outil de punition à un véritable symbole de pouvoir est véritablement entériné lorsque s'impose progressivement l'idée qu'il ne peut exister qu'un seul pilori dans un noyau urbain et que celui-ci revient de droit au seigneur le plus honorable du territoire[230]. C'est pourquoi détenir un pilori à proximité de la capitale pour un seigneur parisien est, du fait de la rareté de l'événement et du prestige associé à la structure, tout particulièrement valorisant. Seul l'abbé de Saint-Germain-des-Prés possédera un pilori. Sans même avoir obtenu un accord préalable du roi, l'abbaye posséde en 1272 un premier pilori portatif dans Paris même, dans

---

[227] « Excerpta e Memoriali historiarum, auctore Johanne Parisiensi, Sancti Victoris Parisiensis canonico regulari » dans *Recueil des historiens des Gaules et de la France*, BOUQUET Martin et DELISLE Léopold (éd.), t. 21, Paris, Imprimerie nationale, 1855, p. 663. Traduction : Ainsi la vérité fut faite, seize roues furent établies aux Champeaux de Paris sur des poteaux, et sur chaque roue un boulanger a été placé, tenant en ses mains élevées des morceaux du pain corrompu. Puis ils furent bannis de France.

[228] SAUVAL, *op. cit.*, t. 3, p. 423.

[229] D'ARTAGNAN, « "Pour donner crainte… », *op. cit.*, p. 7.

[230] *Ibid.*, p. 8.

la rue de l'Hirondelle. Créant de fait un conflit de juridiction, le prévôt de Paris fut dépêché pour établir si l'établissement de ce pilori contrevenait aux droits royaux : « L'an Nostre Seigneur mil CC LXXII le jour de la Saint Vincent fu assis à Paris, en nostre terre [de Saint-Germain-des-Prés], au bout de Hyrondale, 1 pilori porteiz, ouquel maufeiteur furent mis. Renaut Barbo[231] prevost de Paris vint seur le leu pour voair s'il estoit assis en la terre le Roi et trouva qu'il estoit en la nostre et nous lassa empes pour ce que feire le povion par la pes faite entre nous et le Roi. […] »[232]. Puis trois ans plus tard, une charte dressée entre le roi et les religieux de Saint-Germain autorisa ces derniers à posséder à demeure un pilori en leur bourg de Saint-Germain. Le pilori de l'abbaye fut immédiatement dressé en 1275 en tous lieux où ils possédaient la haute justice voire même seulement la justice de l'homicide et du vol[233]. Cependant, on observe d'ores et déjà une modification dans l'usage du pilori, visible dans le choix de l'emplacement et de la forme prise par la structure. En effet, contrairement à ce que la fonction première et originelle du pilori impose dans les critères d'implantation, le pilori de l'abbaye n'est pas ici dressé au cœur même d'un marché. Et ceci paraît d'autant plus surprenant lorsque l'on sait que l'abbaye détenait une importante foire, économiquement foisonnante, en son bourg de Saint-Germain. Ce nouveau pilori est dressé sur la place Sainte-Marguerite, c'est-à-dire au carrefour formé par les actuelles rues de Buci, du Four, des Boucheries et Sainte-Marguerite. Abattu en 1636, ce pilori resta en cette même place plus de trois siècles et demi[234]. Dès lors, on voit que ce pilori s'éloigne fortement de la dimension de répression du crime en un marché et de protection des échanges commerciaux. Cette structure est bien plus un marqueur d'un pouvoir seigneurial incontesté et incontestable en un territoire défini. Ici, les religieux de Saint-Germain considèrent cet espace comme un territoire à part entière totalement indépendant de la capitale, ville en laquelle l'abbé se considère comme la juridiction la plus importante. Cette dimension de marquage d'un pouvoir, au détriment de la fonction plus spécifique de la protection des transactions marchandes, se manifeste également par la forme donnée à cette structure judiciaire. En effet, en cette fin du XIIIe siècle, le pilori royal est déjà un objet fort du pouvoir royal non seulement sur le marché des Halles mais sur l'ensemble de l'espace urbain parisien : situé au cœur de la capitale, il est un signe imposant du pouvoir royal de manière générale. S'inspirant de cette

---

231 Renau Barbou, prévôt de Paris 1270 à 1275.

232 TANON, *Histoire des..., op. cit.*, p. 413. Accord de 1272 conclut entre le roi et l'abbé de Saint-Germain-des-Prés au sujet des droits de justice de l'abbaye. ANF LL 112, f° 65 v°. Traduction : En l'an de notre Seigneur 1272, le jour de la Saint-Vincent, fut établi dans Paris, en notre terre [de Saint-Germain-des-Prés], au bout de la rue de l'Hirondelle, un pilori portatif, auquel les malfaiteurs furent mis. Renau Barbou, prévôt de Paris, vint sur les lieux pour voir s'il était établi en la terre du roi et il trouva qu'il était en la notre et nous laissa en paix parce que nous pouvions l'établir ainsi par la paix entre nous et le roi […].

233 *Ibid.*, p. 226.

234 HILLAIRET, *op. cit.*, p. 52.

structure symboliquement très forte, les religieux de Saint-Germain-des-Prés font le choix d'ériger un pilori massif très similaire au pilori royal. Ainsi, le pilori germanopratin est lui aussi constitué d'un soubassement, non pas polygonal mais rond, surmonté d'un étage ajouré permettant l'exposition de plusieurs condamnés sur une roue horizontale ; enfin, l'ensemble de la structure était également chapeauté d'un toit de tuiles[235]. De plus, ce carrefour est déjà, avant même l'installation du pilori en 1275, un lieu juridiquement fort. Par l'usage et la coutume, il était déjà un lieu empreint du pouvoir juridictionnel de l'abbé. Selon certains historiens, ce pilori remplacerait une ancienne échelle de justice[236], pour d'autres le pilori ne fit que s'ajouter à l'échelle qui subsista encore quelques temps après[237]. C'est en tous cas, là, en la place Sainte-Marguerite voisinant l'abbaye, que se pratiquaient déjà les expositions publiques.

Ces lieux reconnus par tous comme des lieux importants de la pratique judiciaire au cœur même de la communauté urbaine étaient également les sièges de pratiques « auxiliaires » de la répression criminelle. Ainsi, au pilori de Saint-Germain, on pratiquait également le supplice de la flétrissure : on y marquait au fer chaud « les malfaiteurs et les femmes de mauvaise vie »[238]. Plus surprenant encore, le 11 septembre 1557, deux protestants, Nicolas Le Cène et Pierre Gavart, furent condamnés au pilori de l'abbaye. Ils eurent, dans un premier temps, la langue coupée, puis ils furent suspendus « à chacune des extrémités d'une barre de fer traversant le pilori et on plaça les fagots de telle sorte que leur corps et leur tête n'étaient pas encore atteints par les flammes alors que les parties inférieures de leurs jambes étaient déjà consumées »[239]. De même, au pilori des Halles, il arrivait que les têtes de criminels s'étant rendus coupable de crimes particulièrement graves soient exposées sur le pilori. Tel fut le sort réservé à Martin Pisdoë pour avoir défendu la mémoire d'Étienne Marcel[240]. Sauval nous confirme également que c'est au pilori que l'on perçait les langues[241], que l'on coupait les oreilles[242], que l'on marquait au fer chaud[243].

---

[235] JAILLOT, *op. cit.*, t. 8 [Halles], p. 27 ; CAZELLES, *op. cit*, p. 231-232.
[236] TANON, *Histoire des...*, p. 226 ; D'ABLEIGES, *op. cit.*, p. 638.
[237] MAILLARD, *op. cit.*, p. 3-4
[238] TANON, *Histoire des...*, p. 226-227.
[239] HILLAIRET, *op. cit.*, p. 52-53.
[240] *Ibid.*, p. 49.
[241] SAUVAL, *op. cit.*, t.3, p. 340.
[242] *Ibid.*, p. 261 et 616.
[243] *Ibid.*, p. 261 ; FELIBIEN Michel, *Histoire de la ville de Paris*, t. 2, Paris, Imprimerie Guillaume Desprez, 1725, p. 892.

II. L'échelle

A. Usages et symbolique de l'échelle de justice

La structure de l'échelle de justice[244] est clairement identifiable dans les sources étant simplement dénommée, dans sa forme française, par « eschelle », et en latin par « *scala* »[245]. D'ordinaire, on ne voit, entre pilori et échelle, qu'une simple différence de forme : l'échelle serait seulement un pilori prenant la forme d'une échelle. Ainsi, elle est parfois appelée « échelle-pilori »[246] ou « pilori simplifié »[247]. Pourtant, si ces deux structures ont exactement le même usage pénal, je pense pour autant qu'il s'agit de deux objets judiciaires bien distincts qui ont des usages et symboliques propres. Tout seigneur haut-justicier peut posséder une échelle de justice en ces terres ; même le roi, a qui l'on associe plus généralement, voire exclusivement, la structure massive du pilori des Halles, peut faire dresser des échelles de justice. Ainsi, au milieu du XIIIe siècle, Louis IX fait mettre à l'échelle de Césarée un orfèvre pour blasphème[248]. La plupart des cas qui aboutissent à une mise à l'échelle concerne les crimes de blasphème, de parjure, d'hérésie, tous les crimes entachant le mariage ainsi que tous les crimes d'ordre sexuel, c'est-à-dire des cas relevants de la justice temporelle de l'Église. Pour cette raison, les juridictions ecclésiastiques entretiennent une relation toute particulière avec cet instrument judiciaire. Ainsi, à Paris bien plus que le pilori, l'échelle est le support judiciaire de la punition des crimes propres à la justice ecclésiastique. De fait, l'évêque de Paris, le chapitre de Notre-Dame, les prieurés de Saint-Lazare, du Temple, de Saint-Éloi, de Saint-Martin-des-Champs et les abbayes de Saint-Magloire, de Saint-Germain-des-Prés et de Sainte-Geneviève possèdent tous au moins une échelle de justice. À l'échelle de l'évêque, dressée sur le parvis de Notre-Dame (n°45), un prêtre fut exposé portant au dos un écriteau avec inscrit dessus en lettres majuscules « *Propter fornicationes* »[249] et à l'échelle de Saint-Martin-des-Champs (n°45), située en la place de la Cour Saint-Martin, furent exposés pour blasphème Raoullet Lebarbier le 18 juin 1350 et Drouet Lemaire le 29 juin 1350[250]. En 1301, une femme « pour ce que elle estoit maquerelle et juroit vilenement » fut mise à

---

[244] À ne pas confondre avec l'échelle qui servait aux pendaisons – voir p. 68 –, l'échelle de justice est une structure judiciaire à part entière.

[245] Le terme d'*eschelle* connaît quelques variations orthographiques mais toutes très proches.

[246] HECK, *op. cit.*

[247] DE CURZON, *op. cit.*, p. 189.

[248] « Le roy ama tant Dieu et sa douce mère, que touz ceulz que il pooit atteindre qui disoient de Dieu ne de sa mère chose déshoneste ne vilein serement, que il les fesoit punir griefment : dont je vi que il fist mettre un orfèvre en l'eschiele à Cézaire, en braie et en chemise, les boiaus et la fressure d'un porc entour le col, et si grant foison que elles li avenoient jeusques au nez. », Jean de Joinville, *Vie de Saint Louis*, MONFRIN Jacques. (éd.), Paris, Garnier, « Lettres gothiques », 1995, p. 217-218.

[249] SAUVAL, *op. cit.*, t. 2, p. 590 ; DU BREUL, *op. cit.*, p. 38.

[250] TANON, *Histoire des…, op. cit.*, p. 550.

l'échelle de Sainte-Geneviève[251] (n°40). En 1464 et en 1487, deux bigames sont exposés sur une échelle au parvis de Notre-Dame qui appartenait au chapitre de Notre-Dame de Paris (n°55) et non à l'évêque car si le chapitre avait son échelle de justice au port Saint-Landry jusqu'au début du XVe siècle, en 1410 celle-ci fut rompue et une nouvelle fut alors dressée au parvis de la cathédrale de Notre-Dame[252]. Comment et pourquoi les échelles de justice sont-elles devenues quasi-exclusives aux juridictions ecclésiastiques ? Est-ce en raison de leur rôle dans le châtiment de crimes relevant de la justice de l'Église ? Ou bien cette apparente « spécialisation » des échelles est-elle apparue après cette saisie de l'objet judiciaire par les justices ecclésiastiques ? On peut également se demander si l'échelle de justice n'est pas devenue spécifique aux juridictions ecclésiastiques en raison de l'affirmation du pilori comme une prérogative royale[253]. Toujours est-il qu'à partir du XIVe siècle, les échelles de justice des seigneurs ecclésiastiques parisiens se multiplient ; et c'est aussi à cette époque, selon Isabelle d'Artagnan, que l'échelle devient « la marque d'une haute justice symboliquement infériorisée par rapport à celle en droit d'élever un pilori »[254]. Il ne sera alors plus jamais vu dans Paris un roi faire usage d'une telle structure judiciaire. Le pilori se constitue ainsi comme un objet judiciaire d'une grande importance, ne pouvant être détenu que par l'autorité judiciaire la plus honorable et la plus prestigieuse du lieu ; dès lors, les autres seigneurs justiciers du lieu sont exclus de ce droit et ne peuvent prétendre qu'au droit de dresser une simple échelle de justice. Cette différence symbolique, qui traduit une hiérarchie entre les seigneurs, est accentuée par les stratégies d'embellissement et de monumentalisation autour des piloris mais qui semblent plus difficiles à mettre en place pour les échelles de justice et plus restreintes du fait de leur forme relativement simple. Pour autant, l'échelle n'est pas un objet judiciaire dénué d'intérêt ni de valeur symbolique.

Si symboliquement l'échelle est indéniablement inférieure au pilori, les seigneurs justiciers qui n'avaient le droit de posséder que l'échelle de justice pour l'exposition de leurs criminels se sont attachés à en faire un symbole de leur autorité sur un territoire. Mais les seigneurs peuvent en faire un usage varié : dépourvus de piloris, les seigneurs font alors un usage similaire de l'échelle. Ayant les mêmes droits justiciers qu'un seigneur détenteur d'un pilori mais ne pouvant en posséder un en raison d'une hiérarchie seigneuriale

---

[251] *Ibid.*, p. 351 ; SAUVAL, *op. cit.*, t. 2, p. 590.

[252] POMMERAY Léon, *L'officialité archidiaconale de Paris aux XVe-XVIe siècles*, p. 562-565 ; SAUVAL, *op. cit.*, t. 2, p. 590.

[253] Nous le verrons plus tard mais cette affirmation du pilori comme une prérogative royale s'est construite progressivement. Elle est notamment énoncée dans le *Grand Coutumier de France* rédigé par Jacques d'Ableiges à la fin du XIVe siècle : « Item il est à noter que le roy [...] en signifiance de sa noblesse et souveraineté, faict l'on faire en sa justice gibet à feste et pillory notable. Et les aultres justiciers subjects ne doibvent avoir fors gibets sans feste et eschelle. » dans D'ABLEIGES, *op. cit.*, p. 94.

[254] D'ARTAGNAN, « "Pour donner crainte... », *op. cit.*, p. 9.

à la fois matérielle et symbolique, un grand nombre de seigneurs doivent se contenter d'une échelle de justice pour appliquer la sentence de l'exposition publique, et ce quel que soit le crime. L'échelle, comme le pilori, sert à punir les fraudes et notamment celles qui ont lieu sur le marché. En 1349, le prieur de Saint-Martin-des-Champs fait mettre « en l'eschelle, en la ville de Montcelleus et banye de la terre, Guillemete, fame Baudoin Richehoume, pour pluseurs tromperies et mallefaçons qu'elle avoit faites et que elle confessa »[255] (n°50). C'est aussi devant cette structure que se pratiquaient d'autres peines comme l'amende honorable, la fustigation, l'essorillement, etc. En 1381, Hugues Aubriot fit amende honorable sur un échafaud dressé à côté de l'échelle épiscopale sur le parvis de Notre-Dame[256]. Le 12 août 1355, un certain Thassin Ausoz, coupable de vol, fut essorillé par la justice de Saint-Martin-des-Champs au pied de son échelle de justice située en la cour Saint-Martin, en la rue Aumaire[257]. Autre signe de son importance symbolique pour les seigneurs, sa représentation iconographique, notamment en un lieu public hautement symbolique. C'est ce que montre Christian Heck à propos de huit bas-reliefs ornant la façade du transept sud de la cathédrale de Notre-Dame de Paris, datés de 1260-1265[258]. Dans cette série de huit bas-reliefs, le premier situé en bas à gauche, représente la punition de la mise à l'échelle (fig. 21) :

[255] ANF LL 1395, TANON, *Histoire des..., op. cit.*, p. 550.
[256] SAUVAL, *op. cit.*, t. 2, p. 605
[257] « L'an mil CCCLV le merquedi avant le mi ost. Ot couppée l'oreille dessouz l'eschielle Saint Martin, et bany de la terre, Thassin Ausoz, de Bazeville, pour deux draps qu'il avoit emblés chés Thomas Quotentin, demorant à Noisy, où il s'estoi herbergié [...] » dans TANON, *Histoire des..., op. cit.*, p. 552.
[258] HECK, *op. cit.*, p. 115-122.

Figure 21 : Notre-Dame de Paris. Façade du croisillon sud du transept, partie inférieure des contreforts, premier bas-relief en haut à gauche. L'exposition sur l'échelle. D'après Verneilh, 1869.

Plusieurs interprétations ont été données sur cette figuration de l'exposition publique, certains y ont vu une représentation du mauvais élève en lien avec les troubles que connaissait l'Université au XIIIe siècle[259]. Pourtant rien ne permet de rattacher cette série iconographique à une narration autour de la vie étudiante. Il semblerait plutôt que cette représentation de l'échelle de justice sur la façade sud de la cathédrale soit une iconographie symbolique de l'autorité de l'évêque. Une telle représentation permettait d'exalter le pouvoir et la légitimité de l'évêque en un lieu proche de son tribunal mais aussi en un lieu où son autorité était partagée avec le chapitre de Notre-Dame. L'image même de l'échelle de justice épiscopale sur la façade constitue donc un signe visuel compris de tous permettant de réaffirmer l'autorité et la légitimité judiciaire de l'évêque en ce territoire. De plus, cette représentation de l'échelle ne figure pas simplement le support judiciaire qu'est l'échelle, elle met aussi en avant les pratiques pénales de l'exposition à l'échelle. On y voit en plus d'un condamné attaché à une échelle, le sergent portant l'épée, l'exécuteur, aussi appelé appariteur, tenant sa baguette et quatre personnes lançant des objets sur le condamné. Cette représentation est fidèle à l'ensemble du rituel punitif de l'exposition à l'échelle dans lequel, certes, les autorités détenaient un rôle important pour mener le condamné jusqu'à l'échelle et l'y attacher, mais dans la suite du rituel, se retiraient totalement pour laisser place à la foule qui pouvait légalement outrancier le condamné par des injures et des jets

[259] DE VERNEILH Félix, « Les bas-reliefs de l'Université à Notre-Dame de Paris », *Annales Archéologiques*, 26, 1869, p. 96-106.

d'ordures et de boue. Cette participation légale de la foule et sa violence était contrôlée et réglementée ; le blasphème notamment a fait l'objet de plusieurs ordonnances royales datant respectivement de 1268, 1272 et de 1347 précisant ce qui pouvait ou non être jeté à la face du coupable exposé. Ainsi les pierres et autres objets pouvant blesser étaient interdits[260].

B. Descriptions physiques de l'échelle de justice

Ce bas-relief du transept sud de la cathédrale de Notre-Dame de Paris nous montre donc une échelle relativement simple, mais d'autres iconographies ainsi que quelques rares descriptions textuelles nous permettent d'en savoir un peu plus sur les formes que pouvaient prendre ces objets. Loin d'être un *unicum*, on retrouve des représentations similaires à l'échelle de justice du bas-relief de Notre-Dame dans trois bibles moralisées datant des XIIIe-XIVe siècles (fig. 22, 23 et 24). Dans tous ces cas, l'iconographie montre une structure très simple : une simple échelle de bois en haut de laquelle sont attachés un ou plusieurs condamnés.

Figure 22 : Bible moralisée. Paris, BNF, ms. lat. 11.560, fol. 51 v°, médaillon A. Illustration des Proverbes, 18, 3 (Photo Paris, BNF).

[260] D'ABLEIGES, *op. cit.*, p. 638 ; DE LA MARE Nicolas, *Traité de la police...*, Paris, M. Brunet, 1722, p. 547.

Figure 23 : Bible moralisée. Londres, Br. Lib., ms. Harley 1527, fol. 115 r°, médaillon B, Moralisation de Tite, 2, 1-6.

Figure 24 : Bible moralisée de Jean le Bon. Paris, BNF, ms. fr. 167, fol. 301 v°, médaillon D, Moralisation de Tite, 2, 1-6.

Dans une autre représentation iconographique, l'échelle de justice est cette fois-ci représentée comme une échelle au sommet de laquelle se trouve un carcan entravant la tête et les mains du coupable (fig. 25).

Figure 25 : Aristote, Politique, 1376, Bruxelles, B. Royale, ms. 11.201, fol. 1 v°.

Toujours faite de bois, la structure de l'échelle est relativement aisée à construire et suffisamment légère pour être mobile, c'est notamment, selon Jacques Du Breul[261], le cas de l'échelle épiscopale dressée sur le parvis de Notre-Dame. Bien que typologiquement très simples, les échelles peuvent varier quelque peu dans leur forme. Il peut s'agir de simples échelles aux échelons ajourés mais elles peuvent être surmontées d'une plate-forme sur laquelle est agenouillé le condamné[262] ou d'un carcan fait de deux planches de bois placées verticalement l'une sur l'autre et percées de trois trous pour immobiliser la tête et les mains du condamné. Elle peut également prendre la forme d'un escalier dont les échelons ne sont pas ajourés. C'est ainsi que l'échelle du Temple à Paris, située à l'angle de la rue des Vieilles-Haudriettes – plus tard appelée de l'Échelle – et faisant face à la rue Michel-le-Comte (fig. 26), est décrite par Henri de Curzon – sans pour autant qu'il ne cite ses sources – : il s'agissait d'une « large échelle de bois, fort élevée, appuyée contre un mât, et dont les échelons n'étaient pas à jour, mais formaient des marches comme un escalier. Au haut, deux planches se rabattant l'une sur l'autre, échancrées au milieu et sur les côtés pour laisser passer la tête et les mains du coupable pilorié »[263].

[261] « Cette eschelle se transportoit au parvis devant le grand portail nostre Dame, ayant au hault un quarré où le patient estoit agenoüillé : & en son dos avoit un escriteau contenant en deux mots son delict. », dans Du Breul, *op. cit.*, p. 38.
[262] *Ibid.*
[263] De Curzon, *op. cit.*, p. 189.

Figure 26 : Échelle de justice du Temple (Paris, rive droite) – Détail du plan de Truschet et Hoyau (1552).

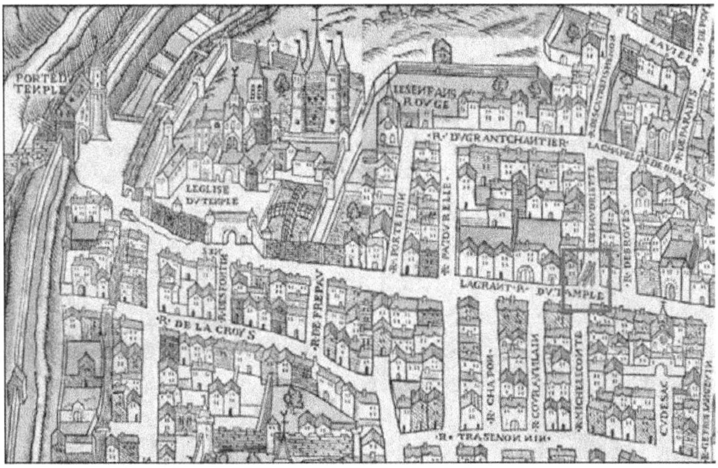

Cette échelle fut, selon Sauval, la dernière encore debout dans Paris[264], et d'après Dulaure elle fut abattue en 1790[265]. Elle était probablement d'une très grande taille ; jusqu'en 1667, elle était située à l'angle des rues des Vieilles-Haudriettes et Michel-le-Comte, comme on peut le voir sur le plan de Truschet et Hoyau, mais à cette date, causant trop de désagrément pour le voisinage et étant trop imposante, elle fut diminuée et déplacée à l'autre extrémité de la rue de l'Échelle[266]. Dulaure ajoute dans son *Histoire physique, civile et morale de Paris* que l'échelle du Temple faisait, lorsqu'elle fut détruite à la fin du XVIIIe siècle, environ cinquante pieds de hauteur[267], soit un peu plus de 15 mètres. Ainsi, avant 1667, on peut estimer que cette échelle faisait plus de 15 mètres de hauteur.

Comme les structures, les systèmes d'attache varient, eux aussi, du plus simple au plus complexe. Le supplicié peut être simplement attaché au moyen de cordes (fig. 24) mais aussi de chaînes de fer. Ainsi, il est dit qu'en 1344, le diacre breton Henri de Malestroit, maître des requêtes du roi, coupable de crime de lèse-majesté, fut, en sa qualité de clerc, jugé par l'évêque de Paris et exposé à l'échelle du parvis, au sommet de laquelle il « fut hissé, chargés de chaînes »[268] et où il « estoit enchaisné par le col & les mains d'une grosse chaine de fer »[269].

---

264 SAUVAL, *op. cit.*, t. 2, p. 590. Mais aussi : TANON, *Histoire des…, op. cit.*, p. 291 ; JAILLOT, *op. cit.*, t .14 [Temple], p. 17 ; DE CURZON, *op. cit.*, p. 189.

265 DULAURE, *op. cit.*, t. 1, p. 311

266 SAUVAL, *op. cit.*, t. 2, p. 590.

267 DULAURE, *op. cit.*, t. 1, p. 311

268 *Ibid.*, t. 2, p. 287.

269 DU BREUL, *op. cit.*, p. 38.

III. Le carcan

A. La structure et ses usages

D'un point de vue fonctionnel, les carcans ont exactement le même usage judiciaire que les piloris et les échelles de justice : ce sont des supports de la peine de l'exposition. Mais il ne faut pas voir les piloris et échelles comme des évolutions chronologiques plus sophistiquées du carcan car toutes ces structures ont coexisté. Dans la documentation médiévale, le pilori apparaît dès 1164 ; et pour le cas parisien, le pilori royal émerge à la fin du XIIe ou au début du XIIIe siècle. Et une des premières mentions de carcans dans la documentation parisienne concerne l'abbaye de Sainte-Geneviève et date de 1300 ; et à cette même époque, plusieurs échelles de justice sont également déjà dressées. En 1301, l'abbaye de Sainte-Geneviève possède déjà une échelle au carrefour de Sainte-Geneviève, située au-dessous de l'enclos de l'abbaye (n°40). Toutes ces structures n'ont peut-être pas connu les mêmes évolutions ni le même investissement de la part des seigneurs parisiens mais toujours est-il que ces trois objets judiciaires ont cohabité dans le temps et dans l'espace. Et ceci est d'autant plus évident lorsqu'il apparaît, avec les exemples ci-dessus des carcan et échelle de Sainte-Geneviève, que ces deux structures étaient mobilisées simultanément en un même espace par une même autorité de justice. Il faut donc chercher leur différence ailleurs. Car si ces structures morphologiquement différentes, mais ayant l'exact même usage judiciaire, coexistent, c'est qu'il existe une ou plusieurs différences fondamentales qui justifient leurs usages simultanés ; aux yeux des hommes et femmes de cette fin du Moyen Âge, elles ne représentent pas la même chose.

Le carcan est la structure d'exposition la plus simple de toutes. Le terme de carcan, aussi appelé *cep*, désigne une simple entrave qui peut revêtir diverses formes. Entravant les mains, les pieds, la tête ou tout cela à la fois, pouvant être fait de chaînes de fer, de cordes ou de pans de bois, le carcan est la structure même qui immobilise le condamné et le livre à la foule. Ainsi, le pilori et l'échelle, pour pouvoir maintenir le coupable, sont eux aussi doté d'un carcan. C'est pourquoi Christian Heck parle de « pilori-carcan » pour désigner le pilori et d'« échelle-pilori terminée par un carcan » pour l'échelle de justice[270]. La structure du *cep* se suffit donc à elle-même pour exposer publiquement le condamné. Contrairement aux structures de pendaison qui, si elles ont un usage similaire – la pendaison – se distinguent par d'autres usages spécifiques, les structures d'exposition servent toutes et exclusivement à l'exposition publique d'un criminel. L'émergence de telles structures provient donc d'un besoin autre que la simple application de la peine d'exposition, et c'est peut-être au niveau de la symbolique et du prestige émanant de ces structures qu'il conviendrait de chercher quelques réponses.

[270] HECK, *op. cit.*, p. 116.

B. Les différentes variations du carcan

Il existe plusieurs sortes de carcans. Dans l'imaginaire collectif, le carcan médiéval est fait d'une planche de bois placée verticalement qui s'ouvre en deux pans, l'un inférieur et l'autre supérieur. Des trous destinés à immobiliser les mains et la tête du coupable sont percés dans la planche (fig. 27)[271]. Une fois les deux pans refermés l'un sur l'autre, le condamné est totalement dénué de sa mobilité. Comble de l'humiliation, entravé de la sorte il est bien incapable d'éviter les jets de boue et d'ordure que la foule lui jette au visage. En fait, ce type de carcan est relativement tardif et n'apparaît qu'à la fin du XIIIe siècle : l'enluminure des coutumes de Toulouse de 1296 en est la première attestation[272] :

Figure 27 : Enluminure des Coutumes de Toulouse (1296), Paris, BNF, Département des manuscrits, Latin 9187, fol. 30.

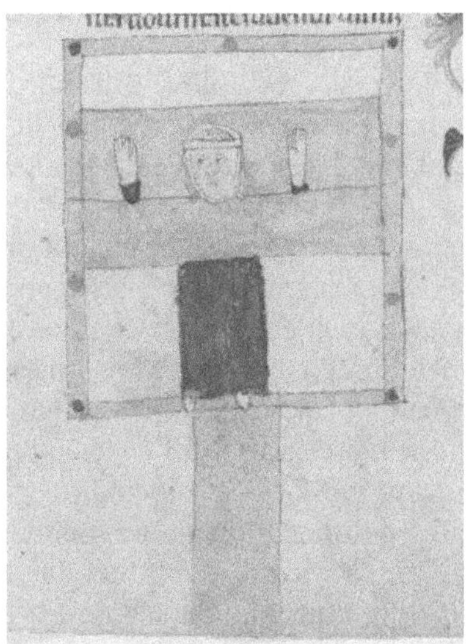

Les carcans les plus courants sont ceux qui n'entravent que les pieds dits les *ceps* de jambes (fig. 28) :

[271] Enluminure des coutumes de Toulouse (1296). Paris, BNF, Département des manuscrits, Latin 9187, f. 30.
[272] *Ibid.*

Figure 28 : Les cochons et le carcan, enluminure d'un calendrier agraire (1493), Angers, BM SA 3390, fol. 69.

À l'origine, ce type de carcan est employé dans les prisons pour réduire les mouvements de l'enfermé. Il permet aussi de sortir le condamné hors de la prison tout en empêchant son évasion. Issus du monde carcéral, ces carcans de jambes se sont multipliés à l'extérieur de la prison pour exposer le criminel au public. Ceux-ci étaient souvent « volants », c'est-à-dire transportables, sans obligatoirement attacher le condamné à une quelconque structure fixe. Ce carcan volant peut tout aussi bien être fait de chaînes de fer que de pièces de bois enfermant divers membres du criminel. Mais les carcans se sont aussi peu à peu fixés de manière permanente dans l'espace public. Cet ancrage au sol peut à la fois constituer une autre barrière à l'évasion du criminel mais permet également d'amplifier l'aspect public de la peine et de marquer spatialement le pouvoir judiciaire qui s'exprime alors au travers de cette structure mieux ancrée sur un territoire. Si le carcan, l'entrave, varie – comme on l'a vu précédemment –, la structure d'attache du carcan est elle aussi diverse. Les chaînes ou les colliers de fer peuvent simplement être fixés à un mur ou au sol. Les carcans, de manière générale, qu'il s'agisse de chaînes ou de colliers de fer, de cordes ou de planches de bois, peuvent également être attachés à un simple pilier de bois ou encore, plus imposante et permanente, à une colonne de pierre. Fixe ou portatif, le carcan est donc, bien que de multiples formes, relativement simple. En raison de sa petite taille, ou peut-être en raison de son importance symbolique moindre, le carcan n'est jamais représenté sur les plans de Paris. Pourtant les sources textuelles attestent régulièrement de ce type de structures. Ainsi, le 3 février 1300, un certain Geoffroy Godefroid, accusé de vol et de meurtre, fut dans un premier temps arrêté par les gens du roi, mais l'abbaye de Sainte-Geneviève, qui en avait la justice, fut ressaisie de l'affaire. Le coupable fut alors mis au *cep* de Saint-Germain-sur-École, lieu de son arrestation, puis, le 2 mars 1300, il fut pendu aux fourches du même bourg[273]. De même, bien plus tardivement, un arrêt du Parlement du 9 juillet 1582 accorde à l'évêque le droit de dresser un poteau marqué de ses armes et doté d'un carcan au marché aux Pourceaux. Ce même arrêt prévoit également l'enlèvement du précédent poteau à carcan dressé sans droit par les officiers royaux[274]. Si elles apparaissent dans certaines sources[275], ces petites structures d'exposition étaient-elles pour autant courantes au Moyen Âge ? Les seigneurs parisiens faisaient-ils le choix de multiplier les carcans, à la fois peu coûteux et très faciles à mettre en place, en divers points de leur territoire ? C'est à cette question, dont la réponse n'apparaît pas si évidente, que je tenterai de répondre en étudiant dans un second temps les stratégies d'implantation des structures judiciaires.

---

273 TANON, *Histoire des..., op. cit.*, p. 395-396.

274 Arch. nat. L 436 ; *Ibid.*, note n° 66, p. 173 ; DU BREUL, *op. cit.*, p. 38.

275 Quelques carcans sont mentionnés par Tanon mais ils restent relativement peu nombreux, dans les *Comptes* rapportés par Sauval, quelques structures du type apparaissent aux XIVe et XVe siècles.

CHAPITRE 4

Le cas de l'échafaud et les « autres » structures judiciaires

I. L'échafaud

Face à une omniprésence de la « culture du gibet »[276], il est aisé d'en oublier que l'exécution publique comprend aussi des exécutions capitales autres que la pendaison. Très rare au Moyen Âge[277], lorsqu'elle se trouve mise en œuvre, la peine capitale se déroule très fréquemment sous la forme d'une pendaison[278], mais c'est justement parce qu'elles sont rares et inhabituelles qu'il est intéressant de se pencher sur les autres types d'exécution à mort, et à leurs structures. Parmi celles-ci se trouve une structure somme toute très simple et pourtant bien singulière : l'échafaud.

L'échafaud est une structure peu ordinaire en cela qu'elle ne peut être exclusivement attachée à aucun supplice ; autrement dit, son usage premier n'est pas lié à l'exécution d'une peine unique et spécifique, comme le sont les fourches patibulaires pour la pendaison, le pilori pour l'exposition publique, etc. C'est pourquoi, en raison de l'habitude historiographique de n'étudier les structures judiciaires qu'au seul prisme de l'exécution des peines, l'échafaud est souvent oublié, ou au mieux mentionné anecdotiquement. Bien qu'il ne soit l'outil « exécuteur » d'aucune peine, l'échafaud n'est pas pour autant dénué de tout intérêt usuel ou symbolique pour ses contemporains. D'une manière différente des autres supports de la justice étudiés, l'échafaud participe pleinement à l'exercice et à la mise en place de peines judiciaires

[276] BASTIEN, *Une Histoire..., op. cit.*, p. 19.
[277] Il est impossible d'établir avec certitude des données chiffrées en raison de la fragmentation de la documentation et ses biais ; en revanche, par une étude détaillée de divers registres Claude Gauvard montre avec acuité la très faible propension à recourir à la peine de mort au Moyen Âge. Pour le cas de l'abbaye de Sainte-Geneviève, Gauvard note que « la fréquence des exécutions n'excède pas une par an en moyenne [...] » (p. 26) : voir GAUVARD, *Condamner..., op. cit.*, p. 19-53 ; voir encore, *Id.*, « La peine... », *op. cit.*, p. 71-84 ; BOVE Boris et GAUVARD Claude (dir.), *Le Paris du Moyen Âge*, Paris, Belin, 2014, p. 230-231.
[278] GAUVARD, « La peine... », *op. cit.*, p. 71-84 ; *Id.*, *Condamner..., op. cit.*, p. 49.

ainsi qu'à la démonstration d'un pouvoir seigneurial fort en un territoire et sur une communauté.

L'échafaud est bien souvent uniquement associé aux exécutions capitales et plus spécifiquement aux décapitations. Mais ne considérer l'échafaud qu'au regard de nos considérations contemporaines, pétries de réflexions autour de la peine de mort, séparant strictement ce qui relève de la mise à mort pénale des autres peines non capitales, serait trop simpliste et effacerait toute la complexité de la structure. Bien entendu, saisir le lien qui existe entre des structures judiciaires, ici l'échafaud, et les peines capitales qui s'y déroulent est primordial en raison de l'aspect violemment définitif des mises à mort et leur rareté, mais s'il existe d'autres ressorts qui se jouent autour de ces structures, il convient de ne pas les effacer au profit des éléments plus exceptionnels et spectaculaires que sont les mises à mort publiques. Tous ces objets judiciaires sont finalement des structures complexes et stratigraphiques, c'est-à-dire dotées de plusieurs niveaux d'ordre fonctionnel, symbolique, qui sont plusieurs niveaux de lecture qu'il convient de mettre au jour.

Si aujourd'hui, il évoque immédiatement chez nous une plateforme de mise à mort, l'échafaud est, en moyen français, seulement un terme issu du domaine de la construction désignant un échafaudage ou une « plateforme sur une charpente de tréteaux », autrement dit une estrade[279]. Dans son usage judiciaire, l'échafaud est alors souvent défini comme une « plateforme en charpente destinée à l'exécution des condamnés »[280] et par extension, désigne directement la peine de mort par décapitation, puis la guillotine[281].

L'échafaud est donc spontanément associé à la décapitation. En effet, cette peine se déroule exclusivement sur cette structure, et inversement l'échafaud est principalement – mais pas exclusivement – utilisé pour ce châtiment. Il est intéressant de noter que la décapitation est la seule peine de mort, avec quelques pendaisons à des potences souvent temporaires, à prendre place au cœur même de la ville. L'échafaud, toujours fait de bois, est dressé sur une grande place, souvent une place économique donc centrale socialement et spatialement. Contrairement aux bûchers, sources d'incendies, c'est parce que les mises à mort sur les potences et les échafauds ne présentaient aucun risque pour la ville et ne provoquaient aucun désagrément physique – aucune odeur – pour les habitants qu'elles pouvaient avoir lieu au sein même de la communauté urbaine. Mais ces raisons très pragmatiques ne sont pas les seules explications quant à l'implantation des échafauds dans la ville. À l'inverse des potences relativement petites, souvent temporaires et peu mises en valeur, les échafauds sont de grandes structures de bois surélevées offrant ainsi une excellente visibilité du châtiment à l'ensemble de la foule. De plus, les échafauds sont les seuls supports d'une exécution rapide et honorable. En effet,

---

279 DMF en ligne : http://www.atilf.fr/dmf/definition/échafaud : échafaud.

280 DMF en ligne : http://www.atilf.fr/dmf/definition/échafaud : échafaud ; Dictionnaire Le Robert en ligne : https://dictionnaire.lerobert.com/definition/echafaud : échafaud.

281 *Ibid.*

la décapitation, et surtout la décapitation par l'épée[282], est propre à l'exécution des nobles coupables de trahison. Tous les éléments en jeu lors de la décapitation participent au maintien de l'honneur et du haut rang du condamné : de fait, l'exécution est rapide, épargnant au condamné de longues souffrances, l'usage d'outils adaptés, au travers de l'épée, permet une exécution bien faite et fait écho au statut social de l'exécuté. Prenant systématiquement place au cœur de la ville, la décapitation permet donc à la fois de punir un crime, de montrer à toute la communauté que la faute est réparée mais aussi de réintégrer le condamné à mort à la communauté. S'il est exclu définitivement du monde des vivants par sa mise à mort, il est malgré tout toujours intégré à la communauté en étant exécuté devant elle et au cœur du monde vivant, la ville. À l'inverse, la pendaison, bien plus déshonorante et usuellement appliquée aux hommes du peuple, prenait presque toujours place hors de la ville[283]. C'est pourquoi, lorsque le crime d'un noble était particulièrement grave aux yeux de la société, celui-ci était pendu aux fourches patibulaires *extra muros* après sa décapitation : à une grande traîtrise répondaient une ou plusieurs peines infamantes. Ainsi, le 2 août 1343, le noble breton Olivier de Clisson, accusé de traîtrise, fut d'abord, en raison de son rang, décapité sur un échafaud, puis son humiliation et sa dégradation se jouèrent lorsque son corps fut pendu à Montfaucon et sa tête fut envoyée à Nantes où elle fut exposée à la porte Sauvetout fichée sur un glaive[284]. Le temps de la peine participe à la dégradation du condamné : la décapitation rapide conserve l'honneur du condamné relativement intact, à l'inverse le temps long de la pendaison, qui s'éternise jusqu'à la décomposition totale du cadavre, inflige au supplice une humiliation perpétuelle jusque dans la mort[285]. Enfin, la décapitation est une véritable démonstration de force de la part du roi qui élimine radicalement, aux yeux de tous, ses adversaires politiques, tous ceux qui auront osé défier son autorité et sa légitimité[286]. Dès lors, on comprend pourquoi il est primordial que de telles exécutions aient lieu au cœur de la ville.

Les décapitations n'étant pas courantes – même si certaines périodes de troubles politiques ont été plus propices à ce genre d'exécutions –, les échafauds parisiens sont peu nombreux. Sur toute la période étudiée, seuls

---

[282] Christiane Raynaud montre que l'usage d'une hache dans le cadre d'une décapitation est généralement réservé aux roturiers, ainsi l'usage d'un tel outil pour la décapitation d'un noble serait un grand affront à son honneur et sa dignité : voir RAYNAUD Christiane, *À la hache. Histoire et symbolique de la hache dans la France médiévale (XIIIe-XVe siècles)*, Paris, Le Léopard d'Or, 2002.

[283] Cette binarité peine honorable/infamante et *intra*/*extra muros* a été formulée par Maskova et Wojtucki dans leur étude archéologique sur les lieux de justice en République Tchèque : voir MASKOVA et WOJTUCKI, « An archaeological… », *op. cit.*, p. 45.

[284] GONTHIER, *Le châtiment…, op. cit.*, p. 125-126.

[285] Cette question du temps de l'exécution comme variable de l'infamie a notamment été évoquée dans : VOYER, *op. cit.*

[286] GONTHIER, *Le châtiment…, op. cit.*, p. 122.

deux échafauds appartenant à la justice royale peuvent être recensés de manière certaine : ceux-ci se trouvent au marché des Halles (n°54) et en place de Grève (n°43). En effet, lorsque les échafauds ne sont pas les supports de décapitations, garantes inébranlables de leur existence, ceux-ci sont particulièrement difficiles à connaître et à retracer. Il est fort possible que d'autres échafauds aient été dressés dans Paris, mais leur existence est plus incertaine.

Les deux échafauds connus sont donc situés respectivement aux Halles et en place de Grève. De ceux qui perdirent la vie, et la tête, sur l'échafaud des Halles, on peut nommer les tristement célèbres Olivier de Clisson en 1343, Jacques de Rue et Pierre du Tertre en 1378, Jean Desmarets en 1383, Jean de Montagu en 1409, Pierre des Essarts en 1413, Jacques d'Armagnac en 1477, etc. Sur la place de Grève, l'échafaud fut le lieu des derniers instants de Louis de Luxembourg, connétable de France décapité en 1475 car accusé de complots envers Louis XI. Il est à noter que les exécutions capitales prirent place en Grève plus tardivement comme le montre Veronika Novák dans son article de 2016 dans lequel elle étudie entre autres les fréquences des exécutions capitales en divers lieux de la capitale aux XVe et XVIe siècles[287]. Elle dénombre, entre 1400 et 1449, trente exécutions capitales aux Halles et aucune en Grève. En revanche, de 1450 à 1499, deux ont lieu aux Halles, deux en Grève ; de 1500 à 1549, seize aux Halles et vingt-quatre en Grève ; et enfin, de 1550 à 1599, dix-huit aux Halles et quarante-neuf en Grève[288]. Le choix de ces deux lieux pour ériger des échafauds n'est pas anodin : certes, ils se prêtent à merveille à l'exercice car suffisamment spacieux pour accueillir une structure aussi imposante qu'un échafaud, mais ce sont surtout des lieux d'une grande importance économique, où donc la foule est quotidienne, et ce sont des lieux ayant déjà un passé judiciaire. La place de Grève se manifeste comme un lieu judiciaire surtout à la fin du Moyen Âge. Cependant, elle n'est alors pas totalement vierge de tout exercice de la justice : en effet, selon Sauval la première exécution en Grève eut lieu en 1310 avec la mise au bûcher de la béguine Marguerite Porete, condamnée pour hérésie : « Et le lundi ensuivant, fu arse, au lieu devant dit [*in communi platea Graviae*[289]], une béguine clergesse qui estoit appellée Marguerite la Porete, qui avoit trespassée et transcendée l'escripture devine, et ès articles de la foy avoit erré ; et du sacrement de l'autel avoit dit paroles contraires et préjudiciables ; et, pour ce, des maistres expers de théologie avoit esté condampnée »[290]. Les Halles, en revanche, sont très tôt fortement marquées par l'exercice judiciaire royal avec la présence d'un grand pilori en sa zone septentrionale. L'échafaud se trouvait

---

[287] NOVAK, *op. cit.*, p. 149-166.

[288] *Ibid.*, p. 156.

[289] Traduction : en la place publique de Grève.

[290] *Les Grandes Chroniques de France, selon que elles sont conservées en l'Église de Saint-Denis...*, PAULIN-PARIS Alexis (éd.), t. 5, Paris, Techener, 1837, p. 188.

à côté du pilori, et peut-être s'agit-il de la structure difficilement identifiable située au nord-est du pilori sur le plan dit de Bâle de 1552 (fig. 15).

L'édifice de l'échafaud, somme tout assez simple – une simple estrade de bois –, était, du fait de sa forme, probablement peu marqué du sceau de la justice, contrairement aux potences, fourches patibulaires, piloris ou encore échelles dont les formes nettement distinctives évoquent immédiatement chez leurs contemporains l'application de la justice. C'est probablement pourquoi les échafauds sont systématiquement dressés en des lieux déjà judiciairement forts. Ainsi, lorsqu'un échafaud est dressé en 1314, sur lequel montèrent Jacques de Molay, Grand maître de l'ordre du Temple, et Geoffroy de Charnay, dernier Commandeur de l'ordre, pour y renouveler leurs aveux puis, étant revenus sur leurs aveux, y entendre leur condamnation à mort, celui-ci fut bâti à côté de l'échelle de l'évêque sur le parvis de Notre-Dame[291] (n°44). Ces structures à côté desquelles se trouvent certains échafauds ont parfois une telle importance qu'elles l'emportent sur ces derniers. Il arrive souvent que l'échafaud des Halles dressé aux côtés du pilori soit amalgamé avec la structure d'exposition, il est ainsi dit d'un homme qu'il fut « décapité au pilori »[292] en 1527. En 1534, ce fut au chevalier Morice Jonas d'être « traisné sur une claye depuis le Chastelet jusqu'au Pilori de cette Ville, & illec décapité [...] »[293].

Si les échafauds apparaissent çà et là dans la documentation, à l'évocation d'une exécution, ils sont malheureusement bien difficiles à retrouver. Sans doute parce que considérés plus comme de simples supports de l'exécution que comme des outils, les échafauds sont très rarement mentionnés et il devient alors mal aisé de retracer leur existence et notamment leur temporalité. Ces structures massives étaient-elles permanentes en certains lieux ? Si la question peut se poser pour les échafauds royaux situés aux Halles et en Grève, plus souvent usités, il paraît certain que les autres rares échafauds dont j'ai la trace étaient temporaires. Ainsi, l'échafaud dressé à côté de l'échelle de l'évêque en 1314 pour la lecture de la sentence contre les Templiers était temporaire ; elle fut à nouveau dressée momentanément en 1381 pour la prononciation publique de l'amende honorable de Hugues Aubriot[294]. De même, selon Henri de Curzon, le Temple possédait aussi un échafaud à l'occasion pour fustiger, marquer au fer chaud, etc. et appliquer toute autre peine corporelle de la sorte[295]. Pour ce qui est des échafauds du marché des Halles et de la place de Grève, la temporalité est moins évidente. Pour certains historiens et archéologues, les échafauds étaient élevés *ad hoc* pour une

---

291 SAUVAL, *op. cit.*, t. 2, p. 605

292 *Ibid.,* t. 3, p. 609.

293 *Ibid.*, p. 617-618.

294 *Ibid.,* t. 2, p. 604.

295 DE CURZON, *op. cit.*, p. 189.

exécution[296]. Mais il est tout de même possible de penser que certains échafauds étaient permanents, durant un temps tout du moins, quelques mois voire quelques années. Si les mentions d'échafauds sont extrêmement rares dans la documentation, une exception peut néanmoins être relevée : l'échafaud des Halles est la seule structure de ce type dont quelques réparations soient connues. Or les réparations peuvent être vues comme les signes d'une certaine permanence physique de l'objet. La date d'érection de cet échafaud est inconnue ; était-il directement contemporain du pilori et des premières Halles ? Toujours est-il qu'il fut réparé à plusieurs reprises, et notamment au cours des XVe-XVIe siècles. En 1445, « on refit de neuf au Pilori l'échafaut qui fait saillie hors dudit Pilori auquel on perce les langues »[297], en 1471 « l'eschafaut du Pilori fut fait tout neuf »[298], en 1478 il fut à nouveau de refait entièrement[299] et enfin en 1595, l'échafaud tombant en ruine, une nouvelle estrade est érigée[300]. L'échafaud des Halles fut donc peut-être pendant un temps, à la fin du Moyen Âge, permanent. En revanche, il convient de relever une spécificité du rituel de l'exécution capitale qui influence cette question de la temporalité de l'échafaud. Lors d'exécutions particulièrement importantes et impressionnantes de personnages s'étant rendus coupables d'une grande traîtrise ou ayant mené une révolte, l'échafaud était alors construit neuf – même s'il en existait déjà un en état de fonctionner – et était immédiatement démonté après l'exécution afin de n'être jamais réutilisé[301]. Ce faisant, le bourreau et ses assistants ne laissaient sur place aucune trace du grand traître, son crime a été jugé, puni et l'injure était donc réparée. Signe d'infamie absolue, le criminel est mis à mort devant tous, généralement sa dépouille subit d'autres injures comme le démembrement et/ou la pendaison *post mortem*, la structure et tous les outils impliqués dans son exécution sont détruits, rendus inutilisables car souillés du sang et du crime du condamné. De plus, supprimer toute trace corporelle et matérielle de l'exécution permet non seulement de prolonger durablement l'infamie mais aussi de marquer les esprits. Ainsi, le 4 août 1478 fut prononcée la sentence contre le duc de Nemours, Jacques d'Armagnac : reconnu coupable de

---

[296] Cette question de temporalité des lieux de justice, particulièrement pour les échafauds, est très rarement abordée par les chercheurs. Mais on peut tout de même relever une réflexion sur le sujet dans les travaux archéologiques sur les lieux de justice en République tchèque de Maškovà P. et Wojtucki D. Selon eux, les échafauds sont généralement dressés occasionnellement : MASKOVA et WOJTUCKI, « An archaeological... », *op. cit.*, p. 45. Sur l'échafaud de la place de Grève, voir entre autre : BASTIEN, *Une Histoire...*, *op. cit.*, p. 62. Et la question de l'échafaud des Halles, voir par exemple : LOMBARD-JOURDAN, *Les Halles...*, *op. cit.*, p. 185-216 .

[297] SAUVAL, *op. cit.*, t. 3, p. 340.

[298] *Ibid.*, p. 400.

[299] *Ibid.*, p. 657.

[300] *Ibid.*, t. 2, p. 609.

[301] Ce point est notamment relevé dans l'étude sur les structures judiciaires en République Tchèque menée par Maškovà P. et Wojtucki D. : MASKOVA et WOJTUCKI, « An archaeological... », *op. cit*, p. 45.

« conspirations, machinations, grans et enormes crimes, delictz et malefices par luy commis et perpectrez contre le Roy et Monseigneur le Daulphin son filz »[302] et déclaré « estre crimineulx de crime de leze majesté »[303], il fut condamné à la décapitation. Pour l'occasion, les anciens échafauds des Halles et « coupe-tête du Pilori », c'est-à-dire l'outil du bourreau servant à la décollation, alors délabrés, furent entièrement refaits. Un premier échafaud, sorte de galerie, fut dressé entre les greniers de la Halle au poisson et le pilori. Dans une des hautes chambres de ces greniers, préalablement nettoyées au vinaigre et parfumées de genièvre « pour ôter le goût de la marée que lesdites chambres & greniers sentoient », Jacques d'Armagnac se confessa une nouvelle fois. Puis, empruntant cette galerie, le duc fut mené au second échafaud dressé à côté du pilori pour son exécution. De même, l'échafaud de bois qui était alors présent fut détruit et un nouveau fut refait à neuf pour l'exécution, allant même jusqu'à la réfection des tuyaux servant à l'écoulement du sang qui furent également blanchis à la chaux. Enfin, le carreau, placé sur l'échafaud, sur lequel s'agenouilla le duc afin d'y être décapité, fut doublé d'une pièce de soie grossière[304]. Cette description d'une incroyable précision est unique dans la documentation que j'ai pu consulter. Cette description rare nous permet de comprendre que les échafauds n'étaient pas toujours de simples estrades ; dans certains cas, la structure pouvait être relativement élaborée. Une miniature du milieu du XVe siècle représentant l'exécution d'Aymerigot Marcel décapité sur l'échafaud des Halles le 31 juillet 1358 (fig. 20)[305] nous fournit d'autres éléments sur la matérialité des échafauds médiévaux. Sur cette représentation, l'échafaud, qui jouxte le pilori, est surélevé puisque les têtes des spectateurs n'arrivent même pas à hauteur de la plateforme. Très élevée pour permettre une meilleure visibilité de l'exécution au plus grand nombre, celle-ci est encore améliorée par la disposition d'une estrade sur l'échafaud lui-même, estrade sur laquelle est monté le bourreau avec le condamné afin de le décapiter publiquement. Probablement d'une grande hauteur, l'échafaud semble aussi être relativement solide, renforcé de madriers. Mais il s'agit là d'une représentation de l'échafaud royal dressé aux Halles ; il est fort à parier que les échafauds temporaires des seigneurs ne présentaient pas les mêmes degrés d'élaboration et s'approchaient physiquement plus d'une simple estrade.

Il a beaucoup été question ici de la décapitation, pourtant d'autres peines se déroulaient sur les échafauds. L'échafaud du Temple, dressé temporairement, sert aussi, selon Henri de Curzon, à fustiger, marquer au fer

---

302 Bibl. Sainte-Geneviève, 2000, fol. 481.

303 *Ibid.*

304 SAUVAL, *op. cit.*, t. 3, p. 657.

305 *La place des Halles lors de l'exécution du brigand Aymerigot Marcel (31 juillet 1358)*, miniature, vers 1460, Londres, British Library, Harleian ms. 4379 (*Chronique* de Froissart, liv. IV), fol. 64.

chaud[306], etc. Outre ces peines corporelles, qui prennent aussi place en d'autres lieux de justice comme les piloris, les échelles de justice, etc., les échafauds sont également les supports d'autres peines capitales. Employés pour garantir d'une bonne visibilité de l'exécution, les échafauds sont finalement utilisés pour toutes les peines capitales pouvant être exécutées au sein de la ville. En premier lieu se trouve donc la décapitation mais s'y déroulaient également des noyades, des bûchers, des écartèlements, etc. Mais, contrairement à la décapitation, ces peines capitales ne s'exécutent pas exclusivement sur un échafaud. Si généralement la noyade, pour des raisons de praticité, a souvent lieu dans un cours d'eau, elle peut aussi prendre place dans un tonneau placé sur l'échafaud[307]. La question de la visibilité est véritablement le moteur de ces mises en scène. Enfin, l'échafaud était de surcroît le support des proclamations de sentences et surtout des amendes honorables. Finalement, l'échafaud se distingue des autres structures judiciaires : sorte de structure judiciaire hybride, l'échafaud est à la fois objet de mise à mort ayant lieu au cœur de la cité, et objet d'exposition publique, mais une exposition qui, contrairement aux piloris et échelles, n'est pas du ressort de la dégradation de l'individu et de sa *fama* mais plus de l'ordre de la pénitence publique, de la repentance et de la réparation.

Bien qu'il soit différent, il est possible de considérer l'échafaud comme une des structures judiciaires principales et centrales de la vie médiévale, à l'instar des fourches patibulaires, potences, piloris, échelles et carcans. Car tous ces objets courants du paysage médiéval s'apparentent à de véritables structures judiciaires, construites, assemblées et souvent de taille relativement conséquente. À l'inverse, présentés ci-dessous, la roue, la cuve ou encore le poteau sont des outils nécessaires à l'application d'une peine : la roue pour le supplice du même nom prenant souvent place sur un échafaud, la cuve pour le châtiment de l'ébouillantage, et le poteau pour la peine du bûcher. De plus, ces trois objets sont dotés d'une temporalité différente de celle des structures précédemment évoquées : il est communément admis que la roue, le bûcher et l'ébouillantage sont des peines émergeant tardivement à la toute fin du Moyen Âge, et qu'elles sont particulièrement rares au cours de la période. Mais la véritable différence se trouve sans doute plus dans la mise en scène de la souffrance du condamné, souffrance qui, avec les peines de la cuve, du bûcher et de la roue, est placée au cœur de l'exécution et se trouve tout particulièrement exacerbée.

II. La « chaudière » ou la cuve

Ce qui est désigné ici sous le banal terme de cuve, ou de « chaudière » n'est que l'objet employé pour la macabre peine de l'ébouillantage. Aussi appelée

306 De Curzon, *op. cit.*, p. 189.
307 Gonthier, *Le châtiment…, op. cit.*, p. 131.

« justice du chaudron », la peine consiste à faire bouillir vivant un criminel dans une grande cuve ; en d'autres termes, il s'agit de plonger, plus ou moins lentement, le condamné dans un chaudron d'eau bouillante, il est ainsi bouilli vif jusqu'à trépas. Parfois, le cadavre du supplicié est ensuite pendu. C'est ainsi qu'en 1460, pour ses « demerites », un homme fut condamné à être bouilli au marché aux Pourceaux, proche de Paris, puis son corps fut mené et pendu au gibet de Montfaucon[308]. Cette peine particulièrement violente n'était destinée qu'à certains crimes, jugés comme très graves. Plus exactement, il semblerait que ce supplice n'ait été appliqué qu'à un groupe de criminels bien spécifique : les faux-monnayeurs. Peut-être faut-il voir dans l'objet de l'exécution, le chaudron, un symbole mimétique du crime et de ses outils[309]. À l'article 834, des *Coutumes de Beauvaisis*, Philippe de Beaumanoir à la fin du XIIIe siècle précise que « Li faus monoier doivent estre bouli et puis pendu et forfont tout le leur si comme il est dit devant »[310]. La première peine du genre recensée à Paris est bel et bien soufferte par un faux-monnayeur au tout début du XVe siècle, en 1412[311] (n°56). Ce terrible supplice était finalement très rare. De plus, tous les faux-monnayeurs ne sont pas exécutés de la sorte, loin de là ; et ne considérer que l'ébouillantage comme réponse pénale au faux-monnayage revient à occulter la grande diversité de ce genre de crime. La définition complexe et plurielle du faux-monnayage entraîne de fait une diversité dans la réponse pénale. Philippe de Beaumanoir définit plusieurs faits criminels distincts comme étant des crimes de faux-monnayages : la tromperie sur le poids, l'imitation, la rognure des espèces, l'utilisation et le trafic des fausses pièces[312]. Ceux qui fabriquent, écoulent ou usent de cette fausse monnaie, sont-ils tous coupables au même degré ? Les définitions médiévales sont confuses[313]. Dans la pratique, on observe que plusieurs faux-monnayeurs sont punis par d'autres châtiments que l'ébouillantage. De plus, le statut social entre aussi en compte dans le choix de la punition. Le terme de « faux-monnayage » cache des réalités sociales et économiques bien différentes, et donc des crimes divers[314]. Ainsi, suivant la gravité du crime, l'atteinte portée au seigneur et à la communauté, le statut socio-économique

---

308 SAUVAL, *op. cit.*, t. 3, p. 362.

309 GONTHIER, *Le châtiment…, op. cit.*, p. 133.

310 BEAUMANOIR Philippe de, *Coutumes du Beauvaisis*, SALMON Amédée (éd.), t. 1, chap. XXX, art. 834, Paris, Alphonse Picard et Fils, 1899, p. 431. Traduction : Les faux-monnayeurs doivent être bouillis et puis pendus et ils perdent tous leurs biens comme il est dit ci-avant.

311 SAUVAL, *op. cit.*, t. 3, p. 266.

312 BEAUMANOIR, *op. cit.*, p. 431-432.

313 PRETOU Pierre, « La contrefaçon de la valeur monétaire à la fin du Moyen Âge français », dans CAPOROSSI Olivier et TRAIMOND Bernard (dir.), *La Fabrique du faux monétaire. Du Moyen Âge à nos jours*, Toulouse, Presses universitaires du Midi, « Méridiennes », 2012, p. 31-50.

314 COATIVY Yves, « De la fraude à la falsification : le faux monnayage en France à la fin du Moyen Âge », dans BEAUR Gérard, BONIN Hubert et LEMERCIER Claire (dir.), *Fraude, contrefaçon, contrebande de l'Antiquité à nos jours*, Genève, Librairie Droz, « Publications d'histoire économique et sociale internationale », 2007, p. 237-248.

du coupable, etc. certains sont simplement contraints au paiement d'une amende, d'autres sont amputés d'un membre, d'autres encore sont pendus et, au plus fort de la dureté de la réponse pénale, peuvent être bouillis vifs[315]. Ainsi, lorsqu'au mois de mai 1257, deux faux-monnayeurs sont arrêtés à Villeneuve-Saint-Georges par les gens de l'abbaye de Saint-Germain-des-Prés, ceux-ci sont pendus aux fourches patibulaires de l'abbaye situées au bourg de Villeneuve[316]. À l'inverse, Yves de Lescut, faux-monnayeur pendant de longues années, fut quant à lui, en raison de la gravité de ses actes, condamné à la peine ultime : « L'an 1527, le samedy neuviesme novembre, Yves de Lescut, natif de Bretaigne et marchant de Paris, [...] fut bouilly au marché aux pourceaux lez Paris, parcequ'il avoit par l'espace de plus de quinze ans, faict faulce monnoye d'or et d'argent, au moyen de quoy il avoit faict grosses acquisitions »[317].

Finalement très rare, et couplé à une mise en scène impressionnante, ce type d'exécution attirait la foule, déjà affluente du fait de la nature même des lieux, puisque ces exécutions se déroulaient souvent en des marchés, marchés qui pouvaient aisément accueillir un grand nombre de personnes car l'exécution avait systématiquement cours à l'extérieur de la cité[318]. C'est pourquoi, lors de l'ébouillantage d'un orfèvre en 1460, les sergents furent dotés de *boulayes*, à savoir de courtes masses de bois et de cuir bouilli[319] utilisées pour contenir la foule lors de rassemblements : « [...] Un nommé Jehan Fanonel, Orfevre, boullu en une chaudiere d'eau pour ses demerites au marché aux Pourceaux, & furent faites douze boulayes qu'il convint avoir pour faire serrer le grand nombre de peuple qui avoit été à l'execution dudit deffunt ; & ensuite le Lieutenant Criminel, les Examinateurs & autres allerent diner ensemble [...] »[320].

De plus, ce supplice saisissant demande une importante organisation, du temps, de nombreux matériaux et se révèle donc assez coûteux, ce qui peut expliquer son caractère inhabituel. En effet, pour mener à bien la « justice du chaudron », il convient nécessairement de disposer d'une grande cuve, suffisamment large pour accueillir le condamné, d'un fourneau de pierres ou de briques souvent placé à demeure, d'une grande quantité de bois pour porter l'eau à ébullition mais aussi de matériel permettant l'immobilisation du condamné et sa plongée progressivement dans l'eau bouillante. Sur ce grand

---

315 *Ibid.*

316 BOUTARIC, DELISLE et GRÜN (éd.), *op. cit.*, t.1, p. 11-12 ; BEUGNOT (éd.), *op. cit.*, t.1, p. 19-20, n°XV.

317 AM d'Angers, BB 18, f° 95 v° ; LALANNE Ludovic (éd.), *Journal d'un bourgeois de Paris sous le règne de François Premier (1515-1536)*, Paris, Jules Renouard et Cie, 1854, p. 327.

318 À Paris, les ébouillantages ont généralement cours au marché aux Pourceaux, situé dans la banlieue proche de Paris, au nord-est de la capitale.

319 DMF en ligne : http://www.atilf.fr/dmf/definition/boulaie : boulaie : « Massue à l'extrémité renflée ; en partic., masse courte faite de bois ou de cuir bouilli que portent les huissiers, les sergents de ville ».

320 SAUVAL, *op. cit.*, t. 3, p. 362.

fourneau maçonné, dont il semblerait qu'on puisse distinguer la forme sur le plan dit de Bâle (fig. 29), le bourreau place une grille sur laquelle est assise la cuve[321].

Figure 29 : Marché aux Pourceaux avec ses potences et possiblement son fourneau destiné à l'ébouillantage (nord ouest de Paris) – Détail du plan de Truschet et Hoyau (1552).

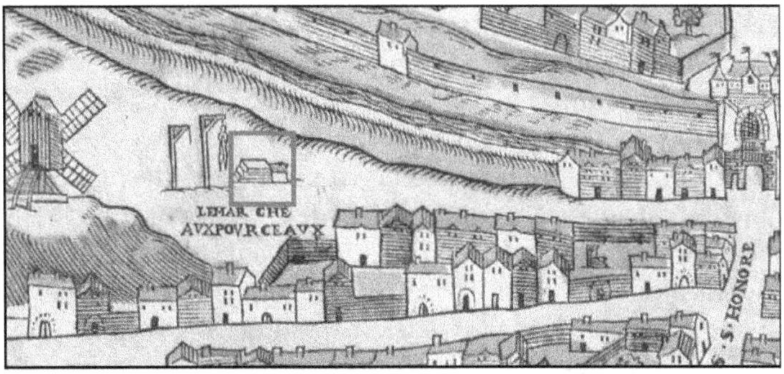

Un trépied devait également être fait afin de stabiliser cette cuve posée sur la grille au-dessus des flammes du fourneau. C'est ainsi qu'en 1416 trois maçons et leurs apprentis furent rémunérés douze sols parisis pour avoir fait un trépied de plâtre et de quatre sols pour l'avoir blanchi, probablement à la chaux : « A Etienne le Bré, Maistre de la haute Justice du Roi notre Sire, la somme de cinquante-cinq sols parisis, pour les causes ci-après ; c'est à sçavoir douze sols parisis pour trois Massons & leurs aides, qui firent le trepied pour asseoir le chaudiere où furent boulus trois faux-monnoyers. *Item* quatre sols pour quatre sacs de plâtre à faire ledit trepied ; quatre sols pour celui qui blanchit ledit trepied avant que lesdits Massons y voulussent ouvrer ; vingt sols pour un cent & demi de cotterets & un demi cent de bourées, qui furent ars ledit jour pour faire bouillir l'eau en la chaudiere ; huit sols parisis pour une queue & deux muids où fut mise l'eau, lesquels la nuit que la justice fut faite furent mal pris & emblés ; trois sols pour une queue d'eau, dequoi furent boulus iceux faux-monnoyers, &c »[322]. On voit également que ce type d'exécution requiert une grande quantité de bois et d'eau. Deux sortes de bois de chauffage sont généralement requises : le cotret, une sorte de morceau de bois court et de grosseur moyenne, et la bourrée, plus petite que le cotret, il s'agit plus de menues branches. Il était donc nécessaire d'avoir environ deux cent de bois de chauffage, le cent étant une mesure équivalent soit à cent unités soit à un poids de cent livres[323], afin de chauffer les quantités importantes en eau. En effet, si certains historiens comme Sauval mentionne l'usage de l'huile bouillante pour ce supplice, il paraît peu probable qu'une telle denrée rare et

[321] CAUCHIES Jean-Marie, « Faux-monnayeurs et et "justice du chaudron" à Valenciennes (1438) », dans *Valenciennes et les Anciens Pays-Bas. Mélanges offerts à Paul Lefrancq*, Valenciennes, Cercle archéologique et historique de Valenciennes, tome IX, 1976, p. 81-93.
[322] SAUVAL, *op. cit.*, t. 3, p. 282-283.
[323] DMF en ligne : http://www.atilf.fr/dmf/definition/cent : cent.

coûteuse ait été employée à ces fins. De plus, toutes les affaires d'ébouillantage que j'ai pu relever où le liquide utilisé est précisé ne font mention que d'eau bouillante : « [...] Un nommé Jehan Fanonel, Orfevre, boullu en une chaudiere d'eau pour ses demerites au marché aux Pourceaux, & furent faites douze boulayes qu'il convint avoir pour faire ferrer le grand nombre de peuple qui avoit été à l'execution dudit deffunt ; & ensuite le Lieutenant Criminel, les Examinateurs & autre autres allerent diner ensemble [...] »[324] ou encore « Audit Compte les faux-monnoyeurs étoient bouillis dans une chaudiere dans laquelle il n'y avoit que de l'eau bouillante »[325]. On le devine aisément, une grande quantité d'eau était nécessaire pour plonger entièrement ou presque un homme dans la cuve. Dans le cas de 1416 citée précédemment il est noté que « une queue & deux muids » d'eau furent fournis pour l'exécution ; à savoir qu'une queue équivaut à un muid et demi. Les mesures médiévales étant changeantes, il est difficile de savoir exactement ce représente une queue et deux muids. Il apparaît qu'à la mesure de Paris une queue corresponde à environ 402 litres[326]. Avec cette équivalence donnée, ce serait plus 900 litres qui furent requis pour bouillir vivant les trois condamnés ! L'exécution demandait une telle organisation matérielle qu'elle devait être préparée dès la veille puisque les tonneaux contenants l'eau furent « la nuit que la justice fut faite mal pris & emblés », c'est-à-dire volés. Le jour de l'exécution c'est finalement seulement une queue d'eau qui est bouillie pour l'exécution.

Enfin, l'acte de plonger le condamné dans la cuve n'est pas une mince affaire non plus ; cela requiert matériel, force et adresse de la part du bourreau[327]. Pour ce faire, le condamné doit être maintenu entravé par des cordes ou des chaînes. De plus, la cuve doit se trouver sous une potence ou des fourches patibulaires pour pouvoir y suspendre le condamné et le plonger progressivement dans l'eau bouillante, mais aussi pour pouvoir en ressortir le cadavre qui est alors soit inhumé soit pendu. Peut-être une sorte de treuil devait être associée à la potence afin de rendre cette manipulation plus aisée pour le bourreau[328], cependant je n'en ai aucune trace dans mes sources. En revanche, peu mentionnée, la nécessaire présence d'une structure de pendaison apparaît à l'occasion dans quelques affaires : le samedi 22 avril 1514, une « potence à deux piliers » fut dressée au marché aux Pourceaux pour l'ébouillantage de Baude Bouret, accusé de faux-monnayage[329]. Cette potence

---

324 SAUVAL, *op. cit.*, t. 3, p. 362.
325 *Ibid.*, p. 269.
326 DMF en ligne : http://www.atilf.fr/dmf/definition/queue : queue.
327 Une affaire de 1486 qui eut lieu à Tours nous montre à quel point ce type de peine demandait un savoir-faire et une grande attention de la part du bourreau. En cette année là, un orfèvre, un certain Louis Secrétain, accusé de faux-monnayage, devait être bouilli vif. Mais au moment de l'exécution, l'eau ne fut pas suffisamment chaude pour tuer le coupable qui, après s'être débattu, pu se défaire de ses liens et se sauver. Voir COATIVY, *op. cit.*, p. 237-248.
328 LEGUAY Jean-Pierre, *Le feu au Moyen Âge*, Rennes, PUR, « Histoire », 2008, p. 359.
329 SAUVAL, t. 3, p. 563.

est donc nécessaire pour le bon déroulement du supplice, et assure en même temps une mise en scène impressionnante ; c'est sans doute pourquoi on peut observer, sur le plan de Truschet et Hoyau, deux potences en « L » inversé à proximité du fourneau du marché aux Pourceaux (fig. 29).

À Paris, ce genre de mise à mort a lieu au marché aux Pourceaux, situé au nord-est de Paris, à l'extérieur des enceintes. Au total, j'ai recensé en ce lieu sept exécutions par ébouillantage[330], dont cinq exécutées au cours du XVe siècle, la première de toutes datant de 1411[331]. D'après Sauval, on pratiquait aussi l'ébouillantage à l'extrémité du Pont-Neuf, actuel pont Saint-Michel[332], pourtant, à part cette mention, je n'ai aucune preuve d'une telle pratique au Pont-Neuf. Toujours est-il que ces sept exécutions par la cuve ont été perpétrées par les agents de justice royaux. Pour autant la « justice du chaudron » était-elle une prérogative royale ? S'il semble logique que le faux-monnayage soit un crime de lèse-majesté, cela n'est pas si évident. D'abord, parce que le droit régalien de frapper monnaie s'est constitué progressivement ; également, parce que dans le cas du faux-monnayage il est malaisé de déterminer qui est la victime du crime. S'agit-il du roi, lésé en son droit, fragilisé dans son rôle de garant de l'authenticité de la monnaie et de la valeur marchande ? Ou s'agit-il du seigneur, de l'autorité du lieu du crime ? Ou encore s'agit-il de l'usager trompé ? De ce statut de la victime, de la personne lésée dans l'affaire, alors fort difficile à établir clairement, il advient que le droit de juger le crime ne peut être attribué sans contestation à une autorité judiciaire plutôt qu'une autre. Ainsi, il pouvait arriver que des seigneurs parisiens viennent à exécuter ce type de peine. Mais celles-ci restent extrêmement rares ; dans les sources étudiées, un seul cas d'ébouillantage est orchestré par une justice autre que royale. Dans la première moitié du XIVe siècle, entre 1317 et 1332, une femme, fausse-monnayeuse, est arrêtée à Paris par des agents royaux. Elle fut alors « justiciée » par la justice royale, sans doute bouillie vivante. Or, la fausse-monnayeuse appartenant à la juridiction de Saint-Martin-des-Champs, le prieuré se ressaisit de l'affaire et la coupable ayant été déjà exécutée, une effigie la représentant fut rendue au prieuré par les gens du roi. Pour affirmer son droit sur le crime, le prieuré « exécuta » l'effigie dans une cuve d'eau bouillante placée sous les fourches patibulaires du prieuré à Noisy-le-Grand[333], lieu hautement important dans la justice de Saint-Martin-des-Champs.

---

330 *Ibid.*, p. 266, 269, 282-283, 362, 563, 608.
331 *Ibid.*, p. 266.
332 *Ibid.*, t. 2, p. 609.
333 TANON, *Histoire des*..., p. 554.

III. Le « poteau » ou la potence

Autre objet en apparence banal et anodin, le « poteau » est pourtant la structure essentielle à la mise en place du supplice du bûcher. Cette peine du feu était principalement appliquée aux crimes sexuels, à savoir la bigamie, l'homosexualité, la zoophilie, etc., ainsi qu'aux hérétiques et à ceux accusés de sorcellerie. Mais le bûcher pouvait également punir les incendiaires et pyromanes, châtiant le criminel par son arme. Enfin, le bûcher pouvait être appliqué en peine *post mortem* : le condamné déjà exécuté était alors, avec son crime, véritablement éradiqué du monde terrestre et privé de toute sépulture chrétienne[334]. Rarement pratiquée au Moyen Âge, la mise au bûcher n'est pas fréquemment mentionnée dans les sources. Elles sont de surcroît particulièrement précieuses lorsqu'elles décrivent avec précision les différents outils, matériaux et structures employés pour la peine. La structure la plus fréquemment évoquée pour les bûchers est celle du simple poteau de bois, mais il arrive qu'il soit fait mention d'une « potence ». Que sont exactement ces structures et quel rôle jouent-elles dans l'exécution par le feu ?

Une des premières affaires, dont j'ai la connaissance et qui évoque ce poteau auquel est attaché le supplicié, date de 1441 : les *Comptes de la Prévôté* rapportés par Sauval indiquent qu'en cette année-là, le bourreau, Jean du Moulin, fut payé la somme de soixante-quinze sols et huit deniers parisis pour l'exécution au bûcher au marché aux Pourceaux de Lancelot de Habatis le 15 octobre 1441, dont deux sols et huit deniers parisis pour une solive de bois servant d'attache[335]. En 1505, une attache similaire fut à nouveau placée au marché aux Pourceaux pour l'exécution de Jehanne Bouzin, accusée du meurtre de son enfant[336]. De même, en 1527, un laquais surnommé Yssot, coupable de meurtre, fut « brûlé à un poteau, & attaché en ladite Grève »[337]. Généralement, il s'agissait d'un poteau de bois haut de deux à trois mètres fiché dans le sol, mais il pouvait arriver qu'il soit dressé sur un échafaud rendant ainsi l'exécution mieux visible. Dans l'imaginaire collectif, l'évocation d'une exécution au bûcher nous renvoie immédiatement à l'image, popularisée notamment par l'imagerie du XIXe siècle du supplice de Jeanne d'Arc, d'un condamné « montant » sur le bûcher, sorte de petite élévation, d'une estrade, faite de la superposition de bûches de bois, sur lequel se trouve un pieu auquel il est attaché. Pour autant, le condamné ne « montait » pas sur le bûcher, mais plutôt y « entrait ». En effet, une fois dressé au milieu de la place choisie pour l'exécution, le poteau était entouré de bûches, de fagots et de paille placés les uns sur les autres en des sortes d'empilement jusqu'à atteindre la hauteur conséquente d'un homme. Dans ce cercle – ou carré – de

---

[334] GARNOT Benoît, *La peine de mort en France du Moyen Âge à 1981*, Belin, « Textes choisis », 2017, p. 133-134.
[335] SAUVAL, *op. cit.*, t. 3, p. 339-340.
[336] *Ibid.*, p. 540.
[337] *Ibid.*, p. 608.

bois qui entourait l'*estache*, c'est-à-dire le poteau, le bourreau laissait libre un espace afin de faire entrer le condamné dans son supplice et de l'attacher au poteau, espace qui, une fois le supplicié placé, était recouvert lui aussi de bûches et de paille. Une quantité importante de bois était donc nécessaire, et quelques comptes détaillant les sommes payées au bourreau pour de telles exécutions nous en donnent une idée[338]. Ainsi, le bûcher de Lancelot de Habatis dressé au marché aux Pourceaux en 1441 nécessita « deux cens[339] & demi de coterets & bourrées, tout bois sec & du meilleur », c'est-à-dire probablement environ deux-cent-cinquante petites bûches et menues branches, ainsi que de la paille (*fuerre*) pour environ douze deniers parisis[340]. Toujours au marché aux Pourceaux, l'exécution de 1505 de la dénommée Jehanne Bouzin requerra, quant à elle, cinq-cent bûches et fagots de même qu'un quarteron[341] de bottes de paille (« un carteron de gluys de fuere »)[342]. Enfin, l'exécution d'un vigneron nommé Augustin Dorelot demanda « six mousles de busche », soit trois-cent bûches[343], et deux-cent bûches et fagots[344]. Dresser d'aussi grands bûchers permettait d'éviter au condamné de trop longues souffrances : le bois en quantité importante dégageait alors beaucoup de fumée qui asphyxiait le supplicié. Il était donc possible pour le bourreau de faire varier l'intensité du supplice en ajustant la quantité de bois mais aussi en variant sur la qualité du bois. Ainsi, il est possible que l'usage de bois vert permettait de précipiter la mort du condamné par asphyxie car, ayant une forte teneur en humidité, il dégage une grande quantité de fumée. Pour revenir à l'exécution de Lancelot de Habatis en 1441, il n'est pas précisé de quoi était coupable l'homme mais son supplice dut être particulièrement éprouvant car, comparé aux autres mentionnées ci-dessus, il semblerait qu'une moindre quantité de bois ait été employée et il est précisé qu'il s'agissait de bois sec ; ce faisant, Lancelot de Habatis fut, du moins en partie, brûlé vif avant d'être asphyxié[345]. À l'inverse, le supplice pouvait être écourté par l'usage de soufre qui dégageait, lui aussi, un gaz toxique. Outre le soufre, le bourreau avait

---

338 GARNOT, *La peine de mort*..., *op. cit.*, p. 133-134 ; LACROIX Paul, *Le Moyen Âge et la Renaissance : histoire et description*..., t. 3, Paris, Administration, 1850, fol. 4 v° ; ARMAND Frédéric, *Les bourreaux en France. Du Moyen Âge à l'abolition de la peine de mort*, Paris, Perrin, 2012, p. 169.

339 Il est difficile d'estimer exactement la quantité de bois requise puisque le cent est une unité de mesure équivalent soit à un poids de cent livres, soit à environ cent unités. Dans tous les cas, il s'agit d'un nombre assez conséquent. DMF en ligne : http://www.atilf.fr/dmf/definition/cent : cent.

340 SAUVAL, *op. cit.*, t. 3, p. 339-340.

341 Un quarteron équivaut à un quart de cent ; voir DMF en ligne : http://www.atilf.fr/dmf/definition/quarteron : quarteron. Pour la définition de cent, voir note de bas de page n°339.

342 *Ibid.*, p. 540.

343 1 moule de Paris équivalent à 50 bûches ; dans FOURQUIN Guy, *Les campagnes de la région parisienne à la fin du Moyen Âge, du milieu du XIII*e *au début du XVI*e *siècle*, PUF, 1964, p. 54.

344 SAUVAL, *op. cit.*, t. 3, p. 609.

345 SAUVAL, *op. cit.*, t. 3, p. 339-340.

parfois recourt à la poudre à canon qu'il plaçait sur le supplicié afin d'abréger ces souffrances[346]. C'est pourquoi, il ne faut pas s'étonner de voir mentionner dans les *Comptes de la Prévôté*, pour l'exécution du vigneron Augustin Dorelot en 1527, aux côtés des dépenses pour le bois et la potence, une dépense de douze sols « en poudre à canon & autres drogues »[347]. Les « drogues » ici citées peuvent faire référence soit à de véritables drogues administrées au supplicié afin de le placer dans un état d'inconscience ou de semi-conscience, soit à un autre type de poudre à canon[348]. En plus de ces variations sur les matériaux qui amplifiait ou atténuait l'horreur du supplice, la sentence comprenait parfois un *retentum* secret qui prévoyait une mise à mort discrète du condamné, soit étranglé, assommé, ou encore transpercé au cœur[349].

Donc, une fois le bûcher dressé tout autour du poteau, le condamné était mené mains liées dans le dos et y était attaché de multiples façons. Une chaîne de fer le liait au pieu au niveau de son ventre mais il pouvait également être maintenu par un collier ou encore avoir les jambes entravées au poteau par des chaînes ou des des cordes[350]. Ce poteau de bois, comme la potence qui sera brièvement évoquée ci-dessous, était nécessairement temporaire, et donc dressé à chaque exécution par le bourreau.

Les mentions de potence dans le cadre des bûchers sont encore moins fréquentes et semblent plus tardives. Est-ce en raison d'un réel usage plus tardif de la potence, par rapport au simple poteau de bois, dans ces exécutions ?

Seules deux évocations de potences utilisées dans des bûchers apparaissent dans la documentation étudiée, datant respectivement de 1527 et 1535. En 1527, Augustin Dorelot, après avoir eu le poing coupé, fut « ars & brûlé tout vif en une potence mise en la place de Grève »[351]. Le second cas ne mentionne pas directement la potence mais donne à voir les outils de la potence et son usage : en l'année 1535, le 5 mai, la veille de l'Ascension, un cordonnier fut arrêté alors qu'il avait été banni, il fut alors pendu à une chaîne de fer et « bruslé » au carrefour de Sainte-Geneviève où se trouvait le puits de l'abbaye, « il mourut misérablement, sans soy repentir […] »[352]. Le terme de « bruslé » dans les sources médiévales peut prêter à confusion mais il désigne généralement la peine de la flétrissure et le bûcher est plus souvent qualifié par le terme « ars » ; pourtant, il arrive que « bruslé », parfois associé à « vif »,

---

346 LACROIX, *op. cit.* ; JORIS Freddy, *Mourir sur l'échafaud : sensibilité collective face à la mort et perception des exécutions capitales du bas Moyen Âge à la fin de l'Ancien Régime*, Liège, CEFAL, 2005, p. 23 ; ARMAND, *op. cit.*

347 *Ibid.*, p. 609.

348 DMF en ligne : http://www.atilf.fr/dmf/definition/drogue : drogue.

349 GARNOT, *La peine de mort…*, *op. cit.*, p. 133-134 ; LACROIX, *op. cit.* ; ARMAND, *op. cit.*, p. 169.

350 LACROIX, *op. cit.*

351 SAUVAL, *op. cit.*, t. 3, p. 609.

352 *Journal d'un bourgeois de Paris sous le règne de François Ier…*, *op. cit.*, p. 450.

désigne le supplice du feu. Dans le cas présent, l'évocation de la mort misérable du condamné laisse penser qu'il s'agit d'une exécution sur le bûcher.

Si on saisit très bien l'usage qui était fait du poteau dans les bûchers, la place de la potence est quant à elle plus floue. Était-elle un outil « miséricordieux » devant abréger les souffrances du condamné au bûcher par la pendaison, ou au contraire était-elle un objet exacerbant la souffrance du brûlé vif qui était retenu au-dessus des flammes pour être plus rôti que brûlé[353] ? Malheureusement, les rares sources mentionnant des potences dans des bûchers ne me permettent pas d'affirmer l'une ou l'autre hypothèse, mais peut-être aussi les deux sont-elles valides. Dans le premier cas, on peut aisément imaginer que le condamné était véritablement pendu par le cou pendant sa mise à mort sur le bûcher pour à la fois provoquer un état d'inconscience et accélérer la mort. Dans le second cas, la potence est, cette fois-ci, employée pour atteindre des souffrances inimaginables : pendu probablement par les aisselles, ou peut-être par les mains liées dans le dos, le condamné est alors hissé suffisamment haut pour faire en sorte que les flammes ne le tuent pas immédiatement ni même que la fumée ne l'asphyxie trop rapidement mais, au contraire, pour que les flammes lui lèchent le bas du corps, provoquant de fait d'atroces souffrances sans mener à la mort. Dans les deux cas, hissé de la sorte, le condamné exécuté était bien visible de tous.

Très peu fréquentes, particulièrement violentes et d'une mise en scène impressionnante, ces exécutions par le feu attiraient généralement la foule, à l'instar de l'ébouillantage. C'est pourquoi il est parfois fait mention de précautions prises pour maîtriser la foule et éviter tous débordements. Lors de l'exécution Lancelot de Habatis en 1441 au marché aux Pourceaux, douze boulayes de cuirs épais, à savoir douze petites massues, furent faites pour les agents royaux chargés de surveiller l'exécution, et ce au prix de douze sols parisis[354]. De même, en 1505, pour la mise à mort de Jehanne Bouzin, accusée d'infanticide, une barrière fut érigée « au tour de ladite attache », autrement dit autour du poteau et du bûcher, assurant ainsi le bon déroulement de l'exécution[355].

IV. La roue

Dernière structure qu'il convient d'aborder : la roue. Il est communément admis par les historiens que le supplice de la roue est apparu tardivement au cours du XVIe siècle, introduit par François Ier en 1534[356]. Un édit royal de janvier 1534 prévoit en effet l'application de cette peine aux voleurs et bandits

[353] EL KENZ David, *Les bûchers du roi : la culture protestante des martyrs (1523-1572)*, Seyssel, Champ Vallon, 1997, p. 59-60.
[354] SAUVAL, *op. cit.*, t. 3, p. 339-340.
[355] *Ibid.*, p. 540.
[356] TOUREILLE, *Crime et…*, *op. cit.*, p. 258.

de grands chemins : « […] Avons par Edict perpétuel et irrévocable, statué, voulu et ordonné, statuons, voulons et ordonnons par ces présentes, Que tous ceux et celles qui d'oresnavant seront trouvez coulpables desdits délicts, crimes et maléfices, et qui en auront esté deuëment attaints et convaincus par justice, seront punis en la manière qui s'ensuit : c'est à sçavoir, les bras leur seront brisez et rompus en deux endroits, tant haut que bas, avec les reins, jambes et cuisses, et mis sur une rouë haute, plantée et enlevée, le visage contre le ciel, où ils demeureront vivans pour y faire pénitence, tant et si longuement qu'il plaira à nostre Seigneur les y laisser, et morts jusques à ce qu'il en soit ordonné par justice, à fin de donner crainte, terreur et exemple à tous autres […] »[357]. En 1547, l'application de cette peine est étendue aux assassins : « Que doresnavant toutes personnes indifféremment, tant gentislhommes que roturiers, de quelque estat et qualité qu'ils soient, ayans fait et commis meurtres et homicides de guet à pens, et assassinemens, seront effectuellement punis de la peine de mort sur la rouë, sans autre commutation de peine, quelle qu'elle soit. […] »[358]. Dans les sources consultées, les premières mentions de roue sont tardives, datant de la fin du XVe siècle, plus exactement de 1485[359]. S'il est vrai qu'à partir de XVIe siècle, ce type d'exécution se fait un peu moins rare[360], la roue a pourtant été épisodiquement pratiquée durant le bas Moyen Âge. Mais ce n'est bien qu'au cours de l'Ancien Régime, et notamment aux XVIIe et XVIIIe siècles, que la roue prend une place importante dans l'arsenal pénal[361]. C'est probablement à partir de la fin XVe-début XVIe siècle que le supplice de la roue se développe tel qu'on le connaît et tel qu'il est décrit dans l'édit de 1534. Cette peine se déroulait en deux temps : premièrement, le condamné était placé sur une croix de Saint-André faite de deux solives dans lesquelles des entailles étaient faites au niveau de l'emplacement des cuisses, des jambes, du haut et du bas des bras. À l'aide d'une barre de fer carrée, le bourreau frappe violemment les membres du condamné solidement attaché au niveau des entailles de la croix afin de briser les os du supplicié. Dans un second temps, le corps brisé du condamné est porté sur la roue à proprement parler, qui était une petite roue de carrosse. Celle-ci est située en hauteur, au sommet d'un poteau, et le supplicié y est exposé à la vue de tous, attaché à la roue face vers le ciel[362]. Cette pratique très ritualisée ne s'est standardisée et systématisée à l'ensemble du royaume qu'au XVIe siècle[363].

---

357 ISAMBERT François-André (éd.), *Recueil général des anciennes lois françaises…*, t. 12, Paris, Belin-Leprieur, 1828, p. 400-402.
358 *Ibid.*, t. 13, p. 26-28.
359 SAUVAL, *op.* cit., t.3, p. 476.
360 JORIS, *op. cit.*, p. 19.
361 SOULA Mathieu, « La roue, le roué et le roi : fonctions et pratiques d'un supplice sous l'Ancien Régime », *Revue historique de droit français et étranger*, 2010, n°3, p. 343-364.
362 JORIS, *op. cit.*, p. 19.
363 SOULA, *op. cit.*, p. 343-364.

Toutefois la roue était bel et bien pratiquée avant le XVIe siècle, mais de manière très locale, puisqu'en 1318[364], « aux proieres et supplications des marchans de poissons de mer et habitans à Paris, – ès Halles, en la place que l'en appelle Champiaux, que le roy de France Philippe dist Auguste, avoit fait faire en l'an MCIIII^{XX}III, avoient lez prevostz de Paris, dès yce temps, du commandement des roys qui puis le temps d'iceluy Philippe-Auguste avoient regné en France, acoustumé à faire toutes justices, comme de boullir gens ouvrans faulse monnoie et marchandant d'icelle, et de meitre gens sur roes, et de briser leurs jambez et braz, et faire lez illec mourir, et d'illec mener en chareitez pendre au commun gibet des larrons, – adonc ceste acoustumance illec faicte sicomme dessus est dit, Philippe le roy de France et de Navarre, de sa grace especial, accorda aux diz marchans et habitans que, desormaiz en avant, null justice de mort n'y seroit plus faicte, et par ces lettres scellées en cire verte »[365]. Cette preuve de l'ancienneté de la roue semble également indiquer que le supplice était pratiqué différemment, et non en deux temps comme à partir du XVIe siècle. Il apparaît ici que le condamné était immédiatement placé sur la roue sur laquelle il eut d'abord les membres brisés puis fut laissé exposé aux yeux de tous. Enfin, l'exposition *post mortem* du corps se fait aux fourches patibulaires de Montfaucon. Ce même fonctionnement est attesté pour l'exécution, en 1320, d'un certain Berengier de Vignac, accusé de meurtre et d'infanticide. Il fut traîné du Châtelet où il était détenu jusqu'aux Halles, là il fut mis sur la roue et eut bras et jambes brisés, puis il fut à nouveau traîné des Halles jusqu'à Montfaucon où il fut pendu[366]. De même, le 29 juin 1321, un chevalier flamand subit le supplice de la roue aux Halles de Paris : « sus la roe d'une chareite à ce appareillée eust les deux bras et une de ses jambes cassées, et d'icelle roe descendu eust sa teste coupée, et d'illec traynné, et par lez asselles, sa teste dessoulz son bras, au commun gibet des larrons fut pendu »[367]. D'après ces quelques – mais très rares – cas de supplice sur la roue au cours du Moyen Âge, on s'aperçoit que si la peine existait déjà, elle était bien moins standardisée et variait selon les cas. De même, une des premières mentions médiévales de la roue nous présente un autre usage de cette structure judiciaire : en 1138, Bouchard, coupable du meurtre de Charles le Bon, fut mis à une roue et laissé là exposé jusqu'à la mort[368].

---

[364] Bastien Pascal, « Usage politique des corps et rituel de l'exécution publique à Paris, XVIIe-XVIIIe siècles », *Crime, Histoire & Sociétés*, vol. 6, n°1, 2002, p. 31-56.

[365] « Chronique parisienne anonyme de 1316 à 1339, précédée d'additions à la chronique française dite de Guillaume de Nangis (1206-1316) », Hellot Amédée (éd.), dans *Mémoires de la Société de l'histoire de Paris et de l'Île-de-France*, t. 11, Paris, H. Champion, 1884, p. 34-35.

[366] « Chronique parisienne anonyme de 1316 à 1339… », *op. cit.*, p. 50-51.

[367] *Ibid.*, p. 59-60.

[368] « Alors le plus scélérat d'entre eux, Bouchard, s'enfuit […], arrivé dans le château d'un de ses amis intimes, il y fut saisi en vertu d'un ordre du roi. Par un raffinement de rigueur dans le choix du supplice de cet homme, on le lia sur une roue élevée, où il resta exposé à la voracité

La roue est donc un objet judiciaire un peu à part qui, certes, se développe assez tardivement, mais surtout n'est ni tout à fait un lieu d'exécution ni un lieu d'exposition. La roue est véritablement une structure dédiée à la torture et à la mise en scène de la souffrance, une souffrance prolongée. Car, si le condamné finit souvent par rendre l'âme sur la roue, cela n'est pas systématique, et cette structure n'est pas conçue premièrement pour cela. Ce n'est pas l'élimination du criminel qui est recherchée, mais plutôt la mise en œuvre d'une vengeance publique[369]. Contrairement à la potence ou à la décapitation – et dans une certaine mesure au bûcher –, où la mise à mort est rapide et efficace, avec la roue la mort ne délivre le condamné de ses souffrances qu'après plusieurs heures. De plus, la roue est parfois employée comme structure d'exposition du corps, mais là encore l'exposition est bien différente de celle pratiquée sur les fourches patibulaires. Sur la roue, ce n'est pas le corps mort qui est exposé mais le corps mourant du condamné. Exposé en hauteur sur la roue – et donc vu seulement d'en bas par la foule –, le condamné est laissé des heures durant agonisant seul face au ciel et donc face à Dieu, heures devant permettre au supplicié de se repentir[370].

des corbeaux et des oiseaux de proie ; ses yeux furent arrachés de leurs orbites ; on lui mit toute la figure en lambeaux ; puis, percé d'un millier de flèches, de dards et de javelots qu'on lui lançait d'en bas, il périt de la manière la plus cruelle, et fut jeté dans un cloaque. » dans SUGER, *Vie de Louis le Gros*, dans *Collection des mémoires relatifs à l'histoire de France, depuis la fondation de la monarchie française jusqu'au XIIIe siècle*..., GUIZOT François (éd.), Paris, J.-L.-J. Brière, 1825, p. 139.

[369] SOULA, *op. cit.*, p. 343-364.

[370] *Ibid.*, p. 343-364 ; FOLLAIN Antoine et *al.*, « Étude du procès fait à Anthoine Petermann prévenu d'homicide sur sa belle-fille en 1617 à Sainte-Croix dans le val de Lièpvre », dans FOLLAIN Antoine (dir.), *Brutes ou braves gens ? La violence et sa mesure (XVIe-XVIIIe siècle)*, Strasbourg, Presses universitaires de Strasbourg, « Sciences de l'histoire », 2015, p. 448.

PARTIE II

Géographie des lieux de justice : répartition et stratégies d'implantation

CHAPITRE 1

État des lieux

I. Quelles structures judiciaires dans Paris et ses faubourgs ?

A. Paris

Quelle est la situation numéraire et géographique des lieux de justice parisiens à la fin du Moyen Âge ?

Mais tout d'abord, que faut-il entendre par *fin du Moyen Âge ?* À quelle date convient-il de faire débuter cette étude, et quand la clore, lorsqu'on sait que les traces documentaires de ces lieux sont très fragmentaires et inégales suivant les lieux étudiés ou les seigneurs concernés ? Il est donc nécessaire de mener l'étude sur le temps long et de circonscrire suffisamment largement le sujet afin, premièrement, d'avoir une vision satisfaisante des évolutions temporelles, des émergences et résurgences de certains lieux judiciaires, mais aussi, afin de se donner l'opportunité d'observer les différents enjeux et stratégies qui sous-tendent l'émergence de ces lieux. Il était essentiel, pour ce faire, aux prémices de mes recherches, non pas de définir strictement des bornes chronologiques au risque d'ignorer des éléments pertinents à mon étude, mais d'étudier spontanément la documentation pour en tirer progressivement, au cours de mes lectures, des limites chronologiques appropriées. En choisissant de ne pas restreindre drastiquement la chronologie de mon étude j'ai pu brièvement observer ce qu'il se passait pour les lieux de justice parisiens hors des limites usuellement admises pour définir cette période de fin du Moyen Âge, partant ainsi du XIe siècle et allant jusqu'au tout début du XVIIe siècle pour certains lieux.

À l'étude de diverses sources, il apparaît qu'aucun lieu de justice n'ait été érigé avant le XIe siècle ; plus exactement les deux lieux de justice les plus anciens recensés sont deux structures de pendaison abattues à la fin du XIe pour la potence ayant appartenu à l'abbaye de Saint-Magloire (n°1) et au début du XIIe siècle, en 1134, pour les fourches patibulaires du prieuré de Saint- Éloi (n°5). On peut donc supposer que ces structures ont été dressées au cours du XIe siècle, voire au tout début du XIIe siècle pour les fourches abattues en 1134. Il est tout à fait possible que des lieux de justice aient existé avant le XIe siècle, mais de cela je n'en ai aucune trace. La voie de négociation dans la résolution des crimes au haut Moyen Âge était souvent préférée à l'exercice même de la peine de mort, qui n'intervenait finalement qu'exceptionnellement, même lorsqu'il s'agissait de crimes de sang ; dès lors, les historiens se sont avant tout penchés sur ces modes de résolution souples et bien peu sur la question de la peine de mort et des formes qu'elle pouvait prendre[371]. Pourtant cette peine capitale était bien pratiquée, mais aucune recherche n'a abordé de manière spécifique la question des structures nécessaires à l'application de la peine de mort au haut Moyen Âge. Bien évidemment, il n'existe pas de rupture dans la pratique de la justice entre le haut et le bas Moyen Âge. Au contraire, certaines pratiques perdurent. Mais pourtant, il existe un changement dans la pratique de la justice à partir de la fin du XIe siècle et du début du XIIe siècle. Et c'est à cette période que datent les premières mentions de fourches patibulaires. À cette époque elles commencent à prendre, progressivement, une véritable importance aux yeux des seigneurs parisiens qui vont peu à peu s'en saisir. Est-ce que ces premières mentions sont synonymes de l'apparition de ces structures dans la région parisienne ou bien existaient-elles déjà avant le XIe siècle ? Pour ce qui est de la clôture chronologique du sujet, les limites sont plus complexes. En effet, tous ces lieux étudiés perdurent encore après la fin du Moyen Âge, et beaucoup continuent d'exister durant tout l'Ancien Régime. Jusqu'à la fin du XVIe siècle, des carcans sont encore dressés dans Paris par diverses juridictions. Globalement donc, l'étude du sujet débute au XIIe siècle – ou toute fin XIe – et se termine à la fin du XVe siècle, limite consensuelle de la fin du Moyen Âge ; c'est en ces bornes qu'est ceint l'essentiel, pour ne pas dire l'entièreté, de mon sujet. Mais il est tout de même pertinent de pousser partiellement les observations au-delà du XVe siècle pour justement appréhender d'éventuels changements significatifs en la manière d'utiliser et de percevoir ces lieux de justice.

Sur la large période allant du XIe à la fin du XVIe siècle, cent-quatre lieux de justice appartenant aux juridictions parisiennes ont été comptabilisé. Sur ces cent-quatre lieux, trente-trois se trouvaient dans le Paris *intra-muros*, soit environ 32%. Compte-tenu de la faible superficie du Paris *intra-muros* ainsi que du faible nombre d'espaces vacants, permettant à la fois de dresser de nombreux lieux de justice et de maintenir la libre circulation nécessaire à la vie sociale et économique de la capitale, ce chiffre peut paraître conséquent. D'autant plus lorsqu'on considère que ces seigneuries parisiennes détentrices d'un droit de haute justice possèdent bien souvent de nombreux et larges territoires extra urbains, dans les faubourgs ou au-delà, territoires dont la configuration plus aérée semble bien plus propice à l'ostentation de tels lieux

---

[371] VIAUT Laura, « De l'intérêt d'étudier le haut Moyen Âge pour comprendre la justice d'aujourd'hui. Réflexions sur Les mécanismes de gestion des conflits dans l'espace aquitain au haut Moyen Âge (VIIIe-XIIe siècle), thèse de doctorat d'histoire du droit, sous la direction de Jacques Péricard, université de Limoges, soutenue le 22 juin 2018 », *Bulletin du centre d'études médiévales d'Auxerre (BUCEMA)*, 23.2, 2019.

de justice. Bien entendu tous les seigneurs hauts-justiciers parisiens ne détiennent pas tous le même nombre de structures judiciaires dans Paris ; certains même n'en dressent aucune. De plus, si trente-trois lieux ont été dressés dans Paris jusqu'à la fin du XVIe siècle, cette tendance n'a pas été continue au fil du temps, car l'érection de lieux de justice est un phénomène qui dépend de nombreux facteurs comme le contexte, les rivalités diverses et variées, les acteurs, l'espace etc. Certaines périodes sont donc plus propices à l'émergence de structures judiciaires. Mais pour étudier cette évolution, je suis contrainte d'utiliser d'autres chiffres que ceux donnés précédemment car certains de ces lieux de justice, bien que situés géographiquement, sont impossibles à dater précisément.

Ainsi donc cent-quatre lieux de justice ont été dressés par des seigneurs parisiens du XIe siècle jusqu'à la fin du XVIe siècle. De lieux sans date aucune, je n'en ai que onze. De plus, il convient de noter qu'il est rare d'avoir pour un lieu de justice les dates exactes d'édification et d'abatage. Bien souvent les dates dites « de début » ou « de fin » correspondent respectivement aux premières et dernières mentions des structures. Les dates « de début », qu'il s'agisse de la date de la construction ou de la première mention, permettent de savoir précisément quelle période connut un véritable florissement des structures judiciaires et ces fluctuations seront visibles dans les tableaux dressés ci-dessous. En revanche, les objets connus seulement de leur date de "fin" posent problème ; ne sachant souvent pas combien de temps ont perduré ces objets, il est difficile d'estimer leur date d'édification. Il convient donc d'avertir le lecteur de l'incertitude des données.

L'ensemble des structures de justice recensées sont, dans les tableaux ci-dessous, classées chronologiquement – chronologie déterminée par les constructions des différentes enceintes parisiennes – en trois catégories spatiales : Paris, ses faubourgs et des bourgs plus lointains. Trois enceintes découpent chronologiquement la large période étudiée ici : l'enceinte carolingienne, l'enceinte de Philippe Auguste et enfin celle de Charles V. Bien que difficile à dater avec précision, il est possible d'estimer le début du fonctionnement de la première enceinte au Xe siècle. Elle fut abandonnée au moment de l'édification d'un nouveau rempart par Philippe Auguste à la fin du XIIe siècle. Cette enceinte carolingienne contenait un Paris extrêmement réduit, d'une quarantaine d'hectares, concentré exclusivement sur la rive droite . Ce n'est ensuite que sous le règne de Philippe Auguste qu'une nouvelle enceinte est érigée, à partir de 1190 sur la rive droite et de 1200 sur la rive gauche. Elle fut achevée vers 1211-1212 . Enfin, dans la seconde moitié du XIVe siècle, Charles V fait ériger à son tour un rempart. Les travaux de cette troisième enceinte médiévale de Paris débutèrent à partir de 1356. Mais la construction, initiée par Étienne Marcel, prévôt des marchands, fut interrompue à sa mort en 1358. Elle ne reprit son cours que sous le règne de

Charles V, en 1365, et dura près de trente ans pour s'achever en 1383[372]. Mais, si cette classification par les enceintes est cohérente avec l'angle d'étude choisi ici, à savoir les stratégies d'implantation des lieux de justice parisiens et leur répartition spatiale, elle pose problème quant à la longue temporalité de ces objets. En effet, ces enceintes ont été construites sur des décennies, or pour l'élaboration des tableaux comme des cartes, il est nécessaire d'avoir une chronologie avec des bornes strictement définies. Dès lors, ces bornages ont été constitués par des choix arbitraires. Ainsi, l'édification de l'enceinte de Philippe Auguste est datée de 1200 et celle du rempart de Charles V de 1380. La chronologie définie est donc la suivante : du Xe siècle à 1199 pour l'enceinte carolingienne, de 1200 à 1379 pour celle de Philippe Auguste, et de 1380 à la fin du XVIe siècle pour celle de Charles V. Pour ce qui est des catégories spatiales, « Paris », la première, désigne tout simplement le Paris *intra muros* qui bien évidemment évolue au cours du temps avec, notamment, les édifications d'enceintes successives. C'est pourquoi les séparations chronologiques sont faites suivant ces diverses enceintes ; car avec ces dernières, les définitions et délimitations de l'*intra* et *extra muros* évoluent. La deuxième catégorie est donc celles des « faubourgs ». Ce terme et ce qu'il recouvre est un plus difficile à cerner. La catégorie désigne ici un espace *extra muros* limitrophe de l'enceinte, un territoire spatialement défini par la muraille, à la fois physiquement et dans la conscience des habitants[373]. Bien que physiquement séparés de la capitale, les faubourgs sont interdépendants de Paris. Il aurait été envisageable de prendre d'autres catégories spatiales pour classer ces lieux de justice, comme la *banlieue* ou encore la *périphérie*. La première trop floue, la seconde trop évolutive et complexe à appréhender[374], celle des *faubourgs* a été préférée. La réalité spatiale de la *banlieue* est difficile à saisir, toutefois il est donné dans une des versions du *Grand Coutumier de France* une liste des localités appartenant à la banlieue de Paris[375] ; celle-ci

---

372 NOIZET Hélène, « Les enceintes médiévales de Paris », dans BOVE et GAUVARD (dir.), *op. cit.*, p. 99-110.

373 BOVE Boris, « Les périphéries de Paris au XIVe siècle : essai d'application de la théorie géographique aux sources médiévales », dans DO CARMO RIBEIRO Maria et SOUSA MELO Arnaldo (dir.), *Cidade e periferia*, III colloquio international evoluçao da paisagem urbana, 2-3 mai 2013, p. 4 [en ligne sur : https://halshs.archives-ouvertes.fr/halshs-01467001/document].

374 Dans la documentation, le mot *banlieue* (*banleuga*) a, pour ces premières occurrences, une acception juridique et désigne une coutume. Ce n'est qu'à la fin du XIIe siècle que le terme prend une dimension spatiale. La définition spatiale de la *banlieue* est donc mouvante. Il est souvent admis qu'il s'agit d'un espace situé dans un rayon d'une lieue de la ville, dans lequel s'exerce le droit de ban ; mais la réalité est souvent plus complexe. Voir pour cela : NOIZET, « La spatio-temporalisation… », *op. cit.*, p. 123 ; BOURLET Caroline et NOIZET Hélène, « La banlieue de Paris du XIIe au XVIIIe siècle : critères de définition, extension et spatialités », dans CONCHON Anne, NOIZET Hélène et OLLION Michel (dir.), *Les limites de Paris, XIIe-XVIIIe siècles*, Presses universitaires du Septentrion, Villeneuve-d'Ascq, 2017, p. 23-56.

375 Ce fait a été pointé par Hélène Noizet dans l'article : BOURLET et NOIZET, *op. cit.*, p. 32. La liste de ces localités est la suivante : La Chapelle, La Villette, Pantin, Bagneux, Clichy, Gentilly, Montrouge, Arcueil, Ivry, Issy, Clamart, Vanves, Bourg-la-Reine, Conflans, Carrière,

sera particulièrement utile pour l'étude, même si, ne fixant cette liste qu'à un moment donné, à l'époque de l'enceinte de Charles V. Par *faubourgs*, est simplement désigné tous les bourgs, entièrement ou partiellement urbanisés, voisinant directement la capitale et lui étant fortement codépendants. Ici, le choix est fait d'analyser ces lieux de justice par rapport à leur éloignement géographiquement à la capitale et donc à la maison-mère – car la plupart des seigneuries possédant des structures judiciaires à Paris sont ecclésiastiques. La liste des localités considérées comme des faubourgs pour chaque enceinte parisienne a été nécessairement constituée par des choix personnels. Cette liste ne donne pas une énumération exhaustive des localités des faubourgs de Paris ; dans une volonté de concision, elle donne seulement à voir les bourgs présents dans mon corpus considérés comme faisant partie des faubourgs. Ainsi, pour la première enceinte, on peut considérer dans cette appellation de faubourgs tous les lieux formés sur le pourtour du rempart, ici ne sont concernés que le quartier des Champeaux et le bourg Saint-Paul. À cette période, Montmartre et Montfaucon sont considérés *hors Paris* car relativement éloignés de l'enceinte carolingienne. De 1200 à 1379, ces faubourgs sont composés, entre autres, de Saint-Germain, Saint-Victor, Saint-Marcel et du quartier du Temple. Enfin, de 1380 à la fin du XVIe siècle, cette liste des faubourgs s'accroît nettement. Elle comprend désormais les bourgs de : Saint-Germain, Saint-Jacques, Saint-Marcel et Saint-Victor sur la rive gauche, et Saint-Antoine, Saint-Honoré, Montmartre, Saint-Denis et Saint-Martin sur la rive droite. Désormais, Montigny et Montfaucon sont considérés comme faisant partis des faubourgs étant situés à l'extrémité du faubourg Saint-Martin. Enfin, la dernière catégorie, simplement qualifiée de « Hors Paris », regroupe tous les bourgs éloignés de Paris et situés au-delà des faubourgs dans lesquels se trouvent des lieux de justice appartenant à des seigneurs parisiens.

Charenton-le-Pont, Courcelles, Chaillot, Cachan, Charonne, Bagnolet, La Ville-l'Évêque, Le Pré-Saint-Gervais, La Villette-Saint-Denis, Montreuil, Montmartre, Villiers-la-Garenne, Auteuil, Aubervilliers, Saint-Denis.

Tableau 1 : Répartition spatiale des lieux de justice dans le temps.

	Enceinte carolingienne (Xe siècle – 1199)	Enceinte de Philippe Auguste (1200 – 1379)	Enceinte de Charles V (1380 – fin XVIe siècle)	**Total**
Paris	1[376]	12	18	**31**
Faubourgs	2	6	10	**18**
Hors Paris	5	27	12	**44**
Total	**8**	**45**	**40**	**93**

Paris *intra-muros* n'est véritablement investie qu'à partir du XIIIe siècle. Entre les élévations des enceintes carolingienne et de Philippe Auguste, le nombre de lieux de justice dans Paris augmente considérablement, multiplié par 12. Mais cette augmentation se fait dans un premier temps très progressivement puisque, si au cours de l'existence de l'enceinte carolingienne un seul lieu est érigé, à savoir le pilori des Halles (n°8), sur près d'un siècle, de 1200 à 1299, seuls deux lieux sont dressés dans Paris (n°20 et 28). Mais de 1300 à 1379 ce n'est pas moins de dix structures judiciaires qui sont érigées (tabl. 2). De l'enceinte de Philippe Auguste à celle de Charles V, ce nombre augmente très légèrement (x 1,5) mais il est intéressant de noter que ceci s'opère à une époque où le nombre général de lieux de justice dressés par des seigneurs parisiens baisse légèrement, passant de quarante-cinq à quarante (x 0,9).

Tableau 2 : Détail de la répartition spatiale des lieux de justice de 1200 à la fin du XVIe siècle.

	Enceinte de Philippe Auguste (1200-1379)		Enceinte de Charles V (1380-fin XVIe siècle)	
	1200-1299	1300-1379	1380-1499	1500-1599
Paris	2	10	10	8
Faubourgs	4	2	7	3
Hors Paris	20	7	4	8
Total des lieux de justice par siècle	**26**	**19**	**21**	**19**

De manière générale, le pic du développement des lieux de justice se situe au cours du XIIIe siècle, avec un total de vingt-six lieux. Or, le pic des lieux de justice dressés dans Paris se situe quant à lui un peu plus tardivement au cours des XIVe -XVe siècles. Paris est donc investie un peu plus tardivement

[376] Ce lieu unique dans Paris à cette époque est le pilori royal. Sa date de construction est incertaine, il fut érigé probablement à la fin du XIIe ou au début du XIIIe siècle. J'ai donc choisi de le dater dans mon corpus en 1190. Sa date d'érection, bien qu'imprécise, correspond à la construction de l'enceinte de Philippe Auguste qui fut, par ailleurs, débutée sur la rive droite. Il est donc fort probable que le pilori royal fut construit dans Paris.

que d'autres espaces. Pourquoi ? Quels enjeux y-a-t-il à investir judiciairement l'espace public de Paris *intra-muros ?*

Sur le temps long, les lieux de justice parisiens représentent un tiers de l'ensemble des lieux judiciaires dressés par des seigneurs parisiens. Mais il est évident que le nombre des lieux de justice érigés dans Paris n'a jamais été le même au fil du temps. Certains siècles, voire certaines décennies ont été bien plus prolifiques dans l'érection de lieux de justice dans Paris même, tandis que d'autres ont été plus propices au développement de lieux judiciaires en d'autres espaces. Si les lieux *intra-muros* composent un tiers des lieux de justice érigés à la fin du Moyen Âge, on peut voir que Paris n'a absolument pas été investi de la même manière au cours des siècles. Jusqu'à la fin du XIIe siècle, le Paris *intra-muros* est relativement peu investi judiciairement. Cependant, au cours du XIVe siècle, cette tendance change radicalement puisqu'il concentre un peu plus de la moitié des lieux de justice alors érigés (53%), et cette tendance se maintient – en baissant légèrement – au siècle suivant (48%).

Il convient de détailler un peu cette évolution et de voir notamment si tous les types de structures judiciaires sont implantés dans la capitale ou si cet espace clos est privilégié dans l'implantation de certaines structures spécifiques. L'établissement préalable de la typologie nous permet de devancer cette question et de supposer que non, tous les lieux de justice ne peuvent pas être implantés dans la ville, tout d'abord pour des raisons pratiques d'espace. Mais donc quels types de lieux sont réellement implantés dans Paris ? Sont-ils invariablement les mêmes tout au long de la fin du Moyen Âge ? Est-ce que certains siècles voient l'émergence de nouvelles structures ? Et enfin, il conviendra également de se poser la question de la symbolique de ces lieux parisiens. Revêtent-ils une signification différente des autres structures judiciaires ? Est-ce qu'implanter un lieu judiciaire dans Paris signifie la même chose qu'implanter un lieu hors la capitale ? Que signifie-t-il pour les détenteurs de telles structures et pour les habitants de la communauté ?

Tableau 3 : Types de structures judiciaires dressés dans Paris intra-muros au cours du temps.

PARIS	Enceinte carolingienne (Xe siècle – 1199)	Enceinte de Philippe Auguste (1200 – 1379)	Enceinte de Charles V (1380 – fin XVIe siècle)	**Total**
Fourche patibulaire				**0**
Potence			**2** (n°82, 93)	**2**
Pilori	**1** (n°8)	**1** (n°20)		**2**
Échelle		**5** (n°28, 40, 45, 46 et 49)	**3** (n°55, 61 et 77)	**8**
Carcan		**1** (n°39)	**9** (n°65 à 67, 73, 75, 76, 78, 89, 91)	**10**
Échafaud		**2** (n°43 et 44)	**1** (n°54)	**3**
Cuve				**0**
Roue			**3** (n°70, 71 et 72)	**3**
Poteau				**0**
None		**3**[377] (n°35, 36 et 37)		**3**
Unknown				**0**
Arbre				**0**
Total	**1**	**12**	**18**	**31**

Il existe une grande diversité de structures de justice, et presque toutes ont pu être dressées dans Paris même à une époque ou une autre. Seul trois types de structure n'ont jamais été érigés dans Paris : les fourches, les poteaux et les cuves. Les fourches, très massives et permanentes dans le paysage médiéval, ne pouvaient être dressées dans la capitale. Les deux autres structures, quant à elles, se font plus rares et sont dédiées à des exécutions très marquantes, dans un sens performatif visuel mais aussi olfactif. Les exécutions menées sur ces structures, les bûchers et ébouillantages, nécessitent toutes deux l'emploi du feu. Ainsi, leur absence de Paris et le besoin de les mener hors de la ville, généralement au marché aux Pourceaux, s'entend d'un point de vue pratique, à la fois pour éviter de trop grands désagréments pour la population mais aussi

[377] Ces trois lieux de justice sans structure sont tous des endroits dédiés à la noyade. De même, il convient de noter qu'étant sans structure, leur datation est complexe.

et surtout pour éviter tout risque d'incendie. Mais il faut noter l'exception de quelques bûchers menés en place de Grève, comme ce fut le cas pour l'exécution de Marguerite Porete en 1310, ainsi que le bûcher des Templiers exécutés dans Paris sur l'île aux Juifs en 1314.

De manière générale, les lieux de justice les plus fréquents dans Paris sont des structures d'exposition, plus exactement les échelles et les carcans, correspondant respectivement à 26% et 32% du total des lieux de justice dressés dans Paris entre la fin du XIe et la fin du XVIe siècle. Mais le tout premier lieu à être dressé dans la capitale est une autre structure d'exposition : un pilori. Ce type de structure reste assez rare dans Paris, seuls deux piloris ont été dressés dans la capitale – soit environ 6% – et leurs dates d'élévation surviennent en des temps relativement proches. Ainsi, un des tous premiers lieux dressés dans Paris au XIIe siècle est un lieu royal : le pilori du marché des Halles (n°8). Un seul autre pilori sera par la suite dressé dans Paris mais il s'agit là d'une exception et d'un pilori temporaire (n°20). Toujours est-il que la structure d'exposition qu'est le pilori devient rapidement une prérogative royale et c'est pourquoi, je pense, on voit par la suite se développer d'autres structures d'exposition : les carcans et les échelles. Ce sont de petites structures, parfois temporaires ou qui, du moins, peuvent aisément être démontées et déplacées. Elles sont généralement en bois, mais cela n'est pas systématique. Mais ce sont surtout des structures qui mettent en place une peine pouvant être longue – exposition pendant plusieurs heures – et répétitive – exposition sur plusieurs jours consécutifs – et dont le point focal est l'humiliation du condamné par la visibilité de sa peine et par la participation du reste de la communauté, il est donc nécessaire qu'elles soient dressées en des lieux faciles d'accès et de passage. Si le pilori apparaît dès la fin du XIIe siècle, en revanche, les autres structures d'exposition se développent à partir du XIVe siècle pour les échelles – au nombre de quatre de 1300 à 1379 – et de la fin du XVe-XVIe siècle pour les carcans – au nombre de six de 1480 à 1599. Il existe donc un décalage et toutes ne sont pas investies dans les mêmes temps. On peut penser que sous l'impulsion donnée par le roi, avec l'implantation de son pilori au cœur de Paris et de sa vie économique, les autres seigneurs hauts-justiciers de Paris aient cherché eux aussi à marquer visuellement leur pouvoir en la capitale. Au XIe siècle, à une période où la capitale était délaissée par les rois, les seigneurs et notamment les seigneurs ecclésiastiques ont investi profondément et durablement la ville sur laquelle ils exerçaient leur pouvoir. Ils ont été les moteurs premiers d'un dynamisme économique. Et dès le XIIe siècle, le roi manifeste et impose son pouvoir et son droit sur la vie économique de la ville. Il semblerait que, rapidement, ces autres seigneurs puissants de Paris, notamment foncièrement – en effet le roi ne possède qu'une faible superficie de Paris – imitent le roi et dressent de même des structures d'exposition[378].

[378] Bove et Gauvard (dir.), *op. cit.*, p. 12-14.

Les échelles émergent dès le XIIIe siècle, la première dressée dans Paris qui m'est connue appartient au roi (n°28). Mais elles prennent une véritable importance au XIVe siècle, siècle qui concentre 50% des échelles de justice dressées dans Paris entre le XIe et la fin du XVIe siècle. Les carcans, à l'inverse, sont dressés un peu plus tardivement, à partir du XIVe siècle, avec une seule occurrence : le carcan de l'évêque situé au carrefour de la Croix du Trahoir (n°39). Mais ils connaissent un véritable essor à la fin de la période étudiée, à la fin du XVe et au cours du XVIe siècle, période au cours de laquelle 90% des carcans dressés dans Paris ont été érigés. On peut se demander pourquoi privilégier dans un premier temps les échelles de justice aux carcans, qui portent exactement la même fonction judiciaire. C'est sans doute, en partie, en raison de la plus grande variété typologique que possède l'échelle de justice : elle peut être déclinée sous des formes plus diverses et notamment plus imposantes. Dès lors, elles marquent visuellement et physiquement l'espace urbain plus durablement. De par l'originalité de leur forme, le condamné est bien plus visible car exposé en hauteur sur la plateforme placée au sommet de l'échelle.

Si les échelles, plus imposantes, permettent aux seigneurs de marquer leur droit judiciaire et leur autorité dans la ville, pourquoi ensuite choisir de dresser des carcans. Au vu des chiffres étudiés, relativement peu élevés, il faut comprendre que tous les seigneurs parisiens hauts-justiciers ne dressent pas d'échelles de justice ni même de carcans – par ailleurs, cette observation va de même pour toutes les autres structures. Le choix d'ériger telle ou telle structure d'exposition relève donc de ressorts variés ; et ces choix ne sont pas les mêmes pour tous les seigneurs car leurs situations, leur autorité, leur puissance, leur rayonnement ne sont pas les mêmes pour tous. Mais il est possible que les caractéristiques propres à chaque type de structures aient pu influer leur émergence, répondant à des besoins spécifiques des seigneurs à un moment donné. Ainsi, pour ce qui est des carcans, ce sont généralement de plus petites structures que les échelles. Bien que pouvant être composés d'une grande colonne de pierre – il s'agit là de la forme la plus développée et pérenne du carcan – ils sont généralement moins imposants et spectaculaires. De plus, rares sont ceux étant dotés d'une colonne de pierre ; la plupart sont simplement attaché à un poteau de bois. Les carcans sont donc des structures mouvantes, aisément déplaçables, démontables. Ils peuvent être dressés rapidement et à moindre coût. C'est précisément ce type de structure, temporaire et mouvante, qui perdure dans le temps. En effet, au cours du XVIe siècle, les carcans ne sont alors plus que les seules structures d'exposition encore érigées dans la capitale. Mais pour quelles raisons les seigneurs privilégient-ils, à partir du XVe siècle, les structures plus petites que sont les carcans ? Est-ce pour des raisons financières ? Par manque d'espace ? Est-ce en raison de la concurrence d'une autorité royale plus hégémonique ? Est-ce lié à une conjoncture particulière ?

Les structures d'exposition ne sont pas les seuls lieux de justice à être construits dans Paris sur la période étudiée. On trouve également des échafauds et d'autres structures, peu communes, que sont les roues. Celles-ci se développent plus tardivement. N'étant que les supports des exécutions, on peut comprendre que les échafauds n'aient que rarement été mentionnés dans la documentation. En raison de la simplicité de leur forme et de leur utilité pour rendre nettement visible l'exécution d'une sentence, il est probable que des échafauds aient été dressés dans Paris avant le XIVe siècle. Pourtant ce n'est qu'à cette période qu'apparaissent les premières mentions de telles structures : en 1310, pour l'échafaud de la place de Grève (n°43) et en 1314 pour celui de la place du Parvis en 1314 (n°44). Si l'apparition de ces mentions n'est pas corrélative de l'apparition des structures en elles-mêmes, alors qu'elle en est la raison ? Peut-être faut-il voir en ces nouvelles mentions un changement dans l'usage de ces structures. Peut-être est-ce à cette époque, au cours du XIVe siècle, que les échafauds deviennent permanents, ou peut-être prennent-ils alors plus d'importance dans l'exercice de la justice pour la communauté parisienne. À la fin de la période étudiée apparaît dans Paris une structure jusqu'alors jamais mentionnée dans mes sources : la roue (n°70, 71 et 72). Pourtant pas totalement inédite, l'émergence de ces structures montre probablement un changement dans la conception et l'application de la justice, qui se dote alors d'une plus grande diversité des châtiments et une forme de « spectacularisation » des méthodes d'exécution. Bien évidemment, les modes d'exécution vus précédemment perdurent après la fin du Moyen Âge, mais de nouvelles formes au fonctionnement et à la symbolique différentes semblent s'affirmer, comme le supplice de la roue. Si le supplice a pu déjà être pratiqué auparavant[379], son apparition plus « fréquente » dans les sources à la fin du Moyen Âge atteste d'un nouvel usage de la torture, pratiquée alors dans l'espace urbain en public ; torture qui alors est prolongée lors de l'exécution et qui n'a donc peu de choses à voir avec les mutilations qui étaient pratiquées jusqu'alors. En effet, tout au long du Moyen Âge, on pratique la mutilation de divers membres suivant le crime commis, mais il s'agit là plus d'une punition corporelle pour marquer le crime et l'infamie de manière durable et visible sur le corps du coupable et le but premier n'était pas la torture ; la souffrance faisait partie de la peine mais n'en était pas l'objectif principal. Avec l'apparition de la roue, on voit un changement s'opérer dans la conception de la justice par la société et son application. Si d'autres méthodes du genre vont apparaître par la suite, la peine de la roue est un des premiers supplices centré sur une torture s'éternisant dans le temps appliqué dans Paris.

[379] En 1318, le roi accorda aux marchands de poissons, suite à leurs supplications, de ne plus condamner à mort sur le marché des Halles, « comme de bouillir les gens ouvrans faulse monnoie […], de meitre gens sur roes, et de briser leurs jambes et braz, et fait lez illec mourir […] », dans « Chronique parisienne anonyme de 1316 à 1339… », *op. cit.*, p. 34-35.

B. Ses faubourgs

Si des lieux de justice sont rapidement apparus dans Paris, ce n'est pourtant pas la capitale qui fut la première investie par ce phénomène d'érection de structures judiciaires mais bien les faubourgs.

Les deux plus anciens lieux répertoriés sont deux structures de pendaison, l'une abattue à la toute fin du Xe (n°1) et l'autre détruite probablement en 1134 (n°5). Ces deux premières mentions sont cependant assez mal connues voire incertaines. Toutes deux appartenaient à des seigneurs ecclésiastiques de Paris, les abbés de Saint-Magloire et de Saint-Éloi. De plus, elles étaient dressées dans la périphérie immédiate de Paris, en dehors de l'enceinte, dans des bourgs appartenant à ces seigneuries. Mention la plus précoce, l'existence de la potence de l'abbaye de Saint-Magloire est relativement incertaine. Plusieurs auteurs relatent le même événement : au cours du XVIe siècle, à l'emplacement des jardins, anciennement un cimetière, avoisinants la chapelle de Saint-Georges-et-Saint-Magloire située non loin du quartier des Champeaux où s'établiront les Halles, furent excavés des chaînes, ossements et débris de potences. Cette découverte mena beaucoup à penser qu'il s'agissait là des anciennes fourches patibulaires de l'abbaye avant que les religieux ne soient transférés sur l'île de Cité, transfert qui eut lieu à la toute fin du Xe siècle[380]. Si elles ont existé, on peut penser qu'elles furent abattues, certes en raison du déplacement des religieux mais aussi, et peut-être surtout, en raison de leur trop grande proximité avec Paris qui s'urbanise et s'étend progressivement sur les faubourgs alentours. Quant à l'autre structure de pendaison, il s'agit des fourches patibulaires de Saint-Éloi. Il n'existe qu'une mention de cet objet judiciaire, il convient donc de s'en saisir avec précaution. Louis Tanon mentionne cette structure comme étant le lieu de pendaison du prieuré de Saint-Éloi avant sa réunion avec l'abbaye de Saint-Maur-des-Fossés en 1134. Si cet objet judiciaire exista, il fut dressé, toujours selon Tanon, au niveau de la porte Baudoyer de l'enceinte carolingienne[381]. Il n'est pas dit si ces fourches se trouvaient à l'extérieur de l'enceinte, en revanche elles marquaient l'entrée du bourg Saint-Paul sur lequel le prieuré avait droit de haute justice. Dès lors, il est fort possible qu'elles étaient dressées hors les murs. Malheureusement la nature exacte de cette structure est inconnue car rien, véritablement, ne permet d'affirmer qu'il s'agit de fourches patibulaires où l'on exposait les corps des condamnés à mort en plus de les pendre. Mais qu'il s'agisse là de fourches patibulaires ou d'une potence, dans les deux cas, les deux structures nécessitant un espace vacant suffisant, il est fort probable que cette structure de pendaison de Saint-Eloi était située près de la porte Baudoyer à l'extérieur des murs, séparant ainsi Paris du bourg de Saint-Paul.

---

[380] JAILLOT, *op. cit.*, t. 2 [Saint-Jacques-de-la-Boucherie], p. 33 ; TANON, *Histoire des...*, *op. cit.*, p. 183.

[381] *Ibid.*, p. 195.

Pourquoi implanter ces premiers lieux dans les faubourgs et non dans la capitale ? Ce n'est peut-être pas tant l'endroit qui a été facteur de choix mais plutôt le type de lieux dressé. Il semble que ces deux premières structures aient été des fourches patibulaires – ou des potences –, à savoir donc, des structures de pendaison. Et ce choix s'entend ; en effet ce sont des structures particulièrement utiles dans l'exercice d'une justice efficace et effective, dont les sentences aboutissent ou, du moins, peuvent aboutir à la peine de mort. Et bien que très rarement appliquée, de toutes les peines capitales, la pendaison était la plus courante de toutes. Dès lors, dresser en première structure judiciaire des fourches patibulaires se révèle être un choix judicieux et utile pour les seigneurs hauts-justiciers. Et ce, d'autant plus qu'elles sont des structures extrêmement visibles, qui marquent durablement le paysage ; elles sont de forts vecteurs d'une autorité. Choisissant des fourches patibulaires, les seigneurs n'avaient alors d'autres choix que de les dresser hors de la ville. Mais alors pourquoi préférer dresser ces premières fourches dans les faubourgs, proches de Paris et non dans des bourgs plus éloignés de la capitale et donc du centre du pouvoir de ces seigneuries ecclésiastiques ?

Toujours est-il que ce sont bien les faubourgs qui sont les premiers investis par l'élévation de structures judiciaires par les seigneurs parisiens hauts-justiciers. À la lecture des chiffres donnés pour les faubourgs au cours du temps, on peut s'étonner que malgré des conditions privilégiées – espace, proximité avec la capitale, dynamisme et lieux de passage et donc visibilité de ces lieux… –, le nombre de structures judiciaires dressées dans les faubourgs reste relativement constant au fil des siècles. On n'observe pas de pic d'évolution contrairement aux autres zones d'implantation étudiées. Pendant la période de l'enceinte de Philippe Auguste et plus particulièrement au XIIIe siècle, véritable siècle des lieux de justice parisiens, le nombre de structures judiciaires dans les faubourgs augmente également, mais cette croissance n'a absolument rien d'exceptionnelle. De l'enceinte carolingienne à celle de Philippe Auguste, alors qu'on peut observer une croissance globale du nombre de lieux judiciaires multiplié par 5,6, celle pour Paris *intra muros* est nettement plus florissante, multipliant par 12 le nombre de lieux, et à l'inverse celle pour les faubourgs est plus lente ne marquant qu'une augmentation par 3. En revanche, de l'enceinte de Philippe Auguste à celle de Charles V, les faubourgs comme l'*intra muros* connaissent une évolution relativement similaire – x 1,5 pour le nombre de lieux dans Paris, et x 1,6 pour les faubourgs.

Cependant, une étude plus détaillée de ces siècles (tabl. 2) permet de relever une baisse drastique du nombre de lieux de justice dans les faubourgs au cours du XIVe siècle (x 0,5), alors qu'à cette même époque, le nombre explose pour Paris (x 5). Faut-il y voir là une corrélation ? Cela est envisageable. En effet, au cours du XIVe siècle, ce phénomène d'érection de structures judiciaires par les seigneurs parisiens reste accru. On peut penser que ces seigneurs choisissent volontairement d'affirmer leur droit de justice par l'application de cette justice sur des structures visibles dans l'espace public urbain parisien, au détriment des faubourgs et autres petits bourgs éloignés de la capitale. Cet investissement particulier et fort de la capitale à cette époque, pour diverses raisons, impliquerait donc un délaissement des faubourgs. En revanche, si le nombre de structures judiciaires dressées dans les faubourgs parisiens n'explose jamais – comparé aux autres zones étudiées –, on peut tout de même observer un pic au XVe siècle. Entre la période de l'enceinte de Philippe Auguste et celle de Charles V, et globalement entre les XIVe et XVe siècles, le nombre de ces structures de justice double. Au cours du XVe siècle, près d'un tiers (environ 33%) de l'ensemble des structures érigées au cours de ce siècle le sont dans les faubourgs parisiens.

On peut aussi s'étonner que, malgré un large espace ouvert disponible pour la construction de lieux de justice – espace bien plus adapté que la ville *intra-muros* – il y ait malgré tout moins de lieux dressés dans les faubourgs que dans Paris. Sur l'ensemble de la période, les structures judiciaires dressées dans divers faubourgs parisiens ne représentent que 19% de l'ensemble des structures dressées, contre 33% pour Paris. Bien que présentant de nombreux avantages, les faubourgs sont finalement les espaces les moins investis par les seigneurs parisiens pour y dresser leurs structures judiciaires.

Il convient, là encore, d'étudier plus en détail cette évolution et notamment de noter si certains types de structures sont spécifiques aux faubourgs. Théoriquement, tout type de structure judiciaire peut y être dressé ; les faubourgs présentent l'avantage, outre leur proximité à la capitale, d'être ouverts sur un large espace plus rural. Dans leur ensemble les faubourgs sont moins urbanisés que Paris *intra-muros*, leurs limites sont bien moins contraignantes que les remparts de la ville. Plus aérés, moins contraints, dès lors, tout type de structure pourrait y être implanté, les questions de place et de promiscuité – liées à l'hygiène – ne se poseraient plus.

Tableau 4 : Types de structures judiciaires dressés dans les faubourgs au cours du temps.

FAUBOURGS	Enceinte carolingienne (Xe siècle – 1199)	Enceinte de Philippe Auguste (1200 – 1379)	Enceinte de Charles V (1380 – fin XVIe siècle)	**Total**
Fourche patibulaire	**1** (n°5)	**2** (n°16, 47)	**1** (n°57)	**4**
Potence	**1** (n°1)		**7** (n°59, 60, 63, 64, 69, 79, 90)	**8**
Pilori		**1** (n°22)		**1**
Échelle		**2** (n°23, 26)		**2**
Carcan			**1** (n°92)	**1**
Échafaud				**0**
Cuve			**1** (n°56)	**1**
Roue				**0**
Poteau				**0**
None				**0**
Unknown		**1** (n°41)		**1**
Arbre				**0**
Total	**2**	**6**	**10**	**18**

On l'a vu, dans Paris ce sont principalement de petites structures, toutes dédiées à l'exposition des criminels, qui sont dressées – avec toutes les variations qu'elles comprennent. La dynamique semble être totalement différente en ce qui concerne les faubourgs. Si certains sont bien plus présents que d'autres, on peut noter que tous les types de structures, ou presque, ont été dressés dans des faubourgs au cours de la période étudiée, à l'exception près de l'échafaud et de la roue. En revanche, quelques-uns d'entre eux prédominent nettement. Les édifices judiciaires les plus souvent dressées dans les faubourgs sont des structures de pendaison : des potences et des fourches patibulaires. Sur l'ensemble de la période étudiée, les potences représentent 44% de l'ensemble des structures judiciaires dressées dans les faubourgs parisiens, et les fourches patibulaires, environ 22%. À elles deux, les structures de pendaison représentent pas moins de 66% de l'ensemble !… et ainsi, 34% des structures judiciaires sont partagées entre six autres types…

Les fourches patibulaires sont aussi les premières structures judiciaires à avoir été implantées dans les faubourgs. Cela confirme peut-être l'hypothèse que les seigneurs hauts-justiciers parisiens ont dans un premier temps privilégié le type de structures qu'ils voulaient posséder et montrer à voir avant, véritablement, l'emplacement.

Du XIIe au XIVe siècle, plusieurs autres structures émergent aux côtés des fourches patibulaires. Ce sont de plus petites structures qui, temporaires ou permanentes, sont généralement faites de bois et facilement démontables : potence, carcan, pilori et échelle. Cette évolution semble, somme toute, assez logique : certaines seigneuries ecclésiastiques parisiennes, après s'être dotées d'une structure primordiale à l'exercice de leur justice que sont les fourches patibulaires, se dotent d'autres structures judiciaires d'un usage différent. Comme pour Paris, on peut observer un changement de dynamique à la fin du Moyen Âge et à l'approche de l'Époque moderne : de nouvelles structures apparaissent, certaines se multiplient. À la fin du XIVe et au cours du XVe siècle, le nombre de potences augmente significativement par rapport aux siècles précédents. Pour quelles raisons dresser autant de potences au XVe siècle ? Et ce, d'autant plus si les seigneuries concernées possèdent déjà des fourches patibulaires en leurs faubourgs… Et par qui sont dressées ces nombreuses potences proches de la capitale ? De plus, c'est aussi à la fin du Moyen Âge qu'apparaissent de nouvelles structures judiciaires. Ainsi, au cours du XVe siècle, émerge la cuve, qui sert à l'application de la peine de l'ébouillantage aux faux-monnayeurs (n°56). Et c'est aussi à cette période qu'apparaît la première mention explicite d'un poteau pour les peines de bûcher, en 1406, au marché aux Pourceaux ; à noter toutefois que ce poteau a probablement été déjà érigé auparavant (n°48). C'est également à cette période qu'est précisément mentionné la potence comme structure parfois utilisée dans la peine de l'ébouillantage et du bûcher (n°79). Le bûcher était pratiqué avant le XVe siècle, mais l'apparition de ce terme, à mettre aussi en lien avec l'émergence de l'ébouillantage dans les sources, marque peut-être un changement dans l'usage de ces châtiments, peut-être alors plus courants. Comme pour le cas de la roue dans Paris, ces nouvelles peines sont significativement différentes des châtiments jusqu'alors appliqués. Elles sont particulièrement « spectaculaires » et mises en scène, et font appel à un usage de la torture et à une mobilisation de la souffrance du condamné qui était très rare jusqu'alors. Bien évidemment ce type de peine ne devient pas non plus courant à partir du XVe siècle, mais on les voit alors émerger, du moins dans la documentation, ce qui indiquerait probablement un changement dans la conception et l'application de la justice. Mais dans ces « nouvelles » peines aussi, on observe une partition spatiale. Ainsi, la roue ne semble être pratiquée que dans Paris, peine spectaculaire mais qui n'implique techniquement aucun « désagrément » aux habitants de la ville. En revanche, ébouillantage et bûcher sont des exécutions qui, dans leur mise en place, impliquent une dimension olfactive qu'on imagine fort incommodante et de surcroît sont des sources dangereuses d'éventuels incendies. Ces deux peines sont tout particulièrement brutales, en cela qu'elles réduisent totalement le corps du criminel et qui sont, de ce fait, opérées en dehors de la communauté.

Si les premiers lieux investis par les seigneurs parisiens ont été les faubourgs, notamment pour des raisons pratiques, au détriment de la capitale, Paris *intra-muros* gagne en importance et en attraction à partir du XIVe siècle et c'est finalement dans la capitale qu'ont été dressés le plus grand nombre de lieux de justice, malgré un espace réduit et clos. Mais ici, ce n'est pas tant l'éloignement qui joue, puisque les faubourgs sont d'une très grande proximité à la capitale ; ce sont d'autres enjeux, d'autres questions qui sont à l'œuvre dans le choix de l'implantation des lieux de justice, entre Paris même et les faubourgs. Qu'en est-il des bourgs bien plus éloignés ? Quelle(s) dynamique(s) revêtent-ils ?

II. La situation dans les bourgs les plus éloignés

Pour ce qui est des bourgs les plus éloignés de Paris, la situation est un peu différente. Le terme « Hors Paris » désigne tous ces bourgs, villages voire même territoires – lorsque l'emplacement exact de la structure n'est pas précisé – situés au-delà des faubourgs, parfois loin de Paris, détenus en partie ou dans leur totalité par des seigneurs parisiens et sur lesquels ces seigneurs ont des droits de haute justice.

Comme les faubourgs, ces bourgs plus éloignés sont rapidement investis de structures judiciaires, mais elles restent durant la période où Paris est ceinte de l'enceinte carolingienne peu nombreuses. De même que pour Paris et ses faubourgs, ces bourgs voient leur nombre de structures de justice croître considérablement entre les périodes des enceintes carolingienne et de Philippe Auguste ; il est pour les bourgs multiplié par 5,4. Et on l'a vu, le nombre de structures judiciaires entre le XIIe et le XIIIe siècle est multiplié par 5,6. Au XIIIe siècle, lorsque le nombre de lieux de justice s'intensifie, ceux dressés dans ces bourgs représentent 79% de l'ensemble. Après le XIIIe siècle, le nombre des structures de justice érigées dans les bourgs baisse de manière significative (x 0,35), mais on peut noter qu'à aucune période ce nombre ne devient nul. Sur l'ensemble de la période, des lieux de justice sont régulièrement construits dans les bourgs de seigneurs parisiens.

Mais revenons au XIIIe siècle et au chiffre important de vingt structures judiciaires. Qu'est-ce qui justifie cette croissance soudaine, cet intérêt et investissement particulier pour les bourgs les plus éloignés de la capitale ? Tout d'abord, on peut considérer l'aspect pratique : les larges espaces non bâtis disponibles en ces bourgs ruraux, éloignés de Paris, offrent aux seigneurs parisiens hauts-justiciers de nombreux emplacements stratégiques pour l'érection de diverses structures de justice. Mais on peut légitimement se demander, pourquoi un tel besoin d'affirmer son autorité en ces bourgs, quels enjeux revêtent-ils pour les seigneurs de la capitale ? Qu'est-ce qui justifie alors un si grand nombre de lieux de justice en ces bourgs de manière générale et en particulier au XIIIe siècle ? Car, en effet, notons que sur l'ensemble de la période étudiée, le nombre de structures de justice dressées dans ces bourgs éloignés représente près de la moitié des lieux de justice dressés au total (47%).

Outre ces questions d'usages de l'espace et de concurrence ou non, un autre point peut nous permettre de comprendre ces chiffres importants : celui du nombre de ces bourgs. En effet, les tableaux ne permettent pas de mettre ce point en avant, mais il faut considérer que ces bourgs dont il est question sont extrêmement nombreux, au nombre de trente-huit. Il est finalement relativement rare qu'un même bourg soit doté de plusieurs structures judiciaires ; au maximum, un bourg cumule deux structures judiciaires et ce n'est le cas que de huit d'entre eux. Cette rareté peut se comprendre car, si l'espace permet en effet de multiplier les structures judiciaires, et de toutes tailles, ces territoires sont relativement uniformes. Dès lors, le territoire à couvrir par l'autorité du seigneur haut-justicier et donc, par le message visuel qu'est la structure judiciaire, est bien plus homogène et continu, peu d'enclaves placées sous la juridiction d'un autre seigneur ne viennent perturber cet ensemble.

Tableau 5 : Types des structures judiciaires dressées dans les bourgs au cours du temps.

HORS PARIS	Enceinte carolingienne (Xe siècle – 1199)	Enceinte de Philippe Auguste (1200 – 1379)	Enceinte de Charles V (1380 – fin XVIe siècle)	**Total**
Fourche patibulaire	**4** (n°2, 4, 6 et 7)	**24** (n°9, 10, 11 à 15, 17 à 19, 21, 24, 25, 27, 29, 30 à 34, 42, 51 à 53)	**3** (n°58, 80 et 87)	**31**
Potence			**2** (n°68, 74)	**2**
Pilori				**0**
Échelle		**1** (n°50)	**1** (n°84)	**2**
Carcan	**1** (n°3)	**1** (n°38)	**5** (n°81 à 83, 85 et 86)	**7**
Échafaud				**0**
Cuve				**0**
Roue				**0**
Poteau		**1** (n°48)		**1**
None				**0**
Unknown				**0**
Arbre			**1** (n°62)	**1**
Total	**5**	**26**	**12**	**44**

On pourrait s'attendre à ce que comme les faubourgs, ces bourgs regroupent plus ou moins l'ensemble des types de structures judiciaires. Mais la situation est bien différente. Seuls deux types véritablement sont érigés dans ces bourgs entre le XIe et le XVe siècle – avec la prédominance nette de l'un d'entre eux – : des fourches patibulaires et des carcans. Les fourches patibulaires sont de loin majoritaires ; elles représentent 70% des lieux de justice élevés dans les bourgs entre le XIe et la fin du XVIe siècle ; et elles sont dressées continuellement tout au long de la période étudiée. Les carcans n'en représentent que 16%. Outre cette sur-prédominance des fourches patibulaires, ce sont aussi les premières structures érigées. Elles apparaissent au plus tard aux XI-XIIe siècles mais les structures concernées, ou leur date d'élévation, sont très incertaines (n°1, 4, 5 et 6) ; les fourches attestées avec certitude sont datées pour les premières de la fin du XIIe et du XIIIe siècle (n°6 et 7). Cette sur-prédominance peut s'expliquer. La très grande majorité de ces bourgs ne sont souvent dotés que d'une seule structure de justice, il semble relativement logique qu'un seigneur, s'il n'en dresse qu'une, choisisse une structure judiciaire permettant l'application ferme et définitive d'une sentence à mort, et qui plus est, est une structure imposante et porteuse d'un message fort. Si dans un bourg un seul lieu de justice est érigé, il s'agit systématiquement de fourches patibulaires. La présence de telles structures permettant de mettre en œuvre une justice effective et efficace et de marquer l'autorité d'un seigneur sur un territoire donné se comprend d'autant plus lorsqu'on considère l'éloignement parfois conséquent de certains de ces bourgs au centre du pouvoir du seigneur, c'est-à-dire à la maison-mère située dans Paris. Ces fourches patibulaires sont parfois, mais rarement, accompagnées d'une autre structure judiciaire, comme un carcan. En effet, tous les autres lieux de justice sont quasi absents dans les bourgs. Seuls les carcans se font un peu plus nombreux. Bien évidemment, les carcans peuvent être dressés seuls en un bourg mais il est plus fréquent de les voir accompagner des fourches patibulaires (n°81 et 82, 87 et 88, 42 et 84…). Contrairement, aux cas de Paris et des faubourgs, on n'observe pas, à la fin du Moyen Âge et au début de l'Époque moderne, l'émergence de nouveaux types de structures axés sur un usage spécifique de la torture et de sa mise en scène. En revanche, au milieu du XVe siècle est mentionné un lieu de justice peu commun mais en rien nouveau : un arbre (n°62). En effet, les arbres, et notamment les ormes, étaient des lieux où pouvaient se rendre la justice, et ils étaient aussi des supports pour pratiquer la peine de la pendaison. La mention tardive de l'usage d'un tel objet peut signifier plusieurs choses : soit il s'agit d'une exécution sommaire, ou bien celle-ci, pour diverses raisons, devait se faire dans l'urgence, ou encore il est possible que les structures de pendaison du seigneur justicier se trouvaient trop éloignées ou en trop mauvais état pour être utilisées.

CHAPITRE 2

Les stratégies d'implantation : des critères variés

Les lieux de justice sont donc implantés par les seigneurs parisiens aussi bien dans la capitale, dans ses faubourgs que dans des bourgs parfois très éloignés de la capitale. Et il apparaît qu'il n'existe pas de partition nette entre le type de la structure et son implantation *intra* ou *extra* urbaine. Si certains de ces objets judiciaires ne sont jamais dressés dans la ville, ce n'est pas par respect d'une norme établie mais plutôt en raison de réflexions pratiques, de la faisabilité et de l'évaluation des risques et désagréments que peuvent produire certaines de ces structures et leurs exécutions associées. Outre, les structures liées aux peines du feu et les fourches patibulaires, les autres structures ne semblent pas avoir été réellement soumises à des contraintes coutumières d'ordre spatial. Il convient donc d'aller au-delà de ces simples catégories *intra/extra muros* qui, finalement, ne sont pas tant déterminantes dans l'implantation de toutes les structures étudiées ici. D'autres critères entrent en jeu, des critères qui, là, quelle que soit la nature de la structure et des exécutions opérées dessus, semblent récurrents et communs. De ces critères les plus connus on peut notamment citer le choix d'un lieu en élévation, d'un lieu situé près d'une voie ou d'une place de communication mais ce ne sont pas là les seuls critères d'implantation géographique des lieux de justice, d'autres encore existent et sont, eux aussi, primordiaux. Si, souvent, seuls les deux critères cités précédemment sont évoqués par les chercheurs, c'est en raison d'une historiographie encore trop souvent centrée sur les fourches patibulaires – peut-être ce biais est-il aussi simplement dû à la jeune émergence de ces sujets dans la recherche. Il convient donc de mettre ici à jour l'ensemble de ces critères déterminants dans l'implantation des lieux de justice des seigneurs parisiens.

I. Les lieux de la vie économique

Les lieux précis d'implantation des structures judiciaires sont très rarement énoncés dans la documentation médiévale. Mais les informations glanées permettent déjà de comprendre quelques ressorts de ces stratégies d'implantation. Il n'apparaît pas qu'un espace urbain en particulier se soit constitué comme le lieu par excellence des exécutions et par extension des structures judiciaires. Plusieurs lieux et types de lieux sont investis par les seigneurs parisiens pour y dresser leurs objets de justice : des places bien évidemment, des carrefours, des ports... à proximité d'une fontaine, d'un puits... Ainsi, une échelle de justice de Sainte-Geneviève se situait au carrefour où se trouvait la croix Hémon devant l'église de Sainte-Geneviève, non loin de la place Maubert et de l'église des Carmes[382], les chanoines de Notre-Dame avaient leur échelle au port Saint-Landry[383], le roi avait son pilori sur le marché des Halles, les poteaux de bois des bûchers et la cuve des ébouillantages étaient dressés au marché aux Pourceaux, des bûchers étaient également élevés au côté d'un échafaud et de potences sur la grande place de Grève, la place Maubert accueillit de même diverses structures judiciaires dont un carcan royal[384], des potences[385] ou encore une roue[386] mais elle fut aussi très probablement un lieu de justice usité par l'abbaye de Sainte-Geneviève[387]. Beaucoup de ces lieux sont des espaces primordiaux de la vie économique parisienne, des lieux de marchés, d'échanges et de transactions. À l'évidence, les Halles et la Grève nous apparaissent comme des points centraux de l'activité marchande à Paris. De par leur envergure et la grande variété d'activités qu'ils réunissent, ces deux espaces drainent quotidiennement une quantité importante de personnes venues parfois de très loin et se constituent dès lors comme les poumons économiques de Paris[388]. Mais, bien que plus petits, les autres lieux de marché sont eux aussi, à une autre échelle, essentiels et sont les espaces choisis par les seigneurs parisiens pour exécuter leur justice publiquement. Les carrefours et petites places,

---

[382] TANON, *Histoire des..., op. cit.*, p. 397-398.

[383] *Ibid.*, p. 138 et 172 ; SAUVAL, *op. cit.*, t. 2, p. 590 ; JAILLOT, *op. cit.*, t. 1 [Cité], p. 116.

[384] Le roi fit dresser un carcan sur la place Maubert en 1475 avec deux autres placés sur les places des Halles et de Grève, voir : SAUVAL, *op. cit.*, t. 3, p. 423.

[385] Celles-ci sont visibles sur le plan de Truschet et Hoyau de 1552. Mais il est impossible de savoir si elles appartenaient à l'abbaye de Sainte-Geneviève qui avait la juridiction sur ce lieu ou au roi qui a possédé des structures de justice en cette place.

[386] En 1535, trois personnes furent exécutées sur une roue dressée sur la place Maubert par la justice royale, voir : *Ibid.*, p. 618.

[387] Sur cette place, ainsi qu'en d'autres lieux centraux de la juridiction de l'abbaye, les religieux de Sainte-Geneviève pratiquaient la fustigation comme ce fut le cas le 9 mai 1604 pour une certaine Martine Barbery : voir, TANON, *Histoire des..., op. cit.*, p. 245. Mais il est possible également que les potences dressées sur cette place leur aient appartenu. Selon Claude Gauvard, c'est aussi en cette place que furent, en 1302, enfouies vivantes deux femmes car Tanon dit seulement que cette exécution se déroula dans Paris sans plus de précision. Et si les enfouissements se déroulaient souvent sous les fourches patibulaires de la juridiction, cela relevait plus d'une pratique qui s'est ancrée peu à peu que d'une véritable norme. Finalement, les enfouissements pouvaient se dérouler en n'importe quel lieu. Voir : GAUVARD, *Condamner..., op. cit.*, p. 96 et pour la mention de l'exécution, TANON, *Histoire des..., op. cit.*, p. 364.

[388] FAVIER, *La Nouvelle..., op. cit.* p. 21-51 ; LOMBARD-JOURDAN, *Aux origines..., op. cit.*

même si, contrairement aux Halles ou à la Grève, ils n'attirent pas des forains, c'est-à-dire des marchands étrangers à la cité, sont centraux dans la vie économique et sociale d'un quartier, d'une juridiction. Comme le souligne très justement Jean Favier dans sa *Nouvelle histoire de Paris*, le carrefour est au quartier ce que la place principale est au village[389]. Ces espaces où se dressaient des structures judiciaires ne doivent pas tant être définis comme des lieux de justice de Paris mais plutôt comme des espaces judiciaires d'une juridiction, importants pour un quartier et ses voisinages mais dont l'impact et la visibilité ne vont sans doute guère plus loin. Chaque place et carrefour pouvant ne serait-ce qu'accueillir de petits rassemblements avait son importance pour un seigneur haut-justicier de la capitale. Car en effet, même les carrefours très fréquentés où se tenaient de petits marchés, où les habitants d'un quartier venaient se rassembler, étaient étroits ; c'est notamment le cas des carrefours Guillori, de la porte Baudoyer, de la Croix du Tiroir, etc. De grandes places et rues, Paris n'en comptait que très peu, on peut relever la place Maubert, la place de Grève, le parvis Notre-Dame[390]... Ainsi, le carrefour de la Croix du Tiroir, où se trouvait très probablement un carcan appartenant à l'évêque de Paris[391] (n°39), fut, pendant un temps, un marché au bétail à l'instar du marché aux Pourceaux. Le nom même de ce carrefour viendrait de cet usage marchand, *Tiroir* également orthographié *Tirouer* ou encore *Tyrouer*[392] proviendrait du fait que les bêtes étaient « tirées » ou « triées » au carrefour situé au croisement des rues de l'Arbre-Sec et Saint-Honoré : « *[...] Et a la croys du Tyrouer se tryoient les bestes ; et pour ce, a proprement parler, est elle appellée la Crois du Triouer pour les bestes que len trioyt* »[393]. Il est possible que la Croix du Tiroir, à l'instar de la Vieille place aux Pourceaux, ne fut pas un lieu de marché durant tout le bas Moyen Âge, car dès 1308 apparaît un nouveau lieu de vente des bêtes et notamment des porcs, le nouveau marché aux Pourceaux situé à l'extérieur de Paris dans

---

[389] FAVIER, *La Nouvelle..., op. cit.*, p. 51.

[390] *Ibid.*, p. 21-23.

[391] La nature de la structure judiciaire est mal connue mais il est certain qu'en ce carrefour, la justice de l'évêque exécutait des sentences de flétrissure et d'essorillement. Voir : GUERARD (éd.), *op. cit.*, t. 3, p. 274 ; CAZELLES, *op. cit.*, p. 227. Selon Tanon, ces essorillements se pratiquaient devant une échelle de justice, mais il est le seul à l'affirmer et aucun document ne permet de le vérifier ; voir : TANON, *Histoire des..., op. cit.*, p. 39. En revanche, un passage du *Tracas de Paris* du poète François Colletet mentionne un poteau. C'était donc peut-être un carcan que l'évêque avait à la Croix du Tiroir. « [...] C'est icy la Croix du Tiroir/Place où Themis punit le vice/Du honteux et dernier supplice/Prens garde, contre ce poteau,/De t'aller casser le museau:/Ne t'es-tu point blessé la jouë ? [...] », voir : COLLETET François, *Le Tracas de Paris...*, dans JACOB P. L. (éd.), *Paris ridicule et burlesque au dix-septième siècle*, Paris, Adolphe Delahays, 1859, p. 256-257.

[392] Ce mot s'écrit de bien des façons ; Berty dresse une liste complète de toutes ces graphies. BERTY, *op. cit.*, t. 1 [Région du Louvre et des Tuileries], p. 49.

[393] DE PRESLES Raoul, *Description de la ville de Paris sous Charles V (traduction de la* Cité de Dieu, *livre V, chapitre XXV)*, dans LEROUX DE LINCY Antoine-Jean-Victor et TISSERAND Lazare-Maurice (éd.), *Paris et ses historiens aux XIVe et XVe siècles...*, Paris, Imprimerie impériale, 1867, p. 108.

le faubourg Saint-Honoré[394]. On peut penser que ces deux lieux *intra muros* de vente de bétail ont perduré encore un temps mais selon certains, un acte royal de juin 1360 expulse les porchers de la capitale pour leur imposer de parquer leur bétail au pied de la butte Saint-Roch[395], à savoir le marché aux Pourceaux du faubourg Saint-Honoré. Toujours est-il que même lorsque cette activité économique s'atténue voire disparaît, ces lieux restent des lieux importants pour la juridiction locale et sont toujours investis par les habitants et les seigneurs, socialement, juridiquement, etc. De même, la porte Baudoyer qui a été le lieu de plusieurs structures judiciaires du prieuré de Saint-Éloi (n°5 et 46) fut un marché de détail spécialisé dans la vente de poissons d'eau douce. Il semble que les premiers germes d'une vie économique en cet espace soient apparus dans le cimetière Saint-Jean, qui furent progressivement constitués en un véritable marché : le marché Saint-Jean, lequel devint ensuite le marché de la porte Baudoyer, marché exclusivement alimentaire [396]. Ce marché se constitua au niveau de la place Baudoyer située à l'emplacement de la porte du même nom de l'enceinte carolingienne. C'est possiblement à l'extérieur de cette première porte que furent dressées les fourches patibulaires de Saint-Éloi, bien que leur existence ne soit pas totalement avérée (n°5). Avec la construction de l'enceinte de Philippe Auguste, une seconde porte, parfois nommée Baudoyer, parfois Saint-Antoine, fut édifiée dans l'alignement de la première, quelques centaines de mètres plus loin. Et c'est au niveau de cette seconde porte Baudoyer, à l'intérieur des murs, et donc non loin du marché aux poissons, que le prieuré fit dresser son échelle de justice (n°46). En 1320, celle-ci fut retirée et remplacée par un simple carcan.

Si la rive droite est relativement bien pourvue en divers marchés, petits et grands, ce n'est pas le cas de la rive gauche. Seul marché notable, celui de la place Maubert. Et là encore, cet espace de vie économique est également choisi par les seigneurs pour l'exercice de leur justice. Mais cette vie commerciale n'est attestée sur la place Maubert qu'à partir du XIVe siècle[397]. De même, les lieux de justice sur cette place ne semblent émerger que tardivement : en 1421, l'abbaye de Sainte-Geneviève dresse à l'occasion une échelle de justice non loin de là près de la Croix Hémon (n°61), à la fin du XVe siècle, en 1475, un carcan est dressé par la justice royale sur la place Maubert (n°65), en 1485, le roi y fait mettre temporairement une roue (n°70).

---

[394] Édouard Fournier fait mention d'un acte d'avril 1308 situant et le marché aux chevaux et le marché aux Pourceaux entre des terres appartenant à Saint-Victor, des terres des Popins et la Ville-l'Évêque, c'est-à-dire au niveau du faubourg Saint-Honoré, au pied de la Saint-Roch. Cependant, cet acte n'a pu être retrouvé. Voir : FOURNIER, *Histoire..., op. cit.*, p. 11.

[395] FOURNIER Édouard, *Paris démoli*, Paris, Auguste Aubry, (2e édition) 1855, p. 172. De même, cet acte royal n'a pu être retrouvé. En revanche, il est certain qu'au moment de la construction de l'enceinte de Charles V, la capitale s'étant considérablement densifiée, ces marchés aux bestiaux *intra muros* furent transférés à l'extérieur des murs, au faubourg Saint-Honoré. Voir : DE LA MARE, *op. cit.*, t. 2, Livre V, Titre XVII, p. 1148.

[396] LOMBARD-JOURDAN, *Aux origines..., op..cit.*, p. 91.

[397] *Ibid.*, p. 93.

De plus, comme on peut le voir sur le plan de Truschet et Hoyau, une potence se trouvait sur la place Maubert ; en revanche, il est impossible de savoir si elle appartenait à la justice du roi ou de Sainte-Geneviève (fig. 14). Il ne faut sans doute pas juger là d'un lien de cause à effet direct entre cette vie économique et ce dynamisme judiciaire, mais il est possible de voir dans ces deux dynamiques émergentes un investissement tardif mais effectif de la rive gauche par diverses seigneuries, ici, en l'occurrence, l'abbaye de Sainte-Geneviève et le roi. Cet investissement se traduisant par plusieurs composantes, économiques, sociales, judiciaires. En effet, cette large place – une des rares de la rive gauche qui plus est – devient ainsi un lieu de rassemblement quotidien et immanquable pour les habitants du quartier. Mais il apparaît ici, comme pour les autres lieux – pensons notamment aux Halles avec le pilori –, que cet aspect judiciaire dont sont dotés ces espaces urbains n'advient que dans un second temps. À ma connaissance, il n'arrive jamais qu'un lieu public soit d'abord défini et utilisé comme un lieu judiciaire puis se soit développé comme un espace de rassemblement, d'échanges sociaux et commerciaux. En effet, il apparaît que ces lieux, systématiquement, se sont d'abord développés comme des espaces commerciaux, de transactions, puis de rassemblements divers et variés et enfin ont parfois pris une dimension judiciaire. Si la rive gauche compte peu de marchés, elle est également dépourvue de ports importants. Le seul véritable port de Paris est celui de la Grève, sur la rive droite. Il existe d'autres petits ports dans la capitale, situés principalement sur la rive droite et sur l'île de la Cité, mais ceux-ci ne peuvent être qualifiés de ports de la capitale. Il s'agit plutôt de petits points d'accostage propres à une juridiction permettant, certes le passage entre l'île et les deux rives, mais surtout le ravitaillement des établissements religieux[398]. L'un de ces points sur l'île de la Cité était le port Saint-Landry. Placé sous la juridiction du chapitre de Notre-Dame, c'est aussi là que les chanoines firent ériger leur échelle de justice (n°55). Particulièrement densément habitée et construite, l'île de la Cité laisse peu de place à la possible installation d'un marché. De plus, sa centralité fait de cette île un lieu de passage obligé pour tout Parisien souhaitant passer d'une rive à l'autre, se rendre à la cathédrale Notre-Dame ou encore à l'hospice de l'Hôtel-Dieu… À défaut d'être des espaces commerciaux, les berges de la Cité comme le port Saint-Landry sont des lieux de passage quotidien essentiels au ravitaillement de l'île dépourvue de toute ressource naturelle[399]. Enfin, si l'on parle ici de l'échelle de justice du chapitre Notre-Dame, il convient également de mentionner la seule autre structure judiciaire présente sur l'île de la Cité : l'échelle de justice épiscopale (n°44). Dressée sur la place du Parvis, elle aussi montre que le choix d'implantation des structures de justice est grandement lié au dynamisme économique et

[398] *Ibid.*

[399] DUBOIS Martine, « L'île de la Cité à la fin du Moyen Âge (1285-1421). Topographie et économie », *Positions de thèses soutenues par les élèves de la promotion de 1977 pour obtenir le diplôme d'archiviste paléographe*, Paris, École des chartes, 1977, p. 55-63.

sociale déjà établi d'un lieu. S'il n'existe pas de marché permanent implanté dans la Cité[400], en revanche, séparant nettement le centre de la Cité très densément urbanisé de la zone est où se concentre les espaces ecclésiastiques et hospitaliers autour de la cathédrale, la place du parvis est un des rares lieux, dans cet enchevêtrement d'étroites rues et ruelles, pouvant accueillir quelques commerçants. Le chapitre de Notre-Dame, qui avait la juridiction sur cette place[401], y autorisait occasionnellement l'établissement de quelques marchands[402].

De par sa fonction première, le pilori est, en toute logique, systématiquement dressé sur des marchés, afin de punir toute fraude et, ainsi, garantir la qualité et la juste valeur des marchandises et de la monnaie et, donc, de pacifier les transactions[403]. Mais, à la lueur des multiples exemples présentés ci-dessus, il est légitime de se demander pourquoi d'autres structures judiciaires sont également élevées en des lieux centraux de la vie économique parisienne. De même, on peut se questionner sur les raisons du maintien du pilori en cet espace de marché alors même qu'on observe un déplacement de sens dans son usage. Pour rappel, à partir du XIVe siècle, les fonctions du pilori s'étoffent et ce dernier devient, à mesure de garantir la bonne marche des transactions sur le marché, un véritable « symbole de protection de paix urbaine en générale »[404] en lien avec la cristallisation de la notion de haute justice et de ce qu'elle induit dans les coutumes[405]. En fin de compte, pourquoi toutes ces structures judiciaires ont-elles tendance à être implantées en des lieux économiques urbains ?

Le marché n'est pas qu'un simple lieu de commerce, c'est aussi un lieu de châtiment. Certes, combiner en un espace commerce et justice est un moyen d'assurer une prospérité économique solide et durable car l'ingérence d'un seigneur dans les affaires commerciales et monétaires et plus généralement dans la vie de la communauté, qui se traduit par l'édification d'une structure

---

[400] *Ibid.*, p. 62.

[401] Les conflits autour de la juridiction de la place du parvis et de la cathédrale entre l'évêque de Paris et le chapitre Notre-Dame étaient nombreux, mais en 1272 un appel extrajudiciaire fut formé auprès du Saint Siège et une transaction fut établie au sujet du parvis : le chapitre avait dès lors la juridiction, civile et criminelle, sur le parvis, mais l'évêque conservait la *justicia condelarum.* Voir : METMAN Josette et TIMBAL Pierre-Clément, « Évêque de Paris et chapitre de Notre-Dame : la juridiction dans la cathédrale au Moyen Âge », *Revue d'histoire de l'Église de France*, t. 50, n°147, 1964, p. 47-72 ; p. 54 ; GUERARD (éd.), *op. cit.*, t. 3, p. 246, n° CCCXXXV (10 août 1272).

[402] Arch. nat. MC et VIII 61 (Minute du 23 novembre 1541) : bail fait à Gilles Le Roy par le chapitre de Notre-Dame concernant un droit d'étal à vendre de la chandelle de cire sur le parvis. Arch. nat. MC et VIII 10 (Minute du 23 avril 1506) : amodiation faite à Vincent Rohan, marchand lunetier, demeurant au parvis Notre-Dame. Arch. nat. MC et VIII 10 (Minute du 23 avril 1506) : amodiation faite à Jehanne la Visiée, veuve de Vincent Rohan, demeurant sur le parvis Notre-Dame.

[403] D'ARTAGNAN, *Le pilori…, op. cit.*

[404] *Id.*, « "Pour donner crainte… », *op. cit.*, p. 6-8.

[405] Ce point avait été plus amplement développé dans le chapitre sur la structure du pilori dans la Partie I.

judiciaire, marque son contrôle et sa protection sur les affaires et les transactions. Mais ce contrôle seigneurial ne sert pas uniquement une politique économique, c'est aussi un moyen de communication politique. C'est pourquoi le choix du lieu d'implantation de ces structures n'est pas anodin. Si les espaces de commerce sont souvent choisis pour l'application des peines, c'est parce que le marché est un lieu de réunion régulier et prévisible qui brasse l'ensemble d'une communauté dans sa diversité socio-économique. Ainsi, le message politique est diffusé auprès de tous. Mais on peut aussi raisonnablement se demander pourquoi une autorité prend la peine de communiquer avec l'entièreté de la communauté, en reprenant ainsi la question posée par James Masschaele dans son étude sur l'espace public du marché en Angleterre : « *why a fundamentally nondemocratic political entity cared about communicating with peasant ?* »[406].

Il est évident que ces structures judiciaires servent aussi une communication politique, mais il convient de noter que ces espaces publics investis n'ont pas été construits par la politique, ni même par la norme mais se sont établis progressivement par un usage social[407]. Ces espaces publics ne sont pas constitués de toute pièce par un pouvoir institutionnel, ils relèvent d'une création spontanée résultant d'un usage régulier et social par les habitants d'une ville ou d'un quartier[408]. Ainsi, ces lieux de rassemblement choisis par les habitants sont des lieux du quotidien, des lieux suffisamment vastes, des lieux de circulations, ce sont des marchés, des places, des carrefours, des portes d'enceintes, etc. Déterminés par un usage social, ces lieux sont ensuite sanctionnés par la norme et sont investis à leur tour par les autorités[409]. C'est pourquoi ils sont les lieux de toutes les proclamations publiques, de tous les rituels judiciaires – amende honorable, prononciation de la sentence, etc. –, de toutes les réjouissances mais aussi de toutes les exécutions judiciaires. Il existe donc une multitude d'occasions au cours desquelles la population citadine peut se réunir en ces lieux. Tous ces événements constituent des moments importants de la vie publique de la communauté mais ils participent aussi au fonctionnement institutionnel d'une communauté politique[410]. Les exécutions publiques ne sont finalement qu'un pan d'une vie sociale et politique remplie, dynamique et diverse. Elles font

---

406 MASSCHAELE James, « The Public Space of the Marketplace in Medieval England », *Speculum*, 77-2, 2002, p. 420.

407 CHALLET Vincent, « Un espace public sans spatialité : le dialogue politique entre le roi et ses sujets languedociens », dans BOUCHERON Patrick et OFFENSTADT Nicolas (dir) *L'espace public au Moyen Âge. Débats autour de Jürgen Habermas* Paris, PUF, « Le Nœud Gordien », 2011, p. 337-352.

408 *Ibid.*, p. 340.

409 *Ibid.*, p. 341.

410 DUTOUR Thierry, « Les génies invisibles de la cité. Recherche sur les espaces et les mots de la participation à la vie publique dans quelques villes de l'espace francophone de langue d'oïl à la fin du Moyen Âge (XIIIe-XVe siècle) », dans BOUCHERON et GENET (dir.), *op. cit.*, p. 473-475.

partie de la vie publique au même titre que les autres événements cités, et ne diffèrent simplement que dans leur nature et leur temporalité – ces exécutions sont relativement peu fréquentes.

Mais cet investissement par les autorités urbaines est avant tout utilitaire. Si ces lieux construits par un usage social sont volontairement choisis par le ou les seigneurs locaux pour y faire édifier, entre autres, des structures judiciaires et politiques, c'est, dans un premier temps, pour répondre à des besoins pratiques et utilitaires : faire régner l'ordre, pacifier des transactions, assurer la protection des marchands et des acheteurs, punir de la fraude et le crime. Ainsi, les dépenses engagées pour dresser ces structures judiciaires sont justifiées aux yeux de tous[411]. Dans un second temps, pas nécessairement très éloigné temporellement de l'édification de ces structures, ces dernières sont revêtues d'un discours politique. Peu à peu, ces structures judiciaires ne sont plus simplement les objets de la répression, elles deviennent des symboles de la puissance judiciaire et de manière générale, représentent un pouvoir seigneurial. Dresser des structures judiciaires dans l'espace public met en place une communication politique. Et il s'agit bien d'une communication politique et non de la simple diffusion d'un message ; ainsi, non seulement le seigneur annonce visuellement son autorité à la communauté, mais cette communication s'opère dans les deux sens. Par le biais de ces structures et des exécutions pratiquées dessus, les habitants peuvent manifester leur mécontentement, contester un pouvoir, une décision, etc. Établissant ses structures judiciaires dans la sphère publique, certes pour assurer une bonne visibilité et publicité des exécutions, mais où la parole et les opinions sont libérées, il est alors nécessaire pour le seigneur haut-justicier de tenter de contrôler *a minima* ces contestations et d'imposer son autorité et ce notamment au travers d'exécutions et/ou de l'édification de structures imposantes voire monumentales. Mais la question que soulève Vincent Challet dans son étude sur l'espace public languedocien est alors légitime d'être posée, est-ce que « le cadre monumental édifié autour de la place civique n'a pas eu pour conséquence de la fossiliser en un écrin plus apte aux représentations du pouvoir qu'à un dialogue politique »[412].

Ainsi, ces lieux économiques citadins sont centraux dans la vie de la communauté et sont, après avoir été socialement construits par les habitants, investis par les autorités et judiciairement et politiquement. Et l'existence de tels espaces au caractère multiforme, lieux de nombreux et divers rassemblements, se constate également dans les communautés rurales bénéficiant d'un marché pérenne. Cette place de marché joue un rôle central et centralisateur pour la population du bourg et des territoires environnants et leurs diverses activités, entre autres judiciaires. C'est pourquoi, lorsque le lieu d'implantation de structures judiciaires dressées dans des bourgs est connu, il

[411] *Ibid.*, p. 481.

[412] CHALLET, « Un espace… », *op. cit.*, p. 342.

apparaît qu'elles sont souvent élevées sur la place principale du village. De fait, l'échelle de justice puis le pilori de l'abbaye de Saint-Germain-des-Prés sont dressés sur la place principale du bourg, c'est-à-dire la place Sainte-Marguerite face à l'abbaye (n°22 et 23), un carcan appartenant au prieuré de Saint-Martin-des-Champs se trouvait sur la place principale de Pantin, devant l'église[413] (n°98), de même, un carcan et une échelle de l'abbaye de Saint-Germain-des-Prés furent dressés sur la place principale du village de Dammartin[414] (n°84 et 85).

II. Devant des lieux symboliques

Les lieux économiques de la ville ne sont pas les seuls espaces choisis pour l'exercice de la justice et l'édification de structures ; d'autres critères d'implantation sont à prendre en compte. De manière générale, qu'ils soient économiques ou non, ces lieux d'implantation sont des espaces usuels où le passage est quotidien, des lieux nécessaires à la vie de la communauté, des espaces propices aux rassemblements. Si les marchés répondent parfaitement aux critères énoncés, d'autres lieux, parce que symboliquement forts, sont fréquentés quotidiennement et se prêtent assurément à l'application des peines et/ou à la construction de structures judiciaires. Bien évidemment, il est à noter que certains de ces lieux symboliques étaient parfois employés à des activités commerciales. Il convient de ne pas s'intéresser qu'aux aspects visibles de l'espace mais aussi à l'invisible, c'est-à-dire à ses symboliques.

De ces lieux symboliques investis judiciairement, on compte de nombreux espaces ecclésiastiques, centraux : les églises. Ainsi, l'échelle et le carcan de Saint-Magloire sont dressés dans Paris face à l'église Saint-Nicolas-des-Champs, au carrefour des rues Grenéta et Saint-Martin (n°77 et 78), un carcan appartenant au prieuré de Saint-Martin-des-Champs élevé dans le bourg de Pantin se situe sur la place principale devant l'église du village[415] (n°98), l'échelle temporaire de Sainte-Geneviève dressée à la Croix Hémon se trouvait à proximité de l'église des Carmes (n°61), le carcan de l'abbaye de Saint-Victor dressé dans le bourg du même nom était placé face à la porte de l'église[416] (n°100), enfin on peut nommer l'échelle de justice de l'évêque dressée sur le parvis Notre-Dame face à la cathédrale (n°45). Des exécutions de peines sans structure avaient également lieu devant des églises. En 1273, la justice de Saint-Germain-des-Prés fait subir le châtiment de la flétrissure à une certaine Emeline de Hollande et à d'autres maquerelles devant l'église Saint-André dans Paris[417] – située au niveau de l'actuelle place Saint-André-des-

413 TANON, *Histoire des…*, *op. cit.*, p. 278.
414 *Ibid.*, p. 220.
415 *Ibid.*, p. 278.
416 *Ibid.*, p. 254.
417 *Ibid.*, p. 413.

Arts. Plus tardivement, en 1613, cette fois-ci la justice de Sainte-Geneviève qui fait fustiger Nicole Lécrivain devant l'église Saint-Médard, entre autres lieux[418].

Dans une société profondément chrétienne, les églises étaient nécessairement des lieux de passage quotidien pour l'ensemble de la communauté. De plus, il pouvait arriver que l'espace libre devant cet édifice soit employé à quelques transactions marchandes, tel était le cas du parvis Notre-Dame. En effet, l'échelle épiscopale du parvis était, non pas, dressée dans la cour de l'évêque comme cela est le cas à Metz au XVe siècle, mais devant la façade principale de la cathédrale Notre-Dame sans doute car il s'agissait d'un lieu passant. En revanche, le bas-relief, dont il a déjà été question[419], représentant l'échelle de l'évêque, est situé sur la façade sud du transept, au cœur du palais épiscopal, devant la salle où siège l'officialité[420]. Ainsi située face à la cathédrale, et faisant écho au bas-relief gravé non loin de là, l'échelle du parvis représente la justice de l'évêque de Paris, droitement exercée sous le regard divin. Car, comme l'ensemble de la société, la justice médiévale est fondamentalement imprégnée des principes chrétiens[421] et notamment de celui du Jugement dernier[422], et seul Dieu peut juger un homme sans erreur ; placer ainsi des structures judiciaires ou exécuter des peines devant les églises permettait sans doute, à la fois aux juges et au bourreau d'exécuter la peine sous le regard de Dieu ou « en ayant Dieu sous les yeux »[423] garantissait alors l'exécution d'une bonne justice, impartiale, entre rigueur et miséricorde, faite selon la loi et non dans la vengeance, à l'image de la justice divine[424]. Il convient également de relever que toutes ces structures dressées devant des lieux religieux ne sont que des structures d'exposition ; pourtant des exécutions à mort se déroulaient bien dans la ville, aux Halles, en place de Grève, etc. mais jamais devant un lieu religieux.

C'est aussi devant des lieux symboliquement importants et centraux de la seigneurie haute-justicière, à commencer par les maisons-mères des établissements religieux, qu'étaient dressées nombre de ces structures. Ces exécutions et leurs potentielles structures prenaient parfois directement place devant le bâtiment principal de la seigneurie détentrice de la justice : le monastère, l'abbaye, l'enclos, le prieuré. On peut ainsi relever que le carcan de Montmartre se trouvait sur la place devant l'entrée de l'abbaye[425] (n°3) ; de même, le *gibet* – il est difficile de savoir s'il s'agit d'une potence ou de fourches patibulaires – se

---

418 *Ibid.*, p. 245.

419 Se référer au chapitre sur les échelles de justice de la Partie I.

420 HECK, *op. cit.*, p. 115-122.

421 JACOB Robert, *La Grâce des juges. L'institution judiciaire et le sacré en Occident*, Paris, PUF, 2014, p.131-200.

422 GAUVARD, *Condamner…, op. cit*, p. 21 et p. 126-131.

423 *Ibid.*, p. 127.

424 JACOB, *La Grâce…, op. cit.*, p. 310 313

425 Arch. nat. Z^2 2399 ; Tanon, *Histoire des…, op. cit.*, p. 305.

situait non loin des murs de l'abbaye[426] (n°4). L'échelle et le pilori de Saint-Germain-des-Prés étaient dressés, certes, sur la place Sainte-Marguerite, mais surtout face à l'entrée primitive de l'abbaye et face à la prison de Saint-Germain qui, elle, se situait à côté de l'enclos[427] (n°20 et 23). Le Temple avait, quant à lui, son échelle de justice, cette « large échelle de bois, fort élevée, appuyée contre un mât »[428] et dotée d'un carcan en son sommet fait d'une plateforme, élevée au carrefour des rues des Vieilles-Haudriettes – aussi appelée de l'Échelle – et Michel-le-Comte, non loin de l'enclos[429] (fig. 26) (n°26). Bien qu'elle fut déplacée et diminuée en 1667 à la demande du voisinage dérangé par sa présence, cette échelle resta non loin de la cour prieurale : elle se se trouvait alors à l'autre extrémité de la rue des Vieille-Haudriettes[430] et elle perdura à cet emplacement encore près d'un siècle[431] – bien qu'elle ne fut probablement plus utilisée à partir de l'édit de 1674 qui réduisit l'exercice de la haute justice de nombreuses juridictions – jusqu'à la fin du XVIIIe siècle[432] puisqu'en 1779, le *Dictionnaire de Paris* de Hurtaut et Magny mentionne cette curiosité de la capitale dont il ne reste qu'un des montants[433]. Pareillement au Temple, Saint-Martin-des-Champs avait son échelle de justice dressée devant son enclos prieural, sur la place dite de la cour Saint-Martin, également située face à l'église Saint-Nicolas-des-Champs[434] (n°49). On peut encore évoquer le carcan de l'abbaye de Saint-Victor qui se trouvait, lui aussi, érigé devant l'enclos abbatial dans la rue du faubourg Saint-Victor et, de même, face à la porte de l'église[435] (n°100). Enfin, à l'instar des autres espaces cités, devant ces établissements étaient certes dressées des structures judiciaires de la seigneurie mais on y exécutait aussi des peines ne nécessitant pas de support matériel comme le fouet, la marque au fer, la mutilation d'un membre ou encore la prononciation de peines de bannissement. Mais lorsque le lieu s'y prêtait, il pouvait également s'y dérouler des peines capitales : en 1268, la justice de Sainte-Geneviève fait *ars* (brûler vif), dans la cour du maire de Fontenay, un porc coupable d'avoir « *mengié un enfant* »[436]. Ainsi, lorsque les conditions et de place et de sécurité le permettaient, on voit qu'il pouvait être choisi de mettre à mort en un lieu aussi central et représentatif du pouvoir seigneurial que la cour du maire du village. Dresser une structure judiciaire ou exécuter une peine devant l'enclos abbatial ou prieural n'est guère surprenant ; la très grande majorité des seigneurs parisiens détenant la haute-justice sont des

---

426 JAHYER, *op. cit.*, n°9, p. 8.
427 TANON, *Histoire des…, op. cit.*, p. 227
428 DE CURZON, *op. cit.*, p. 189.
429 *Ibid.*
430 SAUVAL, *op. cit.*, t. 2, p. 590.
431 DE CURZON, *op. cit.*, p. 190.
432 DULAURE, *op. cit.*, t. 1, p. 311.
433 DRIGON DE MARGNY Claude et HURTAUT Pierre-Thomas-Nicolas, *Dictionnaire historique de la ville de Paris et ses environs*, t. 4, Paris, Moutard Imprimeur Libraire, 1779, p. 692.
434 TANON, *Histoire des…, op. cit.*, p. 283 ; SAUVAL, *op. cit.*, t. 2, p. 590.
435 TANON, *Histoire des…, op. cit.*, p. 254.
436 *Ibid.*, p. 378.

ecclésiastiques. En effet, les monastères situés dans Paris ou bien pris progressivement dans son tissu urbain à mesure des constructions des diverses enceintes sont véritablement les cœurs des seigneuries et du pouvoir des puissants propriétaires fonciers et acteurs économiques que sont les seigneurs ecclésiastiques[437]. C'est donc autour de ces centres, dans leur périphérie proche, que leur pouvoir s'exerce et s'impose de la manière la plus forte et immédiate. En dressant une structure judiciaire devant le cœur de sa seigneurie, le seigneur ecclésiastique réaffirme aux habitants du quartier et aux passants, sur lesquels ou une partie desquels il exerce son droit de justicier, et dans un contexte topographique parisien complexe fait de multiples enchevêtrements et d'enclaves, ses droits et son pouvoir.

Lorsque ces supports de la justice ne sont pas élevés face au cœur de la seigneurie ecclésiastique, ils peuvent alors être mis devant un espace déjà fortement marqué judiciairement et qui ne peut être contesté – c'est-à-dire abattu : la prison. Ainsi, le pilori et l'échelle de Saint-Germain-des-Prés sont dressés devant l'enclos abbatial et face à la prison de la seigneurie qui jouxtait cet espace[438] (n°20 et 23). L'échelle de justice et le carcan du prieuré de Saint-Lazare se situaient tous deux face à l'entrée de la prison, au carrefour dit de Saint-Lazare dans la rue du Faubourg-Saint-Denis[439] (n°99 et 101). Plus rare, on trouve également la mention d'une structure judiciaire dressée près de la grange dimeresse de la seigneurie : c'est le cas des fourches patibulaires de Saint-Magloire situées au bourg de Versailles[440] (n°49). S'il ne s'agit pas là d'un espace judiciaire, cette grange est elle aussi primordiale au fonctionnement de l'abbaye et très fortement chargée symboliquement. Elle est la marque physique et tangible de la puissance économique et foncière du seigneur.

Il arrive aussi de voir les châtiments exécuter en des endroits significatifs du crime commis. Ces lieux peuvent donc varier d'une peine à l'autre, mais ils sont symboliquement forts : il s'agit bien souvent de la maison du criminel et/ou de la victime et du lieu du crime. Marqués de la sorte par la peine, ces lieux sont alors identifiés et connus de tous et durablement marqués de la souillure du crime. En revanche, il convient de noter qu'il n'est jamais fait mention d'une structure de justice dressée devant un de ces lieux, ce sont systématiquement des peines sans structures qui y sont pratiquées. Ainsi, le 9 mai 1604, Martine Barbery fut fustigée, entre autres, devant la porte de sa demeure[441]. Il semble en effet que ces lieux liés au crime et au criminel fassent partie du parcours rituel imposé au coupable mais ne sont jamais la destination de ce trajet où se déroule l'exécution. Sans doute préfère-t-on exécuter en un lieu plus favorable à la visibilité de la peine.

---

[437] BOVE et GAUVARD (dir.), *op. cit.*, p. 12-14.

[438] LAZARE Félix et LAZARE Louis, *Dictionnaire administratif et historique des rues de Paris et de ses monuments*, 1844, p. 4.

[439] TANON, *Histoire des..., op. cit.*, p. 309.

[440] Arch. nat. S 3971, n°10, fol. 11 ; FOSSIER et TERROINE (éd.), *op. cit.*, t. 1, p. 277-279 et notes de l'acte n°130.

[441] TANON, *Histoire des..., op. cit.*, p. 245.

Autre lieu symbolique devant lequel s'exécute parfois des peines : l'arbre, généralement un orme ou un chêne. L'arbre est profondément lié à la justice ; il est même un des plus anciens et des plus universels symboles de la justice. Répandu depuis l'époque celte, il n'est pas exceptionnel de voir la justice rendue sous un arbre que ce soit pendant l'époque mérovingienne, au cours du Moyen Âge ou même pendant l'Ancien Régime[442]. De plus, selon la croyance d'un axe vertical unissant la terre au ciel (*axis mundi*), l'arbre – puis la colonne de pierre – matérialisent ce lien à Dieu dans l'exercice de la justice ; ainsi la justice rendue au pied de l'arbre s'effectue sous le regard de Dieu[443]. Repère vertical et imposant, l'arbre est visible par l'ensemble de la société. Les arbres constituent donc des points aisément reconnaissables qui confèrent une dimension de grandeur à la justice et à celui qui l'exerce ; ils matérialisent une justice forte et solide, accordée par Dieu[444]. Cette symbolique ancienne et profondément ancrée de l'exercice d'une bonne justice exercée au pied de l'arbre est renforcée à partir de la fin du XIIe et du début du XIIIe siècle avec l'image de Saint Louis rendant la justice sous un chêne. Cette image nous vient de Jean de Joinville qui fut chargé par la reine de France d'écrire des Mémoires de Saint Louis et ce, dans un contexte de création d'un culte autour du roi alors récemment canonisé, en 1297[445] : « Maintes foiz avint que en estei il se alloit seoir ou bois de Vinciennes après sa messe, et se acostoioit à un chesne, et nous fesoit seoir entour li. Eu tuit cil qui avoient afaire venoient parler à li, sanz destoubier de huissier ne d'autre [...] »[446]. Il n'était donc pas rare qu'un arbre, souvent un orme, se trouve sur la place principale du village. Ainsi, s'élevait un orme sur le parvis de l'église Saint-Gervais, sur la rive droite (fig. 30). La première mention de cet orme, sous lequel on rendait certes la justice mais qui était même devenu un emblème, date de 1235[447].

---

[442] JACOB Robert, *Images de la justice. Essai sur l'iconographie judiciaire du Moyen Âge à l'âge classique*, Le Léopard d'Or, 1994.
[443] BILLY Anne, *« Le désir de Dieu » en images dans un antiphonaire de Saint-Maur-des-Fossés*, Paris, Éditions du Cerf, « Patrimoines », 2018 ; JACOB, *Images de la justice..., op. cit.*
[444] MULCAHY Linda, *Legal Architecture : Justice, Due Process and the Place of Law*, Londres, Routledge, 2011.
[445] DEJOUX Marie, « Le chêne de Saint Louis », *L'Histoire*, n° 453, novembre 2018, p. 66-71.
[446] Jean de Joinville, *Histoire de Saint Louis*, DE WAILLY Natalis (éd.), Paris, Firmin Didot, 1874, p. 34.
[447] LOMBARD-JOURDAN, *Aux origines..., op. cit.*, p. 33 et note 144 p. 139.

Figure 30 : Orme de Saint-Gervais (rive droite) – Détail du plan de Truschet et Hoyau (1552).

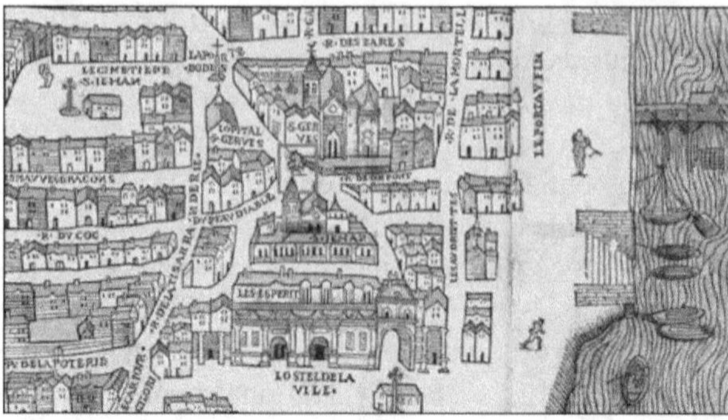

Lorsqu'on aborde l'usage judiciaire d'un arbre, c'est la peine de la pendaison qui apparaît la première. Et en effet, les arbres étaient parfois employés à de telles mises à mort. En 1402, la justice de l'abbaye de Saint-Denis fait pendre cinq ou six hommes à un orme situé « près du grand chemin de Paris » à l'extrémité de la culture Saint-Lazare[448]. De même, en 1445, trois larrons furent pendus par la justice du roi à un orme près de Bourg-la-Reine[449]. Si l'on pouvait faire pendre à ces ormes, ils ne servaient pas qu'à exécuter des peines ; au pied des arbres de justice, on prononçait également les sentences, on y faisait amende honorable mais on pouvait aussi y payer le cens ; tel était le cas pour l'orme de Saint-Gervais[450]. De même, au XIIIe siècle, il se trouvait un pareil orme, marque de haute justice d'un seigneur, à Saint-Marcel, un autre près de Notre-Dame-des-Champs était appelé « l'Ourme du Roy »[451]. L'abbaye de Sainte-Geneviève possédait également un orme dans sa cour sous lequel elle pouvait rendre justice puisque le 9 mai 1604, Martine de Barbery fut fustigée, entre autres, sous « l'orme de la grande cour de l'abbaye » et en 1613, ce fut, cette fois-ci, Nicole Lécrivain qui eut à subir ce châtiment sous ce même arbre[452].

Enfin, un dernier lieu hautement symbolique, et pour le moins étonnant, d'implantation des structures judiciaires doit être relevé : la décharge. À la lecture de l'ouvrage écrit par Anne Terroine, et édité par Lucie Fossier, à partir du cartulaire privé d'un bourgeois de Paris, Geoffroy de Saint-Laurent, on apprend que l'abbaye de Sainte-Geneviève possédait une vaste décharge au cœur des terres de l'abbaye de Saint-Victor, décharge qui s'étendait des portes même de Saint-Victor jusqu'à l'embouchure de la Bièvre. En effet, le territoire circonscrit entre la Seine, la grande rue Copeau (actuelle rue Geoffroy-Saint-Hilaire et appelée sur le plan de Vasserot rue du Jardin du Roi), la rue de Seine (actuelle rue Cuvier) et le chemin dit de Pontliveau (actuelle rue Poliveau ; portion allant jusqu'à la

---

[448] TANON, *Histoire des..., op. cit.*, p. 315 et 558.
[449] SAUVAL, *op. cit.*, t. 3, p. 344.
[450] LOMBARD-JOURDAN, *Aux origines..., op. cit.*, note 144 p. 139.
[451] *Ibid.*
[452] TANON, *Histoire des..., op. cit.*, p. 245.

Seine)[453] (carte 1), bien que maintes fois revendiqué par Saint-Victor, se trouvait sous la juridiction de Sainte-Geneviève [454]. Ces revendications prirent véritablement fin en juillet 1303 : les religieux de Saint-Victor abandonnèrent leurs prétentions et reconnurent les droits de basse, moyenne et haute justice de Sainte-Geneviève sur ce territoire en échange de l'arrêt des exécutions de la justice génovéfaine en ce lieu[455], « de ne plus brûler les femmes, de ne plus les ensevelir vivantes, de ne point mutiler les hommes ou les femmes, et de ne point les trainer, sauf le cas de délit sur leur voirie »[456]. Cette transaction confirma non seulement Sainte-Geneviève dans sa possession mais lui accorde également la justice sur les deux côtés de la rue du Faubourg-Saint-Victor – qui apparaît sur la carte 1 sous le simple nom de rue de Saint-Victor –, même sur la partie devant les murs de l'abbaye de Saint-Victor[457]. Une partie de ce territoire était employée par les habitants de Sainte-Geneviève comme une décharge et notamment la butte des Copeaux qui, selon certains, s'était constituée de l'accumulation des boues et immondices rejetées[458]. Ainsi, en cette décharge située à côté même de l'abbaye de Saint-Victor les religieux de Sainte-Geneviève exécutaient, entre autres, à mort ; en revanche, la structure d'exécution, s'il en était une permanente, est inconnue (n°41). Mais cet usage prit bel et bien fin en 1303[459], certes cette charte fut le résultat d'une demande des Victoriens alors gênés d'assister, contre leur gré, aux exécutions orchestrées par la justice de Sainte-Geneviève [460], mais la transaction attestant par écrit, et faisant donc foi de la juridiction de cette dernière sur le territoire convoité, l'exécution de sentences, avec tous les rituels judiciaires qu'elles impliquent, n'était plus essentielle à l'autorité de Sainte-Geneviève pour s'affirmer face aux nombreuses contestations.

---

453 *Ibid.*, p. 250.

454 *Ibid.*, p. 239 ; BEUGNOT (éd.), *op. cit.*, t. 2, p. 415.

455 LEBEUF, *op. cit.*, t. 2, p. 619-620.

456 Lebeuf cite également la version latine de la charte : « *et nos, abbas et conventus sancte Genovefe predicte promittimus bona fide quod in predicta viaria executiones que sequuntur, quoquomodo non fatiemus per nos vel per alios in futurum, videlicet mulieres adurere seu vivas infodere, homines et mulieres mutilare, trainare, nisi contingeret in ipsa viaria delictum perpetrari propter quod aliquis esset trainandus* ». Traduction : et nous, l'abbé et l'assemblée de Sainte-Geneviève promettons de bonne foi que dans la susdite voirie nous ne ferons plus de quelque manière que ce soit, par nous ou par d'autres par le futur, les exécutions suivantes, c'est-à-dire brûler ou ensevelir vivantes les femmes, mutiler les hommes et les femmes, traîner, sauf s'il arrive un délit dans cette voirie qui entraîne de traîner quelqu'un.

457 TANON, *Histoire des..., op. cit.*, p. 251 ; selon Tanon, arch. nat. S 1536.

458 *Ibid.*, p. 239 ; LEGRAND Henri, *Plans de restitutions : Paris en 1380*, Paris, Imprimerie impériale, 1868, p. 75 ; JAILLOT, *op. cit.*, t. 16 [Quartier de la place Maubert], p. 72.

459 Arch. nat., S 1536, n°8, 1303, 4 juillet.

460 FOSSIER Lucie et TERROINE Anne, *Un Bourgeois parisien du XIIIe siècle : Geoffroy de Saint-Laurent, 1245?-1290*, Paris, C.N.R.S. Édition, 1992, p. 31 et note n°76 p. 60-61.

Carte 1

Carte des censives des abbayes de Sainte-Geneviève et Saint-Victor dans le faubourg Saint-Victor (sud de Paris).

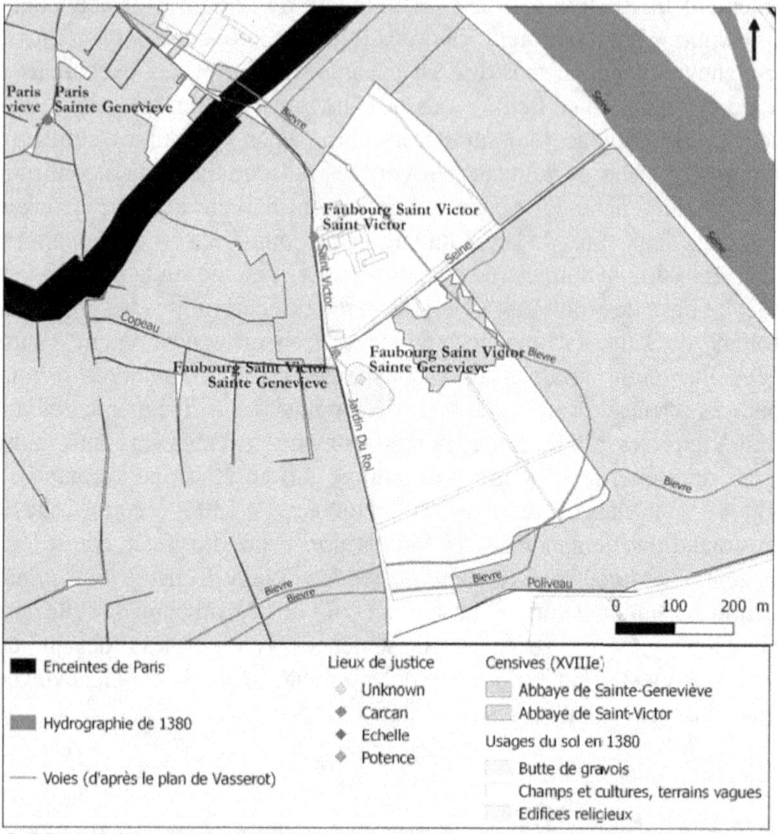

© APUR/ALPAGE : B. Bove, Y. Brault, P. Rouet, D. Gherdevich, A.-L. Bethe, L. Ecorchard – LE (2020).

Si ce lieu de la décharge est pour le moins surprenant, le cas de Sainte-Geneviève n'est pas unique et d'autres lieux d'exécution parisiens, toutefois peu nombreux, étaient également employés à l'évacuation des immondices de la capitale. À l'image de la butte des Copeaux du faubourg Saint-Victor, la butte Saint-Roch, également nommée butte des Moulins, était, elle aussi, constituée d'un amas de gravats, de déchets et de terre. Selon Édouard Fournier, cette accumulation n'était absolument pas laissée au hasard et était le résultat d'un travail raisonné consistant en un empilement conscient de couches horizontales relativement régulières[461]. Ce lieu de décharge était en grande partie lié à l'activité économique qui s'y déroulait. Au début du XIVe siècle, un nouveau lieu de vente du bétail, principalement de porcs, est établi à l'extérieur de la ville, dans le faubourg Saint-Honoré[462] et au cours de ce même siècle, les porchers sont

[461] Fournier, *Histoire..., op. cit.*, p. 2.

[462] Un premier acte d'avril 1308 fait mention du marché aux Pourceaux alors situé au niveau du faubourg Saint-Honoré ; dans Fournier, *Histoire..., op. cit.*, p. 11.

définitivement interdits de commercer au sein de la capitale et doivent désormais parquer leurs bêtes au pied de la butte Saint-Roch[463]. La pente est de la butte – où passe actuellement la rue Sainte-Anne – était précisément l'endroit où l'on abattait le bétail. Surnommée la « place du sang » par Jaillot[464], elle était donc le réceptacle de tous les déchets rejetés par cette pratique[465]. Or, ce lieu accueille de multiples structures judiciaires : une chaudière destinée à l'ébouillantage (n°56), des poteaux servant aux bûchers (n°48) et aussi, parfois, des potences (n°64) (carte 2). Ainsi, en 1321, la tête et le corps d'un homme, après avoir été décapité aux Halles, furent enfouis « en ung gravois lors estant costé la place des Pourceaux »[466].

---

463 Un acte royal de 1360 formulerait cet interdit ; dans FOURNIER, *Paris…, op. cit.*, p. 172 ; DE LA MARE, *op. cit.*, t. 2, Livre V, Titre XVII, Paris, p. 1148.
464 JAILLOT, *op. cit.*, t. 5 [Quartier Palais-Royal], p. 5.
465 FOURNIER, *Histoire…, op. cit.*, p. 9.
466 POËTE Marcel, *Une vie de cité*, t. 1, Paris, Auguste Picard, 1924, p. 335. Voir aussi LOMBARD-JOURDAN, *Aux origines…, op. cit.*, p. 104.

Carte 2

Carte des structures de justice au marché aux Pourceaux avec les censives du faubourg Saint-Honoré (nord ouest de Paris).

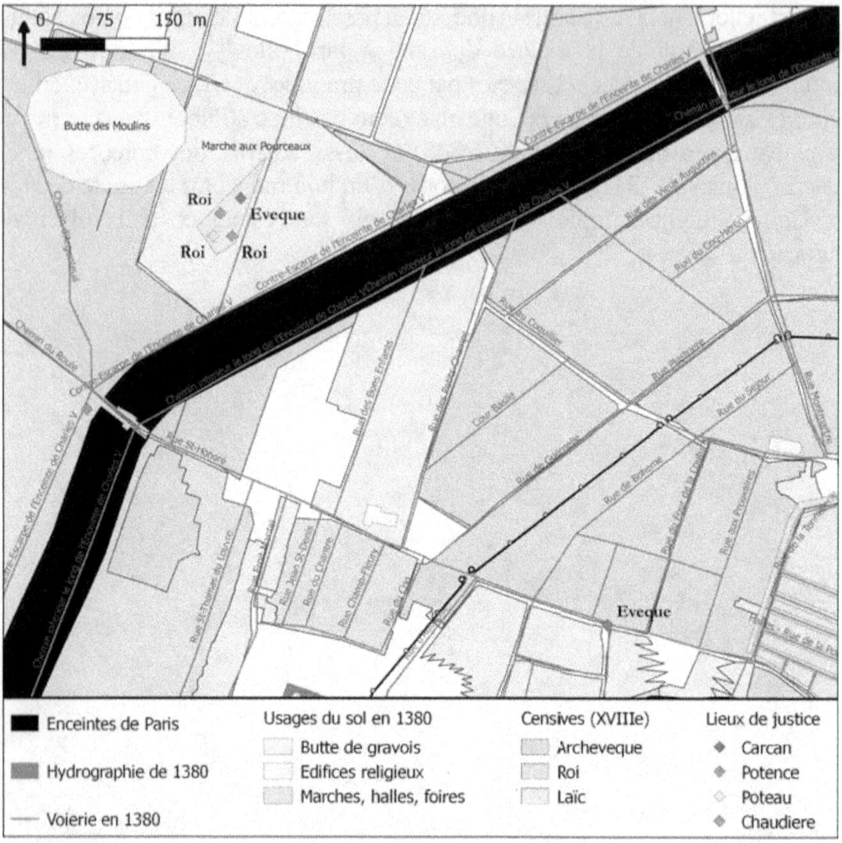

© APUR/ALPAGE : B. Bove, Y. Brault, P. Rouet, D. Gherdevich, L. Ecorchard – LE (2020).

Les buttes des Copeaux et des Moulins semblent être les lieux de décharge les plus communs ayant accueilli des exécutions et leurs structures judiciaires, mais d'autres lieux similaires encore ont ponctuellement été employés à des exécutions. Au cours du conflit qui opposa partisans des Armagnacs et des Bourguignons dans le premier tiers du XVe siècle, dans la nuit du 11 au 12 juin 1418, les Parisiens, craignant une action des Armagnacs pour la libération des prisonniers et notamment celle du comte d'Armagnac, emprisonné à la Conciergerie depuis le 6 juin, se rendirent dans les prisons et massacrèrent les captifs. Le comte d'Armagnac fut assassiné cette nuit-là, son corps fut traîné et mutilé pendant trois jours dans les rues de la capitale, puis fut jeté dans un tas de fumier dans la cour du prieuré de Saint-Martin-des-Champs[467]. Jeter le

[467] CASSAGNES-BROUQUET Sophie, « L'intervention du genre dans l'événement. Les massacres parisiens de 1418 et le meurtre d'une femme », dans BERGERE Marc et CAPDEVILA Luc (dir.), *Genre et événement. Du masculin et du féminin en histoire des crises et des conflits*, Rennes, PUR, 2006, p. 56.

corps dans un tas de fumier engendre une association d'idées relativement claire ; ce faisant, les ordures sont ici utilisées pour amplifier le caractère infamant de la mise à mort et humilier, rejeter l'exécuté à la fois de la société et de l'ordre moral. En revanche, il s'agit ici d'une exécution sommaire, hors norme dans le sens où elle n'est orchestrée par aucune juridiction parisienne mais est menée par la foule. Mais dans les cas d'exécutions mises en place par une justice dans un lieu de dépôt d'ordures, on retrouve cette même volonté d'accentuer l'infamie de la peine.

Outre amplifier l'infamie qui frappe le condamné, le choix de l'exécuter dans une décharge permet de rejeter le péché commis, à savoir le crime, et le pécheur, alors considéré comme irrécupérable par la communauté[468], hors de la société. En effet, dans la société médiévale profondément chrétienne, la notion de péché participe à la fabrication de l'ordre moral et social ; celle-ci définit un ensemble d'interdits qui, perturbant le bon fonctionnement de la société, doivent être relégués hors de la communauté, hors de son ordre aussi bien moral que spatial. Ainsi, pour maintenir l'équilibre de la société, il convient d'en rejeter le péché. À l'instar des déchets et des ordures rejetés à l'extérieur de la ville pour des raisons d'hygiène mais aussi symboliques, les criminels portant la marque du péché de leur crime doivent être rejetés de la société à laquelle ils ne font désormais plus partie. Par un rite de séparation qui consiste concrètement à mener le criminel hors de la communauté, le condamné et son crime, péché qui l'entache, sont relégués hors de la société participant ainsi au renforcement de son ordre moral et social. C'est pourquoi aussi, bon nombre de structures d'exécution capitale sont dressées à l'extérieur de la ville. De plus, le choix des décharges pour l'exécution de sentences permet aussi de préserver d'autres lieux de la marque du péché. En effet, ces espaces présentaient des avantages certains à l'exercice de la justice : il s'agit de lieux déjà surélevés, isolés et infamants ; ainsi, exécuter dans des décharges ne fait que confirmer et ajouter à son caractère impur[469].

Bien plus encore que par un simple rejet physique et spatial de ce qui est considéré par la société comme touché par le péché, cet évitement peut se traduire, plus radicalement, par une irrémédiable élimination. Le péché – le coupable et le crime commis – est éliminé par l'exécution de la peine ; au mieux, seul le membre criminel est retiré par mutilation, c'est pourquoi le bourreau Capeluche, qui avait osé toucher le duc de Bourgogne, eut sa main tranchée en 1418, avant d'être décapité[470]. Au plus fort, cette élimination aboutit à la peine capitale lorsque le condamné est de basse extraction, instable,

---

[468] Gauvard, *Condamner..., op. cit.*, p. 258 et 266.

[469] Par ailleurs, ce fait n'est pas propre à Paris ni même à la France, Maškovà constate également l'implantation de fourches patibulaires à proximité d'espaces dédiés à des activités infamantes comme la découpe d'animaux : MASKOVA Pavlína, « Faux cimetières : les lieux d'inhumation des exclus dans les pays de la Couronne de Bohême à l'Époque moderne », dans TREFFORT Cécile (dir.), *Le cimetière au village dans l'Europe médiévale et moderne*, Toulouse, Presses universitaires du Midi, « Flaran », 2015, p. 207-209.

[470] CASSAGNES-BROUQUET, *op. cit.*, p. 62.

ne s'insérant dans aucun réseau de solidarité, la condamnation ne pouvant ainsi être discutée, remise en cause ou même vengée – bien évidemment, il existe des cas de condamnation à mort de personnes bien insérées dans la société mais ceux-ci sont très rares –[471], ou lorsqu'il est récidiviste et surtout « incorrigible », c'est-à-dire dans un état de péché irréversible. Irrécupérable, le coupable est jugé « inutile au monde »[472]. L'incorrigible ne peut, de par cet état, réintégrer le monde moral et social, il n'y a plus sa place et en est exclu définitivement ; exclusion définitive qui se traduit par la peine de mort. Et cette élimination se fait au travers de nombreux rites judiciaires. Rites qui, pour beaucoup, rappellent et mettent en évidence ce lien essentiel entre la souillure du péché et le condamné. Ce lien à l'immondice s'exprime dans les objets et outils employés à l'exécution. La peine capitale nous révèle le tabou du sang, et notamment du sang humain ; le métier de bourreau enfreint ce tabou et est, pour cela, placé dans la hiérarchie de métiers bien en-dessous des professions de découpe de la viande, des bouchers et des écorcheurs[473]. Ce tabou du sang est particulièrement prégnant dans l'application des peines ; pour ne pas toucher le sang, souillé par le péché du crime, du condamné exécuté le bourreau doit donc porter des gants, changés pour chaque exécution[474]. Plus fort encore est le tabou du sang de la femme, associé à la fin du Moyen Âge à de nombreux interdits. Ainsi, suivant le droit coutumier, la condamnation à mort d'une femme ne doit pas mener au versement de son sang, elle est alors soit pendue, noyée, étouffée, brûlée, enfouie mais jamais décapitée[475]. Autre lien à l'immondice qui, cette fois-ci, ne s'exprime pas par le lieu – la décharge – mais par le mode de transport du condamné : la charrette. Cet objet est généralement employé pour mener les condamnés jusqu'au lieu de leur exécution ; il est difficile d'affirmer si cet emploi était systématique, toutefois l'association faite entre la charrette et la peine capitale est évidente. Cet élément du rituel d'exécution « greffé » à celui d'humiliation qui se joue sur le pilori fait directement écho à la peine capitale, rendant le condamné simplement pilorié véritablement infâme en renvoyant l'image qu'il serait

[471] GAUVARD, *Condamner…, op. cit.*, p. 250-253.

[472] *Ibid.*, p. 258 et 266.

[473] *Ibid.*, p. 63.

[474] *Ibid.*, p. 66. Le bourreau n'était pas un personnage marginal et exclu de la société ; s'il était privé juridiquement de la *fama*, il était néanmoins inséré dans la société (voir *Ibid.*, p. 62-67). Toutefois, dans le cas de la République Tchèque étudiée par Pavlína Mašková et Daniel Wojtucki, il semblerait que les bourreaux, ou du moins les objets leur appartenant, soient considérés comme salis par la profession. Ils notent ainsi que les bourreaux et leur famille vivaient souvent à l'extérieur de la ville, ou du moins en périphérie, et que leurs maisons n'étaient que rarement conservées, le plus souvent elles étaient détruites, bien qu'en bon état, puis reconstruites. Cependant, les bourreaux n'étaient pas pour autant exclus de la société puisqu'ils pouvaient, ainsi que leurs assistants et leur famille, être enterrés en terres consacrée (voir MASKOVA et WOJTUCKI, « An archaeological… », *op. cit.*, p. 50). Était-ce aussi le cas en France ? Les objets ayant appartenu au bourreau étaient-ils souillés et donc détruits ?

[475] CASSAGNES-BROUQUET, *op. cit.*, p. 61.

digne de mourir[476]. De plus, la charrette, aussi appelée tombereau, est particulièrement infâme car elle est l'outil par excellence du transport des ordures hors de la ville vers les décharges : le 8 août 1523, « un hermite clerc accusé de plusieurs blasphêmes execrables, est debouté du renvoy qu'il avoit demandé pardevant le Juge Ecclesiastique, & condamné à être mené devant l'Eglise Notre-Dame dans un tombereau où l'on porte les immondices de la Ville, y faire amende honorable, ce fait être conduit au Marché aux Pourceaux, & y être brûlé vif après avoir eu la langue coupée »[477]. Ainsi, les condamnés à mort, pécheurs et irrécupérables, sont, à l'instar des ordures vaines au réemploi, transportés par la charrette hors de la ville, hors de la société ordonnée.

Souillés par l'exécution du criminel pécheur, il arrivait que les objets et outils alors employés soient détruits. Les gants du bourreau qui le protégeaient de toucher le sang du condamné sont changés à chaque exécution. De même, les outils de l'exécution n'étaient pas nécessairement fabriqués pour l'occasion, il s'agissait généralement d'outils du quotidien réemployés à cet usage judiciaire. Nathalie Demaret, dans son étude de la matérialité de la justice dans le Hainaut au XVe siècle, donne l'exemple d'un homme à qui la justice avait emprunté une hache pour une exécution mais qui refusa de la reprendre une fois l'office accompli car elle était alors considérée comme « abominable ». Les autorités durent donc payer l'homme pour qu'il reprenne son outil. De même, il arrivait que les artisans chargés d'ériger la structure d'exécution demandent à être payés plus en raison de « l'abominaulte dou lieu »[478]. L'infamie s'inscrit donc dans les objets de l'exécution et les détruire après l'exécution permet, comme pour le corps du criminel, à la fois d'effacer toute trace du mal commis mais aussi de marquer rituellement le moment judiciaire. On l'a dit, ces structures sont souvent dressées en des lieux commerciaux, de marché, ou du moins de passage, et certes démonter la structure après l'exécution permet de laisser l'espace libre à ces activités quotidiennes mais cela permet surtout de marquer le moment exceptionnel, hors de la normalité, qu'est l'exécution. On a donc un marquage temporel de la spatialité par la construction et la destruction des objets et structures qui permet d'ancrer ce moment dans les mémoires de tous, de marquer le caractère exceptionnel de cette manifestation de la justice. Cette temporalité exprimée radicalement par l'élimination de tout ce qui est souillé, homme comme objets, permet également de clore le trouble, en effaçant le responsable du crime et toutes ses traces : la paix de la communauté alors troublée est rétablie.

---

[476] D'ARTAGNAN, « Tourner… », *op. cit.*, p. 5.
[477] DE LA MARE, *op. cit.*, t. 1, Livre III, Titre VI, p. 548.
[478] DEMARET, *op. cit.*, p. 195.

III. En élévation : un critère spécifique aux fourches patibulaires ?

Le critère de l'élévation des structures judiciaires est souvent revendiqué par les chercheurs lorsqu'ils étudient des fourches patibulaires, bien souvent dressées sur des collines. Flocel Sabaté observe pour le cas de la Catalogne médiévale que ces objets sont, en effet, généralement placés en hauteur et à proximité des principaux chemins[479], Vincent Challet note quant à lui que « les exemples languedociens connus ne contreviennent pas au schéma général de localisation et de répartition de ces fourches patibulaires, situées comme il se doit, soit sur des endroits élevés, soit en bordure des routes »[480], ce point est également souligné par Cécile Voyer dans son article sur les enluminures des XIVe-XVe siècles[481], par Pierre Prétou étudiant le cas de la Gascogne à la fin du Moyen Âge[482], ou encore par Anne Crola pour la Dordogne[483] ; cette tendance à dresser les fourches patibulaires en hauteur et/ou près d'un axe de communication important est aussi valable pour la Pologne[484]… Les exemples sont nombreux et ne concernent pas uniquement des cas français. Pourtant, si cette élévation des fourches patibulaires semble être communément admise, les quelques sources évoquant ces structures pour les cas parisiens, déjà rares en elles-mêmes, ne précisent presque jamais l'emplacement de celles-ci et ne fournissent encore moins une description détaillée de la topographie du lieu sur lequel elles sont dressées. Il est alors nécessaire de voir ici si le critère de l'élévation est véritablement spécifique aux seules fourches patibulaires ou s'il s'applique à d'autres structures judiciaires mais aussi de voir si les fourches patibulaires ne sont implantées que suivant cet unique critère ou si d'autres entrent dans le jeu des stratégies d'implantation.

A. L'état des lieux des fourches en élévation

Sur les trente-neuf fourches patibulaires recensées, seules trois sont explicitement décrites dans les textes comme se situant sur des hauteurs. Les imposantes fourches de Montfaucon se trouvaient à proximité du faubourg Saint-Martin, à l'ouest de la route menant à Pantin[485], sur la butte de Montfaucon[486] (n°7). Le nom même de *Montfaucon* induit cet état de hauteur du terrain. Il est ainsi dit dans les *Comptes de la Prévôté de Paris* que dans l'année 1414 il fut fait d'autres fourches patibulaires, usuellement appelées « gibet de Montigny » (n°57), « près la grande Justice de Paris outre St

[479] SABATE, « Les fourches… », *op. cit.*, p. 4.
[480] CHALLET, « Les fourches… », *op. cit.*, p. 2.
[481] VOYER, *op. cit.*, p. 4 et 14.
[482] PRETOU Pierre, *Crime et justice en Gascogne à la fin du Moyen Âge*, Rennes, PUR, « Histoire », 2011, p. 85-122.
[483] CROLA, « Les fourches… », *op. cit.*, p. 128.
[484] VANHOVE, DUMA, WOJTUCKI et RUTKA, *op. cit.*, p. 295.
[485] MAILLARD, *op. cit.*, p. 11.
[486] PRETOU, *Le gibet…*, *op. cit.*

Laurent […] sur une petite montagne […] »[487]. De même, ces célèbres fourches royales sont toujours représentées, que ce soit sur les plans ou dans les enluminures, en élévation. Ainsi, en reprenant les documents iconographiques étudiés, on peut nettement voir que Montfaucon est dressé sur un monticule dominant les territoires alentours : sur le plan de Truschet et Hoyau de 1552 (fig. 2) mais aussi sur d'autres plus tardifs encore comme le plan Quesnel de 1609 (fig. 16), de même que sur les enluminures de Jean Fouquet (par exemple, fig. 1). Mais à la lecture des cartes réalisées, cette « petite montagne » sur laquelle se trouvait Montfaucon n'est pas si évidente (carte 3). Déjà, à l'observation des documents iconographiques présentés ci-dessous, on peut supposer qu'il s'agissait plus d'une petite colline que d'un « mont », mais il est difficile de faire entièrement confiance à ces représentations qui ne sont justement que cela, des représentations propres à l'auteur du document d'une réalité qu'il perçoit ; documents, qui plus est, qui n'ont jamais eu la prétention de représenter les choses à l'échelle ou de manière proportionnelle.

---

487 SAUVAL, *op. cit.*, t. 3, p. 269.

Carte 3

Carte représentant les fourches patibulaires royales (Montfaucon et Montigny), des l'abbayes de Montmartre et de Saint-Magloire.

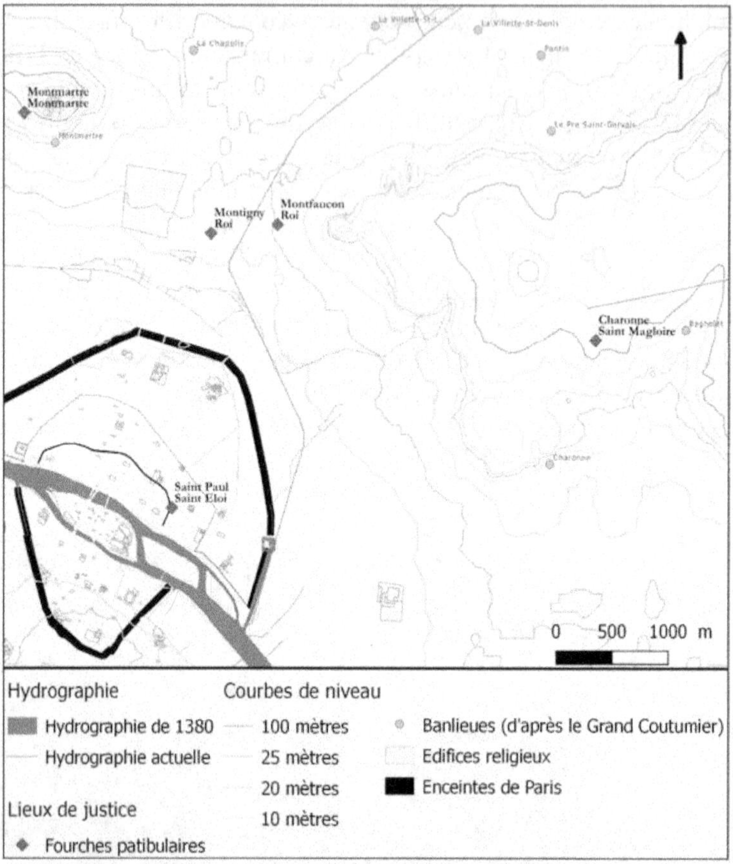

© APUR/ALPAGE : C. Bourlet, H. Noizet, P. Rouet, D. Gherdevich, IGN, L. Ecorchard – LE (2020).

La carte ci-dessus nous montre de manière nette les deux fourches patibulaires royales, Montfaucon et Montigny, qui ne semblent guère être très élevées (carte 3). Quatre courbes de niveaux sont représentées ci-dessus, la plus faible représente un niveau de 10 mètres au-dessus du sol, par rapport au niveau zéro (NGF), la seconde une hauteur de 20 mètres, une troisième correspond à 25 mètres et enfin, la plus importante représente une hauteur de 100 mètres. Montfaucon se situe ici entre deux courbes, l'une de 25 mètres, l'autre de 20 ; plus proches spatialement de la première, ces grandes fourches royales se trouvaient donc sur un monticule d'environ 25 mètres de hauteur. En revanche, si Montfaucon paraît bien être dressé sur une petite élévation du terrain, ce critère ne semble pas être validé pour les fourches de Montigny. Le plan de Quesnel le montre également, ces fourches, qui venaient temporairement palier celles de Montfaucon parfois inutilisables en raison de leur état de ruine, se trouvaient dressées en contre-bas de la butte de Montfaucon.

Si, certes, placer des fourches patibulaires légèrement en élévation était nécessaire pour assurer une bonne visibilité de la structure et de la justice alors rendue, cela n'était donc pas toujours possible. De plus, d'autres critères d'implantation rendent possible cette visibilité accrue. Ainsi, si l'on reprend la même carte que ci-dessus en y faisant apparaître les voies de communication principales menant de Paris aux banlieues avoisinantes (carte 4), on observe que Montigny est dressé en bordure même d'une de ces voies menant vers les bourgs de la Villette-Saint-Laurent, la Villette-Saint-Denis et Pantin ; et Montfaucon se trouve également à proximité de ces mêmes axes, légèrement plus en retrait afin d'être situé un peu hauteur. Il serait possible de voir dans l'implantation de Montfaucon, une prise en compte de plusieurs critères, tous ajustés, mobilisés à différentes échelles dans cette optique de visibilité et de publicité de la justice.

Carte 4

Carte représentant les fourches patibulaires royales (Montfaucon et Montigny), des l'abbayes de Montmartre et de Saint-Magloire.

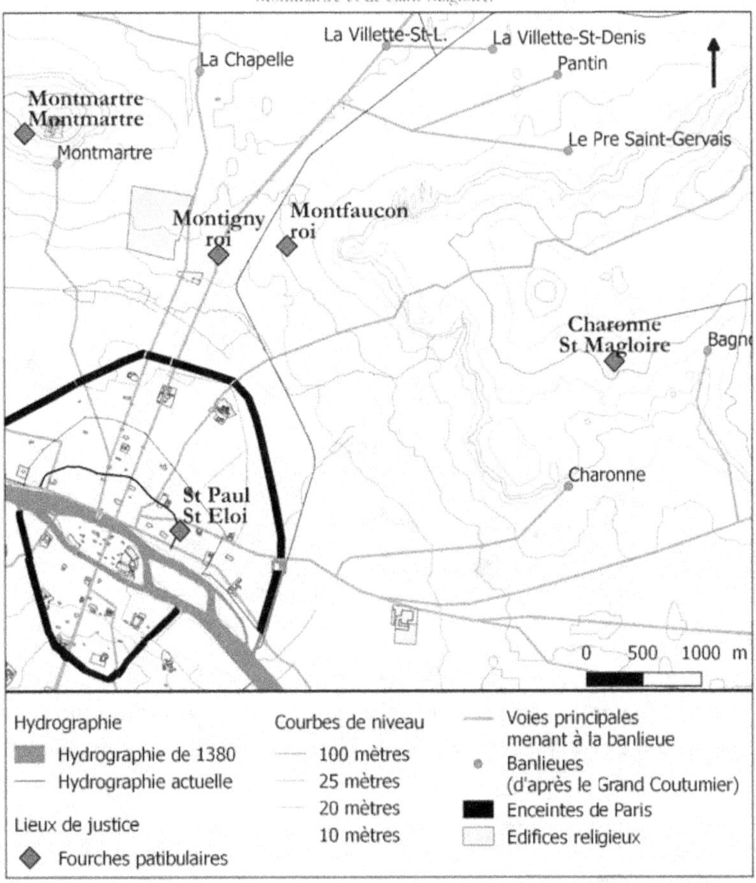

© APUR/ALPAGE : C. Bourlet, H. Noizet, P. Rouet, D. Gherdevich, L. Ecorchard – LE (2020).

De même, l'emplacement du « gibet » de Montmartre (n°4) – il s'agit très probablement de fourches patibulaires, mais une indétermination subsiste –, bien que la structure soit difficile à retrouver dans la documentation, est décrit brièvement dans l'*Histoire de Charles VI*, dite de Jean Jouvenel des Ursins, et éditée par Denys Godefroy en 1653. Au cours du conflit qui opposait les partis des Armagnacs et des Bourguignons pendant près de trente ans (1407-1435), en 1411[488], « ceux qu'on appeloi *Armagnacs*, se mirent en deux parties, embuschez derriere la montagne de Montmartre, en fosses basses vers le gibet »[489]. En effet, les fourches de Montmartre se trouvaient à côté de l'abbaye[490], situées au sommet de la butte du même nom, comme on peut le voir sur les cartes précédentes (cartes 1 et 2). De même, ces cartes confirment qu'il s'agissait bien d'une petite « montagne » avec un important dénivelé qui accentuait cette impression de hauteur : la courbe de niveau la plus élevée, à côté de laquelle se trouvent les fourches et l'abbaye, culmine à 100 mètres mais la périphérie immédiate de cette hauteur chute à 10 mètres… on peut donc imaginer qu'il se formait là un « ravin large et profond »[491]. Ravin qui semble être visible sur le plan de 1552, à défaut d'y voir représentées les fourches patibulaires (fig. 31).

Figure 31 : Bourg de Montmartre (nord de Paris) –
Détail du plan de Truschet et Hoyau (1552).

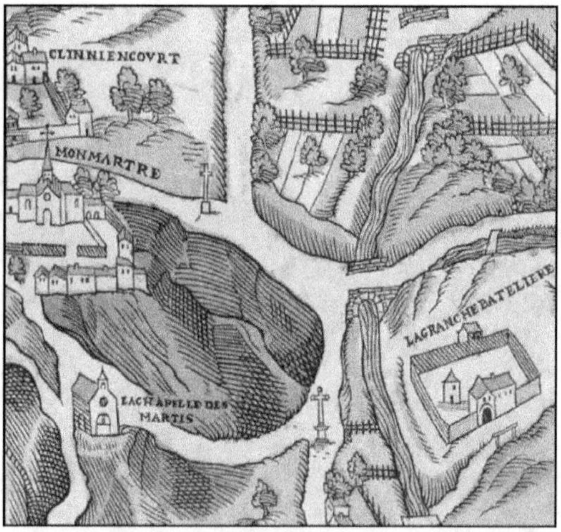

Seules autres fourches patibulaires dont l'emplacement en hauteur est décrit textuellement : celles que l'abbaye de Saint-Germain-des-Prés possédait au bourg de Villeneuve-Saint-Georges (n°11). Tanon rapporte que

[488] De Guilhermy, *op. cit.*, p. 63.
[489] Godefroy D., *op. cit.*, p. 229.
[490] Jahyer, *op. cit.*, n°9, p. 8.
[491] *Ibid.*, p. 9.

celles-ci étaient « dressées sur *la montagne*, au-dessus du village »[492]. Situé à une quinzaine de kilomètres au sud est de la capitale, le bourg de Villeneuve-Saint-Georges se trouve sur un terrain relativement nivelé (carte 5). À l'est de ce village, se dessine sur la carte une forme en relief : son pourtour correspond à une faible élévation d'environ 10 mètres mais en son centre on peut distinguer une proéminence atteignant les 100 mètres de hauteur, qui pourrait correspondre à cette « montagne » dont parle Tanon. Il est donc fort probable que ces fourches patibulaires dressées « au-dessus » du village se trouve sur le flanc abrupt, si ce n'est au sommet, de cette éminence.

Carte 5

Carte (détail) avec le relief du terrain et les fourches patibulaires de Saint-Germain-des-Prés et Saint-Benoit-le-Bétourné respectivement dressées aux bourgs de Villeneuve-Saint-Georges et de Limeil.

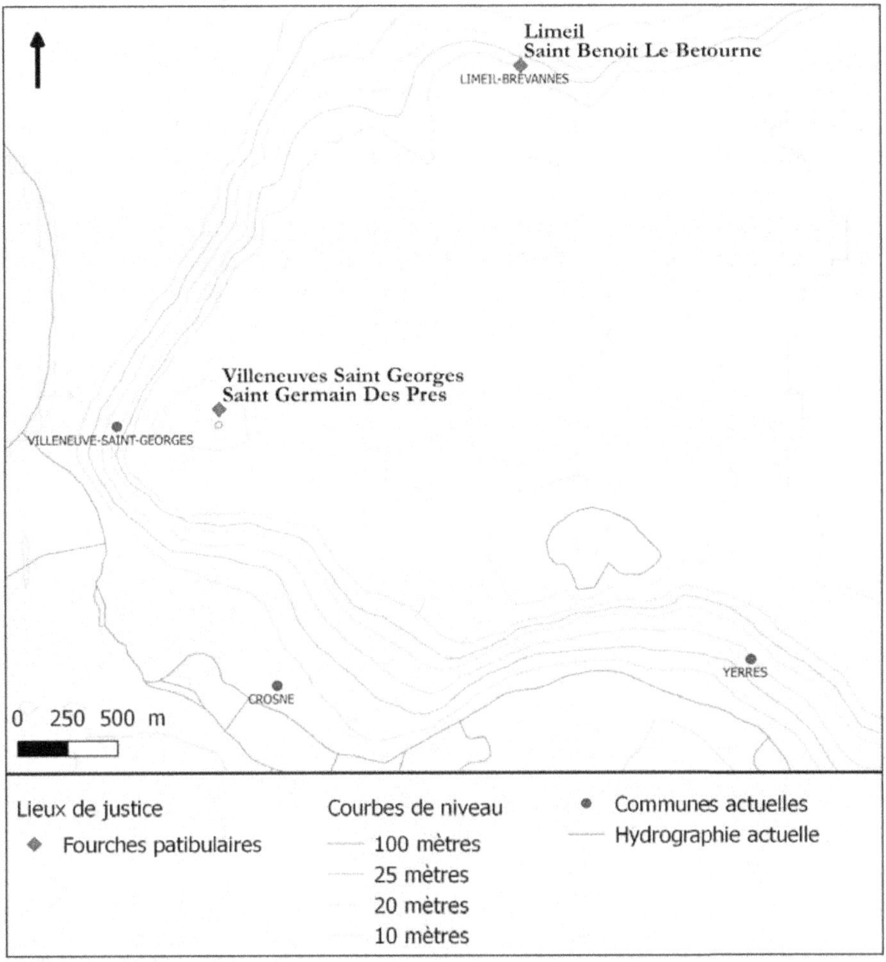

492 TANON, *Histoire des…*, *op. cit.*, p. 219.

Mais, outre ces trois seules fourches patibulaires, la topographie exacte de ce type de structures est peu souvent abordée dans la documentation. Si pour ces trois exemples on peut confirmer et saisir plus précisément cette situation d'élévation, il est toutefois aussi possible de situer les autres fourches patibulaires des seigneurs parisiens sur ces cartes. En faisant apparaître les reliefs de terrains sur ce support, il est possible d'observer si les fourches patibulaires sont bien dressées sur, ou à proximité, de zones surélevées. Cependant, il faut prendre ces données avec précaution : l'absence de description précise de leur emplacement ne permet pas de placer ces structures avec la plus grande précision sur une carte. Ainsi, s'il est certes possible de voir les courbes de niveau, c'est-à-dire les reliefs du sol sur les cartes, il convient d'avoir à l'esprit que les fourches patibulaires sont souvent simplement placées par rapport au bourg près duquel elles se trouvaient, il existe donc une marge d'erreur dans leur emplacement qui est à prendre en compte. Il est dès lors difficile de vérifier si toutes ces trente-neuf fourches patibulaires des seigneurs parisiens se trouvaient véritablement élevées en hauteur, sur un point culminant autour du bourg. Il serait fastidieux de faire une carte détaillée pour chaque fourche patibulaire. En revanche, une carte générale représentant l'ensemble de ces fourches sur les reliefs topographiques du bassin parisien – à l'exception de celles de l'abbaye de Saint-Denis à Concevreux, situées à plus de 150 km (n°25) – (carte 6), ainsi que des cartes montrant ces structures aux alentours de Paris permettent d'avoir une vue d'ensemble de la situation (cartes 7 et 8).

Carte 6

Carte des fourches patibulaires des seigneurs parisiens - Vue d'ensemble (à l'exclusion des fourches du bourg de Conceveux).

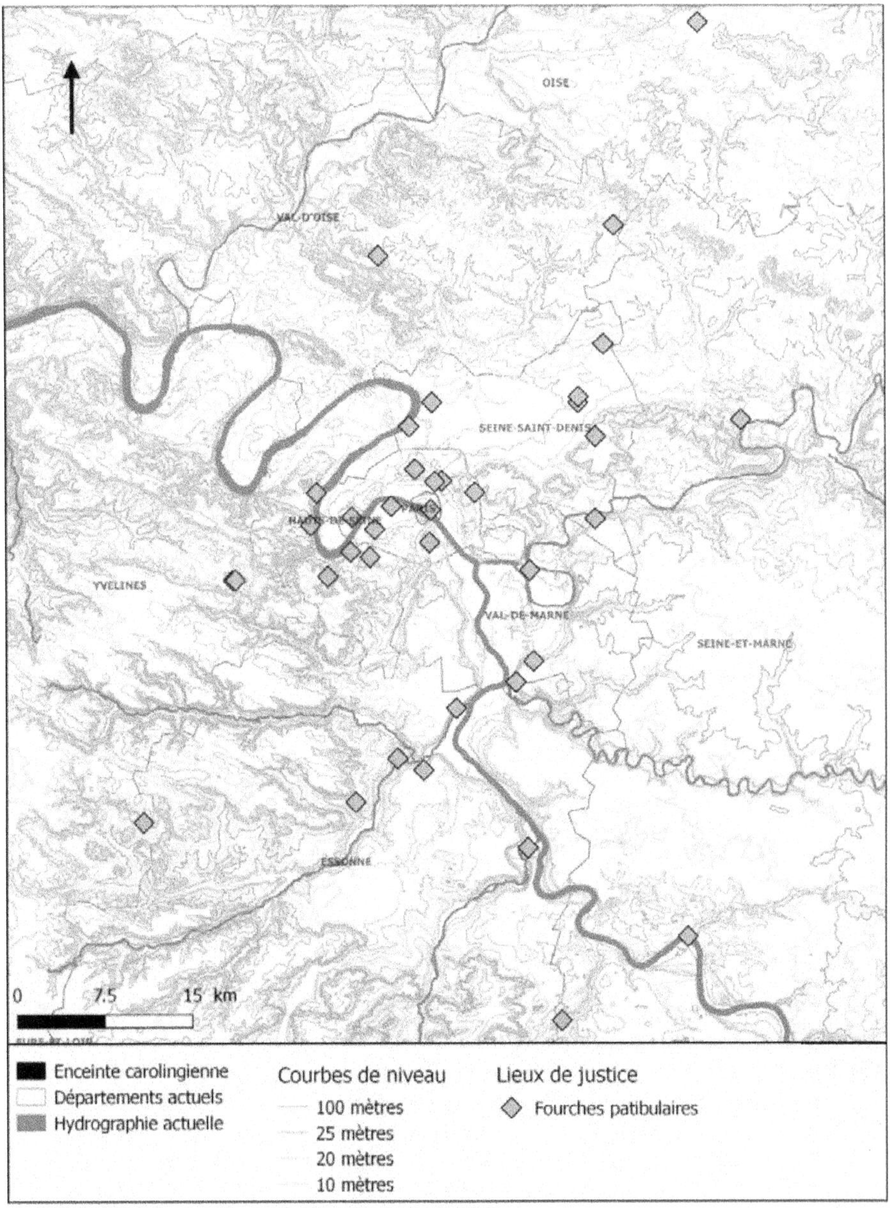

© APUR/ALPAGE : P. Rouet, D. Gherdevich, IGN, L. Ecorchard – LE (2020).

Carte 7

Carte des fourches patibulaires des seigneurs parisiens par rapport à l'élévation du terrain (nord et ouest de Paris).

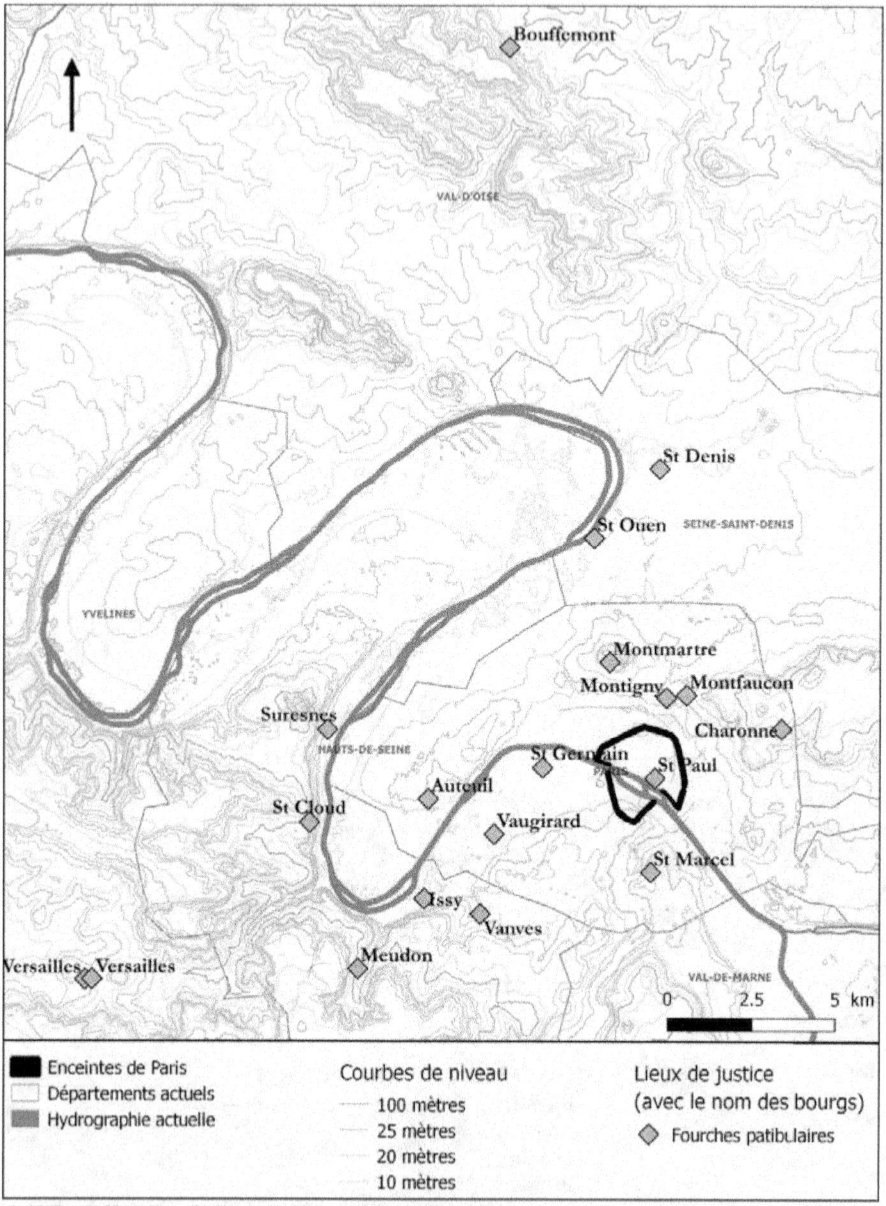

© APUR/ALPAGE : P. Rouet, D. Gherdevich, IGN, L. Ecorchard – LE (2020).

Carte 8

Carte des fourches patibulaires des seigneurs parisiens par rapport à l'élévation du terrain (sud de Paris).

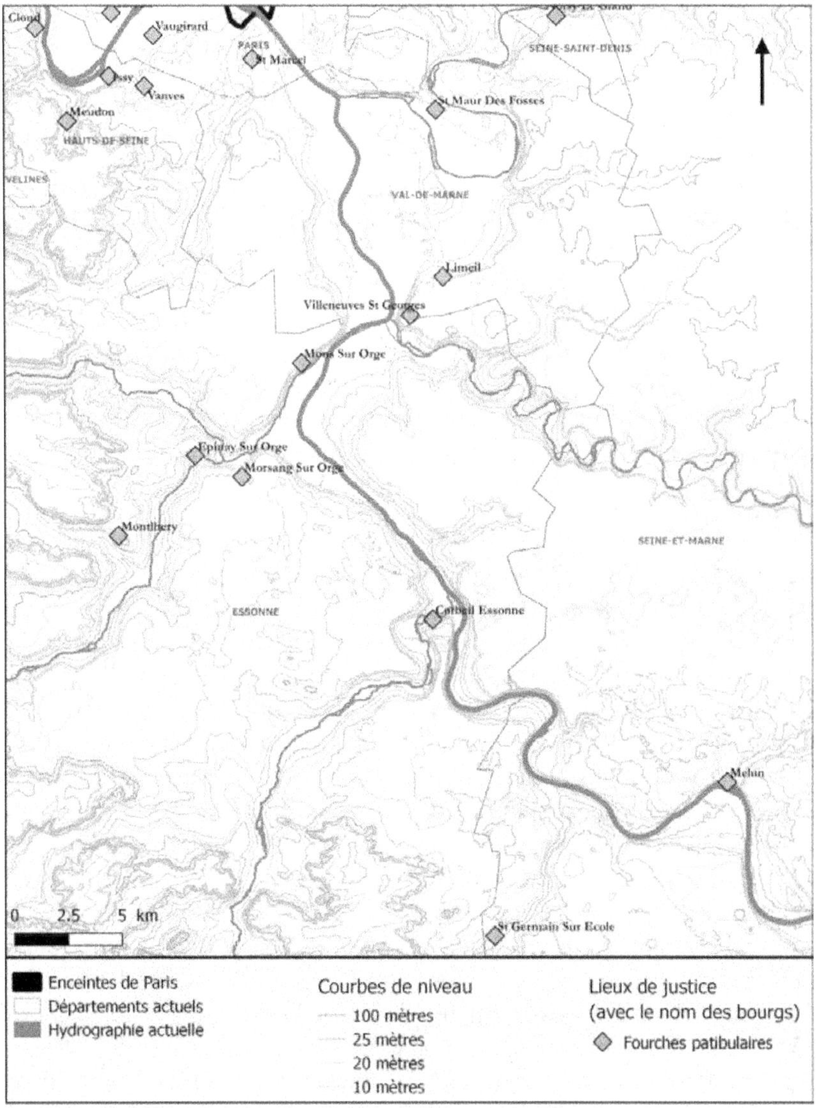

© APUR/ALPAGE : P. Rouet, D. Gherdevich, IGN, L. Ecorchard – LE (2020).

À la lecture de ces cartes, on peut d'ores et déjà observer que quelques-unes de ces structures se trouvent bien en situation topographique élevée. Sur les trente-neuf fourches patibulaires appartenant à des seigneurs parisiens, vingt-six paraissent être dressées plus ou moins à proximité de petites élévations entre 20 et 25 mètres de hauteur[493] et pour quatre de ces fourches,

[493] N°6, 7, 9, 10, 12, 13, 15, 17, 18, 21, 24, 25, 27, 30, 33, 34, 42, 47, 52, 53, 58, 87, 94, 95, 96 et 103.

l'élévation pourrait peut-être être apparentée à une petite colline (à Saint-Maur-des-Fossés, n°6 ; à Versailles, n°10 et 103 ; à Saint-Ouen, n°52). Sept se situent quant à elles à proximité d'une éminence importante d'environ 100 mètres ; il s'agit des fourches patibulaires de Saint-Magloire à Charonne (n°2) (carte 4), de Montmartre (n°4) (carte 4), de Saint-Germain-des-Prés à Villeneuve-Saint-Georges (n°11) (carte 5), de Sainte-Geneviève à Montlhéry (n°14), de Saint-Germain-des-Prés à Meudon (n°31) et à Suresnes (n°32), de Saint-Benoît-le-Bétourné à Clichy-sous-Bois (n°51). Et six autres ne se trouvent ni sur, ni à proximité d'aucune élévation de terrain (n°5, 16, 19, 29, 57 et 80). Dans la plupart des cas, les seigneurs parisiens préfèrent certes construire leurs fourches patibulaires en hauteur, non loin d'un bourg du territoire sur lequel ils ont le droit de haute justice, cependant, ce critère n'est pas systématique. Que ce soit par choix ou en raison de contraintes de lieu, il arrivait que les fourches soient dressées sur un terrain plat. Mais l'observation de ces cartes permet également de voir que deux autres critères d'implantation entrent fréquemment en jeu en ce qui concerne les fourches patibulaires.

B. D'autres critères d'implantation ?

Au premier regard porté sur la carte 6 – et il en va de même pour les cartes 7 et 8 plus détaillées, il est nettement discernable que toutes les fourches patibulaires, ou presque, se trouvent dressées à proximité d'un cours d'eau. De plus, si l'on prend la peine de représenter les voies de communication principales sur ces cartes, il apparaît que treize d'entre elles, soit un tiers, sont érigées à proximité d'une voie de communication importante reliant Paris aux divers bourgs de la banlieue environnante. Ces fourches sont celles de l'évêque de Paris à Saint-Cloud (n°9), de Sainte-Geneviève à Auteuil (n°33) et à Vanves (n°17), de Saint-Germain-des-Prés à Vaugirard (n°80), à Issy (n°42), de Saint-Benoît-le-Bétourné à Saint-Marcel (n°47) (carte 9), de Saint-Germain-des-Prés à Suresnes (n°32), du roi à Montigny (n°57), de Montmartre au bourg du même nom (n°4), de Saint-Benoît-le-Bétourné à Saint-Ouen (n°52), de Saint-Denis à Saint-Denis (n°29) (carte 10), de Saint-Éloi à Saint-Maur-des-Fossés (n°6), de Saint-Martin-des-Champs à Noisy (n°13) (carte 11). De même, cela n'apparaît pas sur les cartes, mais les fourches patibulaires du seigneur laïc de Versailles se trouvaient également le long d'une voie de communication, le long du grand chemin de Versailles à Paris[494] (n°103).

[494] Fossier et Terroine (éd.), *op. cit.*, t. 1, p. 277-279 ; Arch. nat. $0^1 1759^A$, doss. 2, p. 1, 1575, 19 février-19 mars ; Arch. nat., P2257, cote 192, p. 2 ; arch. nat., P2256, n.c., anc. 97, 43, s.d.

Carte 9

Carte des fourches patibulaires et des principales voies de communication au sud de Paris.

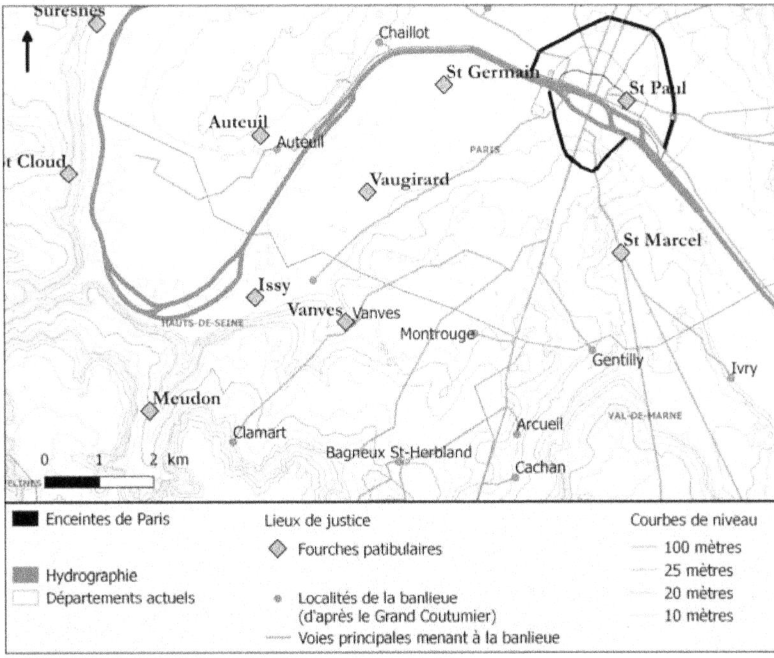

Carte 10

Carte des fourches patibulaires et des principales voies de communication au nord de Paris.

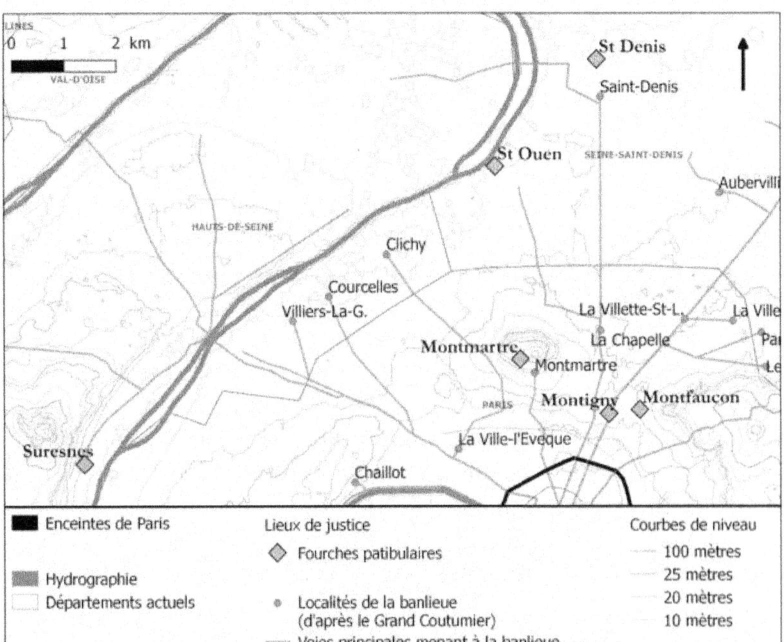

Carte 11

Carte des fourches patibulaires et des principales voies de communication à l'est de Paris.

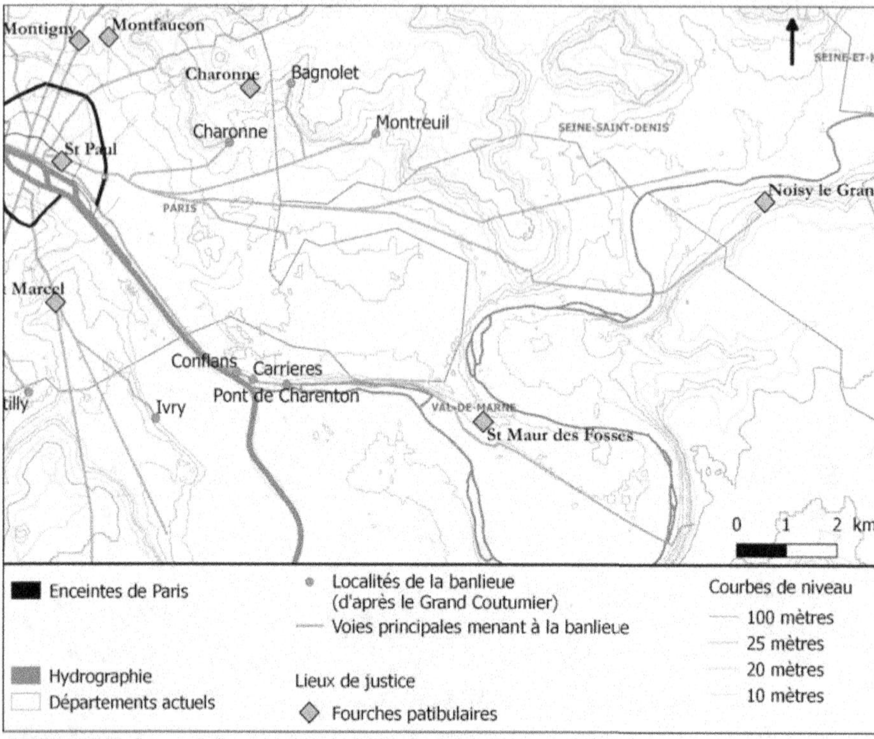

Cette proximité des fourches patibulaires de voies de communication, terrestres comme fluviales, donc facilement empruntables, peut sembler évidente. On l'a dit, les fourches patibulaires servaient, à la fin du Moyen Âge, à pendre les condamnés mais aussi à exposer les corps morts. Conduits vivants ou morts, ce transport du condamné, qui se faisait parfois sur une charrette, nécessitait une voie d'accès aux fourches suffisamment large pour permettre le passage des personnes et du matériel. Dans son étude sur les fourches patibulaires en Dordogne à la fin du Moyen Âge, Anne Crola relève notamment qu'aucun toponyme recensé en lien avec la justice ne se trouve éloigné d'une route[495]. De plus, cette proximité d'un axe de passage, à l'instar du critère de l'élévation, assurait une bonne visibilité de la structure et des éventuelles pendaisons. Voie de communication et hauteur permettent toutes deux une communication visuelle qui s'effectue entre l'autorité justicière et la communauté ainsi que les passants. Bien évidemment, cette visibilité est particulièrement effective lorsque la structure prend de la hauteur, c'est pourquoi la plupart des fourches patibulaires des seigneurs parisiens se

495 CROLA, « Les fourches… », *op. cit.*, p. 132.

trouvent dressées sur un monticule plus ou moins important. Mais la proximité d'une voie de communication, qui plus est menant à la capitale, était également nécessaire, à la fois à la mise en place du rituel punitif mais aussi à une communication visuelle du pouvoir.

La prédisposition des seigneurs parisiens à dresser leurs fourches patibulaires en hauteur étant maintenant démontrée, il convient de se demander si ce critère de l'élévation est propre aux seules structures de pendaison et d'exposition *post mortem*. Est-ce que d'autres lieux que les fourches patibulaires sont également dressés en hauteur ? Car, si ce critère est souvent invoqué pour les fourches patibulaires, cette visibilité qu'apporte l'élévation est aussi recherchée pour les autres structures judiciaires ; car tout acte judiciaire, et toute structure nécessaire à cet acte, est important et est une marque d'affirmation de son pouvoir par le seigneur. Il est difficile de savoir comment étaient implantées les structures judiciaires au sein des bourgs, ne disposant pas de la topographie précise et détaillée de chaque village. Ainsi, pour voir si les structures dédiées à l'humiliation judiciaire systématiquement placées au cœur d'une communauté urbaine se trouvaient dressées en hauteur, il conviendra de s'intéresser au seul cas de Paris. Mais avant d'aborder ces exemples, on peut noter que les potences, aussi bien dressées *intra* qu'*extra muros*, ne semblent pas être élevées spécifiquement en hauteur. En revanche, hors les murs comme à l'intérieur, il apparaît évident qu'elles sont systématiquement érigées à proximité de voies importantes de communication (carte 12). Dressées hors de la ville, ces potences ponctuent les chemins, les voies principales menant à la banlieue : ainsi, la justice royale fait dresser temporairement, en 1483, deux potences sur deux voies opposées : le chemin de Saint-Denis (n°69), au nord, et le chemin menant à Villejuif, au sud (n°68) ; l'évêque de Paris en fait dresser une en 1578 le long du chemin menant en ses territoires de la Ville-l'Évêque, plus exactement à l'entrée du faubourg Saint-Honoré (n°90). Une exception : la potence de l'abbaye de Sainte-Geneviève située dans le faubourg Saint-Victor (n°102) qui ne semble proche d'aucune des voies principales de communication. Si elle ne se trouve pas en bordure d'un de ses chemins, cette potence, en revanche, est dressée en un endroit maintes fois contesté et revendiqué par l'abbaye de Saint-Victor, le carrefour Copeau. D'autres potences sont encore dressées à l'extérieur des murs de Paris, celles-ci se trouvent aux quatre portes principales de la ville : Saint-Honoré (n°64), Saint-Denis (n°60), Saint-Antoine (n°59) et Saint-Jacques (n°63). La porte Saint-Antoine accueillit des potences au moins à deux reprises, en 1420[496] et 1471[497], de même la porte Saint-Denis eut des potences par, au moins, trois fois, en 1420[498], 1471[499] et 1480[500]. Les portes Saint-Honoré et

---

[496] SAUVAL, *op. cit.*, t. 3, p. 276.
[497] *Ibid.*, p. 400.
[498] *Ibid.*, p. 276.
[499] *Ibid.*, p. 400.
[500] *Ibid.*, p. 438.

Saint-Jacques ne compte, quant à elles, qu'une seule occurrence de potences, en 1471[501]. Non loin de la porte Saint-Honoré et donc d'un des principaux chemins menant à la capitale, se trouvait occasionnellement une autre potence royale au marché aux Pourceaux (n°79). Dans Paris même, les potences suivent également les principaux chemins parcourant la capitale de part en part. Une potence fut dressée temporairement par l'abbaye de Saint-Germain-des-Prés à l'extrémité du pont Saint-Michel en 1612[502] (n°93).

Carte 12

Carte des potences et des principales voies de communication dans Paris et ses environs.

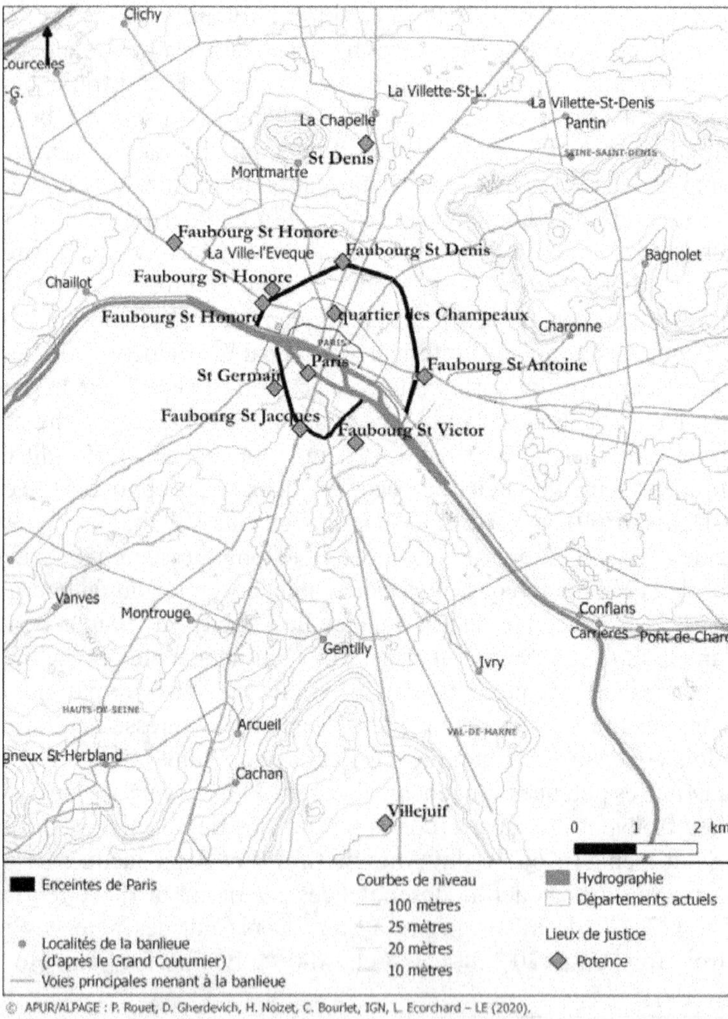

© APUR/ALPAGE : P. Rouet, D. Gherdevich, H. Noizet, C. Bourlet, IGN, L. Ecorchard – LE (2020).

[501] *Ibid.*, p. 400.
[502] *Ibid.*, p. 666.

Souvent relativement simples, petites et temporaires, ces structures, si elles étaient dressées sur de hauts monticules à l'image des fourches patibulaires, ne seraient probablement que peu visibles. À l'inverse, les dresser en bordure d'une voie de passage, maintes fois empruntée, reliant les bourgs environnants à la capitale, rend ces structures construites à « échelle humaine » – elles étaient suffisamment hautes pour pendre un homme – aisément visibles aux yeux de tous. De plus, souvent dressées à l'occasion, même si les emplacements étaient régulièrement réinvestis, il était nécessaire que ces espaces soient des lieux visibles et non simplement connus de tous. Enfin, cette très grande proximité avec les voies de communication peut se comprendre par la différence de temporalité de l'exécution qui existe entre les potences et les fourches patibulaires. En effet, si les fourches patibulaires sont destinées à un long usage judiciaire en étant les supports de l'exposition *post mortem*, les potences, quant à elles ne sont destinées qu'aux exécutions par pendaison ; c'est une exécution rapide qui peut parfois être suivie d'une très courte exposition de quelques heures. Lointaines, à la fois hors de la ville et en hauteur, les fourches patibulaires étaient faites pour être vues de loin, le déplacement de la foule n'était alors pas nécessaire pour voir la pendaison du corps mort ; elle observait simplement à distance la structure et, à l'occasion, les quelques corps se balançant au vent. À l'inverse, les pendaisons aux potences, à l'instar de toutes les exécutions, attiraient une large foule, il était donc nécessaire de dresser ces structures en un endroit aisément atteignable et pas trop éloigné de la cité pour permettre son accès et sa visibilité au plus grand nombre. C'est donc bien par cette proximité aux voies de communication quotidiennement empruntées que la communication visuelle et politique pouvait s'opérer sur des structures à la durée de vie aussi éphémère. De plus, si cette élévation des potences n'était pas systématiquement recherchée, elle n'était, de surcroît, pas toujours possible. Ces monticules n'étaient pas spécifiquement destinés à accueillir des structures judiciaires ; ils étaient utiles à d'autres pratiques plus quotidiennes. Ainsi, les potences du marché aux Pourceaux ne se trouvaient pas sur la butte Saint-Roch pourtant très proche, elles étaient dressées en contrebas, là où la place était suffisante mais aussi parce que le sommet de cette butte était employé à un autre usage : des moulins y avaient été construits (fig. 12).

Dans Paris en revanche le relief topographique étant peu marqué, les structures judiciaires ne profitent pas d'une situation en élévation. On peut noter l'exception du territoire de Sainte-Geneviève qui se situe globalement au niveau du mont du même nom. De plus, ces petites et basses structures judiciaires dressées *intra-muros* que ce sont les carcans, les échelles, les piloris, les échafauds, les potences… sont, de toute évidence, presque toutes plus petites que les habitations urbaines. Les dresser sur une élévation de terrain n'aurait donc pas de sens ne les rendant pas plus visibles. Ces structures n'étaient pas faites pour, et ne pouvaient pas, être vues à une grande distance. Elles étaient visibles de près par la foule qui assistait aux différentes exécutions de sentences judiciaires. Il était donc bien plus judicieux pour un seigneur haut-justicier de Paris de les dresser en des endroits suffisamment larges et de passages.

IV. Paris, ses faubourgs et les bourgs : une situation étonnamment similaire

On observe donc que les lieux d'implantation au sein d'une communauté urbaine et à l'extérieur de celle-ci sont différents ; et cela semble assez évident en raison de différences fondamentales dans la nature des lieux selon qu'ils se trouvent dans ou hors de la ville. À l'extérieur des murs, les structures de justice sont dressées sur une élévation et/ou à proximité d'une voie importante de communication. À l'intérieur de la communauté, ces lieux d'implantation semblent, en revanche, un peu plus variés : il s'agit aussi bien d'endroits de commerce et d'échange, d'espaces devant des bâtiments ecclésiastiques, devant des bâtiments symboles de l'autorité de la seigneurie, etc. Cependant, ces divers critères d'implantation spécifiques aux lieux urbains sont les mêmes pour Paris, ses faubourgs comme pour les bourgs plus éloignés de la capitale.

Pour ce qui est des lieux *intra* à la communauté qu'elle soit parisienne ou non, il apparaît donc qu'il n'est pas de lieux entièrement et exclusivement dédiés à l'édification de structures judiciaires. Au minimum, ces lieux sont simplement partagés avec d'autres rituels judiciaires ; c'est ainsi le cas de la maison de la victime, du lieu du crime… marqués physiquement soit par la construction d'une structure de justice soit par l'exécution d'une peine soit par un simple arrêt lors du parcours du condamné. Mais, à l'exception de ceux-ci, la plupart des lieux sont des espaces multifonctionnels. Il n'est pas de lieu consciemment créé *ex nihilo* par un pouvoir institutionnel dans un seul but de communication politique autour de l'édification d'une structure judiciaire. Ce discours judiciaire et politique est simplement ajouté aux autres fonctions du lieu, lieu formé par l'usage social.

Un autre point, commun aussi bien à Paris, aux faubourgs qu'aux bourgs, peut être observé : celui du réinvestissement judiciaire des lieux. Loin d'être systématique, il apparaît que certains lieux concentrent plusieurs structures judiciaires, parfois appartenant à plusieurs seigneurs. Ce dernier cas est très rare toutefois, seul le marché aux Pourceaux accueille des structures judiciaires appartenant au roi et à l'évêque de Paris mais cette cohabitation résulte d'une autorisation royale : le 9 juillet 1582, un arrêt du Parlement sanctionne l'autorisation royale accordée à l'évêque de dresser un carcan avec un poteau avec ses armes au marché aux Pourceaux et d'enlever le poteau élevé sans droit par les officiers royaux[503]. De ces lieux judiciairement investis

[503] TANON, *Histoire des…*, *op. cit.*, note n°66 p. 173 ; Arch. nat. L 436.

de multiples fois, les plus importants et les plus connus sont des lieux de justice royaux implantés sur des places et marchés importants : la place des Halles, celle de Grève et le marché aux Pourceaux. Mais d'autres lieux plus « modestes » manifestent cette même dynamique. Il n'est pas rare qu'une seigneurie implante carcan et échelle au même endroit. Ce réinvestissement judiciaire d'un espace peut aussi s'exprimer selon une temporalité décalée ; ainsi, si une structure est enlevée, elle est parfois simultanément remplacée, au même endroit, par une autre, comme cela est peut-être le cas pour l'échelle de Saint-Germain-des-Prés remplacée par le pilori en 1275 (n°22 et 23). De même, ce réinvestissement est effectif pour les peines sans structure : les sentences de fustigation, flétrissure, d'amende honorable, etc. sont, entre autres, exécutées devant des structures de la justice, c'est-à-dire en des lieux d'ores et déjà judiciairement marqués. Il semble donc bien difficile de déterminer un critère d'implantation des structures judiciaires qui serait prédominant aux autres. Ces lieux d'implantation sont multiples et aussi multifonctionnels. La stratégie d'implantation de la structure relève donc de choix propres au seigneur évidemment contraints par le terrain, les usages du lieu, l'éloignement du lieu au centre du pouvoir seigneurial, les rivalités, etc. Les critères sont donc variés mais tous ne sous-tendent pas simultanément le choix d'un lieu de justice. En revanche, si ces critères sont variés, ils ne semblent pas changés au cours du temps.

Pour ce qui est des structures judiciaires dressées à l'extérieur des communautés, c'est-à-dire les fourches patibulaires essentiellement et parfois les potences, ces critères sont, on l'a vu, beaucoup plus restreints : limités à la hauteur et la proximité d'une voie de passage. S'ils sont moins divers que les critères *intra* communautaires, ils sont eux aussi particulièrement stables tout au long de la fin du Moyen Âge et au début de l'Époque moderne. Travaillant sur le cas de l'Angleterre, Andrew Reynolds pointe le même phénomène, en étudiant l'implantation des gibets au sein de l'espace public sur une longue période, il observe que celle-ci est demeurée la même entre les Xe-XIe siècles et la fin du XVIIIe-début du XIXe siècles, aussi bien dans les milieux ruraux qu'urbains[504].

Toutefois, si ces lieux de justice investissent l'espace de multiples façons, il est possible de distinguer une caractéristique primordiale et commune à tous ces critères d'implantation : la visibilité. Toutes ces structures, qu'elles soient *intra* ou *extra* urbaines, sont, parce qu'elles sont dressées sur des espaces de la vie économique et sociale, des places ou des voies de passage, en hauteur…, particulièrement visibles, selon des temporalités variables. Cette visibilité assure une grande portée juridique de la publicité du châtiment ; ainsi rendue publique et visible, la sentence marque les mémoires et la décision pénale de l'autorité judiciaire est alors définitivement entérinée. L'inscription de

---

[504] REYNOLDS, *op. cit.*, p. 38.

l'événement dans les mémoires est donc durable [505]. Finalement, si l'investissement des lieux par la justice varie et s'exprime de multiples façons selon les usages et le terrain du lieu, le parcours judiciaire, lui, ne change pas. Allant dans ce sens d'une visibilité accrue de la justice, le parcours du condamné marque temporellement la ville et ses alentours en plusieurs espaces, parcours qui s'effectue toujours vers l'extérieur de la ville, que la peine ait d'ailleurs été exécutée *intra muros* ou non. Le parcours inverse, de l'extérieur vers le cœur de la ville, n'apparaît dans aucune source[506].

---

[505] TOUREILLE, *Crime et...*, *op. cit.*, p. 268.

[506] En étudiant le cas de la Dordogne, Anne Crola note, elle aussi, ce même investissement multiple de la ville par la justice, l'absence de lieu totalement dédié à l'implantation d'une quelconque structure de justice pérenne et la systématisation du parcours judiciaire vers l'extérieur de la communauté urbaine : CROLA, « Les fourches... », *op. cit.*, p. 133.

CHAPITRE 3

Des structures de justice comme marqueurs territoriaux

I. Des bornes comme les autres

Les structures judiciaires sont généralement très peu présentes dans la documentation médiévale, qu'elle soit judiciaire ou non. Toutefois, il arrive que, dans l'importante production d'actes générée par les grands établissements religieux parisiens, la mention d'une fourche patibulaire émerge à l'occasion ; en revanche, il s'agit de la seule structure judiciaire évoquée dans ce type de documents. Mais bien souvent, dans ces actes, les fourches patibulaires sont mentionnées, non pas pour leur usage judiciaire, mais dans le seul but de délimiter un territoire ou de situer un bien dont il est question, c'est-à-dire dans un rôle de marqueur territorial, plus exactement de marqueur de l'emprise territoriale d'une juridiction[507]. Dès lors, il convient de saisir que cette fonction de bornage des fourches patibulaires, maintes fois évoquée par les chercheurs[508], n'est pas simplement, occasionnellement, affectée à ces structures dans un but utilitariste ; il s'agit d'un véritable usage, à part entière, et celles-ci peuvent donc être évoquées ne portant que ce sens, exempt de toute caractéristique judiciaire.

Dans un acte de l'abbaye de Saint-Magloire, daté de juillet 1240, des fourches patibulaires dressées dans la seigneurie de Versailles sont mentionnées afin de délimiter un arpent de pré sis entre les fourches et un vivier, c'est-à-dire un territoire, ici donné en lègue : « [...] *defunctus Gilo de Versaliis miles, quondam dedit et legavit in elemosinam prioratui de Versaliis*

[507] Cette affectation unique des fourches patibulaires, dans les actes, à un rôle de borne, comme marqueur d'une emprise territoriale par une juridiction, a également été relevée par Anne Crola dans son étude sur les fourches patibulaires en Dordogne à la fin du Moyen Âge : CROLA, « Les fourches... », *op. cit.*, p. 124.

[508] Voir entre autres les contributions de Michelle Bubenicek, Vincent Challet, Fabrice Mauclair, Christophe Regina et Flocel Sabaté dans CHARAGEAT et VIVAS (dir.), *op. cit.*, et de Sidonie Bochaton et Anne Crola dans VIVAS (dir.), *op. cit.*

quoddam arpentum prati siti inter furcas de Versaliis et vivarium […] »[509]. Cependant une incertitude reste. S'agit-il ici des fourches patibulaires appartenant à l'abbaye de Saint-Magloire ou de celles du seigneur laïc de Versailles qui, lui aussi, possédait une telle marque de son droit de justice sur ce territoire ? Celles de l'abbaye de Saint-Magloire se trouvaient à proximité de la grange dimeresse (n°10), tandis que celles du seigneur laïc étaient dressées non loin du grand chemin de Versailles à Paris (n°103). Si ces mentions sont rares, quelques documents rapportés par Adolphe Berty font apparaître ce même caractère de repère topographique pour le pilori de Saint-Germain (n°20) qui sert alors à situer géographiquement des rues, des maisons, des bâtiments dans la seigneurie de l'abbaye. Ainsi, dans les archives des Chartreux, l'hôtel de la Forge est mentionné en 1319 puis en 1474 comme étant situé « devant le Pillory »[510]. La rue de l'Échaudé est, en 1412, désignée comme une « ruelle par où l'on va du Pillory à la rivière de la Seigne »[511], la rue de la Blanche-Oie (partie de l'actuelle rue du Four) est décrite dans un acte de 1429 comme étant la « rue qui va du Pillory à la Maladerie, appelée la Blanchouë »[512].

De même, la première mention d'un *gibet* dressé au niveau de Saint-Lazare et de Saint-Laurent date de 1189 et cette mention est faite à l'occasion d'une vente d'une terre par Roger de Villeneuve à l'église de Saint-Lazare et participe à la délimitation de cet espace sis « *inter predictam domum Sancti Lazari et gibetum* »[513]. Cette caractéristique se retrouve dans d'autres chartes, comme en juin 1208, lors d'un accord conclu entre les religieux de Saint-Lazare et le clerc Jean et son frère André au sujet d'une terre « *juxta* le gibbet *de Parisius* »[514] ; puis en mars 1218, Gilbert de Clichy et sa femme Constance font concession aux religieux d'une vigne située « *in valle Sancti Martini, juxta patibulum Parisiense* »[515] ; en juin 1223 une autre vigne sise « *in pratis Sancti Martini, in censiva eorumdem versus gibetum* »[516] est à nouveau cédée, cette fois-ci par un certain Pierre Sarrasin, bourgeois de Paris, et sa femme Agnès, aux chanoines de Saint-Symphorien ; en novembre 1223, Saint-Lazare achète à un clerc nommé Raoul deux arpents de terres se trouvant dans le

---

509 FOSSIER et TERROINE (éd.), *op. cit.*, t. 1, p. 277-279 (acte n° 130 ; juillet 1240). Traduction : […] le défunt Gilles de Versailles, chevalier, a jadis donné et légué en aumône au prieuré de Versailles un arpent de pré situé entre les fourches patibulaires de Versailles et le vivier […].

510 BERTY, *op. cit.*, t. 3, p. 41.

511 *Ibid.*, p. 94.

512 *Ibid.*, p. 156.

513 HALPHEN Louis, *Paris sous les premiers Capétiens (987-1223) : étude de topographie historique*, vol. 1, Paris, E. Leroux, 1909, p. 86 ; DELISLE (éd.), *op. cit.*, n° 230 p. 55-56 ; Arch. nat., K 26, n°10, Cartulaire de Saint-Lazare de Paris, fol. 16. Traduction : entre la susdite maison de Saint-Lazare et le gibet.

514 Arch. nat. M 30, n°15.

515 Dans HALPHEN, *op. cit.*, p. 87 d'après une copie du XIIIe siècle du Cartulaire de Saint-Lazare, Arch. nat. MM 210, fol. 125. Traduction : en la terre de Saint-Martin, à côté du gibet de Paris.

516 Arch. nat. K 982 n°4. Traduction : en le pré de Saint-Martin, dans la censive du même seigneur du côté du gibet.

territoire de Saint-Laurent qui, en garantie, assigne également un arpent de vigne jouxtant les deux précédents et situé « *apud gibetum* »[517]. En 1239, un accord concernant quatorze arpents situés « *circa gibetum* » est établi entre les chanoines de Notre-Dame et le prieur de Saint-Lazare[518]. En 1249, un acte confirme le revenu de 30 sous de cens au chapitre de Notre-Dame sur trois arpents de vignes « *juxta pressorium sancti Martini prope gybetum* »[519] ; et cette localisation spatiale du pressoir par rapport aux fourches patibulaires de Montfaucon est à nouveau établie lors d'un acte de 1336 au sujet d'une vigne située au val Saint-Martin, derrière le pressoir du gibet[520]. Un autre acte, daté de janvier 1255, concernant une vigne temporairement transformée en carrière de plâtre la situe « *versus patibulum parisiense* »[521]. Il est aussi attesté qu'en 1308, Lambert de Saint-Laurent, fils de Geoffroy de Saint-Laurent, possédait encore un arpent et demi de terre à Chaumont, près du gibet, dans la censive de Saint-Merry[522]. De même, plusieurs chartes du XVIe siècle concernant la censive du chapitre de Notre-Dame mentionnent des terres « près de la justice », « près de Montfaulcon », « près de la justice appellée de Montfaulcon »[523].

À nouveau, ce caractère de marqueur spatial apparaît à la lecture des transcriptions données par Tanon des registres criminels de quelques établissements ecclésiastiques parisiens. Dans celui de Saint-Martin-des-Champs, la première mention de l'échelle de justice du prieuré située en la place dite la *Cour Saint-Martin* dans la rue au Maire ne concerne pas une exposition publique sur la structure elle-même ; dans cette première évocation, datée du 26 novembre 1336, elle sert simplement à situer spatialement une habitation, celle de la coupable, une certaine Sedilon La Fauquete demeurant « en la court S. Martin, devant l'eschielle [...] »[524]. De même, la première référence aux fourches patibulaires de Vanves de l'abbaye de Sainte-Geneviève, datant de 1278, n'est pas pour une pendaison ou une exposition *post mortem* mais pour délimiter spatialement le lieu d'une agression : « L'an de grace mil CC LXVIII ou environ, avint que Bertaut le grand fu assailly entre Vanves et nos fourches de Vanves [...] »[525]. Une autre affaire du 14 novembre 1304 met en avant, à nouveau, ces mêmes fourches comme

---

517 Arch. nat. K 982 n°1 ; HALPHEN, *op. cit.*, p. 87.

518 VIDIER Alexandre, « Les marguilliers laïcs de Notre-Dame de Paris (1204-1790) », *Mémoires de la Société de l'histoire de Paris et de l'Île de France*, t. 40, Paris, H. Champion, 1913, p. 117-402 ; p. 253 ; GUERARD (éd.), *op. cit.*, t. II, p. 477.

519 GUERARD (éd.), *op. cit.*, t. II, p. 539. Traduction : à côté du pressoir de Saint-Martin, près du gibet.

520 VIDIER, *op. cit.*, p. 254.

521 *Ibid.*, p. 253 ; GUERARD (éd.), *op. cit.*, t. I, p. CLXXXIX et t. III, p. 400.

522 FOSSIER et TERROINE, *Un bourgeois..., op. cit.*, p. 20 ; CADIER Léon et COUDERC Camille, « Cartulaire et censier de Saint-Merry de Paris », *Mémoires de la Société de l'histoire de Paris et de l'Île de France*, t. 18, 1891, p. 217 et 241.

523 VIDIER, *op. cit.*, p. 253-254 ; Arch. nat. S 213.

524 TANON, *Histoire des..., op. cit.*, p. 489.

525 *Ibid.*, p. 383.

marqueur spatial du crime : « L'an de grace mil CCC et IIII, le samedi après la feste Saint Martin d'yver, feusmes resaisiz du cors de Thomas, dit Gonthier de Vanves, qui avoit batu et navré, nuit entré, Perrot dit Luet, ou grant chemin si comme l'en va de Paris à Vanves, aus desus de forches […] »[526].

Toutes ces délimitations de territoires donnés par rapport à des structures judiciaires ne concernent pas uniquement la documentation produite par la seigneurie détentrice de la structure ; il se peut donc que ces structures judiciaires comme délimitation d'un espace fassent parti d'un vocabulaire commun de marquage d'un espace[527], au même titre que les pierres de bornage, l'inscription des armes du seigneur sur des maisons[528], des croix, etc. ; vocabulaire compris et employé par tous. Ces structures judiciaires sont donc parfois mobilisées par des autorités pour délimiter spatialement un territoire, pour situer un bien, que cette structure leur appartienne ou non ; elle est alors bel et bien reconnue comme un marqueur spatial.

Preuve en est de ce simple usage de borne des fourches patibulaires, il arrive que celles-ci, lorsqu'elles sont abattues, soient remplacées par un autre élément de bornage dépourvu, lui, de toute signification judiciaire. Ainsi, l'échelle de justice du prieuré de Saint-Éloi dressée jusqu'en 1320 à la porte Baudoyer de l'enceinte de Philippe Auguste marquait l'entrée dans le bourg Saint-Antoine, dépendant de la juridiction des religieux qui y avaient droits de basse et haute justice[529] (n°46). À cette date, elle fut abattue car elle incommodait le voisinage et fut alors remplacée par une simple croix[530], visible sur le plan de 1552 de Truschet et Hoyau (fig. 32). De plus, on peut remarquer la présence d'un arbre, probablement un orme, aux côtés de ladite croix.

---

[526] *Ibid.*, p. 384.

[527] Sur la question des marques de la ville, diverses et qui ne sont pas à cantonner au seul marquage spatial et territorial, voir : BOUCHERON et GENET (dir.), *op. cit.* ; ou encore, BARON-YELLES Nacima, BOISSELIER Stéphane, FRANÇOIS Clément et SABATE Flocel (dir.), *Reconnaître et délimiter l'espace localement au Moyen Âge. Limites et frontières (vol. I)*, Villeneuve d'Ascq, Presses universitaires du Septentrion, « Histoire et civilisations », 2016 et notamment la contribution de Flocel Sabaté, « Limites et villes dans la Catalogne médiévale », p. 161-190.

[528] ROUX Simone, « Bornes et limites dans Paris à la fin du Moyen Âge », *Médiévales*, n°28, 1995, p. 131.

[529] Un arrêt du Parlement de 1274 confirme aux religieux de Saint-Éloi leurs droits de basse et haute de justice sur, entre autre, le bourg de Saint-Paul, voir : BOUTARIC, DELISLE et GRÜN (éd.), *op. cit.*, t. 1, p. 331.

[530] TANON, *Histoire des…*, *op. cit.*, p. 195 ; SAUVAL, *op. cit.*, t. 2, p. 590.

Figure 32 : Croix de la porte Baudoyer, remplaçant une ancienne échelle de justice de Saint-Eloi (rive droite) – Détail du plan de Truschet et Hoyau (1552).

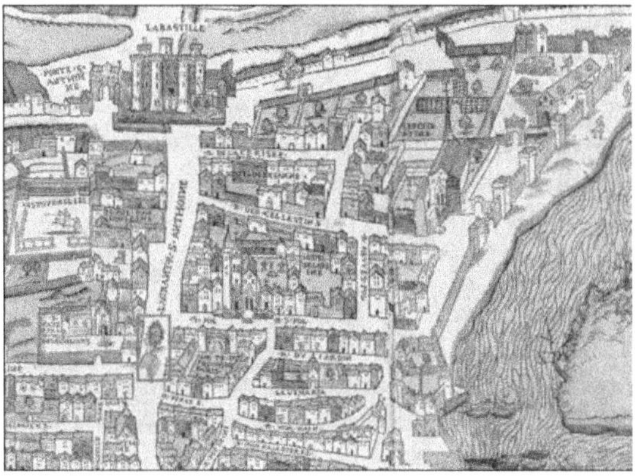

Si l'on s'en tient aux lieux de justice de Saint-Éloi, outre l'échelle de justice du prieuré remplacée par une croix en 1320, il semblerait qu'une croix se soit également substituée aux fourches patibulaires que possédait le prieuré jusqu'à sa réunion avec l'abbaye de Saint-Maur-des-Fossés au début du XIIe siècle. En effet, sur le plan dit de Bâle (1552), à l'emplacement où se trouvaient anciennement les fourches patibulaires, à l'extérieur de la première porte Baudoyer de l'enceinte carolingienne, se distingue nettement une croix (fig. 33).

Figure 33 : Croix de la place Baudoyer – Détail du plan de Truschet et Hoyau (1552).

Lorsqu'elles ne sont pas remplacées purement et simplement par ces éléments de bornage ne revêtant aucune dimension judiciaire, elles sont parfois dressées à leurs côtés. Ces marqueurs territoriaux peuvent être distingués en deux catégories, les « éléments paysagers stables » tels des chemins, ruisseaux et collines, et les « marqueurs fragiles », c'est-à-dire des arbres, pierres, croix, ponts, portes, bâtiments[531] voire même des inscriptions – initiales du seigneur, écus… – sur des bâtiments[532] ; et à ces derniers on peut donc également ajouter les structures judiciaires. Il n'est pas rare d'observer l'implantation de structures judiciaires aux côtés de certains de ces signes.

À l'observation du plan Truschet et Hoyau, on peut relever, aux côtés de l'échelle de l'abbaye de Saint-Magloire, située en haut de la rue Greneta – appelée *De Garnetal* sur le plan –, la présence d'une croix, dressée au cœur du carrefour des rues Greneta et Saint-Martin, appelée la *Crois de la Royne*[533] (fig. 34). Et il en était de même pour le carcan de l'abbaye qui se trouvait, selon Tanon, aux côtés de cette même échelle de justice ; ils furent tous deux arbitrairement abattus en 1509, événement à la suite duquel les religieux demandèrent au roi l'autorisation de les relever (n°77 et 78). Il y avait là également, selon Tanon, une fontaine[534].

Figure 34 : Échelle de justice de Saint-Magloire située au carrefour des rues Greneta et Saint-Martin, aux côtés d'une croix (rive droite) –
Détail du plan de Truschet et Hoyau (1552).

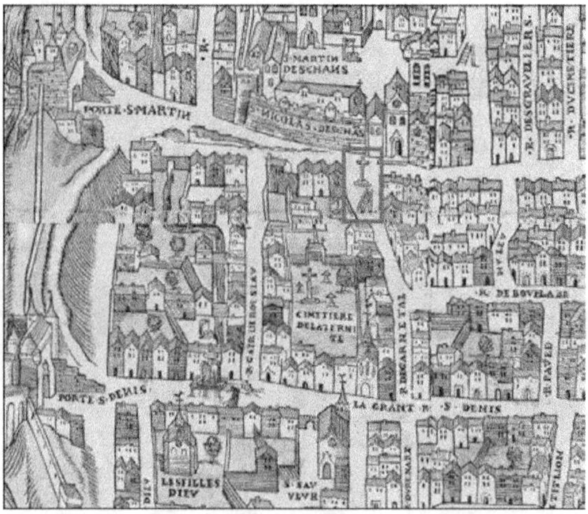

[531] DAUPHANT Léonard, « Frontière idéelle et marqueurs territoriaux du royaume des Quatre rivières (France, 1258-1529) », dans BOUCHERON Patrick, FOLIN Marco et GENET Jean-Philippe (dir.), *Entre idéel et matériel. Espace, territoire et légitimation du pouvoir (v. 1200 – v. 1640)*, Paris, Éditions de la Sorbonne, Rome, École français de Rome, 2018, p. 325. Et sur le sens polysémique des croix et leur fonction de bornage, voir : MARTIN Hervé, « La fonction polyvalente des croix à la fin du Moyen Âge », *Annales de Bretagne et des pays de l'Ouest*, n°90, 2, 1983, p. 295-310 ; MOUSNIER Mireille, « Mesurer les terres au Moyen Âge. Le cas de la France méridionale », *Histoire & Sociétés rurales*, vol. 22, 2, 2004, p. 29-63.

[532] ROUX, « Bornes… », *op. cit.*, p. 131.

[533] TANON, *Histoire des…, op. cit.*, p. 475.

[534] *Ibid.*, p. 189.

De même, la Croix du Tiroir est, d'après la charte de 1222 établie entre le roi et l'évêque de Paris, un lieu récurrent de l'exercice de la justice épiscopale ; là, l'évêque punissait les criminels de l'essorillement, la flétrissure ou encore du bannissement[535]. Le type de structure ici dressée, voire même son existence, était difficile à établir avec certitude. En effet, dans les diverses sources mentionnant ce lieu de justice, la potentielle structure n'est jamais définie, en revanche, il était fréquent que ces peines énumérées ci-dessus soient exécutées à une échelle ou un carcan[536]. Mais l'évocation d'un « poteau » à « [...] la Croix du Tiroir / Place où Themis punit le vice [...] » dans le poème de François Colletet pourrait mener à penser qu'il se trouvait bien là un poteau avec carcan[537] (n°39). Malgré cette indétermination, ce lieu n'en est pas moins un lieu de justice important du pouvoir épiscopal ; et comme son nom l'indique, *place de la Croix du Tiroir*, une croix était également dressée à ce carrefour des rues de l'Arbre-Sec et Saint-Honoré (fig. 35).

Figure 35 : Carrefour de la Croix du Tiroir, lieu de justice épiscopal (rive droite) – Détail du plan de Truschet et Hoyau (1552).

Bien qu'absents du plan de 1552, il est également fort probable que le carcan et l'échelle de justice du prieuré de Saint-Lazare (n°99 et 101) se

---

535 GUERARD (éd.), *op. cit.*, t. III, p. 274 ; TANON, *Histoire des..., op. cit.*, p. 39 ; CAZELLES, *op. cit.*, p. 227.
536 TANON, *Histoire des..., op. cit.*, p. 39.
537 COLLETET, *op. cit.*, p. 256-257.

trouvaient, eux aussi, élevés à proximité de croix. Dressés au carrefour dit de Saint-Lazare, ils faisaient face à l'entrée de l'enclos prieural, en face duquel, on peut aisément distinguer la présence de deux croix sur le plan de Truschet et Hoyau (fig. 36).

Figure 36 : Croix du carrefour Saint-Lazare – Détail du plan de Truschet et Hoyau (1552).

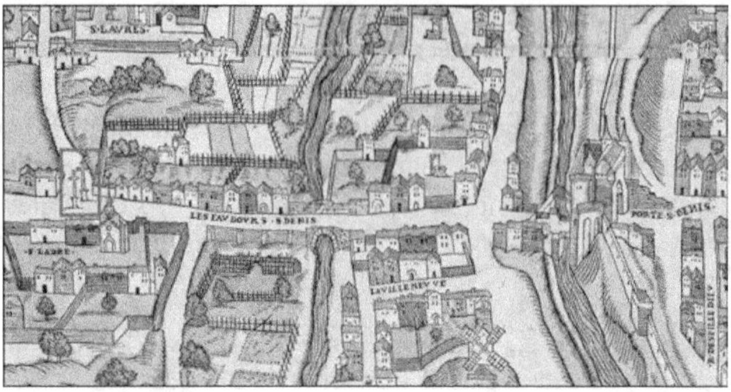

Autre exemple, les fourches patibulaires de l'évêque dressées au bourg de Saint-Cloud. Celles-ci se trouvaient à l'extrémité du pont de Saint-Cloud[538]. Sur ce pont se trouvait également une croix. Nul doute que le pont et la croix servaient, comme les fourches patibulaires, à marquer visuellement les limites des terres de Saint-Cloud, sous la juridiction épiscopale, avec le territoire de Boulogne sur lequel l'abbaye de Montmartre avait droit de haute justice depuis 1134[539].

Croix mais aussi arbres, fontaines, ponts, portes d'enceinte… il apparaît qu'aux côtés de ces nombreux marqueurs spatiaux viennent parfois se joindre les structures judiciaires, alors revêtues d'une signification analogue. Ces marqueurs spatiaux paraissent, parfois, s'accumuler, comme un phénomène d'empilement des signes de délimitation, comme une forme d'insistance portée sur l'entrée en un territoire alors, avec la présence de structure judiciaire, placée sous l'autorité d'un seigneur haut-justicier. Et cet usage des structures judiciaires, en particulier des fourches patibulaires, comme marques de bornage, su et reconnu de tous, perdure dans le temps ; Christophe Regina, étudiant les fourches patibulaires sous l'Ancien Régime, affirme que celles-ci

---

538 Archives nationales Z^2 3150 ; affaire citée par TANON, *Histoire des…, op. cit.*, p. 169.

539 CAZELLES, *op. cit.*, p. 193-197 ; BEAUFIN Penel, *Histoire complète et inédite, religieuse, politique, sociale et descriptive de Boulogne-Billancourt depuis les origines jusqu'à nos jours…*, vol. 1, Boulogne-sur-Seine, A. Doizelet, 1904, p. 19-21. Il y eu par ailleurs, en 1316, un conflit de juridiction entre l'évêque de Paris et les religieuses au sujet de la justice d'un individu coupable de vol dans le bourg de *Menus* (Boulogne) et punis par la justice de Montmartre. L'évêque, pour qui le vola avait été commis en sa terre de Saint-Cloud, revendiquait l'affaire, voir : TANON, *Histoire des…, op. cit.*, p. 305 ; BEUGNOT (éd.), *op. cit.*, t. IV, p. 1088.

servaient, entre autres, au bornage des fiefs, à délimiter le pouvoir et la terre des seigneurs[540].

Comme le montre Simone Roux avec la pierre de Saint-Benoît, ces bornes s'intégraient parfaitement dans le quotidien et étaient connues de tous. Ces marques font partie intégrante du paysage médiéval[541]. Associées aux actes écrits, toutes ces marques concrètes dressées dans et hors la ville permettaient d'assurer l'intégrité des territoires des seigneurs qui, ainsi, les délimitaient et marquaient visuellement l'entrée dans leur seigneurie. Comme bon nombre d'autres politiques architecturales, l'élévation des structures judiciaires était motivée par de multiples critères, diverses intentions, conscientes ou non. Dresser une structure judiciaire comme borne d'un territoire ne servait pas simplement à marquer spatialement cet espace ; ces structures étaient, dans un premier temps, dressées pour répondre à un besoin : exécuter la justice. Ces pratiques symboliques se sont, naturellement ou non, ajoutées au simple usage fonctionnel de ces objets ; on se trouve ici, comme le souligne Patrick Boucheron, « à mi-chemin entre le matériel et l'idéel »[542].

À la lecture des exemples donnés précédemment de structures judiciaires officiant comme bornes territoriales, il est possible de noter que cette pratique est en usage aussi bien dans la ville avec des carcans, des échelles… qu'à l'extérieur avec principalement des fourches patibulaires. Centres et périphéries sont donc deux types de lieux choisis par les seigneurs pour affirmer ou réaffirmer leur droit à exercer la justice sur un territoire ; mais ces structures judiciaires, suivant leur emplacement, définissent-elles toutes spatialement, territorialement la même chose ?

II. Des bornes périphériques : les fourches patibulaires comme marqueurs de l'entrée dans une juridiction

Ce sont généralement les fourches patibulaires qui sont mises en avant comme des structures judiciaires délimitant le territoire d'un seigneur et l'emprise géographique de ses compétences en matière de justice ; sans doute parce qu'étudiées plus que toute autre structure. Pourtant, les fourches patibulaires ne sont pas les seules structures judiciaires à être employées en ce sens ; carcans, échelles, potences, etc. servent eux aussi à marquer les territoires et juridictions. Cependant, cette sur-représentation des fourches patibulaires comme bornes territoriales doit-elle être simplement expliquée par l'intérêt des chercheurs essentiellement focalisé sur ces dernières. Car, si nombre des chercheurs s'intéressant au sujet relativement récent des structures de la justice médiévale étudient massivement les fourches patibulaires, ils n'en

540 REGINA, *op. cit.*

541 ROUX, « Bornes et… », *op. cit.*, p. 132 et 135.

542 BOUCHERON Patrick, « Introduction générale », dans BOUCHERON, FOLIN et GENET (dir.), *op. cit.*, p. 14.

oublient pas pour autant d'évoquer, à l'occasion, les autres structures judiciaires[543]. Il est aussi possible que cette représentation importante des fourches patibulaires parmi les signes de bornage soit due à une plus grande importance de ces structures par rapport aux autres pour cet usage.

Supports occasionnels de pendaisons mais surtout supports de l'exposition *post mortem* des corps des criminels, les fourches patibulaires, étaient systématiquement élevées à l'extérieur de la ville et de la communauté. Mais, élevées de la sorte, se trouvent-elles pour autant, systématiquement dressées en périphérie d'une juridiction, du territoire sur lequel un seigneur a toute autorité ? En effet, les territoires situés à l'extérieur d'une ville ou même d'un bourg sont vastes, et les emplacements potentiels pour dresser des fourches patibulaires sont donc multiples. Les fourches patibulaires sont généralement placées en hauteur ou à proximité d'une voie importante de communication, voire réunissent ces deux critères. Mais, outre ces critères, finalement relativement généraux, il est certain que l'implantation de telles structures judiciaires sur le territoire d'un seigneur étaient motivées par d'autres enjeux. Celles-ci n'étaient probablement pas dressées en n'importe quel lieu concentrant des critères de hauteur et de proximité avec une voie de passage ; le choix de l'implantation des fourches patibulaires sur le territoire seigneurial n'était pas laissé au hasard.

À la lecture des précédentes cartes, il n'est pas possible de distinguer si les fourches patibulaires érigées par les seigneurs hauts-justiciers l'étaient en limites de leur territoire. En revanche, on peut tout de même observer, avec l'exemple des fourches appartenant à l'abbaye de Saint-Germain-des-Prés, que deux de ces structures se trouvaient non loin l'une de l'autre, implantées sur le territoire de l'abbaye mais sur une partie discontinue de ce territoire, coupé par une enclave conséquente placée sous l'autorité de l'abbaye de Sainte-Geneviève (carte 13). Ainsi, bien que son emprise sur le sol soit vaste, l'abbaye de Saint-Germain-des-Prés possède un territoire discontinu fait de polylocalités. Il peut paraître étonnant que l'abbé de Saint-Germain choisisse d'ériger deux fourches patibulaires éloignées seulement d'un peu plus de deux kilomètres l'une de l'autre ; deux structures coûteuses en argent, en matériaux et en main-d'œuvre. Faut-il voir dans l'érection de ces deux structures proches un manque de réflexion sur le long terme ? Ces implantations quasi-attenantes peuvent se comprendre et se justifier lorsqu'on s'intéresse aux censives des seigneurs parisiens. En effet, l'emprise territoriale de l'abbaye de Saint-Germain est alors nettement scindée par des possessions foncières appartenant à d'autres seigneurs, ici principalement l'abbé de Sainte-Geneviève, il apparaît sans doute nécessaire pour l'abbé de Saint-Germain de marquer visuellement et physiquement ses diverses possessions concurrencées par la proximité d'une autre puissante seigneurie.

---

[543] Mentionnons, entre autres, les recherches déjà maintes fois citées : REGINA, *op. cit.* ; CHALLET, « Les fourches… », *op. cit.* ; SALVI, *op. cit.*, p. 205-225.

Carte 13

Structures judiciaires appartenant à l'abbaye de Saint-Germain-des-Prés dans les bourgs de Saint-Germain et de Vaugirard.

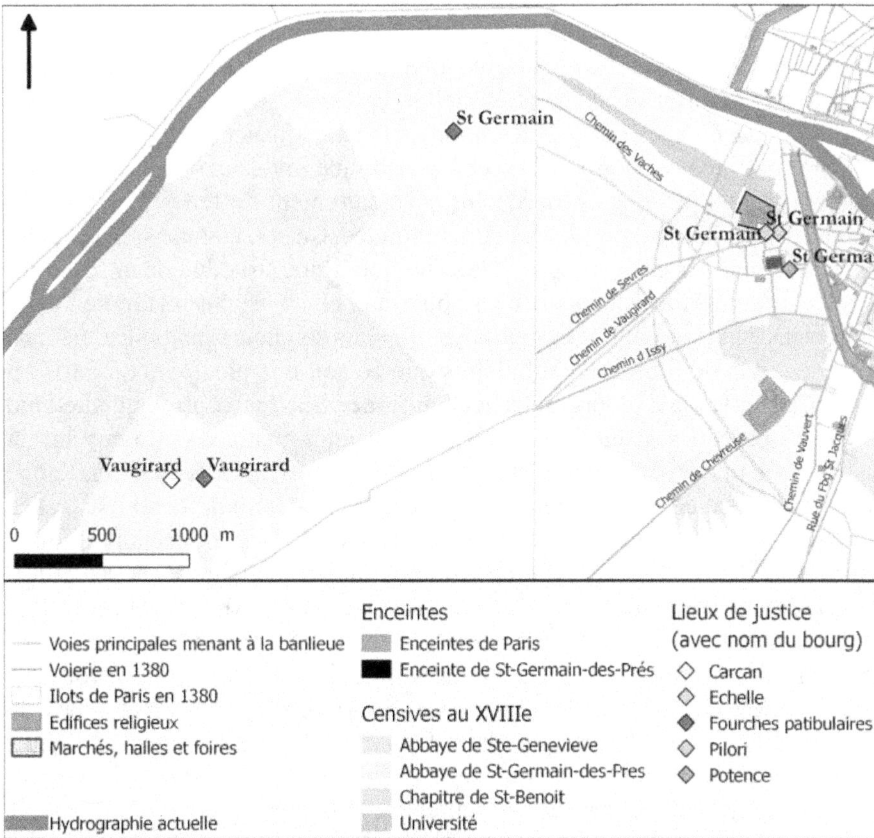

© APUR/ALPAGE : D. Gherdevich, IGN, H. Noizet, C. Bourlet, P. Rouet, B. Bove, Y. Brault, L. Ecorchard – LE (2020).

Il est donc difficile de savoir si les fourches patibulaires étaient véritablement placées en bordure d'une juridiction. Cependant, on peut noter avec l'exemple précédent, que leur élévation participait directement à l'expression d'un pouvoir seigneurial sur un territoire. En revanche, il ne faut pas non plus surinterpréter la dimension de marqueur territorial des fourches patibulaires : il ne fait pas de doute que les habitants d'un bourg et de ses environs savaient pertinemment quel seigneur tenait le territoire. Ainsi, les fourches patibulaires servent plus à marquer symboliquement le territoire, à rendre visible l'autorité et la puissance d'un seigneur aux autres seigneurs, de potentiels rivaux au sujet de la détention de la justice sur un territoire, mais aussi aux voyageurs extérieurs. Mais surtout, ces fourches ont, à l'échelle de la juridiction, d'autres significations : leur présence communique sur l'efficacité de la justice du seigneur[544]. Plus que de simples bornes territoriales,

[544] CROLA, « Les fourches… », *op. cit.*, p. 128.

ces fourches participent à l'ancrage durable d'un pouvoir, d'une autorité sur un espace, et ce, d'autant plus lorsque de telles structures sont multipliées par le seigneur détenteur, comme dans le cas de Saint-Germain. Particulièrement coûteuses, la possession de plusieurs fourches patibulaires par un seigneur, lui permet, certes, de rendre justice en divers bourgs de sa juridiction, mais surtout de montrer à tous sa richesse et donc sa puissance. Le lien, régulièrement énoncé, entre la détention de la haute justice et la possession de fourches patibulaires pourrait laisser à penser que, indiscutablement, tous les seigneurs hauts-justiciers possédaient nécessairement de telles structures[545]. Or, cette relation n'est pas véritablement fondée. Certes, étant le seul seigneur à pouvoir juger les crimes de sang, la détention d'une structure de mise à mort se relevait utile pour le haut-justicier ; pourtant, elle n'est pas inhérente à cette compétence. Ainsi, dans le cas parisien, certains seigneurs hauts-justiciers ne possèdent pas de fourches patibulaires que ce soit aux alentours de Paris ou dans n'importe quel bourg sous leur autorité. Sur les cent-cinquante-cinq seigneurs parisiens ayant une censive, seuls vingt-quatre d'entre eux ont la justice sur leurs terres : le roi, l'évêque de Paris, le prieur de Saint-Éloi, l'abbé de Tiron, l'abbé de Saint-Magloire, l'abbé de Saint-Germain-des-Prés, l'abbé de Saint-Victor, l'abbé de Sainte-Geneviève, l'abbé de Saint-Antoine, l'abbesse de Montmartre, le grand prieur du Temple, le prieur de Saint-Martin-des-Champs, le prieur de Saint-Denis-de-la-Chartre, le commandeur de Saint-Jean-de-Latran, l'Hôtel de Ville et le Parloir aux Bourgeois, les chanoines de Saint-Merri, les chanoines de Saint-Germain-l'Auxerrois, les chanoines de Saint-Maur, les chanoines de Notre-Dame, les chanoines de Saint-Benoît, les chanoines de Saint-Opportune, les chanoines de Saint-Honoré, le grand chambrier de France et, enfin, le bailli du Palais[546]. Pourtant, tous seigneurs ne possèdent pas de fourches patibulaires.

Sur ces vingt-quatre seigneurs détenant la justice dans Paris, seuls dix d'entre eux ont fait élever des fourches patibulaires dans un ou plusieurs de leurs bourgs. Seuls les abbés et abbesses de Saint-Magloire, Montmartre, Saint-Germain-des-Prés et Sainte-Geneviève, les prieurs de Saint-Éloi et Saint-Martin-des-Champs, les chanoines de Saint-Benoît-le-Bétourné et Notre-Dame, le roi et l'évêque de Paris ont choisi de dresser des fourches patibulaires en leur territoire. Ainsi, moins de la moitié des seigneurs parisiens ayant une censive dans la capitale, et la justice sur celle-ci, possédait des fourches patibulaires. Mais d'autres seigneurs justiciers possédaient des fourches patibulaires dans les environs, parfois très proches, de Paris. Dans

---

545 Cette définition stricte de la haute justice médiévale est notamment maintes fois évoquée par des juristes bien plus tardifs à l'époque ; voir : DE FERRIERE Claude-Joseph, *Dictionnaire de droit et de pratique, contenant l'explication des termes de droit, d'Ordonnances, de Coutumes et de Pratiques, avec les jurisdictions de France*, t. 1, Paris, V. Brunet, 1769, p. 617.

546 AUBOUIN, TEYSSIER et TULARD (dir.), *op. cit.*, p. 107 ; FAVIER Jean, *Paris, deux mille ans d'histoire,* Paris, Fayard, 1997, p. 108-111. Voir aussi la liste des seigneurs possédant une censive ainsi que la justice sur celle-ci dans Paris donnée par Cazelles Raymond en annexe : CAZELLES, *op. cit.*

ces quelques cas, il s'agit alors soit de seigneurs laïcs soit de l'abbé de Saint-Denis qui avaient des terres dans la banlieue de Paris sur lesquelles il exerçait son droit de haute justice ; c'est notamment le cas du bourg de la Chapelle[547]. Enfin, si tous les seigneurs justiciers ne possèdent pas de fourches patibulaires, ceux qui les détiennent n'en ont pas nécessairement tous le même nombre. Ainsi, les abbés de Saint-Germain-des-Prés et de Sainte-Geneviève, ainsi que le prieur de Saint-Martin-des-Champs possédaient tout trois six fourches patibulaires réparties sur l'ensemble de leurs territoires. Les chanoines de Saint-Benoît-le-Bétourné et l'abbé de Saint-Denis en possédaient quatre, l'abbé de Saint-Magloire, trois. Les abbesses de Montmartre, le prieur de Saint-Éloi et le roi en détenaient chacun deux. Et enfin, les chanoines de Notre-Dame, l'évêque de Paris, de même que les seigneurs laïcs de Melun et de Versailles n'en possédaient qu'une seule. Certains seigneurs multipliaient donc les fourches patibulaires et ce faisant, manifestaient clairement à tous leur puissance foncière, judiciaire ainsi que monétaire. Les fourches patibulaires ne sont donc pas une conséquence systématique de la détention de la justice sur un territoire ; de même, que leur nombre ne paraît pas limité ou réglementé. Par cette multiplication des fourches chez certains seigneurs, on voit nettement que les enjeux autour de ces structures allaient bien au-delà de leur fonction utilitaire. La diversité des formes de possession des fourches patibulaires chez les seigneurs parisiens, ainsi que l'absence apparente de règle laissant dès lors libre cours aux choix personnels des détenteurs, permet peut-être de voir certaines stratégies d'implantation de ces structures sur les vastes et discontinus territoires seigneuriaux.

L'abbaye de Saint-Germain-des-Prés possédait une seigneurie très étendue, mais discontinue, morcelée par les enchevêtrements d'autres seigneuries. Hors de Paris, elle avait la haute justice sur les bourgs de Vaugirard, Issy, Meudon et Fleury, Suresnes, Thiais et Choisy, Paray, Villeneuve-Saint-Georges, Le Breuil, Saint-Germain-Laval, Esmans et Dammartin[548]. Il est également possible qu'elle ait eu la haute justice sur le bourg de Villejuif, mais dans la déclaration de temporel de 1522, il n'est fait mention que de la moyenne et basse justice[549]. L'abbé de Saint-Germain avait des fourches patibulaires en six de ces onze villages (carte 14). Celles-ci ne sont pas dressées dans les bourgs les plus éloignés de la maison-mère. Esmans et Saint-Germain-Laval se situent à un peu plus de 70 kilomètres de la maison-mère de Saint-Germain, mais les fourches les plus éloignées sont celles de Villeneuve-Saint-Georges à seulement un peu plus de 16,5 kilomètres. Pour le cas de Saint-Germain-des-Prés, cette multiplication des fourches patibulaires amène à une dispersion de ces structures sur l'ensemble des territoires où s'exerce la haute justice de l'abbaye, dans un rayon relativement

---

547 TANON, *Histoire des..., op. cit.*, p. 314.

548 Déclaration de temporel du 21 juin 1522, Arch. nat. S 1536 ; *Ibid.*, p. 217-220.

549 Déclaration de temporel du 21 juin 1522, Arch. nat. S 1536 ; *Ibid.*, p. 218.

restreint d'une quinzaine de kilomètres autour de la maison-mère ; structures qui ponctuent le paysage de la banlieue sud-ouest de Paris.

Carte 14

Fourches patibulaires appartenant à l'abbaye de Saint-Germain-des-Prés.

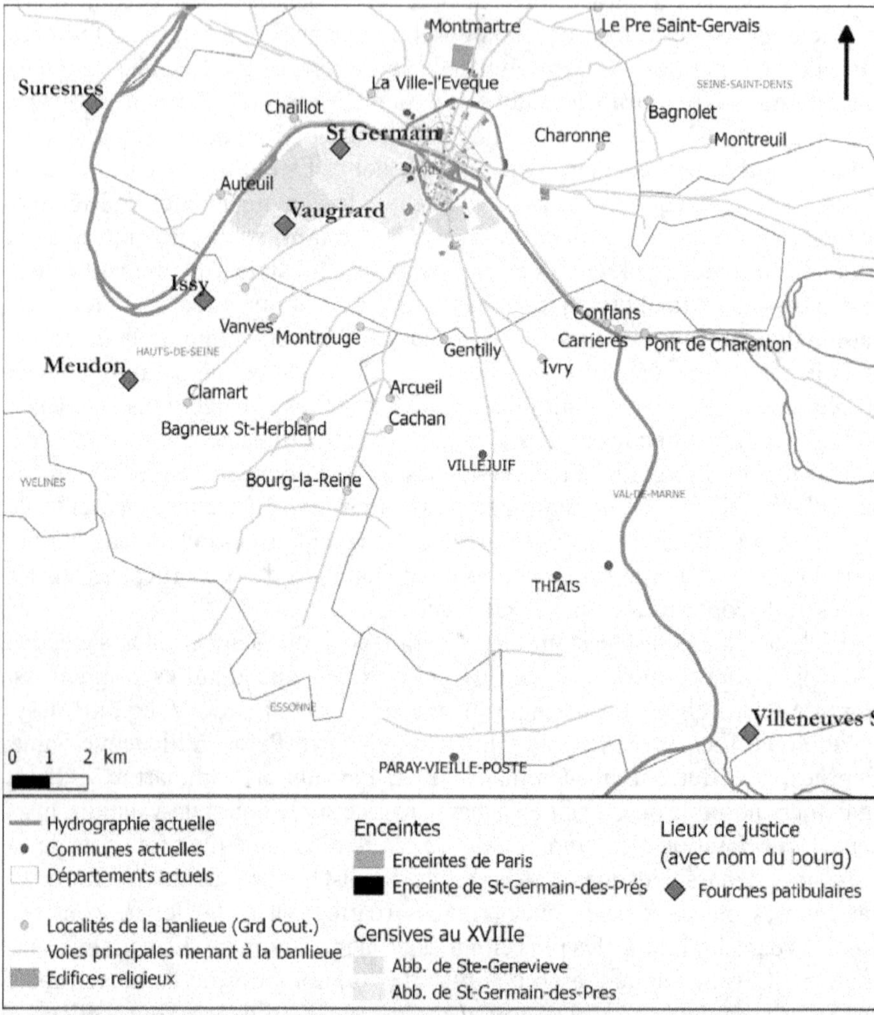

À la lecture de l'*Histoire des Justices* de Tanon, il apparaît que ces seigneuries sur lesquelles sont dressées des fourches patibulaires de l'abbaye de Saint-Germain-des-Prés, si elles étaient dans leur plus grande partie sous la juridiction de l'abbaye, étaient partagées avec d'autres seigneurs. Ainsi, l'abbé de Saint-Magloire détenait quelques possessions en la seigneurie d'Issy ; mais, malgré ce partage, l'abbé de Saint-Germain en était le principal seigneur. Par ailleurs, la seigneurie d'Issy était, après celles de Paris et de Saint-Germain, la plus importante que possédait l'abbaye[550]. De même, les religieux de Saint-Germain partageaient la justice sur Meudon et Fleury avec deux seigneurs laïcs, deux chevaliers : Jean de Meudon et Philippe de Trie[551]. Lorsqu'on envisage l'important coût des fourches patibulaires, il paraît surprenant de voir ces structures se dresser si proches les unes des autres, en particulier pour celles de Saint-Germain, Vaugirard, Issy et Meudon. Et ce d'autant plus, lorsqu'on sait que les deux territoires voisins de Vaugirard et Issy partageaient une justice commune : les prisons et auditoires se trouvaient à Issy[552]. Il serait alors sensé que l'abbé de Saint-Germain ne fasse élever des fourches qu'en ce bourg d'Issy. Pourtant, il en existe à moins de 3 kilomètres de là, à Vaugirard. Il n'est alors possible de comprendre l'existence de fourches patibulaires au bourg de Vaugirard, non loin des bourgs de Saint-Germain et d'Issy, que par le morcellement de ce territoire dû à l'intrication d'un espace sous la juridiction de Sainte-Geneviève. En étudiant la carte représentant, cette fois-ci, les six fourches patibulaires détenues par l'abbaye de Sainte-Geneviève (carte 15), on peut également comprendre les motivations qui sous-tendent à l'élévation de fourches patibulaires non loin les unes des autres à Vaugirard, Issy et Suresnes. En effet, l'abbé de Sainte-Geneviève possédait, quant à lui, des fourches patibulaires aux bourgs voisins d'Auteuil et de Vanves. Il s'agissait donc pour l'un comme pour l'autre d'affirmer, par la présence de ces structures, son autorité sur un territoire propre, complexifié par ces nombreux enchevêtrements, de marquer visuellement sa compétence judiciaire sur un espace délimité.

[550] *Ibid.*, p. 217.
[551] *Ibid.*
[552] *Ibid.*

Carte 15

Fourches patibulaires appartenant à l'abbaye de Sainte-Geneviève.

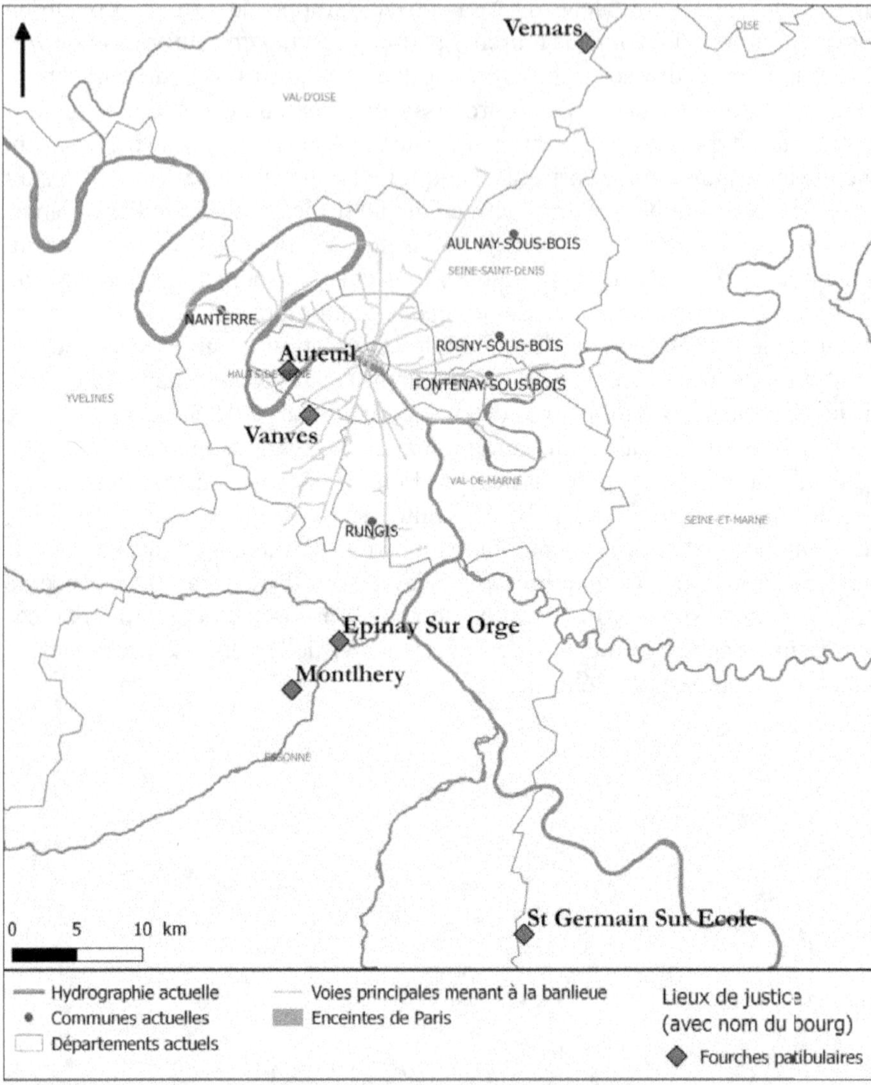

© APUR/ALPAGE : D. Gherdevich, IGN, H. Noizet, C. Bourlet, P. Rouet, L. Ecorchard – LE (2020).

Les principales seigneuries, situées hors de Paris, de l'abbaye de Sainte-Geneviève étaient celles de Vanves – la plus importante –, d'Auteuil, Nanterre, Fontenay, Aulnay, Rungis, Contin, Trianon-Choisy et Gally, Epinay et Quincy, Champrosé, Saint-Germain-sur-École, Rosny, Vémars, Borres et Boran[553]. Outre cette proximité avec les territoires et fourches patibulaires de l'abbaye de Saint-Germain-des-Prés, il est possible de voir dans l'érection de

[553] *Ibid.*, p. 240.

fourches au bourg d'Auteuil une affirmation, voire une revendication, du droit de juger les crimes de sang et de vol. Car, en effet, par un arrêt du Parlement de 1275, l'abbaye de Sainte-Geneviève obtient seulement la basse justice sur Auteuil, ce qui ne lui permet pas d'ériger une telle structure judiciaire. En revanche, cet arrêt accorde aux religieux une extension à ses prérogatives judiciaires : le droit de juger les crimes de sang et de vol[554]. Cependant pour le cas de Sainte-Geneviève, à l'inverse de l'abbaye de Saint-Germain-des-Prés, on peut observer un certain éloignement des fourches par rapport à la maison-mère. Ainsi, les plus proches, celles de Vanves – également les plus importantes – se trouvent à un peu plus de 5 kilomètres de l'abbaye. Et il en est de même pour celles d'Auteuil. Les plus éloignées sont celles du bourg, lui aussi relativement important, de Saint-Germain-sur-École et se trouvent, quant à elles, à plus de 40 kilomètres[555].

Il serait fastidieux et pas des plus utiles de détailler la répartition spatiale des fourches patibulaires pour chaque seigneur parisien. Avec les deux exemples précédents de Saint-Germain-des-Prés et de Sainte-Geneviève, deux modèles se profilent : avec Saint-Germain-des-Prés, on a une forme de concentration des fourches patibulaires seigneuriales non loin de la maison-mère et donc de la capitale, une multiplication des fourches dans un secteur resserré mais compromis par des enchevêtrements territoriaux. Dans le cas de Sainte-Geneviève, on a, à l'inverse, une plus grande dispersion des fourches patibulaires. Seules deux se trouvent non loin de la capitale, elles aussi dressées en un territoire complexe et morcelé ; mais les quatre autres sont élevées en des bourgs bien plus éloignés de Paris et de l'établissement religieux. Les choix d'implantation sont motivés par des choix propres à chaque seigneur et à la situation spécifique de leurs territoires. En revanche, avec ces deux exemples, la volonté de préserver l'intégrité de leurs possessions foncières et de marquer leur compétence judiciaire sur un territoire est présente et revendiquée par tous. Cependant, il est possible de représenter simultanément ces différentes stratégies, ces répartitions spatiales des fourches patibulaires pour chaque seigneur (carte 16).

---

[554] *Ibid.*

[555] *Ibid.*, p. 242.

Carte 16

Répartition spatiales des fourches patibulaires des seigneurs parisiens.

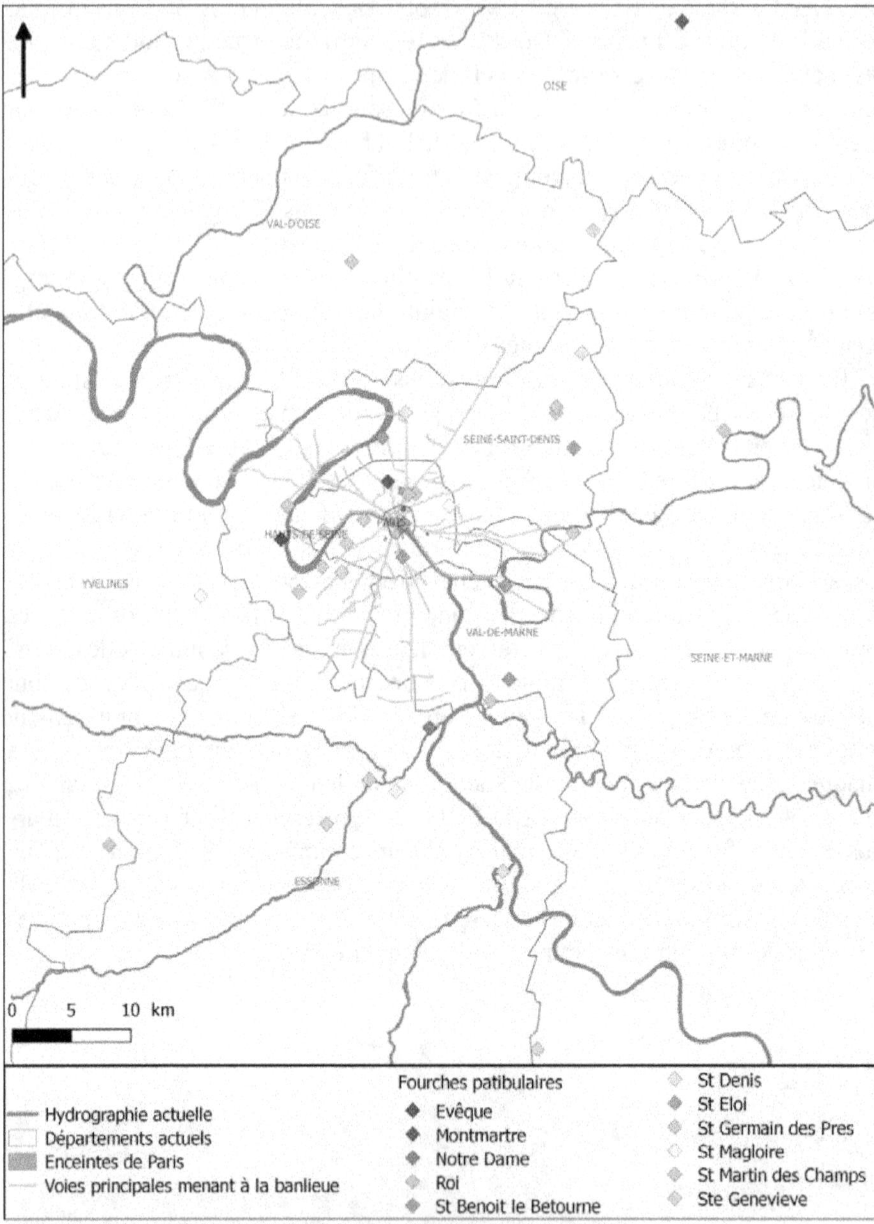

© APUR/ALPAGE : D. Gherdevich, IGN, H. Noizet, C. Bourlet, P. Rouet, L. Ecorchard – LE (2020).

Sur cette carte rassemblant l'ensemble des fourches patibulaires des seigneurs parisiens et montrant donc leur répartition spatiale, on peut d'ores et déjà observer une relative concentration des fourches patibulaires aux alentours de Paris, et notamment à l'ouest de Paris avec de nombreuses fourches appartenant aux abbayes de Saint-Germain-des-Prés et de Sainte-Geneviève. En effet, dans l'espace de la banlieue, c'est-à-dire compris entre Paris et un rayon d'une quinzaine de kilomètres autour de la capitale, on peut dénombrer dix-huit structures sur trente-neuf au total, c'est-à-dire 46%. Malgré cette concentration, on peut également remarquer une grande dispersion d'une partie de ces structures : dans l'espace au-delà de cette dizaine de kilomètres sont élevées vingt-deux fourches. Les plus éloignées se trouvant à environ 45 kilomètres de la capitale.

Cependant, si l'on observe dans le détail ces répartitions spatiales pour chaque seigneurie, on peut constater, indépendamment des situations propres à chacun, une volonté de renforcer, réaffirmer son pouvoir et son autorité judiciaire dans un périmètre relativement proche de la maison-mère et de la capitale. En l'état des recherches, il semble que tous ces seigneurs possèdent au moins une fourche patibulaire dans ce rayon d'une quinzaine de kilomètres autour de Paris, à l'exception du chapitre de Notre-Dame de Paris : quatre des six fourches de Saint-Germain-des-Prés, à Saint-Germain, Vaugirard, Meudon, Issy et Suresnes ; deux des six fourches de Sainte-Geneviève, à Vanves et Auteuil ; une seule des six fourches de Saint-Martin-des-Champs, à Noisy-le-Grand ; deux des quatre fourches de Saint-Benoît-le-Bétourné, à Saint-Marcel et Saint-Ouen ; une seule des quatre fourches de l'abbaye de Saint-Denis, au bourg du même nom ; une seule des trois fourches de Saint-Magloire, à Charonne ; une des deux fourches de Montmartre, à Montmartre ; deux des deux fourches de Saint-Éloi, d'abord à Saint-Paul puis à Saint-Maur-des-Fossés ; et enfin, la seule fourche de l'évêque de Paris, à Saint-Cloud. Par ailleurs, ces fourches patibulaires les plus proches de Paris sont également les plus importantes pour chaque pour seigneurie. La très grande majorité des affaires judiciaires des registres de Saint-Germain, Sainte-Geneviève, Saint-Martin-des-Champs, Saint-Denis et Saint-Éloi rapportées par Tanon concernent les fourches de Saint-Germain, Vanves, Noisy, Saint-Denis et Saint-Maur-des-Fossés[556]. Les fourches principales de l'évêque sont aussi celles de Saint-Cloud : « [...] Mais les larrons et les homicides, arrêtés dans les trois lieux désignés ci-dessus [le bourg de Saint-Germain-l'Auxerrois, la Culture-l'Évêque et le Clos-Bruneau], ne pourront être livrés au supplice qu'à Saint-Cloud [...] »[557].

Ainsi, on peut supposer que les seigneurs choisissent en premier lieu d'établir leurs fourches patibulaires à proximité de leur maison-mère. L'établissement de fourches non loin de l'établissement religieux était aussi nécessaire pour permettre le parcours des condamnés depuis le cœur de la seigneurie, sa maison-mère, ou encore ses prisons, souvent situées non loin de là, jusqu'aux fourches patibulaires. Lorsque les conditions, notamment financières, le permettaient, les seigneurs pouvaient multiplier leurs fourches

[556] *Ibid.*, p. 321-561.
[557] Voir la *Charta Pacis* de 1222, dans GUERARD (éd.), *op. cit.*, t. 1, p. LXXIX.

patibulaires. Elles pouvaient alors soit être dressées loin de la capitale, ainsi les seigneurs marquaient physiquement l'étendue de leur territoire et renforçaient quelque peu leur pouvoir en des bourgs éloignés de l'établissement religieux et de son influence, soit, comme dans le cas de l'abbaye de Saint-Germain-des-Prés, en des lieux contestés ou du moins menacés par la présence d'un autre puissant seigneur.

Enfin, un dernier exemple, issu d'un autre type de document, nous permet de saisir cet usage de borne des fourches patibulaires marquant ainsi l'entrée en un territoire spécifique. L'étude des plans anciens, lorsqu'ils représentent les fourches patibulaires, nous donnent à voir des représentations contemporaines et des usages de telles structures. Cependant, sur ces plans, les fourches de multiples seigneurs cités précédemment ne sont presque jamais représentées ; seules les fourches des seigneurs les plus importants de la capitale le sont. Bien souvent seul Montfaucon, structure de justice royale, est figurée. Et c'est précisément les représentations de Montfaucon qui m'intéressent ici ; en effet, les plans anciens, tardifs par rapport à l'époque étudiée – le plus récent date de 1552 – représentent donc la capitale du roi ; et ainsi, une attention toute particulière est portée à Montfaucon, structure judiciaire d'une autorité grandissante à la fin du Moyen Âge, et qui, lorsque ces plans sont réalisés, est alors hégémonique.

Comme l'a démontré Pierre Prétou dans sa conférence sur le *Gibet de Montfaucon* à l'occasion de la première saison du cycle de conférences intitulé « Sur la sellette, une histoire de la justice à Paris »[558], à l'observation de divers plans de Paris, on peut observer une évolution dans la représentation spatiale de Montfaucon. Sur le plan de Truschet et Hoyau, un des tous premiers plans détaillés de la ville de Paris, datant de 1552, Paris est représentée, non pas selon notre format conventionnel actuel, à savoir avec le nord en haut du plan, mais avec la Seine, élément primordial à la vie de la cité, au centre du plan et le traversant de haut en bas. Dès lors, le nord de la capitale se trouve à gauche du plan. Avec Paris représentée de la sorte, Montfaucon, dressé au nord de la capitale entre les faubourgs Saint-Laurent et Saint-Lazare, se situe nécessairement lui aussi à gauche du plan. Et bien évidemment, dans notre système occidental, la lecture s'effectue de gauche à droite. Or, à y regarder de plus près, Montfaucon se situe non seulement à gauche du plan, donc premier élément visible lorsque le plan est lu, mais il se situe en bordure du plan (fig. 37).

---

558 PRETOU, *Le gibet…*, *op. cit.*

Figure 37 : Emplacement de Montfaucon par rapport à la bordure du plan – Détail du plan de Truschet et Hoyau (1552).

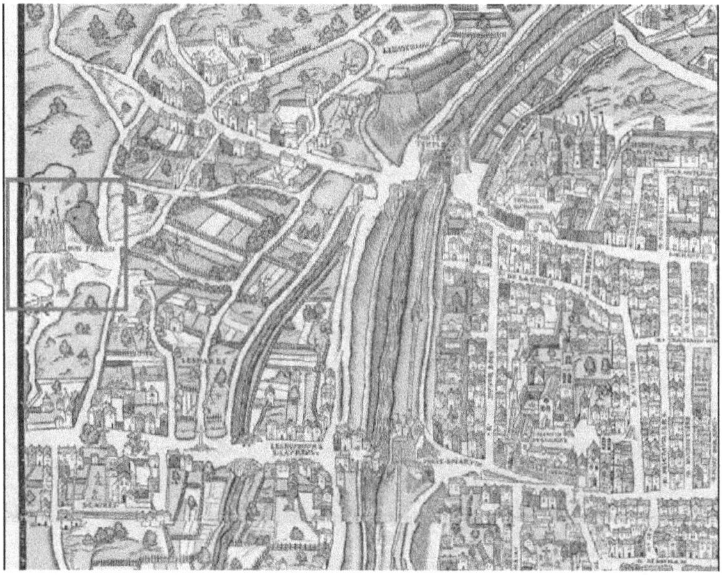

Objet extérieur à la ville, Montfaucon est ici placé au niveau de la bordure gauche du plan. Pour le cartographe, ces fourches représentent donc bel et bien la limite de la ville de Paris et son domaine proche. Pour le lecteur du plan, Montfaucon apparaît comme l'élément qui marque l'entrée dans la capitale : tout ce qui se trouve sur le plan après les fourches est de la juridiction de Paris, passer Montfaucon marque l'entrée ou la sortie en la ville du roi. Si l'on se penche sur d'autres plans, on retrouve à nouveau cette représentation en bordure de Montfaucon, comme marqueur de l'entrée dans la ville. C'est ainsi le cas sur le plan de Munster de 1550 (fig. 38), celui dit de Saint-Victor de 1550 (fig. 39), de Braun-Hogenberg de 1572 (fig. 40) et sur le plan Quesnel de 1606 (fig. 41). Puis à partir du XVIIe siècle, la structure est déplacée (fig. 42 et 43), devient difficilement visible et identifiable, voire disparaît totalement comme c'est le cas sur les plans Jaillot et Verniquet de la fin du XVIIIe siècle. Elle n'est alors plus en limite du plan mais simplement en périphérie de la capitale, dressée sur une parcelle isolée. En cette période où Montfaucon tombe peu à peu en ruine pour finir par disparaître vers les années 1760, aux yeux de ses contemporains, il ne symbolise plus la limite de la juridiction de la ville de Paris.

Figure 38 : Emplacement de Montfaucon par rapport à la bordure du plan – Détail du plan Munster (1550).

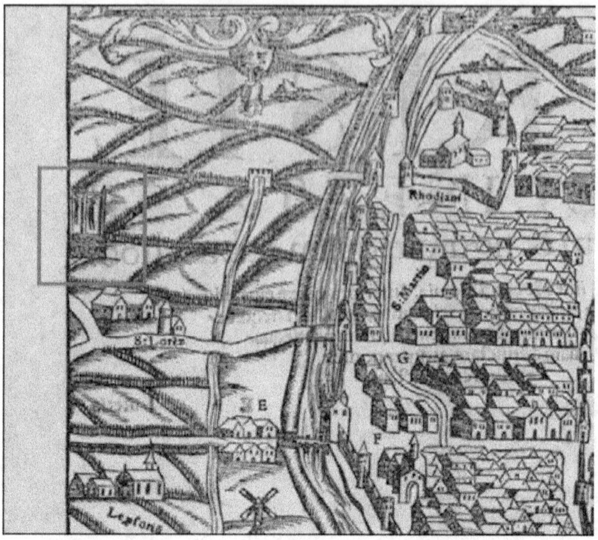

Figure 39 : Emplacement de Montfaucon par rapport à la bordure du plan – Détail du plan dit de Saint Victor (1550).

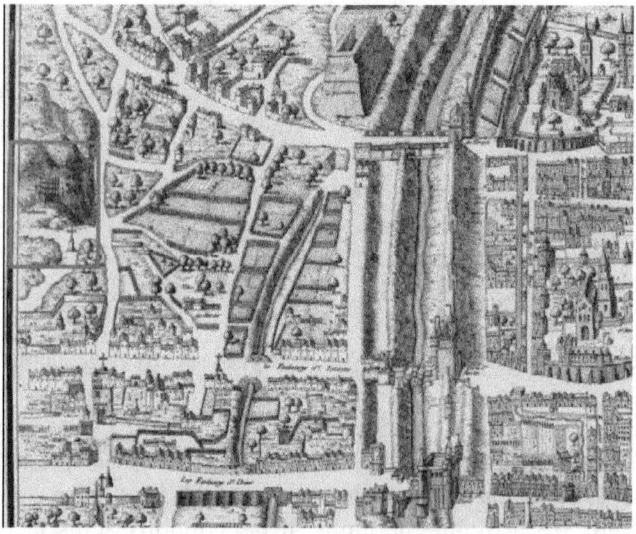

Figure 40 : Emplacement de Montfaucon par rapport à la bordure du plan – Détail du plan de Braun-Hogenberg (1572).

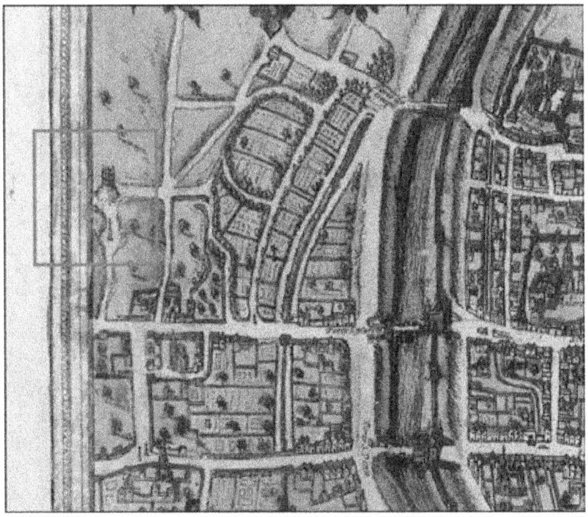

Figure 41 : Emplacement de Montfaucon par rapport à la bordure du plan – Détail du plan Quesnel (1609).

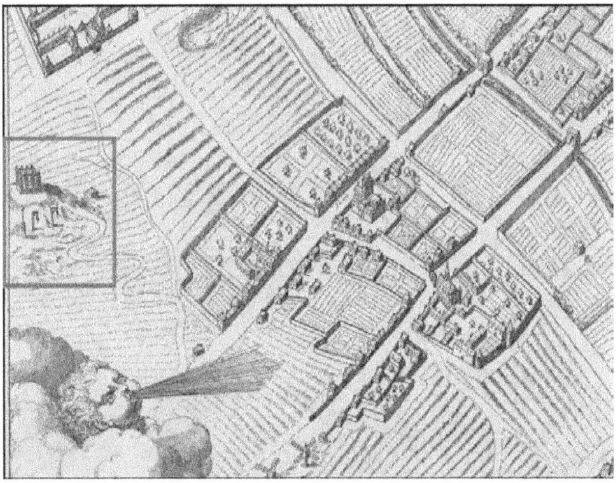

Figure 42 : Emplacement de Montfaucon par rapport à la bordure du plan – Détail du plan Delagrive (1728).

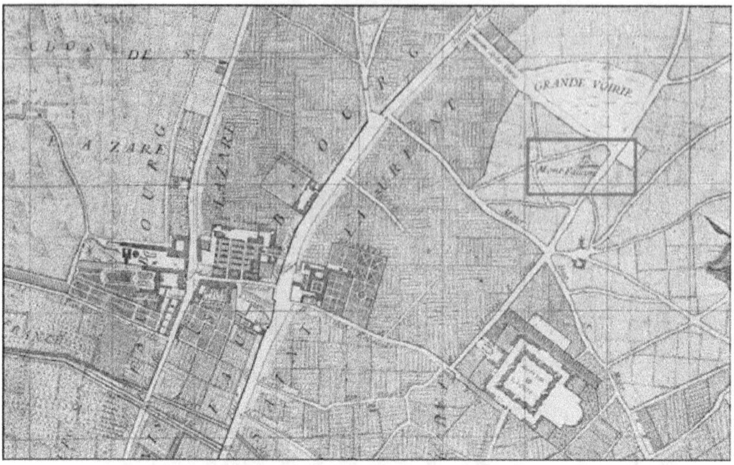

Figure 43 : Emplacement de Montfaucon par rapport à la bordure du plan – Détail du plan Vassalieu (1609).

Véritable marqueur des limites de la juridiction de Paris, cette superstructure de deux ou trois étages, seize piliers, dont la forme dépasse largement l'usage, fait donc entièrement partie du décor parisien. Fonction de marqueur géographique par ailleurs visible sur certaines enluminures médiévales où Montfaucon se retrouve parfois, tel un décor justicier, dans l'arrière-plan de la scène. C'est ainsi le cas dans deux enluminures : l'une est l'œuvre de Jean Fouquet, célèbre peintre du XVe siècle (fig. 1), la seconde est réalisée par le maître anonyme du Cardinal de Bourbon à la fin du XVe siècle (fig. 44).

Figure 44 : Enluminure du Maître du cardinal de Bourbon, *Renommée des miracles accomplis par les reliques de saint Louis*, dans *Livre des faits de Monseigneur Saint Louis*, après 1480, Paris, BnF, Français 2829, fol. 94 r°.

Autre marqueur territorial de la juridiction royale et non négligeable, malgré un aspect matériel qui pourrait la faire passer inaperçu : la potence. Si Montfaucon marque l'entrée dans la juridiction de Paris, les potences dressées temporairement aux portes de la ville pour l'exposition de morceaux de cadavres, qui plus est des cadavres de hauts personnages coupables de trahison envers le roi et la ville, marquent, quant à elles, l'entrée dans la capitale. Étudiant la géographie de la capitale à partir de multiples chroniques parisiennes, Isabelle Guyot-Bachy montre, dans sa contribution à l'ouvrage collectif *Être Parisien*, que, malgré une absence d'éléments topographiques ou descriptifs de la ville, ces écrits témoignent au moins, pour certains, des réalités urbaines et au mieux des rapports personnels et institutionnels entretenus par les chroniqueurs avec la ville, et aussi donc des représentations contemporaines de Paris. D'un point de vue purement topographique et descriptif, la ville est en premier lieu ceinte de murs[559]. Ce premier élément descriptif apparaît donc comme primordial dans la définition géographique de la ville – et sociale[560] – et les portes, elles aussi, constituent des repères sûrs de localisation. Leur aspect monumental marque aussi bien les esprits que la

559 Guyot-Bachy Isabelle, « La géographie urbaine des chroniqueurs parisiens de Philippe le Bel à l'avènement de Charles V », dans Gauvard Claude et Robert Jean-Louis (dir.), *Être Parisien*, Paris, Éditions de la Sorbonne, 2004, p. 337.

560 Dans le cas de Paris, les remparts marquent aussi bien les limites matérielles, administratives de la ville, mais également ses limites idéelles puisqu'il se développe une communauté consciente d'elle-même ; voir : Bove, *op. cit.*.

géographie, « elles marquent l'horizon symbolique de l'espace urbain »[561]. Et cela, on l'observe tout particulièrement lorsque le roi choisit de faire pendre des criminels rendus coupables de haute trahison à des potences dressées près des portes principales de la ville. Ainsi, suite à la révolte de 1306 contre la réévaluation monétaire, le roi fait pendre, le 30 décembre 1306, vingt-huit émeutiers à des ormes situés non loin de l'enceinte, sept à l'orme de la porte Saint-Denis, sept à celui de la porte Saint-Antoine, six à l'orme du Roule, à savoir près de la porte Saint-Honoré, et huit à l'orme de la porte Notre-Dame-des-Champs. Puis leurs corps sont détachés pour être à nouveau pendus à des potences édifiées aux quatre principales portes de Paris[562]. C'est également d'un grand crime qu'il s'agit lorsque le 9 décembre 1398, un certain Maître Jean Cimar fut décapité aux Halles et écartelé puis ses membres furent pendus aux potences des portes de Paris. Il subit une telle peine car il « estoit sortilege, idolâtre, ingromantion [...] » mais surtout « invoqueur d'ennemis, de paroles diffamables contre l'honneur des plus prochains de Sang Royal, & qui griesvement avoit attenté contre la Royale Majesté [...] »[563]. De même, en 1535, le chevalier Maurice de Jonas, capitaine de galères, déclaré coupable de traîtrise et de lèse-majesté fut décapité aux Halles et son corps fut par la suite écartelé afin que chaque quartier soit pendu aux quatre portes principales de la capitale. Sa tête, quant à elle, fut portée à Marseille pour y être exposée fichée sur une lance placée à la porte de la ville[564]. Ces traîtres, lèse-majestés, émeutiers ont, par leurs actions et crimes, porté atteinte à la personne du roi, blessé l'ensemble de la communauté et brisé l'ordre de la ville. Leur pendaison aux portes principales de Paris est une manière pour le roi de montrer que, par l'exécution de la peine aux limites cardinales de la ville, l'atteinte est réparée, la communauté et l'ordre social et moral sont ressoudés. Exposer des membres ou simplement faire pendre aux portes de la ville des traîtres est un moyen pour le roi de tenir symboliquement l'ensemble de la ville dans sa main, et réaffirmer par ses signes l'emprise de son pouvoir sur Paris[565]. Par ailleurs, ces potences aux portes de Paris sont dressées en une période où le pouvoir royal, après un investissement de la capitale au cours du XIIIe siècle, cherche à s'imposer et à soumettre la ville à son seul contrôle, et notamment d'un point de vue juridictionnel. Ces mentions de potences

---

[561] GUYOT-BACHY, *op. cit.*, p. 337

[562] CAZELLES, *op. cit.*, p. 271. « Chronique de Géraud de Frachet et Continuation », dans BOUQUET et DELISLE (éd.), *op. cit.*, t. XXI, p. 27-28 ; Chronique de Jean de Saint-Victor dans *ibid.*, p. 643. GUERAUD (éd.), *op. cit.*, t. I, p. 356 ; « Chronique parisienne anonyme de 1316 à 1339... », *op. cit.*, p. 20 ; *Petite chronique française de l'an 1270 à l'an 1356*, DOUËT-D'ARCQ L.-A. (éd.), dans *Mélanges de littérature et d'histoire recueillis et publiés par la Société des bibliophiles français*, Paris, 1867, § 28.

[563] SAUVAL, *op. cit.*, t. 3, p. 258.

[564] *Ibid.*, p. 617-618 ; *Journal d'un bourgeois de Paris sous François Ier...*, *op. cit.*, p. 452-453

[565] GUYOT-BACHY, *op. cit.*, note n°49 p. 344 ; COHEN, *op. cit.*, p. 285-304.

apparaissent en effet en des périodes troublées, en 1306 mais surtout au cours du XVe siècle[566] (n°59, 60, 63 et 64).

Comme le fait remarquer Jean-Claude Schmitt, « l'exercice et la représentation du pouvoir supposent l'établissement de frontières, la fixation de limites, la définition de seuils, l'ouverture et la fermeture de portes qui autorisent ou non les échanges entre l'autochtone et l'étranger, entre "l'intérieur" (*intrus*) et "l'extérieur" (*foris*), à tous les sens topographique, moral et idéologique du terme »[567]. De même que les portes de la ville, Montfaucon symbolise un seuil, lieu de séparation et de passage dans la juridiction royale. Tous les éléments caractéristiques de Montfaucon, sa hauteur, sa couleur blanchie à la chaux[568], son assise de pierres, etc., participent à montrer, à affirmer la supériorité hiérarchique et la puissance du seigneur-roi détenteur. En complément de cette imposante marque de justice, les portes monumentales de la ville parfois accompagnées de potences, partageant avec les fourches patibulaires cette visibilité accrue, sont des lieux qui participent directement à l'affirmation d'un pouvoir politique. Potences et fourches patibulaires marquent toutes deux un seuil, à des échelles différentes – la ville et la juridiction –, seuil qui marque une identité, une appartenance, ici d'un ressort judiciaire : passer ces seuils signifie pour l'homme médiéval entrer ou sortir d'une juridiction, ici celle du roi.

Ces structures imposantes que sont les fourches patibulaires, et dans une moindre mesure les potences, sont donc nécessaires à la définition d'un territoire, à la protection de son intégrité et à l'affirmation d'un pouvoir judiciaire sur celui-ci. Plus ces bornes étaient imposantes, mieux elles assuraient ces rôles. Mais ces marques concrètes, stables et visibles ne sont pas propres aux périphéries. Ces structures judiciaires massives avaient leurs pendants, plus restreints, en ville : les structures d'exposition. En effet, les marques de délimitation d'un territoire seigneurial *intra* urbain étaient bien souvent très légères, simplement apposées sur les maisons dans la ville ; dès lors, elles étaient particulièrement instables et mouvantes au fil des constructions et destructions, suivant l'évolution de l'urbanisme d'un quartier[569]. Ainsi, dans la ville d'autres structures judiciaires venaient marquer le territoire d'un seigneur, renforçant voire remplaçant les marques presque imperceptibles des habitations, des bâtiments. Ces marques nettement visibles et durables étaient souvent préférées par les seigneurs car elles permettaient de conserver intact un espace.

---

566 FAVIER, *La Nouvelle…, op. cit.*
567 SCHMITT Jean-Claude, « Le seuil et la porte. À propos de la Porte Romana de Milan », dans BOUCHERON et GENET (dir.), *op. cit.*, p. 163.
568 SAUVAL, *op. cit.*, t .3, p. 278.
569 ROUX, « Bornes et… », *op. cit.*, p. 134.

III. Des bornes dans le centre : l'usage de structures d'exposition pour renforcer son autorité sur un territoire.

Qualifiées de « contraires » [570] par Vincent Challet, les structures judiciaires *intra* urbaines que sont les piloris, carcans et autres échelles de justice – mais aussi les échafauds – sont en effet, contrairement aux fourches patibulaires dont le message n'est pas tant destiné à la communauté d'habitants bien consciente de quel seigneur exerçait la haute justice sur le territoire mais plus aux personnes extérieures, aux autres seigneurs, aux voyageurs et gens de passage, etc., les « contraires » ont, quant à eux, un message tourné vers la communauté elle-même. Ils sont mieux intégrés à la communauté puisqu'érigés en son cœur, ils se trouvent au centre des juridictions et ainsi abrités au cœur des habitations, ces supports de l'exposition infamante ne sont visibles que des habitants d'un quartier, d'un village. En cela, ils s'opposent totalement aux fourches patibulaires. Contraires, ces structures le sont aussi dans leur logique d'application. Si les fourches patibulaires excluent les condamnés à mort de la société, car jugés irrécupérables et inutiles au monde, si elles relèguent les corps de ces criminels en marge de l'espace de l'ordre de la société, les peines d'exposition n'ont, quant à elles, de sens qui si le condamné est membre d'une communauté. C'est parce qu'il fait partie d'une communauté que le supplice infamant peut prendre place et fonctionner.

À l'image des fourches patibulaires, mais sur une échelle plus restreinte, elles servent également à marquer un territoire, à en borner les limites. C'est dans Paris que se concentre le plus grand nombre de ces structures d'exposition ; vingt-un des trente-huit piloris, échelles et carcans sont dressés dans le Paris *intra muros*, soit environ 55% (carte 17). Le reste de ces structures d'infamie se trouve au sein des bourgs ou faubourgs sous la juridiction de seigneurs parisiens.

---

[570] Challet, « Les fourches… », *op. cit.*

Carte 17

Répartition spatiale des structures d'exposition des seigneurs parisiens dans Paris.

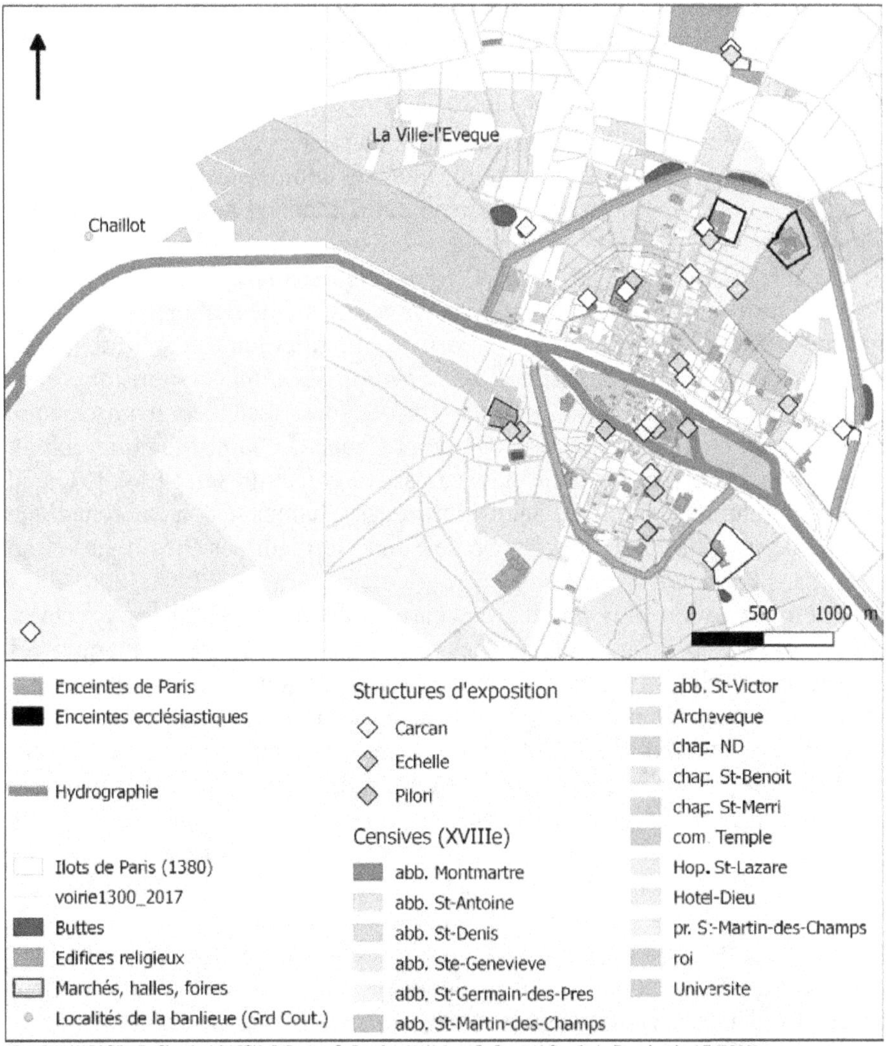

© APUR/ALPAGE : D. Gherdevich, IGN, P. Rouet, C. Bourlet, H. Noizet, B. Bove, Y. Brault, L. Ecorchard – LE (2020).

Cette importante multiplication dans la capitale est le résultat direct de la grande concentration de seigneurs justiciers dans Paris et de l'enchevêtrement de leurs juridictions. Les limites de leurs territoires souvent complexes, car morcelés, étaient aussi soumises aux changements urbains et s'en trouvaient fragilisées. Il était donc nécessaire pour ces seigneurs de garantir l'intégrité de leur juridiction en apposant des structures judiciaires qui, à l'instar des fourches patibulaires mais à une autre échelle, marquaient l'entrée en un territoire mais aussi signifiaient la domination judiciaire d'un seigneur sur cet espace. De plus, ce type de structures se prêtait parfaitement à la fonction :

peu chères, demandant relativement peu de main d'œuvre et de temps d'élévation et prenant peu de place en ville, ces structures d'exposition se prêtaient idéalement à cet usage de marqueur et de renforcement du pouvoir en des territoires aux frontières fragilisées. Enfin, à la différence des fourches patibulaires et des piloris réservés aux seuls hauts-justiciers les plus honorables, les carcans et échelles de justice pouvaient être possédés par tous les seigneurs justiciers. Les autres seigneurs justiciers de Paris, pour exposer publiquement un criminel et pour faire valoir ses compétences judiciaires dans la ville, devaient se contenter de carcans et d'échelles de justice. Neuf des vingt-quatre seigneurs possédant une censive et sa justice dans Paris détenaient au moins une structure d'exposition dans la capitale, soit environ 37,5%. En revanche, tous n'en possédaient pas le même nombre. Ainsi, le roi fit ériger en tout huit structures d'exposition : un pilori, une échelle de justice et six carcans. L'abbé de Sainte-Geneviève posséda sur son territoire dans Paris, pour l'ensemble de la période étudiée, deux échelles et un carcan ; l'évêque, les chanoines de Notre-Dame et l'abbé de Saint-Magloire eurent, quant à eux, chacun une échelle et un carcan. Le prieur de Saint-Éloi, le Grand Prieur du Temple, le prieur de Saint-Martin-des-Champs se contentèrent d'une échelle de justice, tandis que l'abbé de Saint-Germain-des-Prés n'eut qu'un pilori dans Paris *intra muros*.

Une observation plus pointue des cartes mettant en avant les structures d'exposition sur la géographie des censives permet de voir que ces emplacements choisis par les seigneurs ne sont ni fortuits ni même simplement dictés par la topographie satisfaisant des besoins purement pratiques. Ces choix d'implantations répondent également à des stratégies inter-seigneuriales de conservation de l'intégrité d'un territoire. Car, en effet le maintien de leur censive était une préoccupation constante des seigneurs parisiens. Toute diminution de leur territoire menait à une amputation d'une partie de leurs droits fonciers, économiques et judiciaires, à une perte de profits. Et « à terme, laisser s'amoindrir la seigneurie est affaiblir tout l'ordre social »[571]. Et ce sont les limites, particulièrement vulnérables, qui étaient plus propices à ce type d'altérations. Les seigneurs étaient donc très vigilants au maintien de leur censives et leur protection passait, entre autres, par l'établissement de bornes visibles et stables.

---

571 ROUX, « Bornes… », *op. cit*, p. 130.

Carte 18

Stratégies d'implantation des structures d'exposition dans Paris (rive droite).

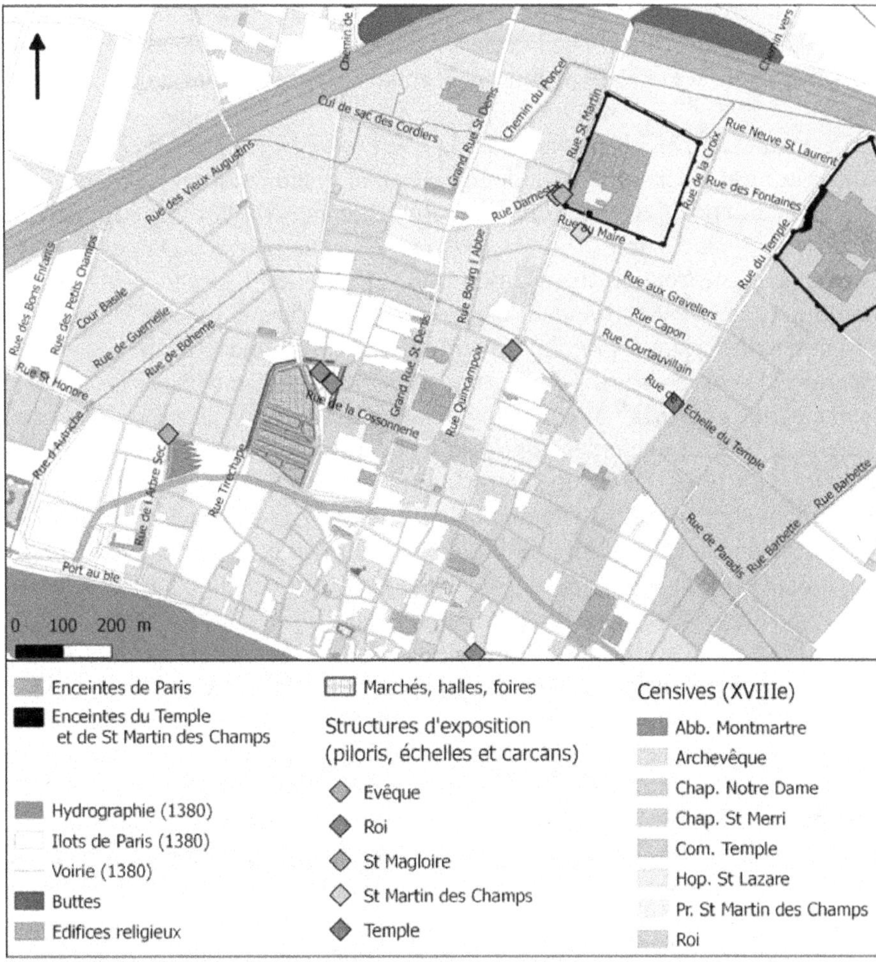

© APUR/ALPAGE : D. Gherdevich, P. Rouet, B. Bove, Y. Brault, L. Ecorchard – LE (2020).

Sur la carte ci-dessus (carte 18), il est aisé de voir se dessiner cette stratégie seigneuriale de protection des limites de censives. Au sud ouest de la rive droite, au carrefour des rues de l'Arbre-Sec et Saint-Honoré, autrement nommé carrefour de la Croix du Tiroir, se trouve dressé le carcan de l'évêque de Paris (n°39). L'évêque, seigneur foncier le plus puissant de Paris, possède une censive relativement importante dans la capitale représentant environ 14% de l'ensemble du territoire *intra muros* dans l'enceinte de Charles V – le roi quant à lui en possède moins de 10%[572]. L'ensemble du territoire ceint entre

[572] BOVE Boris, BRAULT Yoann et RUAULT Antoine « Spatialisation des censives urbaines au XVIIIe siècle et essai de restitution médiévale », dans BOVE Boris, COSTA Laurent et NOIZET

ce carrefour et l'enceinte de Charles V au nord se trouve sous la juridiction de l'évêque. Cependant, la parcelle située entre les rues de l'Arbre-Sec, Saint-Honoré et Tirechape relevait de la censive de l'abbaye de Montmartre, alors bornée au nord et au sud par la censive épiscopale. Sur cette petite parcelle, communément « For aux Dames », l'abbaye exerçait son droit de haute justice[573].

De même, un peu plus au nord sur la rive droite, à proximité de l'enclos de Saint-Martin-des-Champs, se démarque une accumulation de plusieurs structures d'exposition appartenant à l'abbé de Saint-Magloire et au prieur de Saint-Martin-des-Champs. En effet, au carrefour des rues de Darnestat et de Saint-Martin se trouvaient, jusqu'en 1509, l'échelle et le carcan de Saint-Magloire (n°77 et 78). Quelques mètres plus loin, dans la rue Au Maire, face à l'entrée de l'enclos prieural, se trouvait dressée une échelle de justice appartenant à Saint-Martin-des-Champs (n°50). Outre sa censive de la Cité, l'abbaye de Saint-Magloire en possédait une autre sur la rive droite sur laquelle elle avait également droit de haute justice. Ce territoire s'étendait entre les rues Saint-Denis et Saint-Martin et comprenait, entre autre, la rue Saint-Denis, depuis l'église du Saint-Sépulcre – à l'est des Halles – jusqu'à la porte de l'enceinte de Philippe Auguste et l'espace de cette même porte jusqu'à la Croix-la-Reine où se trouvent le carcan et échelle, ainsi que la rue de la Croix, la rue Darnestat, la rue Bourg-l'Abbé…[574] Ce territoire sur la carte (carte 18) apparaît comme relevant de la censive de l'archevêché ; en effet, les censives ici représentées correspondent à l'état du XVIIIe siècle, or cet espace n'appartint à l'évêché de Paris qu'à partir de 1564, date à laquelle la mense abbatiale de l'abbaye de Saint-Magloire fut réunie à l'évêché[575]. Il convient donc de se représenter l'importante censive de Saint-Magloire qui voisinait celle de Saint-Martin-des-Champs, et les rues, entre autres, de Saint-Martin, de Darnestat se trouvaient en limites de ces deux juridictions. De plus, l'implantation des structures d'exposition de Saint-Magloire en l'extrémité de la rue Darnestat n'est pas simplement due à la présence d'un carrefour suffisamment large pour accueillir de telles structures ; la juridiction de cette rue même était complexe : l'abbaye de Saint-Magloire ne possédait qu'environ le tiers oriental du côté nord de la rue Darnestat[576] et son droit de voirie étaient régulièrement sujets de nombreux débats[577]. Par ailleurs,

---

Hélène (dir.), *Paris de parcelles en pixels. Analyse géomatique de l'espace parisien médiéval et moderne*, Paris, Presses universitaires de Vincennes, 2013, p. 167-195.

[573] DUMOLIN Maurice, « Notes sur l'abbaye de Montmartre », *Bulletin de la Société de l'histoire de Paris et de l'Île-de-France*, Paris, E. Champion, 1931, p. 168, 244 et 258-259.

[574] TANON, *Histoire des…, op. cit.*, p. 180-181.

[575] FOSSIER et TERROINE (éd.), *op. cit.* p. 183.

[576] *Ibid.*, t. 3, note n°2 p. 456.

[577] TANON, *Histoire des…, op. cit.*, p. 185 ; GROSSO Eric et NOIZET Hélène, « Mesurer la ville : Paris de l'actuel au Moyen Âge : Les apports du système d'information géographique d'ALPAGE », *Revue du comité français de cartographie*, 2012, 211, p. 92 [en ligne : https://halshs.archives-ouvertes.fr/halshs-00857701/document].

l'abbaye ne régnait véritablement sans partage que sur la partie située au nord de la rue Bourg-l'Abbé jusqu'au carrefour faisant face à l'église Saint-Nicolas-des-Champs[578], où se trouvait justement le carcan et l'échelle de justice de l'abbaye. Dresser ces carcans et échelles en ce carrefour était un moyen pour l'abbé de Saint-Magloire de renforcer son autorité, notamment judiciaire, sur sa censive menacée, ou du moins ombragée, par la présence du territoire conséquent du prieuré de Saint-Martin-des-Champs. Cela lui permettait d'affirmer son droit *coutumier* de posséder la voirie dans sa terre et en particulier dans la rue Darnestat. Enfin, il n'est pas anodin que ces structures, certes, placées en un lieu de rupture de juridiction, soient élevées face à l'enclos même d'une juridiction concurrente : celui de Saint-Martin-des-Champs. De fait, la présence de structures d'exposition d'un autre seigneur face à la maison-mère de Saint-Martin-des-Champs, cœur de son pouvoir, pouvait amoindrir, ou certainement concurrencer, l'autorité du prieur en cet espace. Et c'est très probablement pour réaffirmer son autorité sur son propre territoire, face à cette concurrence, que le prieur fait ériger une échelle de justice dans une rue certes plus étroite – la rue Saint-Martin est au contraire une des rues principales de la capitale – mais faisant face à l'entrée même de son enclos.

Il est connu que l'échelle du Temple se trouvait dressée dans la rue des Vieilles-Haudriettes et perdura un long moment à cet emplacement[579] (n°26). L'étude du plan de Truschet et Hoyau permet de préciser encore son implantation ; celle-ci se trouvait dressée au carrefour des rues du Temple et des Vieilles-Haudriettes, quelques mètres en dessous de l'entrée de l'enclos du prieuré (fig. 26). Or, ce carrefour se trouve lui aussi en un point de rupture de juridiction, à proximité de la maison-mère de la puissante abbaye de Saint-Martin-des-Champs. Signe de l'importance, qu'elle soit judiciaire, territoriale ou symbolique, de ces structures de justice, celles-ci allaient même jusqu'à marquer durablement la topographie des lieux, devenant ainsi des traces durables, bien plus durables que les structures en elles-mêmes ou que l'usage judiciaire qui en était fait. Cette rue des Vieilles-Haudriettes où fut dressée l'échelle de justice du Temple fut en effet également nommée rue de l'Échelle du Temple.

---

578 FOSSIER et TERROINE (éd.), *op. cit.*, t. 3, note n°2 p. 456.
579 TANON, *Histoire des…, op. cit.*, p. 291

Carte 19

Stratégies d'implantation des structures d'exposition dans Paris (rive gauche).

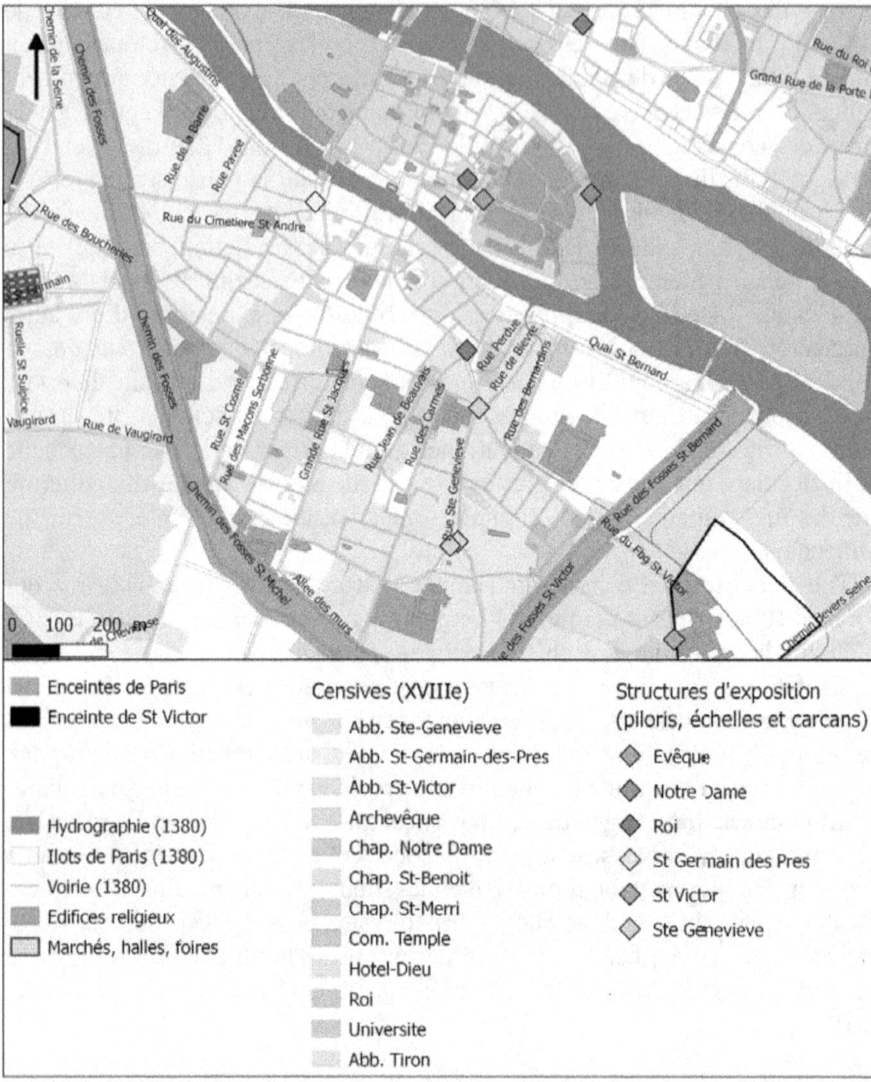

© APUR/ALPAGE : D. Gherdevich, P. Rouet, B. Bove, Y. Brault, L. Ecorchard – LE (2020).

Pour ce qui est de la Cité et la rive gauche, on retrouve de la même manière cette stratégie de placer ces structures de justice en des points de rupture de juridiction, plus fragiles et sujets à des contestations et empiétements (carte 19). L'île de la Cité est principalement occupée par le palais du roi, dont le pouvoir est signifié par la présence du Palais royal à l'ouest de l'île, et par le chapitre de Notre-Dame et l'évêque de Paris qui ont respectivement leurs quartier canonial et palais épiscopal implantés sur la partie orientale de l'île.

Ce centre insulaire concentre donc les centres du pouvoir royal et épiscopal[580]. Ce petit espace, d'une superficie de 9 hectares[581] est morcelé en trente-cinq censives, aussi bien ecclésiastiques que laïques, et principalement concentrées dans la partie centrale de l'île. En revanche, les justices exerçant leur compétence sur l'île sont moins nombreuses que les censives et sont au nombre de huit : la justice royale, celle de l'évêque de Paris, du chapitre de Notre-Dame, de Saint-Éloi, de Saint-Denis-de-la-Chartre, de Saint-Magloire, de Saint-Marcel et de Saint-Martin-des-Champs[582]. Mais toutes ces justices ne possèdent pas pour autant des signes de leurs compétences judiciaires sur ce territoire ; ainsi seuls le roi, l'évêque et le chapitre ont des structures publiques visibles depuis l'espace de la rue ; c'est trois seigneurs étaient aussi les principaux seigneurs voyers de ce territoire[583]. À cela, il convient d'ajouter les auditoires et prisons des prieurés de Saint-Éloi et de Saint-Denis-de-la-Chartre[584]. Par ailleurs, on peut voir sur la carte (carte 19) que les structures d'exposition des deux grands pouvoirs de l'île et de la capitale, le roi et l'évêque de Paris, se trouvent non loin l'un de l'autre. L'échelle épiscopale est dressée sur la place du Parvis, face à la cathédrale (n°45) et elle se trouve élevée là de manière permanente. Non loin de là, au tout début du XVIe siècle, le roi fait élever temporairement un carcan au carrefour Saint-Christophe, dans une petite enclave de sa censive. Le chapitre de Notre-Dame, quant à lui, fait dresser son échelle de justice au cœur de sa censive propre, au port Saint-Landry (n°55), mais à partir du XVe siècle, il déplace son échelle de justice au côté de celle de l'évêque sur le parvis de la cathédrale[585]. De surcroît, il établit un carcan dans la cour de l'Hôtel-Dieu (n°89). Dès le XVe siècle, on a une forme de concentration des structures judiciaires de deux grands seigneurs sur la place d'importance de l'île de la Cité. Concentration qui ne fera que s'accentuer avec l'érection à proximité d'un carcan royal, certes temporaire. Ainsi, cette place du Parvis, lieu de passage de nombreux Parisiens, donne à voir les pouvoirs justiciers des principaux seigneurs de l'île, mais aussi de la capitale.

L'implantation d'un pilori temporaire par l'abbaye de Saint-Germain-des-Prés à l'extrémité de la rue de l'Hirondelle en 1272 se fait aussi dans cette perspective de marquer et renforcer les limites d'un territoire (n°31). Avant d'obtenir l'autorisation royale de dresser un pilori permanent en son bourg de Saint-Germain, l'abbaye fit donc ériger à l'occasion un pilori portatif à l'extrémité de sa censive *intra muros*. De même, l'abbaye de Sainte-Geneviève possédait une échelle de justice au carrefour de la Croix Hémon, au moins à partir du début du XVe siècle (n°61), carrefour placé sous la

---

580 *Ibid.*, p. 152 ; BOVE, *op. cit.* p. 3.

581 GROSSO et NOIZET, *op. cit.*, p. 97.

582 DUBOIS M., *op. cit.*, p. 56.

583 *Ibid.*

584 TANON, *Histoire des...*, *op. cit.*, p. 195 et 200 ; DUBOIS M., *op. cit.*, p. 56.

585 HECK, *op. cit.*, p. 119-122 ; POMMERAY, *op. cit.*, p. 562-565.

juridiction incontestée de l'abbaye et situé à proximité d'un espace, quant à lui, maintes fois contesté et revendiqué par d'autres seigneuries : la place Maubert. En effet, l'abbaye de Sainte-Geneviève possédait la haute justice sur la place Maubert mais il est difficile de savoir quel type de structure judiciaire elle possédait là ou même si elle en possédait en cette place. Et les contestations du droit de haute justice de l'abbaye sur la place Maubert étaient nombreuses et tout particulièrement avec l'affirmation accrue de la justice royale au cours du XVe siècle [586]. Ces nombreuses contestations et revendications autour de la justice de la place Maubert rendaient probablement difficile, si ce n'est impossible, l'établissement de structures judiciaires durables, qui risquaient alors d'être abattues. En revanche, pour signifier son pouvoir sur sa censive et cet espace en particulier, la justice de l'abbaye fit ériger, non loin de là au carrefour de la Croix Hémon, une échelle au début du XVe siècle, à un moment où les contestations se font plus importantes et où le pouvoir judiciaire du roi s'impose de plus en plus. Ce faisant elle réaffirme le pouvoir judiciaire de l'abbaye en cette partie septentrionale de la censive de Sainte-Geneviève alors menacée.

Ces structures d'exposition dressées au sein de la ville permettent donc aux seigneurs hauts-justiciers de marquer visuellement les limites de leur juridiction, mais elles sont aussi employées pour renforcer leur pouvoir en leur centre, pour amplifier des espaces déjà symboliquement et politiquement forts. Ainsi, les seigneurs font parfois le choix de coupler des structures placées en périphérie de leur juridiction, que ce soit à grande échelle avec les fourches patibulaires ou à l'échelle plus restreinte d'un quartier ou d'un seul bourg avec les carcans, piloris et échelles de justice, à des structures d'exposition dressées au cœur de leur seigneurie.

L'abbaye de Saint-Germain-des-Prés qui a fait temporairement élever un pilori à l'extrémité de la rue de l'Hirondelle, en limite de sa juridiction, avait également une échelle puis un pilori au cœur de son bourg de Saint-Germain, sur la place Sainte-Marguerite, devant son enclos (n°20 et 23) (carte 19). À l'instar de Saint-Germain-des-Prés, on peut voir que l'abbaye de Sainte-Geneviève choisit de multiplier, dans un espace relativement proche, ses structures d'exposition infamantes sur son territoire. Quelques mètres au-dessus de l'échelle de justice de la Croix Hémon, marquant d'une extrémité à l'autre la rue principale de la seigneurie appelée de la Montagne-Sainte-Geneviève[587], l'abbaye possédait à demeure une échelle de justice au carrefour dit de Sainte-Geneviève située devant son enclos (n°40), échelle qui fut

---

[586] La terre de Sainte-Geneviève s'étendait jusqu'à la place Maubert, qui en formait la limite : TANON, *Histoire des..., op. cit.*, note 1 p. 363-364 ; BOUHAÏK-GIRONES Marie, BOURLET Caroline, BOVE Boris, DESCAMPS Benoît et LE MARESQUIER Yonne Hélène, « Du proche au lointain... », *Bulletin de la société de l'Histoire de Paris et de l'Île-de-France*, p. 10-11 [en ligne sur : https://halshs.archives-ouvertes.fr/halshs-00640433/document] ; GAUVARD Claude, « Crimes et châtiments à Paris aux derniers siècles du Moyen Âge », dans BOVE et GAUVARD (dir.), *op. cit.*, p. 215.
[587] *Ibid.*, p. 231-232.

ensuite remplacée par un simple poteau avec carcan, lui-même enlevé en 1591 (n°91). Mais cette multiplication des structures nécessite pour l'abbaye d'avoir des moyens financiers suffisants pour dresser plusieurs structures judiciaires relativement proches les unes des autres – d'autant plus que ces abbayes possédaient également d'autres structures judiciaires, parfois bien plus onéreuses, dans leurs bourgs. Ainsi, Saint-Germain-des-Prés fit ériger, outre le pilori de la rue de l'Hirondelle et le pilori et l'échelle de la place Sainte-Marguerite, un carcan et une échelle sur la place principale du village de Dammartin[588] (n°84 et 85) et trois autres carcans respectivement dans le bourg d'Issy (n°82), de Meudon (n°81) et de Vaugirard (n°83). L'abbaye de Sainte-Geneviève possédait, quant à elle, un autre carcan au bourg de Saint-Germain-sur-École (n°38). Sur cette même carte (carte 19), on peut observer que la seule structure d'exposition détenue par l'abbé de Saint-Victor se trouve devant l'entrée même de l'enceinte de l'abbaye. En plaçant sa structure judiciaire en un endroit aussi fort que l'entrée de l'enclos abbatial, l'abbé affirmait son pouvoir face aux nombreuses prétentions de l'abbaye de Sainte-Geneviève et aux divers empiétements. En effet, non loin de l'enclos, se trouvaient deux lieux sur lesquels l'abbaye de Sainte-Geneviève n'hésitait pas à exercer sa justice malgré la très grande proximité de la censive de Saint-Victor : le carrefour Copeau[589] et la butte des Moulins, décharge sur laquelle l'abbé de Sainte-Geneviève exécutait à mort[590]. Et en reprenant la carte précédente (carte 18), on retrouve également cette stratégie de concentration des structures judiciaires en des lieux de pouvoir avec les structures royales dressées au marché des Halles.

Enfin, si seulement neuf des vingt-quatre seigneurs possédant censive et justice dans Paris détenaient une ou plusieurs structures d'exposition dans la capitale, certains faisaient aussi dresser piloris, carcans ou échelles en leurs bourgs. Seuls six seigneurs possédant une censive dans Paris ont également fait dresser des structures d'exposition en leurs bourgs : l'abbé de Saint-Germain-des-Prés en fit ériger sept dans plusieurs de ses localités, le prieur de Saint-Martin-des-Champs quatre, et l'évêque de Paris, l'abbé de Saint-Victor, l'abbé de Sainte-Geneviève, l'abbesse de Montmartre en possédait chacun une. À ceux-ci, il convient d'ajouter le prieuré de Saint-Lazare qui possédait certes une censive dans Paris mais n'en obtint jamais la haute justice malgré plusieurs revendications ; en revanche, le prieuré possédait la haute justice sur ses terres des faubourgs. Et à l'instar du carcan de Saint-Victor ou du pilori de Saint-Germain, le carcan et l'échelle de Saint-Lazare étaient érigés au cœur du pouvoir de l'établissement ecclésiastique, face à l'enclos prieural, au carrefour dit de Saint-Lazare (n°99 et 101). En outre, ces structures d'exposition infamantes placées par les seigneurs hauts-justiciers dans leurs

---

588 *Ibid.*, p. 220.

589 *Ibid.*, p. 239, 244, 250 et 252.

590 FOSSIER Lucie et TERROINE Anne, *Un Bourgeois..., op. cit.*, p. 31 et note 76 p. 60-61 ; Arch. nat. S 1536, n°8 (4 juillet 1303).

bourgs étaient systématiquement élevées au cœur du bourg, sur la place principale[591].

De par leur taille relativement réduite, les structures d'exposition permettent dès lors l'exercice de la justice au plus proche du pouvoir seigneurial et de la communauté. Elles seules peuvent être employées par les seigneurs parisiens pour marquer leur pouvoir et notamment leur compétence judiciaire au sein de ce territoire complexe fait d'enchevêtrements. Ces structures d'exposition infamantes sont donc des structures « du centre » en ce sens où elles sont dressées au cœur de la communauté, au centre du pouvoir seigneurial. Mais elles servent alors aussi bien à protéger et renforcer les limites des territoires seigneuriaux urbains qu'à en marquer le centre et stabiliser, amplifier le pouvoir du seigneur détenteur. Ces divers usages relèvent alors de choix *intra* ou *inter* seigneuriaux suivants la puissance du seigneur en question, la fragilité ou au contraire la stabilité du territoire, les contestations plus ou moins fortes, plus ou moins fréquentes, etc. Et ces structures d'exposition ne fonctionnent pas seules ; elles dialoguent avec les fourches patibulaires qui apparaissent nettement comme des marqueurs des limites territoriales à une plus large échelle, *extra* urbaine. Ainsi, les fourches patibulaires envoient un message visuel d'un pouvoir seigneurial sur un territoire et une population, message qui s'adresse principalement aux seigneurs voisins, aux gens de passage ; et ces fourches périphériques répondent aux structures d'exposition centrales qui, elles, adressent un message identique à la communauté elle-même. À la lumière de cette complémentarité, il convient de relever deux stratégies distinctes, mais coexistantes, employées par les seigneurs parisiens haut-justiciers : toutes les structures judiciaires n'étaient pas destinées à marquer les limites d'une juridiction, certaines comme les fourches se prêtaient mieux à l'exercice mais d'autres comme les structures d'exposition revêtaient des usages différenciés suivant les besoins politiques des seigneurs. On a donc à la fois une dispersion des structures judiciaires dans l'espace marquant ainsi du pouvoir seigneurial même les bourgs les plus éloignés sur lesquels l'influence de la maison-mère n'a sans doute que peu d'effets, mais également une polarisation, une concentration des structures judiciaires au cœur même des seigneuries et souvent en des lieux déjà investis judiciairement[592].

Plus encore que de simples marqueurs territoriaux, ces lieux de justice sont, de manière générale, des marqueurs de la ville – les fourches patibulaires si elles sont situées hors de la ville n'en sont jamais bien éloignées. Ils font partie d'une « sémiologie politique des espaces urbains », sémiologie qui, comme l'énonce Patrick Boucheron dans son « Introduction générale » à l'ouvrage

---

[591] TANON, *Histoire des..., op. cit.*, p. 220.

[592] Cette double stratégie est également observée par Andrew Reynolds dans le cas de l'Angleterre. Dans son étude, le corpus est élargi à l'ensemble des institutions judiciaires et non seulement centré sur les structures de justice dans l'espace public ; voir REYNOLDS, *op. cit.*, p. 34.

collectif *Marquer la ville*[593], se lit à différentes échelles mais est également composée d'intensités variées. Ainsi, certains signes sont particulièrement discrets, c'est le cas des enseignes, des blasons, des bornes, d'autres sont, quant à eux, plus massifs, ce sont notamment les différentes manifestations architecturales. Mais tous, à des intensités différentes, participent à la dispute des lieux[594]. Et il est possible de voir les lieux et les structures de justice comme des signes de cette sémiologie politique, comme des marqueurs de pouvoir.

593 BOUCHERON et GENET (dir.), *op. cit.*
594 BOUCHERON Patrick, « Introduction générale », dans *Ibid.*, p. 11.

Partie III

Voir au-delà du simple usage judiciaire : les lieux de justice, des signes visuels d'une autorité

L'évocation des « marques de pouvoir » de l'espace urbain ou public fait ordinairement référence aux palais, aux programmes décoratifs, aux portes de la ville, aux inscriptions et blasons, aux statues, etc.[595] Or, il est tout à fait possible de considérer les structures judiciaires prenant place dans l'espace public comme des marques de pouvoir à part entière ; elles font partie, aux côtés des manifestations architecturales, des inscriptions et autres décors, d'un répertoire de signes nécessaire au pouvoir « pour dire son identité et faire connaître sa nature et ses objectifs »[596]. Et ces structures de justice, sans aucun doute, disent quelque chose de l'identité, de la nature et des objectifs du pouvoir détenteur. Elles diffusent un message autre et complémentaire aux autres manifestations physiques du pouvoir. On l'a vu précédemment, elles marquent physiquement et spatialement un pouvoir sur un territoire et une communauté donnés, elles participent à l'affirmation et la consolidation des limites territoriales. Elles rendent visibles à tous un pouvoir puissant détenteur de la haute justice, capable de juger et de punir les crimes, capable de maintenir la paix morale et sociale… Elles envoient également le message d'un pouvoir justicier reconnu de tous, les châtiments exécutés prenant place dans l'espace public sur ces structures sont alors soumis au regard de tous et donc à de possibles réprobations ; de même, hors du temps de l'exécution, une simple structure judiciaire debout symbolise une justice en place et acceptée de tous car toutes contestations du pouvoir pouvaient mener à des dégradations voire des destructions de ces objets. Diffusant un message politique spécifique du pouvoir, manifestant visuellement l'aspect judiciaire de ce pouvoir, ces structures de justice sont nécessaires à toute autorité cherchant à exprimer sa puissance politique multiforme et à s'imposer face à

595 Boucheron et Genet (dir.), *op. cit.*

596 Couzet-Pavan Élisabeth, « Des traces invisibles : quand les sources parlent des pas et des mouvements dans la ville (Italie, fin du Moyen Âge) », Boucheron et Genet (dir.), *op. cit.*, p. 237.

des autorités concurrentes. Ainsi, ces structures de justice font bel et bien partie de cette *sémiotique politique* des espaces urbains[597].

Cette facette de vecteur d'un pouvoir que possèdent donc les structures de justice s'exprime, elle aussi, de diverses manières. La diversité typologique de ces objets qui, finalement, n'apparaît pas nécessaire si on ne les envisage que par un prisme utilitaire, couplée aux réparations et aménagements opérés sur ces objets, trahissent un usage judiciaire relativement limité et induisent donc des usages autres de ces structures, usages, comme nous le permet de la supposer la monumentalité de certaines structures, liés à des enjeux de pouvoirs et à leurs manifestations. Et ces enjeux de pouvoirs attachés aux supports de la justice semblent être confirmés par les nombreuses contestations autour de ces objets et par l'appropriation exclusive qui est faite de quelques structures par des autorités cherchant à s'imposer comme hégémoniques.

[597] BOUCHERON, « Introduction générale », dans BOUCHERON et GENET (dir.), *op. cit.*, p. 11.

CHAPITRE 1

Des structures de justice *inutiles* à la justice ?

I. D'une diversité typologique vers une diversité symbolique

A. Des structures monumentales pour quel usage ?

Dans la première partie, une liste détaillée de toutes les structures judiciaires dressées dans l'espace public par les seigneurs a été établie, structures alors classées selon des types précis. Ainsi, dans les structures de pendaison, on peut distinguer les fourches patibulaires et les potences qui, plus qu'une différence de taille, ont surtout des usages différenciés. Pour la peine de l'exposition infamante, trois structures sont employées : les carcans, les échelles et les piloris. Si, là aussi, les différences typologiques apparaissent évidentes, il convient de se demander pourquoi existe-t-il à la fin du Moyen Âge plusieurs structures distinctes ayant un usage judiciaire identique. Car, en effet, contrairement aux fourches et aux potences, les carcans, échelles et piloris ont tous la même utilité dans le cadre de la justice : celui d'être les supports de la *pilorisation*. De plus, chacun de ces types de structures se décline également sous des formes multiples, du plus simple au plus complexe. Les fourches patibulaires s'imposent dans le paysage médiéval sous des formes et des tailles variées. Tous les piloris ne sont pas nécessairement d'imposantes structures de pierre de plusieurs étages dont la partie supérieure était composée d'un axe tournant. Les échelles n'avaient pas toutes la même hauteur, etc. On peut alors légitimement se demander pourquoi les seigneurs prenaient la peine de faire dresser des structures complexes et coûteuses si l'usage était strictement identique. Dès lors, il faut aller chercher cette différence ailleurs, dans d'autres usages associés à ces structures de justice. Il est nécessaire de regarder ces structures de justice au-delà d'un simple caractère utilitaire judiciaire.

À Paris, les structures d'exposition les plus importantes, en termes de taille mais aussi de symbolique, sont les piloris et en particulier le pilori royal. Dressé au cœur des Halles, haut de plusieurs mètres, élevés sur deux niveaux, d'abord fait de bois puis renforcé d'un soubassement en pierre[598], le pilori était un puissant symbole de la protection royale sur les transactions et les affaires du marché et de son autorité judiciaire. Et c'est sur ce même modèle que l'abbé de Saint-Germain-des-Prés érigea son propre pilori en son bourg, sur la place Sainte-Marguerite. Pour pallier l'interdiction de détenir un pilori imposée aux autres seigneurs de la capitale, ces derniers avaient recours pour la peine de la *pilorisation* aux échelles de justice et aux carcans. Et ils signifiaient leur pouvoir judiciaire malgré l'absence de pilori par l'érection de hautes échelles sur leur juridiction. Malgré la rareté des descriptions, les quelques informations données au sujet de l'échelle du Temple, dressée au carrefour des rues Saint-Martin et des Vieilles-Haudriettes, nous permettent de saisir l'ampleur que de telles structures pouvaient prendre. De l'échelle, ces structures judiciaires n'en avaient que la physionomie globale mais certainement pas la taille, contrairement à ce l'appellation que pourrait nous faire croire. L'échelle du Temple était une « large échelle de bois, fort élevée, appuyée contre un mât, et dont les échelons n'étaient pas à jour, mais formaient des marches comme un escalier. Au haut, deux planches se rabattant l'une sur l'autre, échancrées au milieu et sur les côtés pour laisser passer la tête et les mains du coupable pilorié »[599]. La structure était donc de grande taille, suffisamment en tous cas pour permettent la pendaison d'un homme. Car, en effet, si les échelles de justice étaient spécifiquement dédiées à l'exposition publique infamante d'un criminel, il arrivait, rarement certes – les exemples sont véritablement peu nombreux – qu'elles soient détournées de leur usage initial et employées à l'exécution d'autres châtiments. Dans le cas de l'échelle du Temple, cet emploi pour des pendaisons eut cours à deux reprises. Une première fois en 1423 : une foule arrêta un valet qui avait volé de nombreux biens et se chargea elle-même de le mettre à mort par pendaison à l'échelle du Temple où il resta trois jours durant[600] ; et une seconde fois, cette fois-ci, sur ordre du prieur, en l'année 1664 : « Il y a haulte, moyenne et basse justice, qui contient la plus grande partie des marais du Temple, et y en a une eschelle pour marque…, ayant un pouteau en carquant au-devant d'icelle, avec les armes du révérend sieur grand prieur ; mesmes que depuis huit mois il y a eu un homme fustigé et flestry, et l'autre pendu et estranglé »[601]. Sur sa hauteur, Dulaure nous fournit quelques informations supplémentaires, mais il convient de noter qu'il est, à ma connaissance, le seul à les apporter, il est donc nécessaire de les considérer avec précaution. Selon lui, cette échelle, qui ne fut détruite que vers l'an 1780, mesurait environ cinquante pieds de hauteur[602], à savoir un peu plus de quinze mètres ! Mais si la hauteur donnée

---

598 HILLAIRET, *op. cit.*, p. 50 ; SAUVAL, *op. cit.*, t. 2, p. 609.
599 DE CURZON, *op. cit.*, p. 189.
600 *Ibid.*, p. 190 ; CHAZAUD Martial-Alphonse (éd.), *La Chronique du bon duc Loys de Bourbon*, Paris, Libraire Renouard, 1876, p. 177.
601 Arch. nat. S 5558 (Visite de 1664) ; DE CURZON, *op. cit.*, p. 189.
602 DULAURE, *op. cit.*, t.1, p. 311.

par Dulaure ne peut être vérifiée, cette structure était nécessairement massive au point de déranger le voisinage. Sauval nous dit, en effet, que « jusqu'en 1667, elle a eu bien plus de largeur que presentement, & a été de l'autre côté de la rue de l'Echelle du Temple, vis à vis de la rue Michelle-le-Comte ; mais comme en cet endroit elle causoit souvent des embaras ; à la priere du Président le Cogneux & autres gens riches du voisinage, le Grand Prieur l'a fait étraicir & transporter de l'autre côté, où elle occupe peu de place, & n'embarasse nullement »[603]. Ce n'est pas tant les exécutions pratiquées sur l'échelle qui incommodaient car, contrairement aux fourches patibulaires, on n'y laissait pas de corps à pourrir des jours, des semaines voire des mois durant, mais véritablement la taille de l'échelle, alors trop encombrante en ce carrefour. Pour cette raison, elle fut déplacée mais surtout diminuée. L'échelle du Temple était donc une structure judiciaire particulièrement massive, tant et si bien qu'elle fut particulièrement solide et durable. Tanon, Sauval ou encore Jaillot la désigne comme le « dernier instrument d'exposition publique [...] debout dans Paris »[604]. Importante de par sa haute taille, l'échelle du grand prieur marqua durablement l'espace, certes par sa longévité, mais également en laissant sa trace après sa disparition puisqu'elle donna à la rue son autre nom, celui de rue de l'Échelle-du-Temple ; de même, elle marqua les esprits de ses contemporains puisqu'elle est une des rares structures d'exposition a apparaître sur le plan de Truschet et Hoyau de 1552 (fig. 26). Monumentale, dressée non loin de l'enclos du Temple au cœur de sa juridiction, support de multiples châtiments y compris des pendaisons, cette structure sur laquelle étaient également inscrites les armes du seigneur[605] était primordial pour l'affirmation matérielle et symbolique du pouvoir du prieuré, et notamment de ses compétences judiciaires. Mais la structure de justice monumentale de Paris qui vient généralement à l'esprit de tous est bien évidemment Montfaucon. Dépassant de loin tous les instruments de la justice érigés, Montfaucon est un véritable *unicum*. Cette « super-structure » est en effet composée d'une large plateforme maçonnée faite de larges pierres de taille empilées sur des dizaines d'assises et cimentées entre elles-mêmes, formant un ensemble haut de quatre à six mètres, long d'environ douze ou treize mètres et large de dix à douze mètres. Sur cette haute plateforme se dressaient seize larges piliers de pierres hauts d'environ dix mètres. Ainsi, le *monument* atteignait aisément les seize mètres de haut.

La visibilité de ces immenses édifications était, en raison de leur taille imposante qui nécessitait une construction solide, alors accrue, ainsi que leur durabilité et leur assurant ainsi une survivance matérielle et immatérielle. Ces deux structures sont relativement bien documentées toutes deux et elles sont

---

603 SAUVAL, *op. cit.*, t. 2, p. 590.

604 TANON, *Histoire des...*, *op. cit.*, p. 291 ; JAILLOT, *op. cit.*, t. 14 [Temple], p. 17 ; SAUVAL, *op. cit.*, t. 2, p. 590. Mais aussi : DE CURZON, *op. cit.*, p. 189.

605 Réparations faites sur l'échelle de justice du Temple, détail d'un compte de 1477, Arch. nat. MM 147 ; *Ibid.*

les derniers instruments judiciaires en place dans la capitale : l'échelle du Temple fut, après des années de ruines, détruites vers les années 1780, Montfaucon qui connut un état similaire d'abandon fut à son tour abattu vers 1760. Plus une structure est massive plus elle manifeste symboliquement et matériellement un pouvoir fort : avec ces *monuments*, le grand prieur du Temple et le roi imposent leur autorité qui se veut sans conteste et immuable sur leurs territoires.

Mais il convient de voir ces variations morphologiques, non pas comme des manifestations exceptionnelles et épisodiques d'un pouvoir fort, mais comme faisant partie, aux côtés des stratégies d'implantation, d'un ensemble de stratégies déployées par les seigneurs pour s'imposer politiquement face aux nombreuses concurrences. Posséder de grandes structures de justice et/ou les multiplier sur son territoire sont deux stratégies politiques mobilisées par les seigneurs parisiens servant un même but : protéger l'intégrité de sa juridiction en donnant à voir ses droits et compétences. Le paysage urbain est alors envahi d'une multitude de signes judiciaires qui, bien qu'ils aient des emplois judiciaires différents, diffusent ce même message de l'exercice d'une justice valide, effective et efficace. Multiplier les formes des objets de la justice détenus permet au seigneur d'exécuter efficacement diverses peines et d'étendre le spectre de son action judiciaire, mais surtout de marquer l'ensemble de son territoire, le centre comme la périphérie, de son pouvoir.

B. Pendaison aux arbres et exposition aux murs : une justice sans structures

Les mentions des deux pendaisons à l'échelle du Temple évoquées ci-dessus paraissent surprenantes[606]. En effet, dans les travaux abordant la matérialité de la justice et, précisément, l'étude des instruments et objets judiciaires, il apparaît comme évident qu'à une structure de justice correspond des peines bien spécifiques : aux fourches patibulaires, la pendaison principalement *post mortem*, aux potences, la simple pendaison, aux piloris, carcans et échelles, l'exposition publique. De surcroît, dans les sources même, ce genre de détournement des structures de la justice n'est qu'extrêmement rare.

Plus encore que des détournements, il arrive parfois que ces structures ne soient tout simplement pas utiles à l'exercice de la justice[607]. La pendaison pouvait ainsi se pratiquer à des arbres et notamment des ormes, ou sur des ponts. La symbolique de ces arbres, évoquée précédemment, n'est plus à démontrer. Mais il est difficile de savoir ce que représentaient exactement ces pendaisons à arbres. Selon Claude Gauvard, celles-ci étaient, dans le cadre de la justice ordinaire, illicites ; elles traduisaient une mauvaise justice. Ce type

---

[606] DE CURZON, *op. cit.*, p. 189-190 ; *Chronique de Louis III..., op. cit.*, p. 177 ; Arch. nat. S 5558 (Visite de 1664).

[607] CROLA, « Les fourches... », *op. cit.*, p. 135.

d'exécution relevait plutôt d'une justice militaire[608]. Il est mal aisé d'affirmer si la pendaison aux arbres était véritablement illicite. En revanche, il est certain que l'arbre, élément d'une nature sauvage et qui plus est, associé à l'exercice d'une justice militaire, symbolisait une justice rapide donc imprévisible et inquiétante[609]. Pendre à un arbre n'est pas nécessairement synonyme d'une justice arbitraire et violente ; cependant, cela traduit surtout une situation complexe où il est demandé d'agir dans l'urgence. Ainsi, lors des mouvements d'émeutes du 30 décembre 1306 à Paris, trente-et-un Parisiens sont emprisonnés et vingt-huit d'entre eux sont condamnés à mort. Quelques jours plus tard, le 5 janvier 1307, ils sont alors pendus à des arbres situés aux quatre portes principales de la capitale : sept à l'orme de la porte Saint-Denis, sept à l'orme de la porte Saint-Antoine, six à l'orme de la porte Saint-Honoré et huit à l'orme de la porte Notre-Dame-des-Champs[610]. Preuve de l'urgence dans laquelle ces pendaisons furent menées, tous les cadavres sont rapidement, après l'exécution, détachés pour être rependus à des fourches édifiées aux mêmes portes[611]. Plus encore que de répondre à un besoin d'agir rapidement – car l'élévation de simples potences prenait peu de temps –, la pendaison à un arbre permet aussi de pendre rapidement et simultanément un nombre conséquent de condamnés. Dès lors, ce type d'exécution relativement rare se prêtait particulièrement bien aux situations de répression d'une révolte. Une seule autre occurrence de pendaison à un arbre émerge dans la documentation étudiée, et celle-ci n'intervient pas dans le cas d'une révolte mais pour la mise à mort de trois larrons en 1445 à un arbre situé près de Bourg-la-Reine[612]. Bien que pendre à un arbre ou un pont soit nettement moins coûteux et plus rapide, il semblerait que, lorsque la situation le permet, les fourches ou potences sont toujours privilégiées. Et cette préférence apparaît lors de la lourde répression de la révolte de 1306 avec la rependaison à des fourches patibulaires qu'on avait pris soin d'ériger par la suite. Car, si pendre à un arbre n'est pas nécessairement illicite, ce type de mise à mort renvoie toutefois à une justice militaire et rapide, peut-être trop rapide et mal réalisée, sans jugement. Rependre ces vingt-huit coupables était un moyen de donner à voir une justice bien exécutée, menée selon la coutume avec un jugement. Cette rareté est aussi due à l'auréole symbolique et politique qui entoure ces structures judiciaires dressées spécifiquement par un seigneur. Les arbres, quant à eux, ont bien évidemment une grande symbolique dans le monde médiéval, mais ces éléments naturels ne font pas entendre le même message que des structures anthropiques représentant une justice maîtrisée, qui a nécessité du temps et la construction de structures pour l'occasion. Cette

---

[608] GAUVARD, *Condamner…, op. cit.*, p. 157-158.
[609] *Ibid.*, p. 158.
[610] « Chronique de Jean de Saint- Victor », dans BOUQUET et DELISLE (éd.), *op. cit.*, t. XXI, p. 647.
[611] CAZELLES, *op. cit.*, p. 271.
[612] SAUVAL, *op. cit.*, t. 3, p. 344.

utilisation relativement rare de ces éléments naturels pour les mises à mort nous montre finalement que le but d'une exécution ne peut pas être simplement réduit à mettre à mort un individu jugé criminel. Il existe d'autres enjeux sous-jacents dans la mise en pratique d'exécution sur des structures judiciaires. Et il en est de même pour la peine de l'exposition. En théorie, les piloris, échelles et carcans ne sont pas strictement nécessaires à la réalisation de ce châtiment. Celui-ci pouvait simplement être pratiqué à un pilier d'un bâtiment déjà existant, voire même à un pan de mur[613].

Cette « inutilité » de ces structures met en avant toute la valeur symbolique et politique que revêtent ces structures. Faire pendre sur des fourches et pilorier sur une échelle ou un pilori manifestent l'exécution d'une bonne justice, non trop rapide et qui a bénéficié d'un jugement, et exécutée aux yeux et à la connaissance de tous. Car l'exécution se déroule alors sur des structures connues de la communauté mais aussi, à une plus large échelle, identifiables, reconnaissables par tous qu'ils viennent de la communauté ou non. Ainsi, le choix de la structure de justice érigée par le seigneur ne dépendait pas uniquement du type de peine exécutée ; ce critère n'était pas tant pris en considération puisque plusieurs structures pouvaient répondre au même emploi. Les motivations sous-jacentes à l'élévation d'une structure de justice sont multiples et complexes. Et la symbolique derrière ces structures et leurs formes a probablement fortement motivé les différents choix faits par le seigneur.

II. Réparations et délabrement : des structures de justice caduques ?

Mais si posséder des structures judiciaires est si important symboliquement et matériellement pour un seigneur pour mieux imposer son autorité, si cela est si prestigieux, faut-il qu'elles soient, pour diffuser un message de puissance, en état de fonctionnement ou leur simple présence matérielle suffit-elle ? Les sources donnent peu d'informations quant à la réfection des structures de justice des seigneurs parisiens. Les seules mentions de réparation qui sont parvenues jusqu'à nous concernent, là encore, les structures les mieux documentées, celles du roi : le pilori et l'échafaud des Halles et les fourches de Montfaucon et Montigny.

Le discours des contemporains de Montfaucon déplore régulièrement l'état de délabrement de la structure qu'ils associent à une justice inefficace. Au milieu du XVIIe siècle, Claude le Petit écrivit les vers suivants :

« Dessus ce chilindre pourry
Ce Gibet, quoiqu'il soit en estat piteux,
Il fait voir à ce siècle honteux

613 TOUREILLE, *Crime et...*, p. 262.

Qu'on faisoit autrefois justice,
Qu'on ne la fait plus aujourd'huy »[614].

Claude le Petit déplore ici l'ancien temps où Montfaucon était craint, où la justice était rendue. Mais cette rhétorique sur la ruine de Montfaucon, et par conséquent de la justice, Pierre Prétou remarque qu'elle n'apparaît pas avec ces vers mais qu'elle existe possiblement depuis la construction même de Montfaucon[615]. Mais cet état de désuétude est-il réel ou s'agit-il d'une exagération de ses contemporains ? Si l'on étudie en profondeur les réparations et constructions qui eurent cours sur les fourches de Montfaucon, il apparaît dans un premier temps que celles-ci sont très tardives. Les premières mentions de modifications datent de la toute fin du XIVe siècle, et encore il ne s'agit pas vraiment là de réparation mais d'un simple ajout d'éléments nécessaires à une exécution : en 1392, trois sacs de cuir furent faits et attachés à une poutre de Montfaucon pour y pendre les corps de Guillaume de Bouteville, Philippot Rogier et Hennequin Dandeche[616]. Les seules véritables réparations des fourches datent de 1424, et celles-ci sont conséquentes. À cette date, les corps sont dépendus et enfouis dans la fosse, l'enceinte des fourches est nettoyée, à savoir la terre autour de la clôture est enlevée sur une distance de douze mètres. La clôture ainsi que les murs, les piliers et les poutres sont également blanchis avec un mélange de chaux, de colle et de craie. Plusieurs pierres de taille alors cassées, notamment sur les piliers corniers et intermédiaires, sont changées par des pierres blanches également. Les trous de la clôture sont colmatés et les joints des murs sont réparés par un remplissage de plâtre. Une fortification en bois est aussi construite de chaque côté de l'entrée de Montfaucon afin de protéger les fourches d'éventuels voleurs. Les marches en pierre de taille sont, elles aussi, refaites à neuf. Quarante-huit poutres décelées sont remplacées ainsi que deux coins de pierre d'un des piliers intermédiaires abîmés par l'eau et le gel[617]. À la lecture de toutes ses réparations, il apparaît que les fourches de Montfaucon étaient en l'année 1424 en relativement mauvais état. Son état était tel que par moment elles devenaient absolument inutilisables pour leur fonction première : l'exposition de corps *post mortem*. Dès l'année 1416, une seconde structure de pendaison vient palier la désuétude et l'inutilité de Montfaucon : Montigny. En effet, Montfaucon était en piteux état ; plusieurs chaînes de fer furent enlevées des poutres car elles menaçaient de tomber et d'être perdues[618]. Le 27 mars 1416 débuta la construction de ces nouvelles fourches faites de quatre pans de bois et de quatre poteaux corniers. Chacun de ces poteaux mesurait près de sept mètres de hauteur. Sauval précise également, sans en donner la

[614] LE PETIT, *op. cit.*, p. 24.
[615] PRETOU, *Le gibet…*, *op. cit.*
[616] SAUVAL, *op. cit.*, t.3, p. 664.
[617] *Ibid.*, p. 270 et 278.
[618] *Ibid.*, p. 274.

nature, que divers câbles et engins furent nécessaires pour lever la structure. Une échelle mesurant un peu moins de neuf mètres fut également ajoutée à la construction. Avant l'élévation de cette structure de bois par les charpentiers, des maçons se chargèrent de vidanger et désencombrer quatre grandes fosses d'un mètre et demi de profondeur et près d'un mètre d'épaisseur, qui furent ensuite maçonnées et remplies de moellons et de plâtre cru et cuit. Au-dessus de ces fosses, une grande assise maçonnée d'environ soixante-dix centimètres fut faite en pierre de taille provenant de la carrière de Notre-Dame-des-Champs, assise sur laquelle se dressaient quatre piliers de bois[619]. En 1424, année de la réparation de Montfaucon, Montigny est alors abattu ; Montfaucon pouvant alors reprendre son office des pendaisons, l'utilité de Montigny était désormais caduque. Les diverses étapes de construction et destruction de Montigny dessinent en négatif les états de délabrement de Montfaucon. Vers 1485, aucune réfection n'apparaît au sujet de Montfaucon, pourtant, cette année-là, le lundi 7 février, les fourches de Montigny sont alors refaites à neuf car Montfaucon était en danger de tomber. Ce sont par ailleurs les pierres de l'ancienne structure, sans doute restées non loin de leur emplacement du début du XVe siècle, qui furent employées à l'édification de ces nouvelles fourches, dotées à l'occasion de quatorze chaînes de fer[620].

Si au début du XVe siècle, il est clair que Montigny ne sert qu'à pallier l'inefficacité de Montfaucon lorsqu'il se trouve en état de ruine, cette fonction se perd peu à peu au cours du XVe siècle. En 1424, Montigny est abattu car Montfaucon se trouve alors à nouveau en état de fonctionnement. Mais cette action d'abattre les fourches de Montigny suivant l'état de Montfaucon ne se présentera plus par la suite. Il semblerait que, au moins à partir de 1485, Montigny resta en place aux côtés de Montfaucon. Il est possible que cette permanence traduise un état de plus en plus délabré de Montfaucon. D'autant plus que, on l'a vu, les importantes réparations de Montfaucon sont très rares et au cours du XVe siècle, ce sont principalement de petites réfections et ajouts qui sont opérés sur la structure royale de pendaison, rien de plus. Et bien souvent, ces petites réfections n'intervenaient qu'au dernier moment, à l'occasion d'une exécution. Ainsi, en 1457, une fosse d'environ deux mètres de long est creusée au pied des fourches de Montfaucon pour l'exécution par enfouissement d'une femme[621]. En 1462 ce sont six grandes échelles neuves qui sont faites et mises debout sur Montfaucon, tirées à l'aide de corde[622]. Quatre ans plus tard, en 1466, cinquante-deux chaînes de fer sont réalisées et attachées et clouées aux poutres de Montfaucon[623]. En 1490, des échelles sont à nouveau faites et placées aux fourches, ainsi que de nouvelles chaînes de

---

[619] *Ibid.*, p. 269 et 273.
[620] *Ibid.*, p. 475-476.
[621] *Ibid.*, p. 357.
[622] *Ibid.*, p. 414.
[623] *Ibid.*, p. 386.

fer[624]. Sept ans plus tard, douze chaînes mesurant un mètre de long sont refaites[625]. Enfin, en 1501, huit grandes échelles sont ajoutées[626]. Et il en est de même pour Montigny. Les réparations sont modestes mais régulières. Construit en mars 1416 puis abattu en novembre 1424, Montigny est à nouveau élevé durant la première moitié du XVe siècle, entre 1424 et 1458. Car, cette année-là, en 1458, l'assise de Montigny, alors en mauvais état, est refaite à neuf[627]. Mais la structure tombe peu de temps après en ruine puisqu'elle est reconstruite en 1485 pour palier l'abandon de Montfaucon. En 1490, des échelles sont faites pour les fourches de Montigny[628]. Et, de même, en 1501, deux nouvelles échelles sont à nouveau réalisées pour la structure[629]. Les réfections concernant Montigny sont, malgré tout, bien moins nombreuses que celles touchant Montfaucon ; cela est probablement dû au rôle plus secondaire de Montigny. Ces petites réparations n'étant faites qu'au besoin avant une exécution, il ne présentait pas d'intérêt de réaliser de grandes réfections sur les fourches de Montigny. Il semblerait donc qu'il n'y ait pas de réflexion sur le long terme cherchant à établir une pérennité de ces structures, à prévenir leur érosion et donc, sur le temps long, à réduire les coûts liés aux réparations[630]. À la fin du Moyen Âge, les deux structures de Montfaucon et Montigny sont présentes conjointement et leur présence simultanée permet de palier leur état de délabrement visible par les nombreuses réparations dont elles sont l'objet. Ainsi, malgré un piteux état général, elles assurent toutes deux, à tour de rôle, leur fonction de fourches royales.

En ce qui concerne le pilori, il fut pendant un temps laissé à l'abandon puisqu'en 1487 il dut être entièrement rétabli[631]. À nouveau en état de ruine, il fut réédifié en 1502. En 1515, il fut « raccomodé »[632], puis, peu de temps après, en 1516, il fut à nouveau reconstruit suite à l'incendie de la structure par la foule[633]. Reconstruit en 1542, cette fois-ci, en pierre, le pilori ne subit ensuite que deux nouvelles réfections. En revanche, avec le cas de l'échafaud des Halles, on peut voir, comme pour Montfaucon et Montigny, qu'il n'est l'objet que de quelques petites mais fréquentes réfections, uniquement opérées à l'approche d'une exécution. Ainsi, en septembre 1438, on fait faire, pour l'exécution par décapitation du maître des Ponts de Paris, le 1er septembre, un grand sac de treillis pour y mettre son corps et une demi-lance placée ensuite sur l'échafaud pour exposer la tête du condamné[634]. Pour l'exécution par

624 *Ibid.*, p. 493.
625 *Ibid.*, p. 520.
626 *Ibid.*, p. 533.
627 *Ibid.*, p. 359.
628 *Ibid.*, p. 493.
629 *Ibid.*, p. 533.
630 ROUSSEAUX, *op. cit.*, p. 167-188 ; DEMARET, *op. cit.*, p. 189-204.
631 *Ibid.*, t. 3, p. 480.
632 *Ibid.*, p. 592.
633 SAUVAL, *op. cit.*, t. 2, p. 609.
634 *Ibid.*, p. 336.

décapitation également de maître Jacques de Rouen, le 29 septembre 1438, on fit faire à nouveau une demi-lance pour l'exposition de sa tête[635]. La même année encore, pour l'exécution du 3 décembre 1438 d'un dénommé Robinet l'Ermite, une demi-lance en fer fut réalisée toujours pour l'exposition de la tête du condamné sur l'échafaud, ainsi qu'un sac pour pendre son corps aux fourches de Montfaucon[636]. En 1445, l'échafaud, alors inutilisable, fut refait à neuf[637]. L'exécution de Claude de Margotz et de Pierre Leu nécessita qu'en 1462 on fit construire une grande chaise de bois fixée, pour plus de stabilité, sur un billot, lui aussi de bois et appelée *touchet*. Ladite la chaise était placée sur l'échafaud pour y procéder aux décapitations des coupables. Une grande échelle faite de larges échelons et mesurant soixante centimètres de large et trois mètres de haut fut faite pour montrer le condamné sur l'échafaud. Deux lances hautes de près de quatre mètres et ferrées en leur extrémité furent réalisées dans du bois de sapin pour l'exposition des têtes des condamnés[638]. En 1471, l'échafaud est entièrement refait[639]. Puis à peine six ans après, l'actuel échafaud, alors en ruine, est détruit pour être refait à neuf pour l'exécution du duc de Nemours, décapité le 4 août 1477. Le « coupe-tête » ainsi que les tuyaux servant à l'écoulement du sang sont également reconstruits. Le pavement de l'échafaud, les tuyaux de même que leurs appuis sont, de surcroît, blanchis à la chaux. La galerie des greniers des Halles est aussi démolie pour y édifier à la place un second échafaud reliant les greniers à l'échafaud sur lequel se déroulera l'exécution. Pour l'occasion, le toit des Halles est aussi réparé[640].

Il semblerait donc que les exécutions ne soient pas strictement nécessaires pour affirmer l'autorité d'un seigneur, la simple présence de fourches, des potences, du pilori, etc. suffit à marquer son pouvoir, sa domination sur un territoire[641]. Toutes ces structures sont laissées en place, sans soin, subissant les aléas du temps et ce n'est que lorsqu'une exécution doit être pratiquée qu'elles bénéficient, si besoin, de quelques réparations essentielles. Le redondant discours sur la ruine de Montfaucon et son inefficacité n'est donc pas une affabulation ou une exagération de ses contemporains, elle est bel et bien réelle. Mais si toutes ces structures de justice se trouvent régulièrement en des états de délabrement rendant leur utilisation première de supports d'une exécution caduque, il faut comprendre par là que le but de Montfaucon et de ces autres instruments judiciaires, n'est pas d'être efficace en tout temps mais est simplement d'être vu et par là même de donner à voir la justice royale et d'en matérialiser les points géographiques essentiels – le centre avec les

---

635 *Ibid.*
636 *Ibid.*, p. 337.
637 *Ibid.*, p. 340.
638 *Ibid.,* p. 414.
639 *Ibid.*, p. 400.
640 *Ibid.*, p. 433-434.
641 CHALLET, « Les fourches… », *op. cit.*, p. 2.

Halles, la périphérie avec Montfaucon. Les fourches patibulaires en particulier, qui ne sont pas faites pour être vues de près, sont de véritables décors de la justice et doivent simplement, de loin, imposer une stature monumentale et assurer de temps en temps une exécution. Mais leur aspect de près n'importe finalement que peu[642].

[642] PRETOU, *Le gibet…, op. cit.*

CHAPITRE 2

Des symboles des autorités seigneuriales entre contestations et coopérations : vers l'affirmation de l'autorité royale ?

I. De nombreuses contestations à l'aube de la fin du Moyen Âge

Les fourches patibulaires étaient donc des objets judiciaires et politiques hautement symboliques représentant matériellement et idéellement un pouvoir seigneurial haut-justicier, une domination sur un territoire. Les seigneurs médiévaux ne considéraient pas leur justice comme un devoir comme bien comme un pouvoir, un droit auquel il pouvait prétendre, et qui plus est un pouvoir lucratif[643]. Détenir ces structures revêt de multiples enjeux pour le seigneur, et si leur présence diffuse de toute évidence un message précis à l'ensemble de la communauté et qui était compris de tous, toute atteinte portée à ses objets devenait également un vecteur de communication. Attaquer ces lieux de justice, supports de la mise en pratique de la justice, ne revenait ni plus ni moins à contester l'autorité du seigneur sur un territoire et à nier son droit de justice ; de même qu'une structure en place est symbole d'une justice incontestée. Et ces contestations font pleinement partie du fonctionnement de la justice dans la société médiévale. Les structures de justice se placent donc au centre de ces communications politiques *intra* et *inter* seigneuriales, et sont autant les moyens que les messages de cette communication. Elles sont alors les objets d'une communication qui s'opère dans les deux sens et non, seulement du seigneur à la communauté ; cette possibilité de réponse à l'action judiciaire par le biais des contestations met en place un dialogue politique, dialogue qui « n'est fondé que lorsque existe la possibilité d'un refus »[644].

Si ces attaques sont des messages d'une contestation contre un seigneur et son droit de justice, en revanche, les motifs de la contestation sont divers. Il

[643] TOUREILLE, *Crime et...*, *op. cit.*, p. 189.

[644] CHALLET, « Un espace... », *op. cit.*, p. 338 ; voir aussi : MORSEL Joseph, « Communication et domination sociale en Franconie à la fin du Moyen Âge : l'enjeu de la réponse », dans BOUCHERON et OFFENSTADT (dir.), *op. cit.*, p. 353-365.

arrivait que ces destructions soient des actions clandestines se déroulant la nuit par des fauteurs de troubles inconnus ; c'est ainsi que l'échelle du Temple fut brûlée de nuit à plusieurs reprises « soit par haine ou mauvaise plaisanterie »[645]. Bien évidemment, la destruction des structures de justice était hautement condamnée[646]. Mais généralement, ces contestations ne prennent pas lieu par envie de velléités ou de rébellion ni pour un simple exercice de la violence, bien souvent ces contestations ne sont que le résultat d'une indétermination qui réside autour de l'emprise territoriale d'un seigneur ou de la définition des crimes et de leur jugement. Ce sont ces indéterminations qui rendent l'exercice de la justice complexe, et du flou résidant parfois autour du jugement de certains crimes ou autour de la domination d'un territoire naissent les contestations entre seigneurs.

A. La justice complexe de certains crimes

Cette indétermination autour de la justice de certains crimes se manifeste de deux manières bien distinctes. Elle réside dans la complexe et progressive définition de ce qu'est la haute justice, de ce qu'elle comprend, dans la lente et fluctuante classification des crimes sous une compétence judiciaire spécifique ; que peut juger un seigneur haut-justicier ? Mais cette indétermination réside également dans un droit de haute justice qui est bien souvent caractérisé comme étant un droit coutumier du seigneur, droit qu'il détiendrait de longue date par l'usage et la coutume. Ce droit ne s'exprime et n'est justifié en cas de litige que par des actes écrits et par des structures judiciaires stables et permanentes, forme d'actes matériels de cette justice dans l'espace public[647]. Il est donc important de maintenir ses objets de justice dans l'espace public pour un seigneur car ils attestent de son pouvoir et de ses compétences judiciaires dans le temps. On peut par ailleurs noter qu'à cette « folie des registres »[648] qui prend les principales seigneuries ecclésiastiques hautes-justicières de Paris à la fin du XIIIe siècle, cherchant par là même à établir durablement leurs droits, correspond ce qu'on pourrait appeler, en parallèle de cet essor écrit, une *folie des fourches*. En effet, à l'observation des données rassemblées, on peut remarquer que la très grande majorité des fourches patibulaires des seigneurs parisiens sont érigées dans le dernier tiers du XIIIe siècle, des années 1270 à 1300. Sur l'ensemble de la période étudiée, trente-huit fourches patibulaires ont été dressées par des seigneurs parisiens et vingt-deux de ces structures, soit 58%, l'ont été au cours du XIIIe siècle. Et plus de la moitié de ces vingt-deux fourches ont été élevées dans le dernier tiers du XIIIe siècle, entre 1270 et 1299 ; et à l'échelle de toutes les fourches érigées sur la période, celles dressées sur ce dernier tiers du XIIIe siècle en

---

[645] De Curzon, *op. cit.*, p. 190 ; Sauval, *op. cit.*, t. 2, p. 590.
[646] Crola, « Les fourches... », *op. cit.*, p. 127.
[647] Gauvard, « Le manuscrit 640... », *op. cit.*, p. 160-169.
[648] *Ibid.*, p. 161.

représentent près d'un tiers, plus précisément 32%. Par ailleurs, il est intéressant de noter qu'au XIIIe siècle ce ne sont presque que des fourches patibulaires qui furent élevées par les seigneurs parisiens : durant ce siècle, ce n'est pas moins de vingt-six structures de justice qui ont été dressées et parmi elles, vingt-deux étaient des fourches patibulaires, soit 85%. Et si l'on réduit l'étude à la toute fin du XIIIe siècle, de 1270 à 1299, seize structures sont dressées dont douze sont des fourches, soit 75%. Cet essor des fourches patibulaires qui commence au début du XIIIe siècle et s'intensifie à la fin du siècle peut se voir comme un pendant matériel et public des registres, tous deux formant des moyens durables de l'expression des droits de hautes justices des seigneurs parisiens. Ce déploiement des fourches patibulaires vient affirmer un droit de haute justice face à la multiplication des empiètements suite aux réformes de la justice de Louis IX qui œuvrent vers un « déploiement et [une] institutionnalisation de la justice royale face au morcellement de l'ordre judiciaire »[649]. Ces registres écrits viennent confirmer ce droit de haute justice aux côtés des fourches patibulaires qui pouvaient être aisément contestées et abattues ; par ces registres les « grandes seigneuries ecclésiastiques couchent sur le papier le souvenir de la peine capitale, à un moment où leur droit de vie et de mort est contesté par le prévôt royal »[650], à un moment où « les officiers luttent quotidiennement pour l'étendre l'autorité de la justice royale et multiplient les conflits de juridiction »[651].

Ces contestations des droits de justice des seigneurs par les officiers royaux se cristallisent, pour beaucoup, autour des fourches patibulaires. Ainsi, un arrêt du Parlement de février 1257 adjuge la haute justice de Pantin, contre le Roi[652]. De même, un autre arrêt datant de février 1258 confirme aux moines de l'abbaye de Saint-Denis le droit à avoir des fourches patibulaires à Tremblay face aux contestations du prévôt de Paris[653]. Quelques mois plus tard, c'est le prieur de Saint-Martin-des-Champs qui doit s'en remettre au Parlement : suite à la mort dans les prisons royales d'un larron qui avait été arrêté à Noisy par les gens du prieuré de Saint-Martin-des-Champs et qu'ils estimaient être sous leur juridiction, les religieux durent s'en remettre au Parlement qui, par un arrêt en novembre 1258, les confirma dans leur possession de la haute justice de Noisy. Cette confirmation acquise, les moines de Saint-Martin-des-Champs firent immédiatement ériger des fourches patibulaires à Noisy et y suspendirent une figure représentant le larron en question. Contestant toujours les droits de haute justice du prieuré, les prévôts

[649] DEJOUX Marie, *Les enquêtes de Saint Louis. Gouverner et sauver son âme*, Paris, PUF, « Le Nœud Gordien », 2014, p. 66.
[650] GAUVARD, *Condamner…, op. cit.*, p. 25.
[651] DEJOUX, *Les enquêtes…, op. cit.*, p. 66.
[652] BEUGNOT (éd.), *op. cit.*, t. 1, fol. 1 r°, n°XI, p. 8 ; BOUTARIC, DELISLE et GRÜN (éd.), *op. cit.*, t. 1, p. 7.
[653] Notice n°2186 dans CLAVAUD, DELLA BARTOLOMEA et GUYOTJEANNIN (éd.), *op. cit.*, t. 2 ; d'après Arch. nat. LL 1190, p. 526 [en ligne sur : http://saint-denis.enc.sorbonne.fr/inventaire/tome2/notice2186

de Paris firent abattre les fourches, mais un appel au Parlement datant de décembre 1258 ordonna le rétablissement de cette structure[654]. Au mois d'octobre 1277, un arrêt de la cour intervient entre les religieux de l'abbaye de Saint-Denis et les officiers royaux de Corbeil au sujet de la haute justice d'Essone et confirme les droits de justice aux religieux ainsi que leur donne l'autorisation d'y dresser des fourches[655]. Le 24 janvier 1296, c'est à nouveau le Parlement qui tranche un conflit opposant cette fois encore un officier du roi, le prévôt de Montlhéry, aux religieux de Saint-Magloire. Alors que les religieux de Saint-Magloire « s'esforçassent de lerer(s) fourches en leur terre a Morcens, en la chastelerie de Monthleheri, pour fere execucion des jugemenz du larron et des cas semblables dont il estoient en saisine […] », le « prevost de Montleheri, pour le roi, leur enpeeschat les dites fourches a faire et a avoir au dit liu, en disant que […] n'avoient il pas jugement ne l'execucion, et que de nul temps trespassé n'avoient eu fourches au liu, par quoi il disoit qu'il ne les devoient avoir […] ». L'affaire fut portée devant le Parlement ; le droit à juger ce cas et la haute justice furent reconnus aux religieux. De même qu'ils obtinrent l'autorisation d'élever des fourches patibulaires à Morsang-sur-Orge : « Et par le dit commandement, leur avons dit et otroié a avoir fourches en leur terre de Morcenc et demourer en la saisine de faire execution aus dites fourches […] »[656]. Les exemples de contestation des droits de haute justice des seigneurs parisiens par des officiers royaux sont nombreux et ont cours, pour beaucoup d'entre eux, dans la seconde moitié du XIIIe siècle.

Lorsque les contestations ne viennent pas des officiers royaux cherchant à étendre l'autorité de la justice royale, les conflits autour de la détention de la haute justice peuvent aussi émerger entre deux seigneurs revendiquant ces prétentions judiciaires sur un même territoire. Au mois de décembre 1275, un arrêt de la cour intervient dans un conflit de juridiction entre l'abbé de Saint-Denis et Blanche, reine de Navarre et comtesse de Champagne qui, agissant en tutrice de sa fille, revendiquait l'ensemble des droits de justice sur le territoire de Marnay. L'arrêt maintient les religieux dans leurs droits de justice et les autorise également à y dresser des fourches patibulaires[657]. Toujours concernant l'abbaye de Saint-Denis, une autre contestation surgit trois ans plus tard, en l'année 1279, au sujet, entre autres choses, de la justice du territoire de Concevreux. Par un arrêt de janvier 1279, la cour confirme aux religieux de Saint-Denis leurs droits de justice sur le territoire de Concevreux face aux prétentions du seigneur de Roucy, et il est précisé que « ledit seigneur de Roucy [est] maintenu au droit de faire attacher les criminels aux fourches

---

654 Acte du 13 décembre 1258 dans DEPOIN (éd.), *op. cit.*, t. 5.

655 Notice n'°2715 dans CLAVAUD, DELLA BARTOLOMEA et GUYOTJEANNIN (éd.), *op. cit.*, t. 2 ; d'après Arch. nat. LL 1190, p. 785 [en ligne sur http://saint-denis.enc.sorbonne.fr/inventaire/tome2/notice2715].

656 Acte n°81, 24 janvier 1296 dans FOSSIER et TERROINE (éd.), *op. cit.*, t. 2, p. 110.

657 Notice n°2681 dans CLAVAUD, DELLA BARTOLOMEA et GUYOTJEANNIN (éd.), *op. cit.*, t. 2 ; d'après Arch. nat. LL 1190, p. 798 [en ligne sur : http://saint-denis.enc.sorbonne.fr/inventaire/tome2/notice2681].

patibulaires appartenant à la ditte abbaye scizes entre ledit Concevreux et laditte maladerie […] »[658]. En 1285, ce n'est cette fois-ci pas le Parlement qui confirme un seigneur dans ses droits de haute justice face aux prétentions d'un autre, mais l'abbé de Saint-Denis. Dans cette sentence d'août 1285, l'abbé de Saint-Denis maintient le prieur de Saint-Martin-des-Champs dans son droit de posséder des fourches patibulaires au bourg de Bonnelles contre les revendications du comte de la Marche, Hugues XIII de Lusignan, et du comte de Dreux, Robert IV, puis de sa veuve, Béatrice de Montfort, tutrice de Jean II[659].

Mais ces contestations ne venaient pas uniquement d'une ignorance ou d'une négation, consciente ou non, des droits de haute justice d'un seigneur sur un territoire ; elles provenaient parfois d'une constitution progressive de ce qui constituait exactement la haute justice : quels crimes sont jugés sous la haute justice ? Quels crimes composent ce qu'on appelle les « cas royaux » ? Qu'est-ce qui définit les crimes qualifiés de graves ? Est-ce que tous les seigneurs hauts-justiciers jugent les mêmes crimes ? Qui juge les crimes de sang, les crimes de lèse-majesté, le vol – avec la distinction faite entre vol qualifié et non qualifié –, les crimes liés à la sexualité, à la religion, le viol, le rapt… ? Les changements qui s'opèrent au sein de la hiérarchie seigneuriale et en matière de justice dès la fin du XIIe et le début du XIIIe siècle ont provoqué une incertitude temporaire autour du vocabulaire juridictionnel, autour des définitions de la haute justice, des cas royaux, etc.[660] Et ces définitions incertaines créent une marge avec laquelle les seigneurs parisiens peuvent jouer pour tenter de faire valoir leurs droits de justice et affirmer au mieux leur pouvoir face à des prérogatives royales de plus en plus fortes. Et même lorsque ces définitions tendent à être clarifiées, les usages et coutumes restent particulièrement prégnants pour savoir à qui revient le droit de juger tel ou tel crime.

En février 1288, le prévôt de Paris s'immisça dans la justice rendue par l'abbaye de Sainte- Geneviève au sujet d'un certain Robert de Seclin, suicidé, arguant que la justice de cet homme ne revenait pas à l'abbaye. La justice fut finalement rendue aux religieux qui le pendirent sans le traîner comme il était

---

[658] Notice n°2771 dans *Chartes de l'abbaye de Saint-Denis des origines à 1300*, t. 2; ; d'après Arch. nat. LL 1190 p. 813-814 [en ligne sur : http://saint-denis.enc.sorbonne.fr/inventaire/tome2/notice2771].

[659] Acte d'août 1285 dans Depoin (éd.), *op.cit.*, t. 5 [en ligne sur : http://elec.enc.sorbonne.fr/cartulaires/Paris-S-Martin-des-Champs/1293].

[660] Koch Anton Carl Frederic, « L'origine de la haute et de la moyenne justice dans l'Ouest et le Nord de la France », *Revue d'histoire du droit (Tijdschrift voor Rechtsgeschiedenis)*, t. 21, 1953, p. 420-458. Voir également : Gauvard Claude, « La justice pénale du roi de France à la fin du Moyen Âge », dans Levy René et Rousseaux Xavier (dir.), *Le pénal dans tous ses états. Justice, États et sociétés en Europe (XIIe-XXe siècles)*, Bruxelles, Presses de l'Université Saint-Louis, « Collection générale », 74, 1997, p. 81-112 ; Théry Julien, « *Atrocitas/Enormitas*. Éléments pour une histoire de la catégorie de « crime énorme » du Moyen Âge à l'époque moderne », *Clio@Thémis. Revue électronique d'histoire du droit*, Association Clio et Thémis, vol. 4, 2011, p. 1-76.

pourtant d'usage pour les coupables d' « homicide de soi-même »[661]. Parce que cet acte avait été omis et qu'ainsi la justice rendue était considérée comme mal faite, le prévôt se saisit à nouveau de l'affaire au nom du roi. La justice du suicidé fut alors, une seconde fois, rendue à l'abbaye de Sainte-Geneviève mais sous l'obligation de procéder à nouveau à l'exécution en traînant le meurtrier ou sa figure[662]. Il apparaît ici que l'affaire fut par deux fois saisie par le prévôt de Paris, Pierre Saimel, non pas parce que le crime en lui-même avait eu lieu sur la juridiction du roi mais bien parce que la justice ne fut pas rendue selon l'usage. Or, au XIIe siècle, le meurtre prend la place de l'incendie au sommet des cas les plus graves et fait partie des cas de la justice dite retenue, c'est-à-dire jugée par le souverain[663]. Le roi tente ici de s'arroger une place de plus en plus conséquente de l'exercice judiciaire, mais pour l'abbaye de Sainte-Geneviève d'être ressaisie de cette affaire et de la retranscrire dans ses registres est un moyen d'affirmer ses droits et compétences et de les pérenniser dans le temps face aux contestations ; par ces registres, il s'agit de « prouver, par des cas exemplaires, que l'abbaye dispose de la haute justice »[664]. De même, le 3 février 1300, le lendemain de la Chandeleur, un certain Geoffroi Godefroi coupable de vol fut pris par les gens de Sainte-Geneviève à Saint-Germain-sur-École, mais le coupable ayant également « reconneu IX larrecin et I murtre », les officiers royaux de Melun et Robert de Buissaus, prévôt de Melun, furent envoyés à Saint-Germain-sur-École pour prendre ledit coupable, alors mis en les prisons du roi. Après requête, les religieux de Sainte-Geneviève furent finalement ressaisis du criminel. Le coupable fut alors mis au *cep* par la justice de Sainte-Geneviève mais les officiers royaux continuèrent de maintenir une certaine emprise sur l'exécution en question puisqu'ils « defendirent, de par le roi, que nous [les religieux de Sainte-Geneviève] en feissions exécution jusque après l'assise qui devoir estre le lundi et le mardi ensivanz »[665]. Comme cela avait été imposé par la justice royale, les religieux de Sainte-Geneviève ne purent mettre à mort le criminel dans l'immédiat, dans un premier temps, ils ne purent que l'exposer sur un carcan et durent attendre l'autorisation royale de l'exécuter ; exécution qui prit place aux fourches de Saint-Germain-sur-École le 2 mars 1300[666]. Un autre conflit autour de la justice d'un crime spécifique eut lieu, cette fois-ci, entre le roi et l'abbé de Saint-Germain-des-Prés et autour, non pas d'un crime de vol il semblerait, mais de faux-monnayage. Et la cristallisation du conflit autour des fourches patibulaires est ici particulièrement flagrante. Aux XIIIe et XIVe siècle, les cas royaux se définissent et se précisent peu à peu, et « la

---

661 SCHMITT Jean-Claude, « Le suicide au Moyen Âge », *Annales. Économies, sociétés, civilisations*, 31e année, n°1, 1976, p. 11.

662 TANON, *Histoire des..., op. cit.*, p. 359.

663 KOCH, *op. cit.*, p. 420-458 ; p. 434-435.

664 GAUVARD, « Le manuscrit 640... », *op. cit.*, p. 163.

665 TANON, *Histoire des..., op. cit.*, p. 395-396.

666 *Ibid.*, p. 396.

liste grandit au gré du pouvoir royal dont elle suit les intérêts et surtout les ordonnances »[667]. Pour le cas du crime de faux-monnayage, la classification dans les cas royaux n'est pas évidente car le terme de *faux monnayage* regroupe finalement des crimes divers qu'il s'agisse de fabrication de fausses monnaies, de leur mise en circulation, de leur usage, etc.[668] Ce qui est véritablement considéré comme un cas relevant de la justice du roi, car portant directement atteinte au pouvoir royal, n'est finalement que la fabrication illicite de fausses monnaies royales ; la justice royale n'avait aucune compétence judiciaire en matière de contrefaçon de monnaies seigneuriales[669]. En revanche, pour ce qui est de l'émission de fausses monnaies qui lésait moins le seigneur lui-même que la communauté et la population au sein desquelles circulaient ces contrefaçons, le crime relevait finalement plus du vol, vol qui se faisait aux dépens des particuliers[670]. Au mois de mai 1257, deux faux monnayeurs furent pris à Villeneuve-Saint-Georges et furent pendus par la justice de Saint-Germain-des-Prés aux fourches du même bourg. Dans le cas présent, il n'est pas précisé de quel crime exactement étaient coupables les deux faux monnayeurs, en revanche, la peine appliquée ici, qui ne consiste non pas à bouillir vivant les criminels comme il était de coutume pour les fabricants de fausses monnaies mais à les pendre, châtiment qui s'applique au vol[671], semble indiquer qu'ils étaient plutôt coupables d'avoir mis en circulation de la fausse monnaie. Mais après avoir été pendus, les deux criminels furent réclamés par la justice royale qui rependit les corps. Une enquête fut alors menée et jugée au Parlement de Melun en septembre, qui aboutit à la reconnaissance du droit de justice de l'abbé en cette affaire. Les cadavres furent alors à nouveau dépendus et rependus aux fourches de Saint-Germain[672]. Là encore, alors que l'affaire relève vraisemblablement du ressort

---

667 GAUVARD, « La justice pénale... », *op. cit.*, p. 81-112.

668 PERROT Ernest, *Les Cas royaux. Origine et développement de la théorie aux XIIIe et XIVe siècles*, Genève, Slatkine, 1975 (rééd. ; Paris, Megariotis, 1910) ; et notamment sur la fausse monnaie voir p. 47-62.

669 *Ibid.*, p. 53.

670 *Ibid.*, p. 56.

671 *Établissements de Saint Louis*, VIOLLET Paul (éd.), Paris, Librairie Renouard, 1881, t. I, CXXIX ; BEUGNOT (éd.), *op. cit.*, t. 1, note n°31 p. 972-973.

672 BOUTARIC, DELISLE et GRÜN (éd.), *op. cit*, t.1, p. 11-12. « *[...] Anno Domini millesimo ducentesimo quinquagesimo septimo, mense mayo, capti fuerunt apud Villam-Novam-Sancti-Georgii duo falsi monetarii, [...], fuerunt suspendi dicti falsi monetarii ad furcas Sancti-Germani ville predicte. Super quod prepositi Parisienses moverunt questionem, dicentes ipsorum suspensionem ad domini Regis justiciam pertinere ; unde dominus Rex jussit quod dicti suspensi dependerentur et rependerentur in terra communi Regi et abbati predicto [...] ; et fuit demandata et commisa inquesta ex parte Regis Philippo de Caturco, clerico Regis, et domino Johanni..... milite, quod ipsi inquirerent sive ad Regem, sive ad Sanctum-Germanum dictorum suspensorum justicia pertineret...... Facta inquesta, et ipsa inquesta judicata apud Meledunum, in parlamento septembris, eodem anno, pronunciatum fuit in curia Regis quod ipsorum suspensorum ad Sanctum-Germanum justicia pertinebat [...] ; et sic sentenciato pro monasterio, depensi fuerun dicti suspensi de furcis communibus ; et dicte furce communes, que erant fixe ultra aquam a parte Ville-Nove, fuerunt destructe et projecte in aqua, et dicti suspensi*

judiciaire de Saint-Germain-des-Prés, la justice royale tente d'interférer avec les affaires d'autres juridictions seigneuriales.

Le jugement de certains crimes est parfois sujet à contestations ; en effet, le jugement de tel ou tel crime pouvait, avec l'établissement progressif des définitions des catégories judiciaires au fur et à mesure des ordonnances et de la pratique[673], osciller entre deux juridictions. Ces catégories se définissant donc également par l'usage, chaque situation particulière menait à l'intervention des officiers royaux cherchant à établir si l'affaire nouvelle dépendait de la juridiction du roi et à, de ce fait, étendre toujours plus le pouvoir judiciaire du roi sur sa capitale.

B. Des limites floues propices aux contestations

Cette indétermination autour du jugement d'un crime selon la hiérarchie seigneuriale et les différentes catégories judiciaires n'est pas la seule source de contestation inter-seigneuriales. Les conflits émergent également autour des limites territoriales complexes voire ignorées, consciemment ou non. Ces contestations se manifestent principalement en des lieux où les petites enclaves territoriales sont nombreuses et/ou autour de lieux économiques et symboliques majeurs. La justice est avant tout liée au sol ; et les limites imprécises des frontières posent un véritable problème à la fois économique, car la justice d'un crime assure généralement au seigneur justicier le gain des biens du criminel, et aussi politique, puisque la justice est un droit seigneurial. Il est alors difficile de déterminer de quelle juridiction dépend un crime survenu dans cette marge spatiale floue, et d'une telle indétermination naissent nécessairement des contestations. La délimitation précise de ces ressorts

---

asportati et resuspensi coram populo ad primas furcas, videlicet ad furcas Sancti-Germani Ville-Nove predicte [...] » dans BEUGNOT (éd.), *op. cit.*, t. 1, p. 19-20, n°XV. Traduction : En l'année du Seigneur 1257, au mois de mai, deux faux-monnayeurs furent saisis près de Villeneuve-Saint-Georges, [...], et furent pendus aux fourches de Saint-Germain-des-Prés au village susdit [Villeneuve-Saint-Georges]. À ce sujet les prévôts de Paris commencèrent une enquête, affirmant que ces pendaisons appartenaient à la justice du roi ; le roi ordonna que lesdites pendaisons soient dépendues et rependues en la terre commune au roi et à l'abbé [de Saint-Germain-des-Prés] [...] ; et il dut remettre et confier l'enquête pour la partie du roi à Philippe de Cahors, clerc du roi, et au seigneur Jean... chevalier, qui s'enquérirent si la justice des pendaisons appartenait au roi ou à Saint-Germain... L'enquête fut faite et jugée à Melun, au Parlement de septembre de la même année, il fut déclaré en la cour du roi que la justice de ces pendaisons appartenait à Saint-Germain [...] ; et ainsi l'arrêt fut prononcé en faveur du monastère, les pendaisons furent dépendues des fourches communes ; et ces mêmes fourches communes, qui étaient fixées au-delà du fleuve du côté de Villeneuve-Saint-Georges, furent détruites et jetées dans le fleuve, et ces pendus furent déplacés et rependus en présence du peuple aux premières fourches, à savoir aux fourches de Saint-Germain-des-Prés à Villeneuve-Saint-Georges [...].

673 Le vol, par exemple, était d'abord jugé par les basses justices, devint ensuite un cas de haute justice puis un cas royal, voir : *Établissements de Saint Louis,...*, *op. cit.*, C. XXXVIII ; BEUGNOT (éd.), *op. cit.*, t. 1, note n°27 p. 972.

judiciaires se faisait au fur et à mesure, à la suite de conflits[674]. Assurer l'intégrité et la pérennité de son territoire judiciaire, loin de toutes contestations possibles, passait, pour un seigneur haut-justicier, par l'établissement d'un bornage approprié et clair, c'est-à-dire clairement signalisé par une ostentation forte de ces structures judiciaires et autres bornes spatiales. Cette nécessité d'une ostentation visuelle de son territoire et ses limites afin d'en protéger l'intégrité n'est pas propre à l'espace parisien, ni même au royaume de France puisque cela a été justement observé par Sabaté dans le cas de la Catalogne médiévale[675].

On l'a vu, les abbayes de Sainte-Geneviève et de Saint-Victor sont régulièrement en conflit autour du territoire voisinant le carrefour Copeau et la butte du même nom, proche de la censive de Saint-Victor mais où se trouvent également des enclaves territoriales appartenant à la puissante abbaye de Sainte-Geneviève. La résolution de ces conflits passe alors souvent par un établissement précis des limites des juridictions au travers d'enquêtes et d'actes, bien que cela ne prévienne pas entièrement de contestations futures. Des arrêts répétés en 1278, 1289 puis en 1296 attribuent à l'abbaye de Sainte-Geneviève la haute justice sur des terres réclamées par Saint-Victor et, entre autres, sur le carrefour Copeau[676]. Mais en 1649 ces territoires furent à nouveau sujet de litiges entre Sainte-Geneviève et Saint-Victor[677]. Ces actes définissant clairement les limites des compétences judiciaires d'un seigneur se font nécessairement au détriment du seigneur concurrent et contestateur, c'est pourquoi, pour ce qui est de la butte Copeau, décharge où l'abbaye de Sainte-Geneviève exécutait certains criminels, sa propriété fut finalement, en 1303, cédée à Saint-Victor en échange, cependant, de la possession d'une autre voirie[678]. C'est également pour éviter d'ultérieures contestations que les limites du territoire épiscopal furent précisément posées en 1110 puis en 1137 par Louis VI, mais ces définitions se faisant au fur et à mesure, des revendications émergeaient toujours, et l'évêque de Paris réclamait notamment les droits de justice sur ces territoires dont il était propriétaire foncier. C'est pourquoi l'enquête de 1220 ou 1221, qui aboutit à la *Charta Pacis* de 1222[679], définit les territoires et les compétences judiciaires de l'évêque mais également restreint ses prétentions, notamment sur la rive droite. Cette enquête cherchait à établir à qui appartenait, au roi ou à l'évêque, la justice du meurtre, du rapt et de l'homicide, à qui revenaient les biens des coupables des crimes survenant au Bourg l'Évêque, etc. Répartissant ainsi

---

[674] TOUREILLE, *Crime et..., op. cit.*, p. 190-191.
[675] SABATE, « Limites et villes... », *op. cit.*, p. 161-190.
[676] BEUGNOT (éd.), *op. cit.*, t. 2, p. 415.
[677] TANON, *Histoire des..., op. cit.*, p. 239-240.
[678] *Ibid.*, p. 240 ; FOSSIER et TERROINE, *Un Bourgeois..., op. cit.*, p. 31 et note 76 p. 60-61 ; Arch. nat. S 1536, n°8 (14 juillet 1303).
[679] Arch. Nat. K 28, n°17. Voir aussi GUERARD (éd.), *op. cit.*, t. I, p. 122, n°CCXLV ; *Recueil des actes de Philippe Auguste (1215-1223)*, DELABORDE Henri-François (éd.), t. IV, Paris, Imprimerie nationale, 1916. n°1805, p. 486-491.

définitivement la justice entre le roi et l'évêque, l'établissement de cet acte permettait d'éviter des prétentions et empiétements ultérieurs ; et en effet, cet acte fut respecté jusqu'au XVIIe siècle[680]. De même, autour de la cathédrale Notre-Dame, les contestations sont nombreuses entre l'évêque et le chapitre. C'est par ce prisme des conflits qu'il est possible de regarder l'implantation de l'échelle épiscopale sur la place du parvis, face à la cathédrale, et sa représentation sur un des huit bas-reliefs ornant la partie inférieure des contreforts encadrant la façade sud de la cathédrale, datant des années 1260-1265. Ce bas-relief symbolise, aux côtés d'autres images, le pouvoir judiciaire de l'évêque et son rôle de gardien des mœurs. Or, cette façade se trouve au cœur du palais épiscopal, face à l'officialité. Cette iconographie symbolique exalte l'autorité et la légitimité de la justice épiscopale. Mais la justice de l'évêque en ce territoire est contestée par le chapitre de Notre-Dame et notamment sa justice de l'échelle qui s'exerce sur le parvis même. Jusqu'en 1410, l'échelle du chapitre se trouvait au port Saint-Landry mais au XVe siècle, elle est déplacée sur le parvis et concurrence alors directement l'autorité judiciaire épiscopale[681]. Ainsi, en 1464, l'archidiacre du chapitre condamna un bigame à l'exposition sur son échelle du parvis avec une mitre peinte, en 1487, un autre subit la même peine. En 1551, il revendiqua, et obtint, auprès du roi, et contre l'évêque de Paris, son droit de condamner sur son échelle les coupables de crimes en matière de mariage et de divorce[682]. « Qu'un tel symbole soit affirmé sur la façade du croisillon sud de Notre-Dame, et précisément au troisième quart du XIIIe siècle, n'est pas fortuit, et le contexte topographique et chronologique est essentiel pour la compréhension de cette sculpture »[683]. En effet, au début du XIIIe siècle, l'official de l'évêque apparaît dans plusieurs diocèses, il exerce alors des fonctions judiciaires au nom de l'évêque. Au même moment, l'archidiacre, membre du chapitre, acquiert progressivement des compétences judiciaires qui lui permettent également de former son officialité. Les deux officialités archidiaconale et épiscopale se retrouvent dès lors en concurrence et parfois en conflit. Et ces bas-reliefs, dont un représente l'échelle de justice de l'évêque, se trouvent précisément là où s'exerçait la justice épiscopale, dans la cour du palais de l'évêque. Depuis la réorganisation du quartier voulue par l'évêque Maurice de Sully au XIIe siècle, le nouveau palais épiscopal se trouve bâti au sud de la cathédrale et la salle où l'official rend justice est placée exactement face au croisillon sud de la cathédrale orné de ces bas-reliefs. Ce relief de l'échelle, pendant de la véritable structure située à l'ouest de la cathédrale, doit être compris dans ce contexte conflictuel du milieu du XIIIe siècle autour de la délimitation

---

680 LOMBARD-JOURDAN, *Aux origines...*, p. 65, 83-85 et 127.

681 DUBOIS M., *op. cit.*, p. 90 ; SAUVAL, *op. cit.*, t. 2, p. 590 et 605 ; POMMERAY, *op. cit.*, p. 562-565.

682 *Ibid.*, p. 355-357 et 562-565.

683 HECK, *op. cit.*, p. 119.

territoriale des compétences dans la cathédrale et au prisme des multiples actes de 1273, 1283 et 1335 autour du partage de Notre-Dame[684].

Cette « indétermination spatiale » due à une définition progressive des limites de territoires et de leurs compétences judiciaires associées au gré des conflits, des actes et de la pratique laisse donc parfois une marge d'action pour des seigneurs d'exercer leur pouvoir judiciaire en des territoires sur lesquels ils n'ont pas la juridiction, bafouant ainsi les prérogatives d'une autre autorité. Bien que très rare, c'est notamment ce qu'il se produisit en 1314. En 1314, un échafaud est dressé sur la place du parvis, aux côtés de l'échelle épiscopale, pour la lecture publique du décret papal, de la sentence condamnant les Templiers et des dépositions du grand maître de l'Ordre, Jacques de Molay et du commandeur de Normandie, Geoffroy de Charnay. Mais ceux-ci revenant alors sur leurs aveux furent livrés au prévôt de Paris afin d'être mis à mort en tant que relaps : « [...] le Grand-Maître avec le Maître de Normandie qui étoit frere du Dauphin d'Auvergne vinrent à paroître, & déclarerent devant tout le monde, qu'il n'y avoit rien de vrai, qu'à la persuasion du Pape & du Roi, qu'ils se retractoient, & vouloient mourir pour cette vérité. A ces paroles, les Commissaires surpris, firent livrer en même tems au Prevôt de Paris ces deux Templiers, qui bien-tôt après par l'ordre de Philippe le Bel furent brûlés tout vifs, derriere le jardin du Palais, dans une petite Isle, qui maintenant fait partie de la Place Dauphine [...] »[685]. Cette île située au cœur de la capitale, non loin du palais, présentait le grand avantage de rendre, ainsi, l'exécution visible à une grande partie des habitants de Paris, des deux côtés de la rive, mais aussi, de par son caractère insulaire et donc isolé, de prévenir tout risques d'incendie. Or, cette île idéale à la démonstration de force du pouvoir royal ne se trouvait pas sous la juridiction du roi mais sous celle de l'abbaye de Saint-Germain-des-Prés : « On remarquera en passant que si alors cette Isle servoit de lieu patibulaire neanmoins comme elle se trouvoit dans l'étendue de la haute Justice de saint Germain des Prés [...] »[686]. Le roi empiétant consciemment sur le domaine de l'abbaye, les religieux de Saint-Germain-des-Prés, bafoués dans leurs droits et propriétés, adressèrent une plainte au roi et réclamèrent confirmation par lettres de leurs droits sur cette île afin d'éviter tout nouvel empiétement à l'avenir[687].

Dans la documentation, il n'apparaît finalement peu de mention d'abattage des structures de justice des seigneurs parisiens par des autorités concurrentes. En tous cas, ce ne sont jamais des cas d'abattage violents : les structures ne sont démontées qu'à la suite d'enquêtes et d'actes du Parlement. En revanche, il transparaît dans les exemples précédents que les lieux d'exercice de la justice sont fréquemment sujet à des contestations et empiétements et ce,

---

[684] *Ibid.*, p. 115-122.

[685] SAUVAL, *op. cit.*, t. 2, p. 605.

[686] *Ibid.*

[687] TANON, *Histoire des...*, *op. cit.*, p. 213 ; BOUTARIC, DELISLE et GRÜN (éd.), *op. cit.*, t. II, n° 4272.

d'autant plus dans Paris où les territoires sont très fragmentés. Et c'est dans ces espaces sources de conflits que sont établies des structures de justice marquant ainsi ostensiblement les limites d'exercice d'une juridiction. Ces structures sont dressées pour signaler visuellement l'exercice coutumier d'une justice et donc renforcer un pouvoir judiciaire en un territoire contesté. Mais elles sont aussi souvent dressées immédiatement après la cession ou l'achat d'un territoire et de ses droits afin d'en marquer la nouvelle autorité seigneuriale.

On voit que ces contestations, qui gravitent autour des structures de justice, naissent aussi bien de la lente et progressive délimitation territoriale de l'exercice d'une justice que de la délimitation des catégories judiciaires. Pour beaucoup, elles apparaissent en un temps d'affirmation du pouvoir royal et opposent régulièrement des seigneuries parisiennes aux officiers royaux qui tentent par ces conflits d'étendre peu à peu le ressort judiciaire et politique du roi.

II. Coopération nécessaire ou toute-puissance judiciaire royale ?

Mais les relations inter-seigneuriales ne sont pas faites seulement de contestations, contestations qui par ailleurs sont à relativiser et ne sont pas fruit d'une violence arbitraire. Les seigneurs hauts-justiciers coopèrent également entre eux, à l'échelle par exemple des gens de justice[688]. Les résolutions de conflits entre seigneuries, en matière de justice, ne passent pas nécessairement par un usage de la violence, par l'abattage de structures judiciaires ; elles peuvent se faire au travers de concessions et de coopérations. Mais si les coopérations à l'échelle des acteurs de la justice des différentes seigneuries parisiennes peuvent parfois apparaître à la lecture de la documentation, les cas de coopérations inter-seigneuriales ayant pour point focal les structures judiciaires sont en revanche extrêmement rares. D'éventuels partages de structures judiciaires n'ont, dans les sources parisiennes, laissé aucune trace[689]. De plus, lorsqu'il apparaît que des lieux de justice – et non pas des structures, pour le cas parisien – sont partagés, il est toujours mal aisé de savoir si ces coopérations étaient forcées ou non, si elles étaient voulues par les deux parties ou si elles étaient imposées par une autorité ou seulement acceptées par un seigneur comme un pis-aller. Le partage des structures judiciaires est difficile à saisir, en revanche, le partage de l'exercice de la justice est certain à la fin du Moyen Âge, ne serait-ce que lorsqu'on aborde le rapport entre la justice royale, laïque, et celle, ecclésiastique, de l'évêque de Paris. En effet, l'officialité, qui juge les crimes liés à l'Église, au

---

688 TOUREILLE, *Crime et...*, *op. cit.*, p. 175.

689 Mais l'idée d'un partage de certaines structures de justice entre plusieurs autorités est envisageable puisqu'Anne Crola relève que de nombreux cas rapportent des faits de prêt de fourches entre deux autorités. Voir : CROLA, « Les fourches… », *op. cit.*, p. 128.

mariage, à la sexualité, etc., peut prononcer des peines d'emprisonnement à vie mais ne peut condamner à mort ; alors la mise à mort, souvent par le supplice du feu, est remise au bras séculier et est orchestrée par les officiers royaux[690]. C'est notamment ce qu'on observe avec la mise à mort par le bûcher des Templiers, Jacques de Molay et Geoffroy de Charnay, jugés relaps. De plus, la partition des cas relevant de la justice ecclésiastique et de la justice royale n'étant pas aussi nette et évidente qu'on pourrait le penser, les catégories judiciaires étant formées progressivement, de nombreux cas peuvent être jugés par les deux juridictions et dans la pratique les deux interviennent dans le jugement[691]. Et cette coopération judiciaire, recherchée ou non, entre le roi et l'évêque se traduit nettement en un lieu de Paris, ou plutôt des faubourgs : le marché aux Pourceaux. Car, c'est en effet, sur ce terrain du faubourg Saint-Honoré relevant de la juridiction épiscopale, et où l'évêque possède un poteau avec carcan[692], que sont exécutés de nombreux bûchers et ébouillantages par la justice du roi. Si l'on reste sur les relations entre le roi et l'évêque en matière de justice, il convient de réévoquer rapidement ici la *Charta Pacis* de 1222. En effet, cet acte de Philippe Auguste émane d'une volonté royale de définir les limites territoriales dans lesquelles s'exerce les droits de l'évêque et répartit ainsi les droits et l'exercice de la justice entre le roi et l'évêque de Paris. Par cet acte, le roi fait de généreuses concessions, tout en restreignant, en gardant à une juste mesure, les territoires et compétences épiscopales[693]. Mais il ne faut pas voir cet acte comme se réalisant au détriment et contre l'évêque, dans une perspective de violente rivalité. Certes, les deux autorités sont concurrentes mais cet acte n'a pas été fait à la demande du roi contre l'évêque. Car en effet, il existe plusieurs versions de la *Charta Pacis* : une produite au nom du roi et une autre au nom de l'évêque. Il apparaît à la lecture des deux actes que chaque partie l'a rédigé indépendamment. Pourtant une entente a été nécessaire et transparaît dans ces deux écrits très similaires. Il s'agit ici d'une négociation des pouvoirs entre le roi et l'évêque. Cependant, « si cette double émission diplomatique induit *a priori* une position d'égalité entre les deux seigneurs [...] », les formules recourues dans l'acte épiscopal mettant en avant la volonté royale et une certaine passivité de l'évêque « contredisent la rhétorique égalitaire [...] et montrent qu'il y a une soumission du pouvoir ecclésiastique face à celui du roi »[694].

Mais cette relation judiciaire entre le roi et l'évêque est véritablement la seule forme de coopération entre seigneurs parisiens saisissable. Ainsi, lorsque le roi fait temporairement implanter sur la place Maubert, pourtant de

---

[690] GANE Robert, *Le Chapitre de Notre-Dame de Paris au XIVe siècle : étude sociale d'un groupe canonial*, Saint-Étienne, Publications de l'Université de Saint-Étienne, 1999, p. 90.
[691] *Ibid.*
[692] TANON, *Histoire des..., op. cit.*, p. 173.
[693] LOMBARD-JOURDAN, *Aux origines..., op. cit.*, p. 18 et 64-65.
[694] NOIZET, « La spatio-temporalisation... », *op. cit.*, p. 90-91.

la juridiction de Sainte-Geneviève, un carcan en 1475 (n°65) puis, dix ans plus tard, une roue (n°70), il est impossible de savoir si cela résulte d'un accord préalable de l'abbaye ou d'un empiétement volontaire du pouvoir royal. En revanche, il est certain qu'un dialogue s'établissant autour et au travers des structures de justice et que des coopérations étaient envisageables voire possibles comme on le voit lorsque des seigneurs acceptent d'abattre ou de déplacer, diminuer leurs instruments judiciaires à la demande des habitants incommodés. C'est le cas en 1303 lorsque Sainte-Geneviève accorde aux Victoriens de ne plus procéder à d'exécutions sur la butte des Moulins, elle cède le lieu en échange d'une nouvelle voirie[695]. Mais c'est aussi ce qu'on peut observer lorsque l'échelle du Temple est déplacée à l'autre extrémité de la rue des Vieilles-Haudriettes et diminuée, là encore, à la demande du voisinage[696]. Mais c'est avec cette même échelle du Temple qu'on a la connaissance d'une pratique bien surprenante. Dans la *Chronique du bon duc Loys de Bourbon*, un événement singulier survenant en 1423 est évoqué : « leurs valets [des capitaines Le Gallois d'Aunay, Chastelmorand et Le Barrois], qui alloient devant, trouvèrent ung valet, qui avoit desrobé une mercière de chapeaulx, de bien deux cens livres de joyaulx. Si fut prins le malfaicteur, et les joyaulx sur lui, […], et le trouvèrent saisi Chastelmorand, Le Barrois, et Le Gallois d'Aunai, et eulx-mesmes le pendirent celle nuit à l'eschielle du Temple, où il pendit trois jours ; et fut le bruit si grant par Paris, de la justice que on avoit faite, que c'estoit merveilles. Et fut l'en de main ordonné, en quelle part l'en trouvast ribaux faisans mal, que on les pendist tantost en la place, sans les mener au gibet »[697]. L'exécution, ici menée par des capitaines, prenant place la nuit traduit probablement une exécution arbitraire, donc faite au détriment des religieux du Temple. Mais il est particulièrement étonnant que, malgré cet usage détourné d'une structure judiciaire très importante symboliquement pour le prieur, malgré l'ostensible affront fait à l'autorité judiciaire du seigneur, le valet resta pour autant trois jours durant pendu à cette échelle. L'absence de représailles envers les acteurs de la pendaison, l'absence de réaction de la part des religieux du Temple paraît étonnante également. Que signifie cette passivité apparente du seigneur ? La pendaison, bien que non exécutée par les gens du Temple, fut-elle finalement reconnue par le prieur ? Ou bien, cette passivité signifie-t-elle simplement que le prieur ne s'était pas senti véritablement contesté dans ses droits et son pouvoir par cette action ?

Il est difficile de saisir les coopérations inter-seigneuriales à l'œuvre à Paris en cette fin du Moyen Âge en matière de justice. Mais il semble que, plus que de véritables coopérations recherchées par les différentes autorités concurrentes, il s'agit de concessions accordées par un seigneur, d'accords, plus ou moins durables, nécessaires à un temps donné. En revanche, il

---

[695] TANON, *Histoire des…, op. cit.*, p. 240 ; FOSSIER et TERROINE, *Un Bourgeois…, op. cit.*, p. 31 et note 76 p. 60-61 ; Arch. nat. S 1536, n°8 (14 juillet 1303).
[696] SAUVAL, *op. cit.*, t. 2, p. 590.
[697] CHAZAUD(éd.), *op. cit.*, p. 177.

transparaît dans ces exemples de contestations et de coopérations que dans nombre de ces affaires l'influence et l'ingérence du pouvoir royal se fait grandissante.

III. L'affirmation du pouvoir judiciaire du roi en sa capitale

Cette lente affirmation de l'autorité judiciaire royale passe par de multiples stratégies, mais d'un point de vue strictement matériel, à l'échelle des structures de justice, il est possible de distinguer deux stratégies. Une première, normative et juridique, se met en place lentement et progressivement dès le XIIIe siècle avec les vastes enquêtes menées par Louis IX dans un but « de déploiement et d'institutionnalisation de la justice royale face au morcellement de l'ordre judiciaire »[698] et se poursuit, entre autres, avec le développement progressif des cas réservés à la justice du roi et l'entrée des crimes « capitaux », « « énormes » voire « très énormes » dans le champ pénal au cours des XIVe et XVe siècles et qui tendent peu à peu à se confondre avec les cas royaux dont la liste ne cesse de s'allonger à la fin du Moyen Âge[699]. Cette construction normative de la justice passe certes par la définition des catégories judiciaires mais également par le développement d'une norme autour de l'établissement des structures de justice elles-mêmes ; certaines sont peu à peu saisies par le pouvoir pour devenir de véritables prérogatives royales, d'autres encore se voient, à la fin du Moyen Âge, apposer la nécessité d'une autorisation royale pour leur élévation. Une seconde stratégie, allant en ce sens d'une extension du pouvoir du roi sur sa capitale, se manifeste à la toute fin du Moyen Âge et dans un temps, comparé à la première stratégie évoquée, très court. Cette stratégie plus directe – mais pas nécessairement plus offensive que la première – est aussi visuelle, spatiale ; en effet, elle passe par l'implantation d'un plus grand nombre de petites structures temporaires au sein de Paris, maillant ainsi l'ensemble de la capitale de signes du pouvoir royal, signifiant dès lors que l'intégralité de cet espace était de son ressort juridictionnel.

A. La construction progressive de normes judiciaires au profit du pouvoir royal

La construction normative de la justice, au profit du pouvoir judiciaire du roi, passe entre autres par le développement d'une norme autour des droits d'élévation de certaines structures de justice. Il convient de ne pas donner plus d'importance à ces normes qui s'établissent autour des instruments de justice qu'elles n'en ont réellement eu. En effet, leur constitution s'est faite

---

698 DEJOUX, *Les enquêtes...*, *op. cit.*, p. 66.

699 GAUVARD, *Condamner...*, *op. cit.*, p. 163-166 ; TOUREILLE, *Crime et...*, *op. cit.*, p. 178 ; PERROT, *op. cit.*

progressivement et à la fin du Moyen Âge, toutes ces normes sont loin d'être parfaitement établies et ancrées dans le système judiciaire médiéval. Pendant un temps, des seigneurs – ou du moins, certains, les plus puissants – peuvent passer outre certaines de ces obligations sans pour autant se placer dans une illégalité et une illégitimité de leur pouvoir. Car, en effet, ces normes ne sont pas imposées avec violence par le roi et ses multiples agents, elles se forment peu à peu au gré des ordonnances et des usages ; et cette construction n'est pas tant le résultat d'une affirmation du pouvoir royal mais y participe, est un outil de cette lente affirmation. De cette construction normative, deux structures judiciaires sont véritablement touchées et appropriées par le pouvoir royal : le pilori et les fourches patibulaires – mais les autres structures, si elles ne sont pas saisies par le roi sont définies également, peu à peu, par rapport à cette norme en construction.

Le pilori

Le pilori est progressivement saisi par la juridiction royale pour devenir un véritable symbole de son pouvoir. Dès le XIIe siècle, les piloris sont toujours implantés au sein des marchés car ces structures dédiées à l'exposition publique criminelle punissent essentiellement des crimes attachés aux transactions et à la vie économique du marché : le vol et la fraude. La fonction première du pilori est de punir les crimes liés au marché et d'en pacifier les transactions. Dès le XIIIe siècle, le pilori devient un élément de délimitation de l'espace du marché. À partir du XIVe siècle, ces fonctions et sens s'étoffent et le pilori devient un véritable symbole de la paix urbaine et place ainsi le seigneur détenteur comme le protecteur de la communauté[700]. Ce rôle de protecteur de la paix urbaine et de l'ordre social, le roi le convoite en sa capitale, et il est entériné lorsque se cristallise la règle qu'un seul pilori ne peut être érigé dans une même ville. Évidemment, la détention de cet unique pilori revient à l'autorité la plus puissante et prestigieuse de la ville. Dans son *Grand Coutumier*, Jacques d'Ableiges énonce, à la fin du XIVe siècle, qu'en toute ville où le roi possède un pilori nul autre seigneur ne peut en faire élever un : « Aucuns tiennent que en bonne ville où le roy a pillori, nul aultre hault justicier ne pourroit en icelle ville faire dresser pillori, mais eschelle, si »[701]. Par son pilori établi aux Champeaux dès le XIIe siècle, le roi affirme son autorité sur *son* marché récemment établi[702]. Mais cette hiérarchie symbolique nouvellement établie entre le pilori et l'échelle de justice, inhérente à la hiérarchie seigneuriale, même si énoncée dans divers coutumiers, reste un temps confuse dans la documentation et, parfois, dans la pratique. Ainsi, dans son *Grand Coutumier*, Jacques d'Ableiges dit avant d'exprimer le privilège royal de détenir un pilori : « Nota que pillori et eschelle sont signe de haulte

---

[700] D'ARTAGNAN, « "Pour donner crainte… », *op. cit.*
[701] D'ABLEIGES, *op. cit.* p. 638.
[702] LOMBARD-JOURDAN, *Aux origines…*, *op. cit.*, p. 73 et 77.

justice, et ne les pevent avoir fors les haults justiciers, et croy qu'il n'y a point de différence entre l'un et l'autre, et qui a eschelle peult faire pillori »[703]. Théoriquement, tout seigneur haut-justicier a droit de posséder un pilori ; le prieur du Temple avait, par exemple, « droit d'échelle et le pilori »[704]. Mais la règle de l'unique pilori place, *de facto*, dans la capitale, la structure comme une prérogative du roi, et tous les piloris des seigneurs inférieurs sont alors exclus. Ainsi, l'abbé de Saint-Germain-des-Prés est contraint d'obtenir une autorisation royale, datant de 1275, pour pouvoir ériger son pilori non loin de Paris, dans son bourg de Saint-Germain[705]. Pourtant, signe de cette lente cristallisation des normes, l'abbé possédait déjà, avant cela, un pilori sur sa censive *intra muros* en 1272, dressé à l'extrémité de la rue de l'Hirondelle (n°20), et ce pilori n'apparaît dans aucune documentation comme ayant été illégal. Par cette action, l'abbé de Saint-Germain affirme être le seigneur le plus légitime en sa censive, y compris en la partie ceinte entre les murs. L'autorisation royale n'est donc pas strictement nécessaire à l'édification de telles structures pour les seigneurs hauts-justiciers et cette règle d'unicité n'est immédiatement pas imposée aux seigneurs. En revanche, il est certain que l'autorisation rendait l'érection de ces structures plus pérenne et protégeait les seigneurs détenteurs de toutes contestations ultérieures ; c'est probablement pourquoi ce pilori de la rue de l'Hirondelle ne perdura que très peu de temps et fut rapidement remplacé par le pilori permanent de Saint-Germain qui resta en place très tardivement.

Les fourches patibulaires

Dans son *Dictionnaire de droit et de pratique* de 1740, Claude-Joseph de Ferrière écrit sur les fourches patibulaires les choses suivantes : « elles servent donc de marque de la justice des seigneurs hauts-justiciers ; les autres seigneurs n'ont point de droit de faire apposer tels indices de leurs justices, puisqu'ils n'ont pas *jus gladii*, c'est-à-dire puisqu'ils n'ont pas droit de condamner un criminel à mort », « A l'égard du nombre des pilliers des fourches patibulaires, il y en a deux, à trois, à quatre ou à six, selon le titre & la qualité des fiefs qui ont droit d'en avoir. Les simples seigneurs haut-justicier n'ont ordinairement droit d'avoir que des fourches patibulaires à deux piliers, s'ils ne sont fondés en titre ou possession immémoriale. Les fourches à trois pilliers n'appartiennent de droit qu'aux seigneurs châtelains : celles à quatre pilliers n'appartiennent qu'aux barons ou vicomtes : celles à six pilliers n'appartiennent qu'aux comtes »[706]. Pourtant, s'il est bien tentant de prendre ses règles telles qu'elles sont et d'ainsi grandement simplifier notre compréhension des fourches patibulaires, l'observation des modalités

---

703 D'ABLEIGES, *op. cit.*, p. 638.
704 DE CURZON, *op. cit.*, p. 189.
705 BERTY, *op. cit.*, t. 3, p. 207.
706 DE FERRIERE, *op. cit.*, p. 617.

d'élévation de ces structures à la fin du Moyen Âge indique des usages bien différents, moins codifiés. En effet, ces règles, écrites au cours du XVIIIe siècle, ne s'appliquent pas au Moyen Âge et ne concernent que les fourches patibulaires de l'Ancien Régime. Pourtant ce lien étroit tissé entre le droit de haute justice et la détention de fourches patibulaires est particulièrement fort, tant et si bien qu'il est souvent imaginé que toute fourche patibulaire traduit l'exercice de la haute justice et que tout seigneur haut-justicier possède nécessairement des fourches patibulaires. Mais si on se penche sur les textes juridiques médiévaux, les usages sont un peu plus nuancés. Dans le *Grand Coutumier de France* il est dit que : « celluy qui a haulte justice a puissance de trainer et de ardoir, et peult avoir gibet à trois pilliers, ou plus s'il veult. Toutesfois, plusieurs haults justiciers n'ont fors fourches, mais pour ce ne peult mie le droit de leur justice estre apetissé, si comme aucuns dient, car ils pourroient des fourches faire gibets s'ils vouloient, mais j'en doubte, et dient aucuns que la différence entre les fourches d'un hault justicier et moyen justicier est telle. Car des fourches d'un hault justicier, les liens sont par dehors espassés par embas. Mais des fourches d'un moyen justicier, les liens sont par dedans »[707]. L'élévation de fourches n'est pas obligatoire à la pratique de la haute justice : elle est utilitaire, pour pratiquer des exécutions, mais pas obligatoire. Tous les seigneurs hauts-justiciers ne possèdent pas nécessairement de fourches patibulaires[708]. Par exemple, en Anjou et dans le Maine, Isabelle Mathieu note qu'à peine 14% des seigneuries ayant droit de posséder des fourches patibulaires en étaient réellement pourvues[709]. Et seuls 44% des seigneurs ayant une censive – et parfois leur établissement religieux – dans Paris ainsi que des droits de haute justice sur une partie ou l'ensemble de leurs terres, possèdent des fourches patibulaires. De même, il apparaît, comme l'énonce Jacques d'Ableiges, que certains seigneurs ne possédant que la basse ou moyenne justice aient pu, temporairement, dresser des fourches patibulaires. Ainsi, une sentence de l'assise de Melun datant de 1291 précise que la haute justice du village de Melun appartient à l'abbaye de Saint-Germain-des-Prés tandis que la basse justice est détenue par deux chevaliers, Girard et Guillaume de Tyenges. Cette sentence accorde aux deux chevaliers le jugement des larrons et les autorise à faire dresser des fourches patibulaires pour l'exécution de ces malfaiteurs ; ces fourches devaient seulement être dressées pour chaque exécution, et ne pouvaient devenir permanentes[710]. Dès lors, tout seigneur possédant la justice des larrons, qui étaient punis par la

---

[707] D'ABLEIGES, *op. cit.*, p. 638.

[708] CROLA Anne, « Justice seigneuriale et fourches patibulaires : la haute justice acquise, manifestée et exercée dans le Périgord médiéval et moderne (XIIIe-XVIIIe siècle), dans COCULA Anne-Marie et COMBET Michel (dir.), *Châteaux et justice. Actes des Rencontres d'Archéologie et d'Histoire en Périgord, les 28, 29, 30 septembre* 2018, Bordeaux, Ausonius, « Scripta Mediaevalia », 37, 2019, p. 51-67 et voir notamment p. 53-55.

[709] MATHIEU Isabelle, *Les justices seigneuriales en Anjou et dans le Maine à la fin du Moyen Âge*, Rennes, PUR, 2011, p. 137.

[710] TANON, *Histoire des…, op. cit.*, p. 219-220.

pendaison, pouvaient faire dresser des fourches patibulaires. Donc dresser des fourches avait bien, avant tout, un caractère utilitaire et fonctionnel. Mais dans le cas présent, les deux chevaliers sont contraints d'abattre leurs fourches entre chaque exécution car, en effet, la justice des larrons est classiquement inhérente à la haute justice, or ils la possèdent sans doute par donation, échange ou même vente. Toujours est-il que ces deux chevaliers ne possèdent pas la haute justice. Or, en raison du lien étroit établi entre la haute justice et le droit de mettre à mort, les fourches patibulaires constituent des symboles de la haute justice et sont les garantes de ce droit. C'est pourquoi, les quelques seigneurs non hauts-justiciers possédant exceptionnellement, par délégation, le droit de pendre des larrons peuvent faire temporairement dresser des fourches, dans un but purement fonctionnel, en revanche, ils ne peuvent les maintenir debout, car cela reviendrait à afficher visuellement un droit de haute justice qu'ils ne possèdent pas. L'élévation de ces structures peut donc se faire à partir du moment où le seigneur détient le droit de justice ou s'il en obtient l'autorisation par le seigneur détenteur de cette haute justice, il est donc pas obligatoire pour un seigneur d'avoir l'autorisation du roi pour ériger un tel instrument judiciaire. Toutefois, à un autre niveau, le pouvoir royal interfère peu à peu dans leur élévation et, là encore, des normes sont progressivement mises en place autour de ces structures. Jacques d'Ableiges énonce que : « [...] que si les fourches ouil eschelles sont cheues, il [le seigneur détenteur] ne les peult faire relever sans le congié de son souverain, sinon que ce fut dedans l'an et jour »[711]. De plus, les contestations se multipliant, les conflits étaient parfois réglés par le biais du Parlement qui statuait sur la détention de la haute justice et des fourches pour tel ou tel seigneur. Les attributs de la haute justice sont donc peu à peu de plus en plus soumis au contrôle du pouvoir royal.

B. Une multiplication tardive des structures de justice du roi

À la toute fin du Moyen Âge, cette volonté royale de s'imposer judiciairement sur sa capitale se manifeste clairement par une nouvelle stratégie d'implantation. On voit à partir du XVe siècle se multiplier dans Paris de nombreuses petites structures temporaires érigées par la justice royale (carte 20). C'est par exemple en 1416 que de nouvelles fourches patibulaires viennent renforcer celles, inutilisables, de Montfaucon, signifiant malgré tout un pouvoir royal fort et capable de maintenir la paix en sa capitale (n°57). C'est également en ce début du XVe siècle que le roi investit véritablement dans de nouvelles structures de mises à mort et se saisit ainsi du jugement des crimes de faux-monnayages et d'hérésie, avec la mise en place, au marché aux Pourceaux, de poteaux pour les bûchers dès 1406 (n°48) et d'une cuve pour les ébouillantages dès 1412 (n°56). En 1420, deux potences temporaires sont dressées aux portes Saint-Antoine et Saint-Denis (n°59 et 60). Mais elles le seront à nouveau dans les années 1470. En effet, c'est véritablement à partir

[711] D'ABLEIGES, *op. cit.*, p. 639.

de la deuxième moitié du XVe siècle que les structures de justice du roi se multiplient et maillent l'ensemble de la capitale. Des années 1470 jusqu'au début du XVIe siècle, quinze instruments judiciaires sont érigés par le roi sur un total de dix-sept structures dressées sur cette période : sur une quarantaine d'années, 88% des structures dressées appartenaient au roi. Parmi ces quinze structures se trouvaient six potences (n°63, 64, 68, 69, 74, 79), six carcans (n°65, 66, 67, 73, 75, 76) et trois roues (n°70, 71, 72). À noter également que sur l'ensemble de la période étudiée, le roi ne fit ériger en tout que vingt-cinq structures et dont quinze d'entre elles entre 1470 et 1514. 60% des structures judiciaires du roi ont été élevées à la fin du XVe siècle sur une période d'environ quarante ans.

À la fin du Moyen Âge, le roi cherche à imposer son pouvoir judiciaire d'une manière plus offensive et directe qu'auparavant. Mais cette stratégie de multiplication des petites structures judiciaires en l'espace relativement restreint et bien défini qu'est la capitale est à comprendre non pas séparément mais conjointement avec toutes les actions menées par le pouvoir royal pour affirmer son autorité sur sa ville face aux nombreuses seigneuries concurrentes. Toutefois, en cette fin du Moyen Âge, l'autorité royale ne s'impose pas encore comme unique et hégémonique, elle continue de côtoyer des seigneurs puissants, protecteurs ardents de leurs droits et de leurs possessions. Même si elle multiplie les structures judiciaires dans la capitale, permanentes ou temporaires, ces possessions foncières restent malgré tout limitées et largement concurrencées par les détentions des autres seigneurs parisiens (carte 20).

Carte 20

Carte de la répartition des lieux de justice royaux dans la capitale au XVe et début du XVIe siècle.

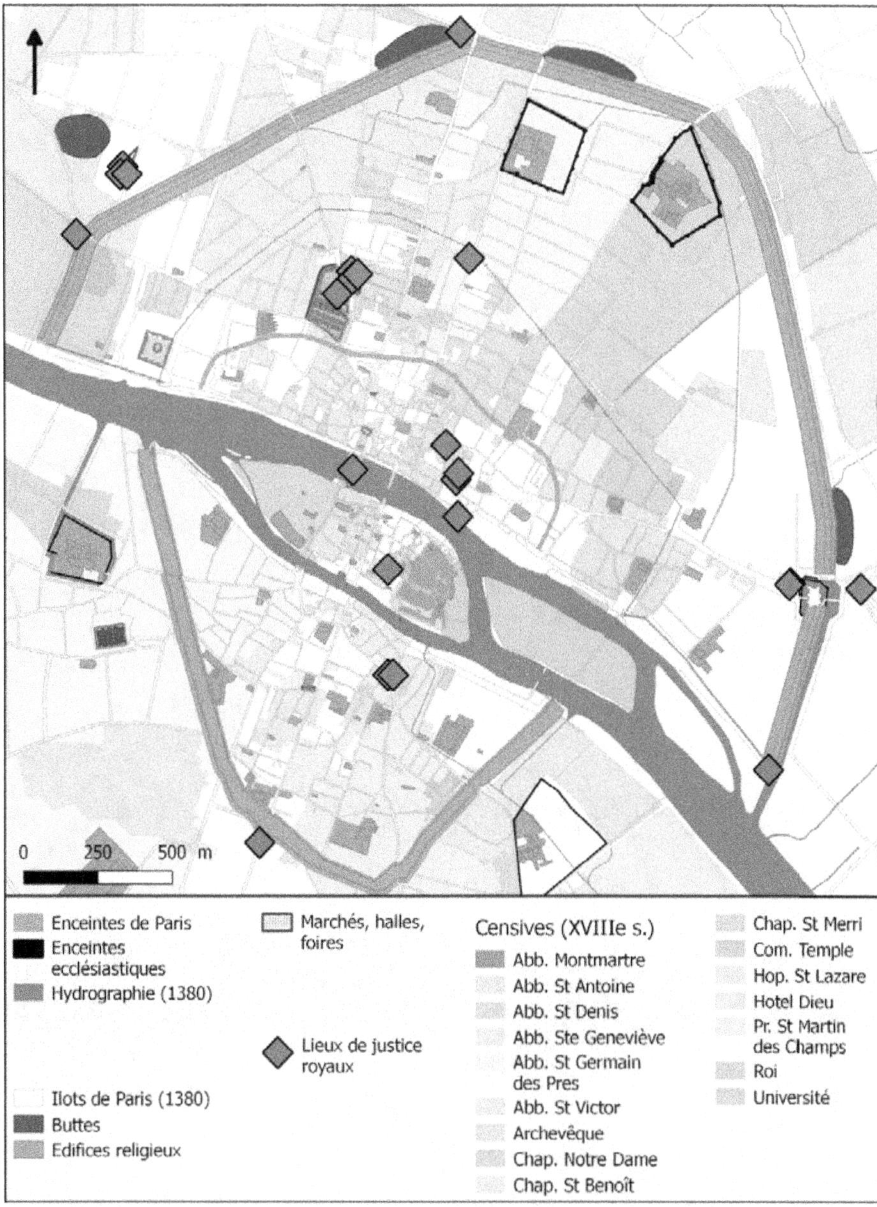

© APUR/ALPAGE : D. Gherdevich, P. Rouet, B. Bove, Y. Brault, L. Ecorchard – LE (2020).

Conclusion

L'objectif de cette recherche était de sortir les lieux et structures de justice de la « petite Histoire » à laquelle ils sont souvent cantonnés, et de les étudier pour eux-mêmes, comme sujet de l'Histoire et d'une recherche. Et de cette première ambition découlait un second objectif, celui de faire une lecture globale de ces objets avec tous leurs usages et enjeux, de voir ces lieux comme des objets complexes et plurivoques dont l'usage à la fin de l'époque médiévale dépassait la seule fonction judiciaire.

L'historiographie, jusqu'à très récemment, tendait à ne considérer les lieux de justice que comme de simples supports d'un châtiment. Cette historiographie oscillait alors entre évoquer très brièvement ces lieux apparemment dénués d'intérêts et fantasmer sur des structures massives déployant autour d'elles tout un imaginaire macabre et lugubre, et renforçant ainsi l'image maintes fois colportée d'un Moyen Âge cruel et violent où véritable justice ne peut exister. Même les recherches récentes, si elles s'étaient largement éloignées de cette représentation du Moyen Âge, considéraient les lieux de justice comme de simples outils nécessaires à l'exercice de la justice qui, elle, a attisé l'intérêt des historiens et des juristes. Pourtant, l'étude approfondie des lieux de justice et notamment de leur matérialité permet de les saisir comme de véritables objets de leur temps, résultats de choix conscients ou non, de stratégies politiques, d'influences diverses et variées… Ériger une structure judiciaire, choisir un espace pour y pratiquer la justice en public ne sont pas des événements fortuits : engendrant des frais, marquant l'ensemble de la communauté dans sa vie quotidienne, marquant le territoire et ses activités, ces événements sont fruits d'une réflexion et s'insèrent dans une société qui en comprend les multiples messages. Et c'est précisément tout cela qu'il convient de tenter de mettre au jour, pour tirer non seulement une plus vaste compréhension des lieux de justice, pour étoffer nos connaissances de la justice médiévale mais également des dynamiques urbaines et *intra* et *inter* communautaires, et dans son ensemble, ajouter un nouvel élément à notre compréhension de la société médiévale pour ce qu'elle concerne ici : Paris à la fin du Moyen Âge.

En revanche, une historiographie plus récente, produite par des archéologues et historiens, s'est peu à peu intéressée à la matérialité des lieux de justice, et notamment à une structure en particulier : les fourches patibulaires. Mieux représentées dans les sources – dans mon corpus parisien, les fourches patibulaires représentent 37,5% de l'ensemble des lieux répertoriés –, généralement massives et durables, symboles de l'exercice d'une haute justice, les fourches patibulaires se prêtaient parfaitement à cette nouvelle analyse matérielle et ont donc rapidement été saisies comme sujet d'étude par les chercheurs. Ce sujet a été abordé pour l'Allemagne, la Pologne, la Catalogne, l'Angleterre... pour la France, les fourches ont connu quelques premiers travaux sur la Dordogne, le Languedoc, la Touraine, la Bourgogne, la Franche-Comté et notamment Besançon, de l'époque médiévale à l'époque moderne. Rien, en revanche, n'a été fait sur les fourches patibulaires de Paris et sa région. Tous ces travaux engageant la réflexion sur les fourches patibulaires sont parvenus à faire émerger des caractéristiques propres à ces objets, caractéristiques qui m'ont grandement aidée à l'étude de mon sujet mais dont j'ai également pris soin de vérifier la validité ou non concernant mon corpus. Dans ce jeune champ de recherche en plein essor, on voit régulièrement émerger de nouveaux travaux tentant d'enrichir la thématique, ainsi Isabelle D'Artagnan s'intéresse la première à dresser une histoire globale du pilori en France à la fin du Moyen Âge. À ma connaissance, il s'agit là des seuls travaux centrés sur cet objet pour la France ; on peut en revanche noter que Paul De Win avait, pour les Pays-Bas, dressé une étude sur les piloris et notamment une typologie de ces structures. De ces recherches et mon étude sur les lieux de justice parisiens sont ressortis trois points qui ont ensuite constitués la trame de mon travail.

À la lecture des sources et de la documentation, particulièrement éclatées, il est apparu évident que la dénomination de ces instruments de justice passe par un vocabulaire extrêmement varié. Un vocabulaire varié qui répond certes à un champ pénal développé : ces multiples appellations désignent des structures de pendaison, d'autres plus généralement dédiées à la mise à mort, des structures d'exposition publique infamante, etc. Mais, plus encore que la richesse du vocabulaire de l'outillage judiciaire, il est apparu évident qu'il existait une multiplicité de mots désignant une apparente même structure, ou plutôt désignant des structures ayant le même usage judiciaire. Ainsi, fourches patibulaires, potences et gibets désignent tous trois des structures de pendaison ; piloris, échelles et carcans, quant à eux, désignent des structures d'exposition. Partant de cette observation, j'en ai déduit que ces appellations, aux racines linguistiques très différentes, devaient désigner, à un moment donné, des structures quelque peu différentes. Ne restait plus qu'à trouver où résidai(en)t cette ou ces différence(s).

Par une première et simple observation linguistique, il paraissait d'ores et déjà évident que les structures de justice étaient bien plus que de simples supports de l'exécution d'une peine. Puis j'ai complété ma recherche par une étude spatiale des lieux. En effet, les chercheurs travaillant sur les fourches patibulaires affirment que celles-ci sont systématiquement dressées à l'extérieur de la ville, en hauteur et/ou à proximité d'une voie de communication ; Isabelle D'Artagnan, quant à elle, affirme que les piloris sont, eux, dressés sur des marchés, toujours au sein d'une communauté urbaine. Ces affirmations tendent à montrer qu'il existe donc des réflexions et des stratégies dans le choix de l'implantation d'une structure judiciaire, stratégies qui diffèrent d'un type de structures à l'autre. Ayant pu répertorier un grand nombre de lieux de justice, j'ai ainsi pu réaliser des cartes qui ont permis de mettre en avant certaines stratégies d'implantation et de vérifier certaines de ces affirmations. Enfin, une dernière partie tend à confirmer la force symbolique, déjà mise en avant avec les précédents points, de ces lieux au travers de divers exemples plus précis faisant état de l'usage spécifique de certaines structures, des contestations qu'elles pouvaient cristalliser autour d'elles…

La multiplicité des structures – et de leurs dénominations – correspondait donc à des usages et symboliques différenciés de ces objets. En revanche, il est à noter que cette différenciation ne tient souvent qu'à un élément constitutif de la structure, qui s'est peu à peu affirmé, mais ne concerne jamais la structure dans son ensemble. Ainsi, les fourches patibulaires servaient au Moyen Âge, comme les potences, à la pendaison. Cependant, ce n'est que sur ces instruments judiciaires qu'on exposait, sur le temps long, les corps des condamnés à mort, parfois jusqu'à décomposition totale du cadavre. Cette particularité qui s'observe dès le Moyen Âge tend en revanche à prendre de l'importance sous l'Ancien Régime où, alors, les fourches patibulaires ne servent plus à pendre mais seulement à l'exposition *post mortem*[712]. De plus, il convient de noter qu'à la fin du Moyen Âge, les potences, si elles ne supportaient pas de longues expositions des morts, pouvaient à l'occasion laisser le corps du pendu à la vue de tous pendant les quelques heures suivant l'exécution ou exposer des parties seulement du corps du condamné, mais cela ne se pratiquait que pour de grands criminels politiques et des traîtres. Et dans ces cas d'exposition fragmentaire du corps, ces potences se trouvaient systématiquement aux portes de la ville. Il n'y a pas à la fin du Moyen Âge de décision de faire des catégorisations normées des structures selon leurs usages, celles-ci se construisent progressivement sous l'impulsion des coutumes et pratiques. En raison d'un usage, parmi d'autres, spécifique et du fait de leur matérialité souvent imposante et durable, les fourches patibulaires se constituent comme de forts symboles du droit de haute justice. Pour ce qui est des piloris, échelles et carcans, il ne paraît possible de distinguer une quelconque différence fonctionnelle entre ces structures. En revanche, les différences résident ici purement dans la forme et la matérialité des objets. Il apparaît donc que, si quelques différences d'usages peuvent parfois définir ce que sont les fourches patibulaires et les potences, ces différences seront plus effectives à d'autres périodes, mais au Moyen Âge, les principaux éléments

[712] REGINA, *op. cit.*, p. 4.

différenciant les structures de justice sont d'ordres politique et symbolique. L'intégrité et la grandeur matérielles des structures font, dans les esprits peut-être plus que dans la pratique, écho à une justice puissante et incontestée. C'est pourquoi la diversité matérielle des structures était importante pour les seigneurs détenteurs.

Ces enjeux politiques se traduisent aussi dans les stratégies d'implantation mises en place par les seigneurs parisiens. Il est possible de distinguer deux stratégies concomitantes à l'œuvre aussi bien dans qu'à l'extérieur de Paris : la dispersion et la concentration des structures de justice. Hors Paris, on observe généralement une relative dispersion des fourches patibulaires ; ce faisant les seigneurs parisiens affirmaient leur pouvoir et leur compétence judiciaire sur des territoires éloignés de la capitale et de l'influence de la maison-mère. En revanche, on peut voir que certains seigneurs, lorsqu'ils peuvent se permettre de multiplier de telles structures coûteuses, les concentrent en des espaces contestés ou simplement limitrophes d'une autre seigneurie puissante, c'est notamment ce qu'on observe avec les fourches patibulaires de Saint-Germain-des-Prés et de Sainte-Geneviève au sud-ouest de la capitale, aux alentours de Vanves, Auteuil, Saint-Germain et Vaugirard. Dans Paris, les stratégies choisies sont les mêmes : les seigneurs choisissent généralement de placer leurs structures de justice aux limites de leur territoire fortement morcelé et en constante concurrence avec les autres juridictions avoisinantes ; mais certains, pouvant multiplier les structures en leur territoire *intra muros*, les placent en des endroits symboliques de leurs seigneuries, souvent à proximité de leur enclos. De même, les lieux d'implantation ne sont jamais laissés au hasard et répondent toujours à une réflexion et des stratégies de renforcement d'un pouvoir sur un espace donné. Dans la ville, les structures de justice se trouvent systématiquement en des lieux de passage afin de rendre l'exercice de la justice visible de tous. Ils se trouvaient fréquemment sur les marchés assurant une vie économique pacifiée pour le quartier ou la ville et plaçant ainsi le seigneur détenteur dans un rôle de protecteur de la paix urbaine. Ces structures étaient également érigées en d'autres lieux symboliques, mais toujours des lieux fréquentés : devant les établissements et bâtiments ecclésiastiques, sur des décharges, etc. ou en des lieux déjà investis judiciairement. En effet, il apparaît également que dans l'espace urbain, certains lieux concentrent deux, trois voire quatre structures de justice appartenant souvent à la même seigneurie. À l'extérieur de la ville, les lieux d'implantation des fourches patibulaires se fondent aussi dans cette perspective de rendre visible le droit de justice, et à l'occasion son exercice. Ces structures sont implantées selon trois critères : une situation en hauteur, la très grande proximité avec une voie de communication principale, fluviale ou terrestre, et un éloignement très relatif à une communauté urbaine ; en effet, si certaines fourches sont parfois très éloignées de la capitale, elles sont revanche toujours relativement proches d'un bourg. Parfois, ces trois critères sont réunis dans l'implantation des fourches, parfois un seul est concerné. Ces choix dépendent de nombreux critères à la fois pratiques, liés à la faisabilité de la construction, économiques, topographiques… mais dépendent aussi des besoins du seigneur détenteur. Mais malgré des choix propres au seigneur et dépendant de la situation géographique, toutes ces implantations tendent vers une meilleure visibilité de la structure de justice et donc du pouvoir qu'elle symbolisait. Il convient seulement de relever ici que si l'objectif de visibilité est le même pour toutes les structures de justice, en revanche, l'échelle dans laquelle il s'insère varie selon l'implantation. Le message transmis visuellement et matériellement par ces instruments de justice n'est pas le même suivant la structure et son emplacement propre, ni ne s'adresse aux mêmes destinataires. Dans le cas des structures dressées dans l'espace urbain – structure de l'exposition publique, échafaud, etc., – le message politique s'adresse spécifiquement à la communauté dans laquelle elles sont implantées et aux seigneurs concurrents voisins. La spécificité urbaine réduisant nécessairement la visibilité de ces objets ; ceux-ci ne diffusent des messages qu'à une échelle relativement limitée. À l'inverse, les fourches patibulaires, visibles à plusieurs kilomètres s'adressent certes également à la communauté dans laquelle elles sont implantées mais surtout à l'ensemble des seigneurs et des communautés urbaines présents sur un territoire plus vaste ainsi qu'aux gens de passage. Plus encore que des objets porteurs d'un message, ces structures offrent la possibilité d'un dialogue politique. La matérialité, symbole d'une justice efficace et effective, est essentielle pour le seigneur, qui agrandissait et embellissait ses structures pour mieux affirmer son pouvoir – cela n'empêchait pas, par la suite, de laisser ces structures s'éroder. Or, c'est la matérialité de ces structures, le fait qu'elles soient debout, qui permet ce dialogue politique. Un instrument de justice dressé symbolise une justice en place, l'abattre revient à contester ce pouvoir et son autorité.

Cette importance symbolique s'observe également par l'appropriation de certaines structures – et de la justice de certains crimes – par des juridictions spécifiques et notamment par le pouvoir royal. Là encore, l'appropriation se fait progressivement et non sans contestations. Aux côtés de la possession (quasi exclusive) du jugement de certains crimes par la justice du roi, et donc de la détention de structures spécifiques comme la roue, la cuve ou encore de potences et poteau dédiés aux bûchers, le roi en exposant, certes très rarement, des fragments des corps de traîtres condamnés à mort dans la capitale – généralement aux Halles ou en place de Grève – à des potences dressées aux quatre portes maîtresses de la ville marquent de la sorte la capitale comme étant placée sous son pouvoir judiciaire et sa protection. Par le déploiement à la toute fin du Moyen Âge d'une stratégie d'implantation de ces structures mise en place par le pouvoir royal, par les contestations et coopérations…, on voit que ces objets, au premier abord peut-être anecdotiques, sont de puissants outils pour l'affirmation d'un pouvoir sur un territoire. Après un abandon de Paris qui a laissé libre cours aux puissants établissements ecclésiastiques de se développer et d'ancrer une profonde emprise sur une large partie du territoire parisien, le roi tente de s'approprier une plus grande part juridictionnelle sur la capitale et d'affirmer son pouvoir de seigneur de la capitale face à des seigneurs ecclésiastiques soucieux du maintien de leurs territoires et droits. Cette affirmation se fait progressivement et la multiplication des structures judiciaires au cœur de la capitale à la toute fin de la période étudiée, aux côtés de l'entreprise de définition des normes et catégories judiciaires mises en place depuis le XIIIe siècle, participe à cette lente affirmation. À la fin du Moyen Âge, celle-ci est loin d'être achevée, le roi, bien que reprenant ses marques judiciaires sur l'espace de Paris, fait encore face à de nombreux seigneurs ecclésiastiques puissants dont les structures judiciaires se maintiennent en place, pour certaines, jusqu'en 1674 et voire au-delà.

SOURCES & BIBLIOGRAPHIE

Sources

ABLEIGES Jacques d', *Le Grand Coutumier de France*, DARESTE DE LA CHAVANNE Rodolphe et LABOULAYE Edouard (éd.), Paris, Auguste Durand et Pedone-Lauriel Libraires, 1868.

Actes du Parlement de Paris : première série de l'an 1254 à l'an 1328, BOUTARIC Edgard, DELISLE Léopold et GRÜN Alphonse (éd.), Paris, H. Plon, 2 tomes, 1863.

BEAUFIN Penel, *Histoire complète et inédite, religieuse, politique, sociale et descriptive de Boulogne-Billancourt depuis les origines jusqu'à nos jours...*, Boulogne-sur-Seine, A. Doizelet, 2 tomes, 1904-1905.

BEAUMANOIR Philippe de, *Coutumes du Beauvaisis*, SALMON Amédée (éd.), Paris, Alphonse Picard et Fils, 2 tomes, 1899.

BERTY Adolphe, *Topographie historique du vieux Paris*, Paris, Imprimerie Nationale, 6 tomes, 1866-1897 (rééd.).

BOUILLART Jacques, *Histoire de l'abbaye royale de Saint-Germain-des-Prez...*, Paris, Grégoire Dupuis, 1724.

BOUILLET Marie-Nicolas, *Dictionnaire universel des sciences, des arts et des lettres...*, Paris, Hachette, vol. 1, 1854.

CADIER Léon et COUDERC Camille, « Cartulaire et censier de Saint-Merry de Paris », *Mémoires de la Société de l'histoire de Paris et de l'Île de France*, t. 18, 1891, p. 101-271.

Cartulaire de l'église de Notre-Dame, GUERARD Benjamin (éd.), Paris, Crapelet, 4 tomes, 1850.

Catalogue des actes de Philippe Auguste..., DELISLE Léopold (éd.), Paris, Imprimerie Auguste Durand, 1856.

CHATEAU Henri et RENAULT Georges, *Montmartre*, Paris, Ernest Flammarion, 1897.

Chrétien de Troyes, *Le roman du chevalier de la charrette*, TARBE Prosper (éd.), Reims, Imprimerie Regnier, 1849.

Chronique latine de Guillaume de Nangis de 1113 à 1300 avec les continuations de cette chronique de 1300 à 1368, GUERAUD Hercule (éd.), Paris, Jules Renouard et Cie, 2 tomes, 1843.

Chronique parisienne anonyme de 1316 à 1339, précédée d'additions à la chronique française dite de Guillaume de Nangis (1206-1316), HELLOT Amédée (éd.), dans *Mémoires de la Société de l'histoire de Paris et de l'Île-de-France*, Paris, Champion, XI, 1884.

COLLETET François, *Le Tracas de Paris...*, dans JACOB P. L. (éd.), *Paris ridicule et burlesque au dix-septième siècle*, Paris, Adolphe Delahays, 1859.

DA BUTI Francesco, *Commento di Francesco da Buti sopra la Divina Commedia di Dante Allighieri*, Giannini Crescentino, Pise, Fratelli Nistri, 3 vol., 1858-1862.
DE CURZON Henri, *La maison du temple de Paris : histoire et description*, thèse présentée à la faculté des lettres de Paris, Paris, Hachette, 1888.
DE FERRIERE Claude-Joseph, *Dictionnaire de droit et de pratique, contenant l'explication des termes de droit, d'Ordonnances, de Coutumes et de Pratiques, avec les jurisdictions de France*, Paris, V. Brunet, 2 tomes, 1769.
DE GUILHERMY Ferdinand, *Montmartre*, mémoire, Paris, Édition de la Société Le Vieux Montmartre, 1906.
DE LA MARE Nicolas, *Traité de la police...*, Paris, Michel Brunet, 2 tomes, 1722.
DE PRESLES Raoul (trad.), *La Cité de Dieu de saint Augustin*, vol. 1, Abbeville, Imprimeurs Pierre Gérard et Jean Du Pré, 1496, livre V, chap. XXV.
DE SAINT-FARGEAU Girault, *Les quarante-huit quartiers de Paris...*, Paris, E. Blanchard & Cie, 1850.
DESMAZE Charles, *Le Châtelet de Paris : son organisation, ses privilèges*, Paris, Librairie Didier, 1863.
—, Les pénalités anciennes. Supplices, prisons et grâces en France d'après des textes inédits, Paris, Plon, 1866.
DEPPING Georges Bernard (éd.), *Réglemens sur les arts et métiers de Paris, rédigés au XIII*[e] *siècle, et connus sous le nom du livre des métiers d'Étienne Boileau*, Paris, Imprimerie du Crapelet, 1837.
DRIGON DE MARGNY Claude et HURTAUT Pierre-Thomas-Nicolas, *Dictionnaire historique de la ville de Paris et ses environs*, Paris, Moutard Imprimeur Libraire, 4 tomes, 1779.
DU BREUL Jacques, *Le Théâtre des antiquitez de Paris...*, Paris, Société des Imprimeurs, 1639.
DULAURE Jacques-Antoine, *Histoire physique, civile et morale de Paris depuis les premiers temps historiques jusqu'à nos jours*, Paris, Baudouin Frères Éditeurs, 10 tomes, 1826 (3e éd.).
DUMOLIN Maurice, « Notes sur l'abbaye de Montmartre », *Bulletin de la Société de l'histoire de Paris et de l'Île-de-France*, Paris, E. Champion, 1931.
Établissements de Saint Louis, VIOLLET Paul (éd.), Paris, Librairie Renouard, 4 tomes, 1881.
FELIBIEN Michel, *Histoire de la ville de Paris*, Paris, Imprimerie Guillaume Desprez, 5 tomes, 1725.
FERET Pierre, *L'abbaye de Sainte-Geneviève et de la congrégation de France : précédé de la vie de la patronne de Paris d'après des documents inédits*, Paris, Champion, 1883.
FOSSIER Lucie et TERROINE Anne (éd.), *Chartes et documents de Saint Magloire,* Turnhout, Brepols, Paris, CNRS Éditions, 3 tomes, 1966, 1976 et 1998.
GODEFROY Denys, *Histoire de Charles VI, roy de France, et des choses mémorables advenues durant 42 années de son règne, depuis 1380 jusques à 1422 par Jean Juvenal d'Ursin. Augmentée en cette seconde édition...,* Paris, Imprimerie royale, 1653.
Inventaire général des chartes de l'abbaye de Saint-Denis des origines à 1300, CLAVAUD Florence, DELLA BARTOLOMEA Sandrine et GUYOTJEANNIN Olivier (éd.), École nationale des chartes, 3 tomes, 2010.

JAILLOT, *Recherches critiques, historiques et topographiques sur la ville de Paris, depuis ses commencements connus jusqu'à présent*, Paris, Imprimerie Auguste Martin Lottin ainé, 20 tomes, 1772-1775.

JAHYER Félix, « Compte-rendu de deux promenades... », *Le Vieux Montmartre. Bulletin de la Société d'histoire et d'archéologie du 18e arrondissement*, n°9, n°19, Paris, Imprimerie de la Société de Typographie, 1888-1893.

JOINVILLE Jean de, *Histoire de Saint Louis*, de WAILLY Natalis (éd.), Paris, Firmin Didot, 1874.

—, *Vie de Saint Louis*, MONFRIN Jacques. (éd.), Paris, Garnier, « Lettres gothiques », 1995.

Journal d'un bourgeois de Paris sous le règne de François Premier (1515-1536), LALANNE Ludovic (éd), Paris, Jules Renouard et Cie, 1854.

La Chronique du bon duc Loys de Bourbon, CHAZAUD Martial-Alphonse (éd.), Paris, Libraire Renouard, 1876.

LA VILLEGILLE Arthur de, *Des Anciennes fourches patibulaires de Montfaucon*, Paris, Techener, 1836.

LAZARE Félix et LAZARE Louis, *Dictionnaire administratif et historique des rues de Paris et de ses monuments*, 1844.

LE PETIT Claude, *Paris Ridicule et burlesque...*, COLLETET François et BOILEAU Nicolas (éd.), Paris, 1859.

Le Vieux Coustumier de Poictou, FILHOL René (éd.), vol. 1, Bourges, Tardy, Travaux de la Société d'Histoire du droit et des institutions des pays de l'Ouest de la France, 1956.

LEBEUF Jean (abbé), *Histoire de la ville et de tout le diocèse de Paris*, 4 tomes, Paris, Auguste Durand, 1863-1870, 2nd éd. Annotée (1764).

LEGRAND Henri, *Plans de restitutions : Paris en 1380*, Paris, Imprimerie impériale, 1868.

LEROUX DE LINCY Antoine-Jean-Victor et TISSERAND Lazare-Maurice (éd.), *Paris et ses historiens aux XIVe et XVe siècles...*, Paris, Imprimerie impériale, 1867.

Les Grandes Chroniques de France, selon que elles sont conservées en l'Eglise de Saint-Denis..., PAULIN-PARIS Alexis (éd.), t. 5, Paris, Techener, 1837.

Les registres de Philippe Auguste, BALDWIN John (éd.), Paris, Imprimerie nationale, 1992.

MAILLARD Firmin, *Le Gibet de Montfaucon (étude sur le vieux Paris)*, Paris, A. Aubry, 1863 ; rééd. Paris, BnF-Gallica, 2014.

MILLIN Aubin-Louis, « Le pilori », *Antiquités nationales, ou recueil de monumens pour servir à l'histoire générale et particulière de l'Empire françois,* tome 3, Paris, Drouhin, 1794.

Olim, ou Registres des arrêts rendus par la Cour du Roi : sous les règnes de Saint Louis, de Philippe Le Hardi, de Philippe Le Bel, de Louis Le Hutin et de Philippe Le Long, BEUGNOT Auguste-Arthur (éd.), Paris, Imprimerie royale, 2 tomes, 1839.

PARIS Matthieu, *Historia major...*, WATTS William (éd.), Paris, 1644.

Petite chronique française de l'an 1270 à l'an 1356, DOUËT-D'ARCQ L.-A. (éd.), dans *Mélanges de littérature et d'histoire recueillis et publiés par la Société des bibliophiles français*, Paris, 1867.

Recueil des actes de Philippe Auguste..., DELABORDE Henri-François (éd.), Paris, Imprimerie nationale, 1916.

Recueil des chartes et documents de l'abbaye de Saint-Martin-des-Champs, monastère parisien, DEPOIN Joseph (éd.), 5 tomes, Ligugé, 1913-1921.

Recueil des historiens des Gaules et de la France..., BOUQUET Martin et DELISLE Léopold (éd..), Paris, Imprimerie royale, 22 tomes, 1738-1865.
Recueil général des anciennes lois françaises..., ISAMBERT François-André (éd.), Paris, Belin-Leprieur, 29 tomes, 1821-1833.
SAUVAL Henri, *Histoire et recherches des antiquités de la ville de Paris*, Paris, Charles Moette & Jacques Chardon, 3 tomes, 1724.
SUGER,*Vie de Louis le Gros*, GUIZOT François (éd.), dans *Collection des mémoires relatifs à l'histoire de France, depuis la fondation de la monarchie française jusqu'au XIII*e *siècle*..., Paris, J.-L.-J. Brière, 1825.
TANON Louis, « Les justices seigneuriales de Paris au Moyen Âge », *Nouvelle Revue historique de droit français et étranger*, n°6, 1882, p. 448-511 et 551-607.
—, *Histoire des Justices des anciennes églises et communautés monastiques de Paris, suivie des registres inédits de Saint-Maur-des-Fossés, Sainte-Geneviève, Saint-Germain-des-Prés, et du registre de Saint-Martin-des-Champs*, Paris, L. Larose et Forcel, 1883.
—, *Registre criminel de la justice de Saint-Martin-des-Champs à Paris au XIV*e *siècle*, Paris, Léon Willem, 1877.
VASSARD Marguerite, « Promenade du "Vieux Montmartre", 1890 », *Le Vieux Montmartre. Bulletin de la Société d'histoire et d'archéologie du 18*e *arrondissement*, n°13, Paris, Imprimerie de la Société de Typographie, 1890.
VIOLLET-LE-DUC Eugène Étienne, *Dictionnaire raisonné de l'architecture française du XI*e *au XVI*e *siècle*, Paris, A. Morel & Cie, 10 tomes, 1854-1868.

Bibliographie

ALLINE Jean-Pierre et SOULA Mathieu (dir.), *La Mort pénale. Les enjeux historiques et contemporains de la peine de mort,* Rennes, PUR, 2016.
ARMAND Frédéric, *Les bourreaux en France. Du Moyen Âge à l'abolition de la peine de mort*, Paris, Perrin, 2012.
AUBOUIN Michel, TEYSSIER Arnaud et TULARD Jean (dir.), *Histoire et Dictionnaire de la police du Moyen âge à nos jours*, Paris, Robert Lafont, 2005.
AULER Jost (dir.), *Richtstättenarchäologie*, Dormagen, Archaetopos, 3 tomes, 2008-2013.
AVIGNON Carole, BILLORE Maïté et MATHIEU Isabelle, *La justice dans la France médiévale, VIII*e*-XV*e *siècle*, Paris, Armand Collin, « Cursus », 2012.
BARON-YELLES Nacima, BOISSELIER Stéphane, FRANÇOIS Clément et SABATE Flocel (dir.), *Reconnaître et délimiter l'espace localement au Moyen Âge. Limites et frontières (vol. I)*, Villeneuve d'Ascq, Presses universitaires du Septentrion, « Histoire et civilisations », 2016.
BASTIEN Pascal, *Une histoire de la peine de mort. Bourreaux et supplices : Paris, Londres, 1500-1800*, Paris, Seuil, 2011.
—, *L'exécution publique à Paris au XVIII*e *siècle : une histoire des rituels judiciaires*, Seyssel, Champ Vallon, 2006.
—, « Usage politique des corps et rituel de l'exécution publique à Paris, XVIIe-XVIIIe siècles », *Crime, Histoire & Sociétés*, vol. 6, n°1, 2002, p. 31-56.
BACHRACH Bernard S. et NICHOLAS David (dir.), *Law, Custom and the Social Fabric in Medieval Europe : Essays in Honor of Bruce Lyon*, Kalamazoo, Western Michigan University, 1990.

BATIFFOL Louis, « Le Châtelet de Paris vers 1400 », *Revue historique*, n° 61, 1896, p. 225-264 ; n° 62, 1896, p. 225-235 ; n° 63, 1897, p. 42-55 et p. 266-283.

BEAUR Gérard, BONIN Hubert et LEMERCIER Claire (dir.), *Fraude, contrefaçon, contrebande de l'Antiquité à nos jours*, Genève, Librairie Droz, « Publications d'histoire économique et sociale internationale », 2007.

BEE Michel, « Le spectacle de l'exécution dans la France d'Ancien Régime », *Annales, économies, sociétés, civilisations*, n°38 (4), 1983, p. 843-862

BERGERE Marc et CAPDEVILA Luc (dir.), *Genre et événement. Du masculin et du féminin en histoire des crises et des conflits*, Rennes, PUR, 2006.

BEPOIX Sylvie, *Une cité et son territoire, Besançon en 1391. L'affaire des fourches patibulaires*, Besançon, Presses universitaires de Franche-Comté, « Annales littéraires de l'Université de Franche-Comte », vol. 871, « Cahiers d'études comtoises », n°71, 2010.

BERTRAND Régis et CAROL Anne (dir.), *L'exécution capitale. Une mort donnée en spectacle XVIe-XXe siècle*, Aix-en-Provence, Presses universitaires de Provence, « Le temps de l'histoire », 2003.

BILLY Anne, *« Le désir de Dieu » en images dans un antiphonaire de Saint-Maur-des-Fossés*, Paris, Éditions du Cerf, « Patrimoines », 2018.

BOUCHERON PATRICK, FOLIN Marco et GENET Jean-Philippe (dir.), *Entre idéel et matériel. Espace, territoire et légitimation du pouvoir (v. 1200 – v. 1640)*, Paris, Éditions de la Sorbonne, Rome, École français de Rome, 2018.

BOUCHERON Patrick et GENET Jean-Philippe (dir.), *Marquer la ville. Signes, traces, empreintes du pouvoir (XIIIe-XVIe siècle)*, Paris-Rome, Éditions de la Sorbonne, École française de Rome, « Histoire ancienne et médiévale », 2013.

BOUCHERON Patrick et OFFENSTADT Nicolas (dir.), *L'espace public au Moyen Âge. Débats autour de Jürgen Habermas*, Paris, PUF, « Le Noeud gordien », 2011.

BOUHAÏK-GIRONES Marie, BOURLET Caroline, BOVE Boris, DESCAMPS Benoît et LE MARESQUIER Yonne Hélène, « Du proche au lointain : essais de restitution de l'espace vécu à Paris à la fin du Moyen Âge », *Bulletin de la société de l'Histoire de Paris et de l'Île-de-France*, 2007.

BOUSMAR Éric et CAUCHIES Jean-Marie (dir.), *« Faire bans, edictz et statuz » : légiférer dans la ville médiévale. Actes du colloque international de Bruxelles (octobre, 1999),* Bruxelles, Facultés universitaires Saint-Louis, 2001.

BOVE Boris, COSTA Laurent et NOIZET Hélène (dir.), *Paris de parcelles en pixels. Analyse géomatique de l'espace parisien médiéval et moderne*, Paris, Presses universitaires de Vincennes, 2013.

BOVE Boris et GAUVARD Claude (dir.), *Le Paris du Moyen Âge*, Paris, Belin, « Alpha », 2018.

BOYER Jean-Paul, MAILLOUX Anne et VERDON Laure, *La justice temporelle dans les territoires angevins aux XIIIe et XIVe siècles : théories et pratiques*, Rome, École française de Rome, 2005.

BRIZAY François, FOLLAIN Antoine et SARRAZIN Véronique (dir.), *Les justices de village. Administration et justices locales de la fin du Moyen Âge à la Révolution*, Rennes, PUR, 2003.

BUBENICEK Michelle, *Meurtre au donjon. L'affaire Huguette de Sainte-Croix*, Paris, PUF, 2014.

CADIET Loïc, CHAUVAUD Frédéric, GAUVARD Claude, SCHMITT-PANTEL Pauline et TSIKOUNAS Myriam (dir.), *Figures de femmes criminelles de l'Antiquité à nos jours*, Paris, Publications de la Sorbonne, 2010.

CAPOROSSI Olivier et TRAIMOND Bernard (dir.), *La Fabrique du faux monétaire. Du Moyen Âge à nos jours*, Toulouse, Presses universitaires du Midi, « Méridiennes », 2012.

CARBASSE Jean-Marie, *La Peine de mort*, Paris, PUF, « Que sais-je ? », 2002.

CARBASSE Jean-Marie et VIELFAURE Pascal, *Histoire du droit pénal et de la justice criminelle*, Paris, Presses Universitaires de France, « Droit fondamental », 2014.

CAROZZI Claude et TAVIANI-CAROZZI Huguette (dir.), *Le pouvoir au Moyen Âge. Idéologies, pratiques, représentations*, Aix-en-Provence, PUP, « Le temps de l'histoire », 2007.

CASTAN Yves, « Exemplarité judiciaire, caution ou éveil des études sérielles », *Histoire sociale, sensibilités collectives et mentalités. Mélanges Robert Mandrou*, Paris, 1985, p. 51-59.

CAZELLES Raymond, *La Nouvelle Histoire de Paris. De la fin du règne de Philippe Auguste à la mort de Charles V, 1223-1380*, Paris, Association pour la publication d'une histoire de Paris, 1972.

CHARAGEAT Martine et VIVAS Mathieu (dir.), *Les fourches patibulaires du Moyen Âge à l'Époque moderne. Approche interdisciplinaire (Colloque des 23-24 janvier 2014),* Criminocorpus. Revue d'Histoire de la justice, des crimes et des peines, 2015, en ligne : https://journals.openedition.org/criminocorpus/3016.

CHARAGEAT Martine, RIBEMONT Bernard et SOULA Mathieu (dir.), *Corps en peines. Manipulations et usages des corps dans la pratique pénale depuis le Moyen Âge*, Paris, Classiques Garnier, 2019.

CHIFFOLEAU Jacques, « Droit de mort, droit de vie », *L'Histoire*, n°357, octobre 2010, p. 94-97.

—, *Les justices des papes. Délinquance et criminalité dans la région d'Avignon au XIVe siècle*, Paris, Publications de la Sorbonne, « Histoire ancienne et médiévale », n°14, 1984.

CHIFFOLEAU Jacques, GAUVARD Claude, ZORZI Andrea (dir.), *Pratiques sociales et politiques judiciaires dans les villes de l'Occident à la fin du Moyen Âge. Actes du colloque d'Avignon (29 novembre-1er décembre 2001)*, Rome, Publications de l'École française de Rome, 2007 ; rééd. 2013.

COCULA Anne-Marie et COMBET Michel (dir.), *Châteaux et justice. Actes des Rencontres d'Archéologie et d'Histoire en Périgord, les 28, 29, 30 septembre* 2018, Bordeaux, Ausonius, « Scripta Mediarvalia », n°37, 2019.

COLLARD Franck, *Le crime de poison au Moyen Âge*, Paris, PUF, « Le nœud gordien », 2003.

CONCHON Anne, NOIZET Hélène et OLLION Michel (dir.), *Les limites de Paris, XIIe-XVIIIe siècles*, Presses universitaires du Septentrion, Villeneuve-d'Ascq, 2017, p. 23-56.

D'ARTAGNAN Isabelle, *Le pilori au Moyen Âge dans l'espace français*, position de thèse, thèse de doctorat en Histoire médiévale sous la direction de Jean-Marie MOEGLIN, Paris, Sorbonne Université, 2019.

—, « "Pour donner crainte et conservation de la jurisdiction" : Les stratégies d'implantations des piloris au Moyen Âge », en ligne sur : https://doctrame.hypotheses.org/publications-electroniques/quel-lieu-choisir.

—, « Tourner le corps en dérision dans la peine du pilori au Moyen Âge », *Camenulae*, n°17, 2017.

DEAFplus en ligne : https://deaf-server.adw.uni-heidelberg.de/.

DE VERNEILH Félix, « Les bas-reliefs de l'Université à Notre-Dame de Paris », *Annales Archéologiques*, 26, 1869.

DEBIES Marie-Hélène et FAVREAU Robert (dir.), *Iconographica. Mélanges offerts à Piotr Skubiszewski,* Poitiers, Université de Poitiers. Centre d'études supérieures de civilisation médiévale, 1999.

DEJOUX Marie, « Le chêne de Saint Louis », *L'Histoire*, n° 453, novembre 2018.

—, *Les enquêtes de Saint Louis. Gouverner et sauver son âme*, Paris, PUF, « Le Nœud Gordien », 2014.

DELARUE Jacques, *Le métier de bourreau du Moyen Âge à aujourd'hui*, Paris, Fayard, 1979.

Dictionnaire du Moyen Français (1330-1500) en ligne : http://www.atilf.fr/dmf/.

Dictionnaire Le Robert en ligne : https://dictionnaire.lerobert.com/.

DO CARMO RIBEIRO Maria et SOUSA MELO Arnaldo (dir.), *Cidade e periferia,* III colloquio international evoluçao da paisagem urbana, 2-3 mai 2013.

DOLAN Claire (dir.), *Entre justice et justiciables. Les auxiliaires de la justice du Moyen Âge au XXe siècle,* Laval, Presses universitaires de Laval, 2005.

DUCOUDRAY Gustave, *Les origines du Parlement de Paris et la justice aux XIIIe et XIVe siècles*, Paris, Hachette, 1902.

DUBOIS Adrien, *La violence des femmes en Normandie à la fin du Moyen Âge*, Paris, Cahiers Léopold Delisle, 2006.

DUBOIS Martine, « L'île de la Cité à la fin du Moyen Âge (1285-1421). Topographie et économie », dans *Positions de thèses soutenues par les élèves de la promotion de 1977 pour obtenir le diplôme d'archiviste paléographe*, Paris, École des chartes, 1977.

EL KENZ David, *Les bûchers du roi : la culture protestante des martyrs (1523-1572)*, Seyssel, Champ Vallon, 1997.

FAVIER Jean, *La Nouvelle histoire de Paris. Paris au XVe siècle, 1380-1500*, Paris, Association pour la publication d'une histoire de Paris, 1974.

—, *Le Bourgeois de Paris au Moyen Âge*, Paris, Tallandier, « Texto », 2015.

—, *Paris, deux mille ans d'histoire*, Paris, Fayard, 1997.

FOLLAIN Antoine (dir.), *Brutes ou braves gens ? La violence et sa mesure (XVIe-XVIIIe siècle)*, Strasbourg, Presses universitaires de Strasbourg, « Sciences de l'histoire », 2015.

FONTANA Vincent, MAUGUE Ludovic et PORRET Michel (dir.), *Histoire matérielle du droit de punir. Bois, fers et papiers de justice*, Chêne-Bourg (Suisse), Georg, L'Équinoxe, 2012.

FOSSIER Lucie et TERROINE Anne, *Un Bourgeois parisien du XIIIe siècle : Geoffroy de Saint-Laurent, 1245?-1290*, Paris, C.N.R.S. Édition, 1992.

FOURQUIN Guy, *Les campagnes de la région parisienne à la fin du Moyen Âge, du milieu du XIIIe au début du XVIe siècle*, PUF, 1964.

FOURNIER Édouard, *Histoire de la butte des Moulins…*, Paris, Frédéric Henry et J. Lepin, 1877.

—, *Paris démoli*, Paris, Auguste Aubry, (2e édition) 1855.

FREGIER Honoré-Antoine, *Histoire de l'administration de la police de Paris depuis Philippe Auguste jusqu'aux États généraux de 1789*, Paris, Guillaumin, 2 tomes, 1850.

GAFFIOT Félix, *Dictionnaire Latin-Français*, Paris, Hachette, 1934.

GALANO Lucie et LAUMONIER Lucie (dir.), *Montpellier au Moyen Âge. Bilans et approches nouvelles*, Turnhout, Brepols, 2017.

GANE Robert, *Le Chapitre de Notre-Dame de Paris au XIVe siècle : étude sociale d'un groupe canonial*, Saint-Étienne, Publications de l'Université de Saint-Étienne, 1999.

GARNOT Benoît, *La Peine de mort en France du Moyen Âge à 1981*, Paris, Belin, « Textes choisis », 2017.

—, *Histoire de la justice, France XVIe-XXIe siècle*, Paris, Gallimard, 2009.

— (dir.), *L'Infrajudiciaire du Moyen Âge à l'époque contemporaine. Actes du colloque de Dijon (5-6 octobre 1995)*, Dijon, Éditions universitaires de Dijon, 1996.

GAUVARD Claude, *Condamner à mort au Moyen Âge. Pratique de la peine capitale en France XIIIe-XVe siècle*, Paris, PUF, 2018.

—, *« De grace especial ». Crime, État et Société en France à la fin du Moyen Âge*, Paris, Publications de la Sorbonne, « Les classiques de la Sorbonne », 2 tomes, 1991 ; rééd. 2010.

—, *Violence et ordre public au Moyen Âge*, Paris, Picard, « Les médiévistes français », no 5, 2005.

—, « Le manuscrit 640 de la bibliothèque Sainte-Geneviève : registre criminel ou registre de « ressaisines », dans *Bulletin de la Société nationale des Antiquaires de France*, 2013, 2015, p. 160-169.

GAUVARD Claude, LIBERA Alain de, ZINK Michel (dir.), *Dictionnaire du Moyen Âge*, Paris, PUF, 2002.

GAUVARD Claude et ROBERT Jean-Louis (dir.), *Être Parisien*, Paris, Éditions de la Sorbonne, 2004.

GAUVARD Claude et JACOB Robert (dir.), *Les rites de la justice. Gestes et rituels judiciaires au Moyen Âge occidental*, Paris, Léopard d'Or, 2000.

GAUVARD Claude, ROUSE Mary, ROUSE Richard et SOMAN Alfred, « Le Châtelet de Paris au début du XVe siècle d'après les fragments d'un registre d'écrous de 1412 », *Bibliothèque de l'École des chartes*, vol. 157, no 2, 1999, p. 565-606.

GILLON Christian, *Les étudiants et la délinquance au Moyen Âge (XIIIe-XVe siècle)*, thèse de doctorat en histoire médiévale sous la direction de Valérie Toureille, Université de Cergy-Pontoise, 2017.

GODEFROY Frédéric, *Dictionnaire de l'ancienne langue française et de tous ses dialectes du IXe au XVe siècle...*, Paris, F. Vieweg, 4 tomes, 1885.

GONTHIER Nicole, *Cris de haine et rites d'unités. La violence dans les villes (XIIIe-XVIe siècles)*, Turnhout, Brepols, 1992.

—, *Délinquance, justice et société dans le Lyonnais médiéval (fin XIIIe-début XVIe siècle)*, Paris, Arguments, 1993.

—, « Délinquantes ou victimes, les femmes dans la société lyonnaise du XVe siècle », *Revue historique*, n° 271, p. 25-46.

—, *Le Châtiment du crime au Moyen Âge, XIIe-XVIe siècles*, Rennes, Presses universitaires de Rennes, « Histoire », 1998.

—, « Les victimes de viol devant les tribunaux à la fin du Moyen Âge d'après les sources dijonnaises et lyonnaises », *Criminologie*, vol. 27, n°2, Presses de l'Université de Montréal, 1994, p. 9-32.

GROSSO Eric et NOIZET Hélène, « Mesurer la ville : Paris de l'actuel au Moyen Âge : Les apports du système d'information géographique d'ALPAGE », *Revue du comité français de cartographie*, 2012.

GYGER Patrick J., *L'épée et la corde. Criminalité et justice à Fribourg (1475-1505)*, Lausanne, Université de Lausanne, « Cahiers lausannois d'études médiévales », n°22, 1998.

HALPHEN Louis, *Paris sous les premiers Capétiens (987-1223) : étude de topographie historique*, Paris, E. Leroux, 1909.

HARANG Faustine, « « Fut dit que s'il ne disoit verité, il seroit gehainé ». La normalisation de la torture judiciaire dans les archives du Parlement de Paris aux XIVe-XVe siècles », *Crime, Histoire & Sociétés*, vol. 19, n°1, 2015, p. 7-39.

HILLAIRET Jacques, *Gibets, piloris et cachots du Vieux Paris*, Paris, Minuit, 1956.

HOAREAU-DODINAU Jacqueline et TEXIER Pascal (dir.), *La peine : discours, pratiques, représentations (Cahiers de l'Institut d'Anthropologie Juridique n°12)*, Limoges, PuLim, 2005.

HOULLEMARE Marie (dir.), *Gens de robe et gibier de potence du Moyen Âge à nos jours. Actes du colloque d'Aix-en-Provence (14-16 octobre 2004),* Marseille, Archives départementales des Bouches-du-Rhône, 2007.

JACOB Robert, *La Grâce des juges. L'institution judiciaire et le sacré en Occident*, Paris, PUF, 2014.

—, *Images de la justice. Essai sur l'iconographie judiciaire du Moyen Âge à l'âge classique*, Le Léopard d'Or, 1994.

JORIS Freddy, *Mourir sur l'échafaud : sensibilité collective face à la mort et perception des exécutions capitales du bas Moyen Âge à la fin de l'Ancien Régime*, Liège, CEFAL, 2005.

KOCH Anton Carl Frederic, « L'origine de la haute et de la moyenne justice dans l'Ouest et le Nord de la France », *Revue d'histoire du droit (Tijdschrift voor Rechtsgeschiedenis)*, t. 21, 1953.

La Giustizia nell'alto Medioevo (secoli V-VIII). Settimane di Studio dell C.I.S.A.M., 42, 2 vol., Spolète, Presso la sede del Centro, 42, 2 tomes, 1995 ; 44, 2 tomes, 1997.

La violence dans le monde médiéval. 19e colloque du Centre universitaire d'études et de recherches médiévales d'Aix, Aix-en-Provence, Presses de l'Université de Provence, « Senefiance », n°36, 1994.

LACROIX Paul, *Le Moyen Âge et la Renaissance : histoire et description...*, Paris, Administration, 5 tomes, 1848-1851.

Le règlement des conflits au Moyen Âge. Actes des congrès de la Société des historiens médiévistes de l'enseignement supérieur public, 31e congrès, Angers, juin 2000, Paris, Publications de la Sorbonne, 2001

LEGUAY Jean-Pierre, *Le feu au Moyen Âge*, Rennes, PUR, « Histoire », 2008.

LEMESLE Bruno (dir.) *La Preuve en justice de l'Antiquité à nos jours*, Rennes, PUR, 2003.

LEVY René et ROUSSEAUX Xavier (dir.), *Le pénal dans tous ses états. Justice, États et sociétés en Europe (XIIe-XXe siècles)*, Bruxelles, Presses de l'Université Saint-Louis, « Collection générale », 74, 1997.

LOMBARD-JOURDAN Anne, *Les Halles de Paris et leur quartier (1137-1969) : Les halles de Paris et leur quartier dans l'espace urbain (1137-1969)*, Paris, Publications de l'École nationale des chartes, « Études et rencontres », 2018.

—, *Aux origines de Paris. La genèse de la rive droite jusqu'en 1223*, Paris, Éditions du CNRS, 1985.

LUSSET Élisabeth, *Crime, châtiment et grâce dans les monastères au Moyen Âge*, Turnhout, Brepols, 2017.

MARMIER Gaston, « Des fourches patibulaires dans le Sarladais au XIVe siècle », *Bulletin de la Société Historique et Archéologique du Périgord*, 1881, 8, p. 77-82.

MARTIN Hervé, « La fonction polyvalente des croix à la fin du Moyen Âge », *Annales de Bretagne et des pays de l'Ouest*, n°90, 2, 1983, p. 295-310.

MASSCHAELE James, « The Public Space of the Marketplace in Medieval England », *Speculum*, 77-2, 2002.

MATHIEU Isabelle, *Les justices seigneuriales en Anjou et dans le Maine à la fin du Moyen Âge*, Rennes, PUR, 2011.

MAUCLAIR Fabrice,« "Justice(s)", "Fourche(s)", "Pilori(s)"... Les lieux d'exposition et d'exécution dans les toponymes en Indre-et-Loire », *Mémoires de l'Académie des Sciences, Arts et Belles-Lettres de Touraine*, 2014 : http://academie-de-touraine.com/Tome_27_files/035-052.MAUCLAIR%20justice.pdf.

METMAN Josette et TIMBAL Pierre-Clément, « Évêque de Paris et chapitre de Notre-Dame : la juridiction dans la cathédrale au Moyen Âge », *Revue d'histoire de l'Église de France*, t. 50, n°147, 1964.

MONESTIER Martin, *Peines de mort, histoire et techniques des exécutions capitales des origines à nos jours*, Paris, Cherche-Midi, 1994.

MOREL Barbara, *Une iconographie de la répression judiciaire. Le châtiment dans l'enluminure en France du XIIIe au XVe siècle (Archéologie et Histoire de l'Art, 27)*, Paris, Comité des Travaux Historiques et Scientifiques, 2007.

MORSEL Joseph (dir.), *Communautés d'habitants au Moyen Âge (XIe-XVe siècles)*, Paris, Éditions de la Sorbonne, 2018.

MOUSNIER Mireille, « Mesurer les terres au Moyen Âge. Le cas de la France méridionale », *Histoire & Sociétés rurales*, vol. 22, 2, 2004, p. 29-63.

MUCHEMBLED Robert, *Le temps des supplices. De l'obéissance sous les rois absolus, XVe-XVIIIe siècle*, Paris Armand Colin, 1992.

MULCAHY Linda, *Legal Architecture : Justice, Due Process and the Place of Law*, Londres, Routledge, 2011.

NOVAK Veronika, « Le corps du condamné et le tissu urbain », *Histoire urbaine*, no 47, 2016, p. 149-166.

PAPADOPOULOS Ioannis S. et ROBERT Jacques-Henri (dir.), *La Peine de mort. Droit, Histoire, Anthropologie, Philosophie*, Paris, Panthéon-Assas, 2000.

PEDAUGE Mireille, « Échelles et piloris de Paris », *Histoire du IIIe arrondissement de Paris*, n°8, p. 8-14.

—, « Le gibet de Montfaucon », *Histoire du IIIe arrondissement de Paris*, n°10, 1994, p. 5-10.

PERROT Ernest, *Les cas royaux : origine et développement de la théorie aux XIIIe-XIVe siècles*, Genève, Slatkine, 1975 (rééd. ; Paris, Megariotis, 1910).

POËTE Marcel, *Une vie de cité*, Paris, Auguste Picard, 4 tomes, 1924-1931.

POMMERAY Léon, *L'officialité archidiaconale de Paris aux XVe-XVIe siècles,* Paris, 1933.

PORRET Michel, « Mourir sur l'échafaud à Genève au XVIIIe siècle », *Déviance et société*, vol. 15, n°4, 1991, p. 381-405.

POUMAREDE Jacques (dir.), *Territoires et lieux de justice. Actes des Journées régionales de l'Association française pour l'histoire de la justice (Toulouse, 5 et 6 décembre 2008)*, Paris, La Documentation française, « Histoire de la justice », 2011.

PRETOU Pierre, *Le gibet de Montfaucon*, conférence filmée du 17 mai 2018 lors de la première saison du cycle de conférences « Sur la sellette, une histoire de la justice

à Paris », Archives nationales, en partenariat avec le Comité d'histoire de la Ville de Paris [vidéo en ligne sur : https://criminocorpus.org/fr/bibliotheque/video/3123/].
—, *Crime et justice en Gascogne à la fin du Moyen Âge*, Rennes, PUR, « Histoire », 2011.

RAYNAUD Christiane, *À la hache. Histoire et symbolique de la hache dans la France médiévale (XIIIe-XVe siècles)*, Paris, Le Léopard d'Or, 2002.

RAYNAUD Christiane (dir.), *Armes et outils*, Paris, Léopard d'Or, « Cahiers du Léopard d'Or », n°14, 2012.

ROUSSEAUX Xavier, « Historiographie du crime et de la justice criminelle dans l'espace français (1990-2005). Partie I. Du Moyen Âge à la fin de l'Ancien Régime », *Crime, Histoire & Sociétés*, vol. 10, n°1, 2006, p. 123-158.

ROUX Simone, *Paris au Moyen Âge*, Paris, Hachette Littératures, « La vie quotidienne », 2003.
—, « Bornes et limites dans Paris à la fin du Moyen Âge », *Médiévales*, n°28, 1995, p. 129-137.

SCHMITT Jean-Claude, « Le suicide au Moyen Âge », *Annales. Économies, sociétés, civilisations*, 31e année, n°1, 1976, p. 3-28.

SCHUSTER Peter, *Eine Stadt vor Gericht. Recht und Alltag im spätmittelalterlichen Konstanz*, Paderborn,Schoningh, 2000

SMAIL Daniel L., « Common Violence : Vengeance and Inquisition in fourteenth-century Marseille », *Past and Present*, n°151, 1996, p.28-59
—, *The Consumption of Justice : Emotions, Publicity, and Legal Culture in Marseille, 1264-1423*, Ithaca-Londres, Cornell University Press, 2003.

SOULA Mathieu, « La roue, le roué et le roi : fonctions et pratiques d'un supplice sous l'Ancien Régime », *Revue historique de droit français et étranger*, 2010, n°3, p. 343-364.

Théry Julien, « *Atrocitas/Enormitas*. Éléments pour une histoire de la catégorie de « crime énorme » du Moyen Âge à l'époque moderne », *Clio@Thémis. Revue électronique d'histoire du droit*, Association Clio et Thémis, vol. 4, 2011, p. 1-76.

TOUREILLE Valérie, *Crime et châtiment au Moyen âge*, Paris, Seuil, 2013.
—, *Vol et brigandage au Moyen Âge*, Paris, PUF, 2006.

TREFFORT Cécile (dir.), *Le cimetière au village dans l'Europe médiévale et moderne*, Toulouse, Presses universitaires du Midi, « Flaran », 2015

TREVEDY Julien-Toussaint-Marie, « Les fourches patibulaires du fief de Quément », *Bulletin de la Société Archéologique du Finistère*, vol. 10, 1883, p. 211-222.

TUETEY Alexandre, « Une exécution à Montfaucon au XVe siècle », *Bulletin de la Société de l'histoire de Paris et de l'Île-de-France*, 45e année, 1918, p. 57-60.

Valenciennes et les Anciens Pays-Bas. Mélanges offerts à Paul Lefrancq, Valenciennes, Cercle archéologique et historique de Valenciennes, tome IX, 1976.

VERDON Laure, « Violence, norme et régulation sociale au Moyen Âge. Essai de bilan historiographique », *Rives méditerranéennes*, no 40, 2011, p. 11-25.

VEYNE Paul, *Le pain et le cirque. Sociologique historique d'un pluralisme politique*, Paris, Seuil, 1976.

VIAUT Laura, « De l'intérêt d'étudier le haut Moyen Âge pour comprendre la justice d'aujourd'hui. Réflexions sur Les mécanismes de gestion des conflits dans l'espace aquitain au haut Moyen Âge (VIIIe-XIIe siècle), thèse de doctorat d'histoire du droit, sous la direction de Jacques Péricard, université de Limoges, soutenue le 22 juin 2018 », *Bulletin du centre d'études médiévales d'Auxerre (BUCEMA)*, 23.2, 2019.

VICTORRI Bernard et FUCHS Catherine, *La polysémie. Construction dynamique du sens*, Paris, Hermès, 1996.

VIDIER Alexandre, « Les marguilliers laïcs de Notre-Dame de Paris (1204-1790) », *Mémoires de la Société de l'histoire de Paris et de l'Île de France*, t. 40, Paris, H. Champion, 1913, p. 117- p. 253.

VIVAS Mathieu, « Les lieux d'exécution comme espaces d'inhumation. Traitement et devenir du cadavre des criminels (XIIe-XIVe siècle) », *Revue historique*, no 670, 2014, p. 295-312.

— (dir.), *(Re)lecture archéologique de la justice en Europe médiévale et moderne. Actes du colloque international tenu à Bordeaux les 8-10 février 2017*, Bordeaux, Ausonius, « Scripta Mediaevalia », 35, 2019.

ZORZI Andrea, « Contrôle social, ordre public et répression judiciaire à Florence à l'époque communale. Éléments et problèmes », *Annales. Économies, Sociétés et Civilisations*, vol. 45, n°5, 1990, p. 1169-1188.

Tables des tableaux, figures et cartes

Table des tableaux

Table des figures

Table des cartes

TABLE DES MATIERES

Structures éditoriales du groupe L'Harmattan

L'Harmattan Italie
Via degli Artisti, 15
10124 Torino
harmattan.italia@gmail.com

L'Harmattan Hongrie
Kossuth l. u. 14-16.
1053 Budapest
harmattan@harmattan.hu

L'Harmattan Sénégal
10 VDN en face Mermoz
BP 45034 Dakar-Fann
senharmattan@gmail.com

L'Harmattan Cameroun
TSINGA/FECAFOOT
BP 11486 Yaoundé
inkoukam@gmail.com

L'Harmattan Burkina Faso
Achille Somé – tengnule@hotmail.fr

L'Harmattan Guinée
Almamya, rue KA 028 OKB Agency
BP 3470 Conakry
harmattanguinee@yahoo.fr

L'Harmattan RDC
185, avenue Nyangwe
Commune de Lingwala – Kinshasa
matangilamusadila@yahoo.fr

L'Harmattan Congo
67, boulevard Denis-Sassou-N'Guesso
BP 2874 Brazzaville
harmattan.congo@yahoo.fr

L'Harmattan Mali
ACI 2000 - Immeuble Mgr Jean Marie Cisse
Bureau 10
BP 145 Bamako-Mali
mali@harmattan.fr

L'Harmattan Togo
Djidjole – Lomé
Maison Amela
face EPP BATOME
ddamela@aol.com

L'Harmattan Côte d'Ivoire
Résidence Karl – Cité des Arts
Abidjan-Cocody
03 BP 1588 Abidjan
espace_harmattan.ci@hotmail.fr

Nos librairies en France

Librairie internationale
16, rue des Écoles
75005 Paris
librairie.internationale@harmattan.fr
01 40 46 79 11
www.librairieharmattan.com

Librairie des savoirs
21, rue des Écoles
75005 Paris
librairie.sh@harmattan.fr
01 46 34 13 71
www.librairieharmattansh.com

Librairie Le Lucernaire
53, rue Notre-Dame-des-Champs
75006 Paris
librairie@lucernaire.fr
01 42 22 67 13

www.ingramcontent.com/pod-product-compliance
Lightning Source LLC
LaVergne TN
LVHW050637051026
849532LV00002B/426
* 9 7 8 2 3 4 3 2 4 6 3 6 9 *